6訂版

Q&A と 図解

税務と実務に
対応した詳細解説

信託を活用した新しい相続・贈与のすすめ

株式会社つむぎコンサルティング
公認会計士・税理士
笹島 修平 著

一般財団法人 大蔵財務協会

はじめに

（本書の前書き）

信託法の大改正を控えた2007年盛夏、筆者は全面ガラス張りの事務所ビルの窓際の席で、突き刺すような陽光が差し込む机上のよれよれになった改正条文と乱雑にメモしたノートと向き合っていました。蛍光ペンを片手に、条文の無機質な文言と、それを活用した新しい信託の世界に交互に思いめぐらせて心躍った日から17年が経とうとしています。あの17年前の日は財産承継の世界がモノクロから、鮮やかなカラフルな世界に変わった正にその瞬間でした。

筆者は税理士として相続や贈与といった資産・事業承継の仕事に取り組んできましたが、従前は、相続対策というと、なにかマネーゲームのような側面に虚無感を感じ、殺風景な仕事に溜息がでることもありました。しかし、深くお客様とご相続の問題に向き合っているうちに、相続対策というものは、税額の問題だけではないということに気づかされました。大切なのは、財産や事業を次世代に残したい親の気持ちと、それを承継する子供の気持ちをつむぐことだと、実務の中でお客様から教わりました。今までの資産・事業承継では、これらの点が軽視されてきましたが、信託はご親族がもめることを避け、気持ちをつむぐ資産・事業承継をすることに大きく役立ちます。

なお、信託を活用することにより税負担が減少することは基本的にありません。ひょっとしたら「節税に関係ないなら、信託は自分には関係ない」と考える方もいらっしゃるかもしれません。お金が大切、節税が重要、その通りでしょう。しかし、気持ちが込められたお金と、そうでないお金では重みが異なるのではないでしょうか。道端で拾った10万円と、親が子供のために贅沢せずに遺してくれた10万円とでは重みが全く異なると筆者は思います。子供に遺す金額が同じであっても、その重みにより子供への伝わり方は全く異なります。財産の承継は、量だけでなく質を求めることが大切なのではないでしょうか。

いくつか事例をご紹介しましょう。子供や孫の健康を祈り、勉学を応援する親は多いと思いますが、信託を活用すると子供に相続したお金について、例えば、医療費と教育費にしか使えないようにすることができます。親が亡くなっても、親の意志に沿って親が遺したお金は管理され、子供や孫の教育や健康を支援しつづけます。子供や孫にとっては、教育や医療のためのお金の支援を受ける都度、親の思いやりを思い出すのではないでしょうか。信託を活用すると相続される財産に色が付きます。思いがこもります。

事業承継において、親が自社株を子供に生前贈与した場合、自社株の所有権は親から子供に移転します。親は自社株の所有権を失います（法的には議決権もなくなります。）。しかし、気持ちの上ではそんな簡単に割り切ることができるものではありません。親は贈与した自社株について、しばらくは今までと同じように支配・管理していきたいと希望します。筆者はそれが正しいことかわからないことも時にはありますが、それが親の自然な気持ちだと理解できます。今までは、贈与した財産を贈与者である親が引き続き支配し、管理し続けることは困難でした。しかし、信託を活用すると、贈与した自社株を引き続き親が支配・管理することができます。子供が怠惰な経営をした等、やむを得ない場合には贈与したものを親が子供から取り戻すことも可能です。子供にとっては、贈与を受けた財産であっても、場合によっては取り上げられてしまうことがあるわけですから、真摯に事業に取り組もうとします。そして、子供は贈与してくれた親に対する感謝の気持ちを忘れず、良好な親子関係が築けていけるようです。

この他にも信託を活用すると今までできなかった財産の承継ができるようになります。例えば、財産を管理できない年少者や高齢者に代わってご親族が管理・承継する際に役立ちます。遺言書は遺言者がいつでも自由に書き換えることができますが、これを実質的に変更できないものにすることができます。また、自分の財産を承継した者の相続、場合によってはさらにその先の相続まで指定することもできます。

本書では、これらの事例をはじめ、様々な事例を取り上げ、できる限り簡潔にかつ体系的に必要な情報を網羅しようと心がけました。実務をしながらの執筆は、深夜、週末及び祝日に取り組まざるを得ず、根気と集中力を伴う作業でもありました。が、手にとっていただいた方から好意的な感想をいただきとても嬉しく感じ、それが本書執筆に取り組む大きな励みになりました。たとえ良質な書籍であっても、時の流れと共に埋もれてしまう書籍が多い中で、6訂版のお話をいただけることに心から感謝したいと思います。また、何らかの形で相続に関わる方に本書を「あたたかい相続」、「思いを伝える相続」、「安全な相続」をするための参考としていただければこんな嬉しいことはありません。

（6訂版の記載にあたって）

〈初版について〉

改正信託法が施行されたのが2007年9月で、本書の初版の企画をいただいたのが2007年の秋でした。執筆に3年半を要し、初版を出版できたのは2011年4月です。初版の執筆にあたり税務面においては一部大変に難解で解釈が分かれる論点もありましたが、税理士の亀山孝之氏に法解釈について非常に深い考察を助言していただきました。また、大蔵財務協会の編集の方々には忍耐強く、筆者を励まし、支えて下さり、ここに感謝の意を表したいと思います。

〈改訂版について〉

初版の反響は筆者自身の予想を大きく上回るもので、2012年晩秋に改訂版のお話をいただきました。既存の内容については注意すべき点等を補足記載し、新たに、信託時等における税務上の届出書、信託契約書式、信託の併合・分割、受益権の買取請求、受益者の定めのない信託等を加えることとしました。

〈三訂版について〉

改訂版から約２年間、信託は広く普及していきました。特に2013年春には税務上のメリットがある教育資金贈与信託が導入され、導入から２年弱の2015年３月時点で11万８千件〔信託された金額は８千億円以上（１件当たり平均約677万円）〕以上の方が利用しています。また、遺言の代わりに信託会社に信託を依頼する遺言代用信託の累計件数は2012年３月までは百件程度だったものが、2015年３月時点で10万人を超えたそうです（一般社団法人信託協会からのニュースリリースより）。

そして、2015年の初春に３訂版の企画をいただきました。ここでは信託の実務において、筆者自身が直面した問題、専門家の方々から寄せられた質問のうち特に多い論点についての考察を加えました。具体的には、信託に属する債務の相続税における取扱い、継続的贈与を目的とした信託の論点、受益権の物納、複層化信託の論点に係る考察、公益信託の活用、信託の所在地判定、信託報酬、その他の論点を新たに加えました。そして、いくつかの項目についてよりわかりやすく論点を明確に記すよう設例を加え、一部加筆しました。

〈四訂版について〉

2018年の初夏に４訂版として、主として実務上、見落としがちな課税法上の注意すべき論点を追加しました。具体的には、信託財産に属する債務がある場合の受益権の評価、受益権を相続・贈与する際の譲渡所得税、受益者が非居住者である場合の源泉徴収、信託と国外転出時課税、信託と事業承継税制、受益者の定めのない信託、遺言代用信託における登録免許税・不動産取得税、その他論点を加え、民法改正による影響を加味し、その他の既存の記述についても論点を補足し、より明確に記述するように努めました。

〈五訂版について〉

2020年の春、コロナウイルスが世の中を大きく揺さぶり、人と人のコミュニケーションに制約を受ける生活に変化する中、５訂版の執筆に取り組みました。遺言書と信託契約の内容が抵触する場合の論点、遺留分を侵害する信託の論点、信託の併合と信託の分割の課税関係、再信託、その他登録免許税、不動産取得税等の論点を加え、さらに改正民法、判例の内容を加えて、信託契約書作成上の注意点等、実務上の論点の考察を加筆しました。

〈六訂版について〉

2024年の春、６訂版に取り組み、信託における適格請求書（インボイス）の実務、賃貸不動産を信託する際の手続き、借地権の信託と混同による消滅、受益権に対する質権設定、法人課税信託にかかる消費税の取扱いにかかる論点を加え、信託契約書作成上の注意点、受益権の譲渡手続き等、実務上の論点の考察を加筆しました。

結果として、設例数は初版の100問から、改訂版で112問、３訂版で131問、４訂版で140問、５訂版で150問そして今回の６訂版で161問になりました。前半（Ｑ１～Ｑ72）では信託の制度と、具体的な利用方法を記載し、後半（Q73～Q161）では課税関係を中心に体系的に解説しております。

信託について難解な印象をお持ちの方が多いのですが、決してそんなことはありません。信託とは一言で言うと、「財産を預けること」です。とても使いやすく、税法も事業承継で活用する一般的な信託ついては簡単なものです。信託に馴染みが薄い方は最初にＱ２及びQ79の原則的取扱いをご覧ください。信託の基本構造はほぼこの２問に集約されています。信託の本の多くは、金融機関や専門家向けのものでしたが、本書では、信託の活用方法を専門家でない方の視点に立って、財産を管理する、事業承継する、遺言を書く、といったことと比較しながら簡潔に記述しようと試みました。それとともに、専門家にとって実務に役立つよう、課税上の細かい論点や注意点にも配慮して、やや深い議論にも踏み込んで記載するように努めています。

2024年７月吉日

株式会社つむぎコンサルティング
公認会計士・税理士　**笹島　修平**

■目　次■

第１章

信託の基礎

～ 受託者について ～

～ 受益権について ～

～ 信託の併合・分割・再信託 ～

第２章

信託の応用と活用例

第3章
受益権の評価

第4章
信託の課税関係の基本

第5章
受益者等課税信託

第6章

受益者等課税信託の応用

第7章

不動産の信託

第8章
法人課税信託～受益者等が存しない信託～

第９章

法人課税信託～受益証券を発行する信託～

第10章

税の特例が適用できる商事信託

第11章

公益信託

第12章

税務署への提出書類

第13章

登録免許税・不動産取得税

第14章

その他税目

〔凡　例〕

本文中に引用している法令等については、次の略称を使用しています。

(1) 法令等

信法……………………………………………信託法
信規……………………………………………信託法施行規則
公信……………………………………………公益信託に関する法律
所法……………………………………………所得税法
所令……………………………………………所得税法施行令
所規……………………………………………所得税法施行規則
相法……………………………………………相続税法
相令……………………………………………相続税法施行令
相規……………………………………………相続税法施行規則
相法附則………………………………………相続税法附則
法法……………………………………………法人税法
法令……………………………………………法人税法施行令
法規……………………………………………法人税法施行規則
法法附則………………………………………法人税法附則
会法……………………………………………会社法
措法……………………………………………租税特別措置法
措令……………………………………………租税特別措置法施行令
措規……………………………………………租税特別措置法施行規則
消法……………………………………………消費税法
消令……………………………………………消費税法施行令
通規……………………………………………国税通則法施行規則
地法……………………………………………地方税法
地令……………………………………………地方税法施行令
登法……………………………………………登録免許税法
不登法…………………………………………不動産登記法
印法……………………………………………印紙税法
印令……………………………………………印紙税法施行令
国外送金等調書法……………………………内国税の適正な課税の確保を図るための国外送金等に係る調書の提出等に関する法律に関する法律
国外送金等調書規則…………………………内国税の適正な課税の確保を図るための国外送金等に係る調書の提出等に関する法律に関する法律施行規則

(2) 通　達

所基通…………………………………………所得税法基本通達

相基通……………………………………………相続税法基本通達
法基通……………………………………………法人税法基本通達
評基通……………………………………………財産評価基本通達
措通………………………………………………租税特別措置法通達
消基通……………………………………………消費税法基本通達

<表示例>

信法2②一 ………………………………………信託法第2条第2項第1号

信託においては聞きなれないいくつかの専門用語があります。そこで、信託法及び税法における各用語の定義（条文引用部分は「　」書きしています。）、簡単な解説及び本文参照Qを以下に紹介します。

専門用語を理解することから始めるのは退屈なことですので、用語の趣旨等は、はじめから理解する必要はありません。本文を読み進める上で用語の理解に迷った時など、当用語解説に戻り必要に応じてご活用いただければ幸いです。

頻出用語解説

用　語	解　説	参照Q
信　託	信託行為に定められた方法により、「特定の者が一定の目的（専らその者の利益を図る目的を除く）に従い財産の管理又は処分及びその他当該目的の達成のために必要な行為をすべきものとする。」ことをいいます（信法2①）。	Q2
信託行為	信託の約束事を決めたもので、契約により信託をする場合には信託契約のことを示し、遺言により信託をする場合には遺言のことをいい、単独で信託をする場合には書面又は電磁的記録によってする意思表示のことをいいます（信法2②）。	Q4
信託財産	受託者に属する財産であって、信託により管理又は処分をすべき一切の財産をいいます（信法2③）。	Q2
委託者	信託をする者をいいます（信法2④）。	Q2
受託者	信託行為の定めに従い、信託財産に属する財産の管理又は処分及びその他の信託の目的の達成のために必要な行為をすべき義務を負う者をいいます（信法2⑤）。	Q2
受益者	受益権を有する者をいいます（信法2⑥）。	Q2

用　　語	解　　説	参照Q
受益権	信託行為に基づいて受託者が受益者に対して負う債務であって、信託財産に属する財産の引渡しその他の信託財産に係る給付をすべきものに係る債権（以下、「受益債権」といいます。）及びこれを確保するためにこの法律の規定に基づいて受託者その他の者に対し一定の行為を求めることができる権利をいいます（信法２⑦）。	Q２
受益債権	信託行為に基づいて受託者が受益者に対して負う債務であって、信託財産に属する財産の引渡しその他の信託財産に係る給付をすべきものに係る債権をいいます（信法２⑦）。	
固有財産	受託者に属する財産であって、信託財産に属する財産でない一切の財産をいいます（信法２⑧）。	
信託財産責任負担債務	受託者が信託財産に属する財産をもって履行する責任を負う債務をいいます（信法２⑨）。	Q９
限定責任信託	受託者が当該信託のすべての信託財産責任負担債務について信託財産に属する財産のみをもってその履行の責任を負う信託をいいます（信法２⑫）。	Q57
残余財産受益者	信託行為において残余財産の給付を内容とする受益債権に係る受益者をいいます（信法182①一）。	Q52
帰属権利者	信託行為において残余財産の帰属すべき者をいいます（信法182①二）。	Q52
受益者指定権	受益者を指定し、又はこれを変更する権利（信法89①）。	Q56
信託管理人	受益者が現に存しない場合に、受益者に代わって信託を管理する者をいいます（信法123～130）。	Q58
信託監督人	受益者が年少者・高齢者等であり、受益者が受託者を監督できないような場合に、受託者の信託事務を受益者に代わって監督する者をいいます（信法131～137）。	Q58
信託代理人	受益者が頻繁に変動したり、不特定多数である等、受託者を監督することが期待できない場合に、受益者に代わって代理する者をいいます（信法138～144）。	Q58
自己信託	委託者＝受託者である信託をいいます。	Q10

用　語	解　説	参照Q
自益信託	委託者＝受益者である信託をいいます。	
他益信託	委託者≠受益者である信託をいいます。	
収益受益権	信託に関する権利のうち、信託財産の管理及び運用によって生ずる利益を受ける権利をいいます（相基通９－13）。	Q23
元本受益権	信託に関する権利のうち、信託財産自体を受ける権利をいいます（相基通９－13）。	Q23
受益者等課税信託	課税法上、受益者（みなし受益者を含みます。）が信託財産に属する資産及び負債を有するものとみなされる信託をいいます（所基通13－１、法基通２－１－24）。	Q79
法人課税信託	課税法上、受託者が信託財産を有するものとする信託で、主なものに受益証券を発行する信託、受益者が存しない信託をいいます（法法２二十九の二）。	Q80
受益者連続型信託	受益者（特定委託者を含みます。）の死亡等（一定期間経過、受益者指定権者による指定等）により、受益者が変更される信託をいいます（相法９の３①、相令１の８）。	Q97
みなし受益者（特定委託者）	信託を変更する権限（軽微な変更を除きます。）を有し、信託財産に係る給付を受けることとされている者をいいます（受益者は除きます。）（所法13②、法法12②、相法９の２⑤）。	Q81

第1章

信託の基礎

Q1 信託の活用方法

信託を活用すると今まで困難だった色々なことができるようになるらしいのですが、具体的にどのようなことができるようになるのでしょうか。

Answer

信託を活用すると、以下のようなことができるようになります。

○ **親族の財産を、代わりに管理したい場合**

・年少者の財産を年少者に代わって親等が管理すること

・高齢の親の財産を親に代わって子供等が管理すること

○ **遺言書の作成を検討している場合**

・財産を確実に相続させること

・自分が亡くなった後に発生する自分の相続人の相続まで（30年先まで）指定すること

・遺言書が書き換えできないように確定させること

○ **贈与を検討している場合**

・贈与後に、受贈者が贈与財産を無駄遣いできないように、贈与者が引き続き贈与財産を管理すること

・子供に贈与したことを、子供に伝えずに贈与すること

○ **無議決権株式の発行を検討している場合**

・株式に係る権利を株式の議決権を有する者（受託者）と受益者とに分けること

解　説

信託を活用すると色々なことが可能になります。信託は、信託銀行にお願いしてもいいのですが、ご親族の中だけで行うこともできます（Q６参照）。

一つの活用方法としては、他人の財産を信託により預かって管理することです。年少者の財産や高齢者の財産をご親族が代わりに預かって管理したい場合に、信託契約を利用するといいでしょう（Q42・44参照）。

次に、遺言の代わりに信託を利用することができます。今までできなかったことができるようになります。遺言書の作成を検討されている方は、信託の検討もしてみるといいのではないかと思います（Q45参照）。

遺言の代わりに信託を活用することと、ほぼ同じなのですが、相続や贈与を信託契約等で行うことができます。贈与契約で贈与する場合に比べて様々な条件を付けた財産の承継が可能です（Q43・48参照）。

また、会社オーナーの方も事業承継にあたって信託を検討するといいのではないでしょうか。会社の経営に関わらせたくない株主が有する株式を無議決権株式にすることを検討することもありますが、その代わりに信託を活用することもできます（Q49参照）。

〔信託と各事象との相関図〕

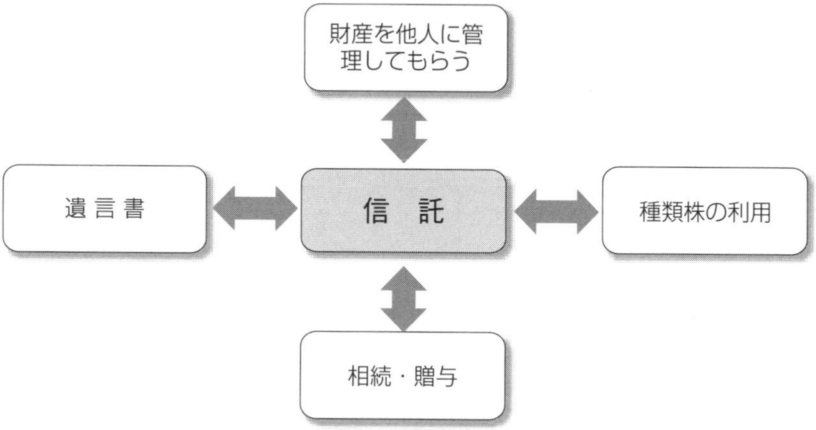

Q2 信託とは（委託者・受託者・受益者とは）

(1) 信託とはどのようなことをいうのでしょうか。
(2) 信託における登場人物（専門用語）を教えてください。

Answer

(1) 信託とは、言葉のとおり、財産を信じて託すことをいいます。言い換えると、あなたの財産を信頼できる人（又は会社）に預けて、預ける目的に従って管理してもらうことをいいます。

(2) 信託とは、財産を預けることですので、財産を「預ける人」と「預かる人」が登場します。そして、もう１人「預けられた財産から得られる利益を得る人」が登場します。登場人物はこの３人です。信託法ではこれら３人の呼び方が定められています。「預ける人」を「**委託者**」といい、「預かる人」を「**受託者**」といいます。最後に「預けられた財産から得られる利益を得る人」を「**受益者**」といいます。

〔信託の用語と登場人物〕

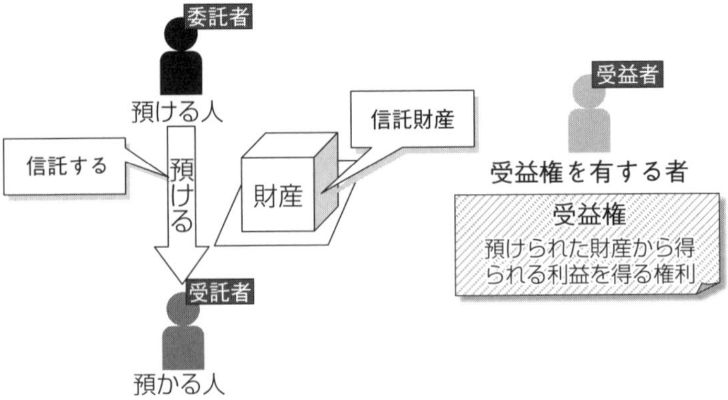

解　説

信託法の定義はやや難解な表現なので、信託が生まれた歴史的な背景から見てみましょう。

信託が生じたのは、中世のヨーロッパといわれています。戦争の多いこの時代、財産を有している人が戦争に行くにあたって財産を信頼できる人に預けて戦場に行ったところから始まったそうです。

具体的には次のようなケースが信託の起源です。

Aさんは奥さんと幼い子供を養って生活していました。ところが、Aさんは戦場に行かなければならなくなりました。Aさんの財産は不動産や金融資産でしたが、奥さんや子供は財産を管理することができそうにありません。そこで、Aさんは信頼できる者に財産を預け、財産から得られる利益を奥さんや子供に渡すように約束して、家族が生活に困らないよう事前に準備してから戦争に行ったのです。

財産を預かった人は、Aさんの依頼に従って財産を管理します。ここで、財産を預かった人はAさんに代わって財産の賃貸契約をしたり、時には財産を高く売ったり、安く買ったりします。財産の名義がAさんのままだと、財産を預かった人はこれらの契約をすることができません。契約が必要になった都度、戦場に契約書を送って、Aさんのサインをもらうことは非現実的です。そこで、Aさんは戦場に行く前に預ける財産の名義はすべて、財産を預かってくれる人の名義に変更していきます。そうしておけば、預かった人が財産に関する契約を行うことができます。

もちろん、Aさんの財産を預かる人は、誠実に財産を管理し、運用しなければなりません。預かった財産が自分の名義になったからといって、預かった人は自分勝手に財産を使ってしまったりしてはいけません。預けて戦場に行ったAさんの要望に沿って誠実に管理し、運用して、

Ａさんの家族に利益を分配しなければなりません。これが信託なのです。この例を信託の用語を紹介しながら復習すると、以下のようになります。

財産を預けて戦場に行くＡさんのことを「**委託者**」といいます。次に、Ａさんの財産を預かって管理・運用する人を「**受託者**」といいます。そして、預けられた財産から得られる利益等の給付を受けることができるＡさんの奥さんや子供を「**受益者**」といいます。

そして、Ａさんが財産を預けることを「**信託する**」といいます。Ａさんが預ける財産を「**信託財産**」といいます。Ａさん（委託者）が預けた財産（信託財産）の名義は、財産を預かる人（受託者）の名義に変更されます。財産を預かる人（受託者）は、自分の財産と信託財産を区別して管理しなければなりません。万が一、財産を預かっている人（受託者）が破産しても、Ａさん（委託者）から預かっている財産（信託財産）は、債権者の取り立てから守られます。なぜなら、信託された財産（信託財産）は、実質的には奥さんや子供（受益者）の財産であり、破産した預かり人（受託者）の財産ではないからです。

預けられた財産（信託財産）から得られる利益等の給付を受け取る人（受益者）は、信託契約で自由に定めることができます。Ａさん（委託者）を受益者にしてもよいのですが、戦場に行ってしまって受け取ることが困難ですから、家族を受益者にします。そして、受益者が信託財産から得られる利益等の給付を受け取る権利及び受益者が受託者を監督する権利等のことを「**受益権**」といいます。

Q3 信託した財産は誰のものか？

信託された財産の所有者は誰になるのでしょうか。

Answer

信託された財産の所有者は受託者となります。ただし、信託財産にかかる経済的価値は受益者のものです。

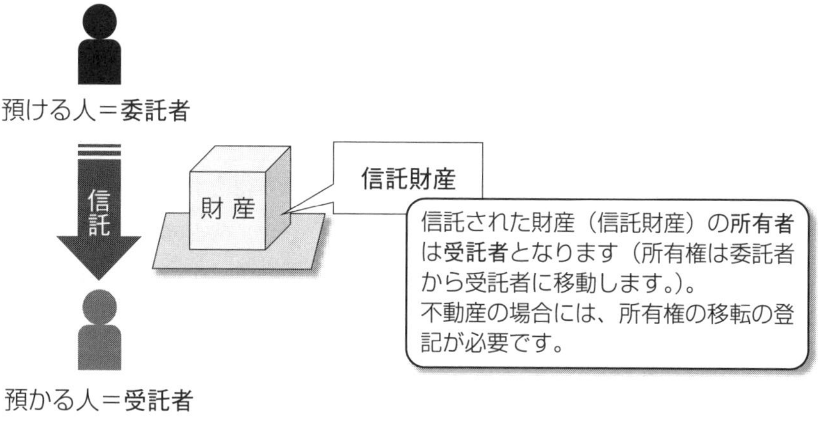
預ける人＝委託者
信託
財産
信託財産
信託された財産（信託財産）の所有者は受託者となります（所有権は委託者から受託者に移動します。）。
不動産の場合には、所有権の移転の登記が必要です。
預かる人＝受託者

解　説

信託とは、財産を預けることとほぼ同じ意味合いです。しかし、単純に預けることとは異なり、信託の場合には、財産の所有権が預かる人（**受託者**）に移動します。

したがって、受託者は信託財産の所有者として信託財産に関する契約をすることができます。例えば、信託財産が不動産であった場合には、受託者が信託財産の賃貸契約をしたり、修繕の契約をしたり、不動産の管理契約をすることができます。それだけに受託者の役割は重要です。あなたが財産を信託する際には、信頼できる者に信託する必要があります。

次に、信託契約が非常に重要になります。信託契約には信託の目的を記載して、信託の目的から外れることを受託者が行うことができないように規定したり、信託財産に関する重要な事項（信託財産の売却等）について受託者が単独でできないように（委託者・受益者双方の同意を必要とする等）規定することを検討してもいいでしょう。

なお、信託をすると所有権は受託者に移りますが、受託者はあくまで信託の目的に従い信託財産を管理し、処分するだけです。信託財産にかかる経済的価値は、実質的には受益者のものとされます。

したがって、信託財産にかかる賃貸収入や信託財産を売却した場合の売却代金は受託者の口座に入金されますが、このお金を受託者が個人的に流用することはできません。この信託財産から得られる金銭は、受益者に代わって受託者が管理しているだけなのです。売却代金等は、信託契約の規定に従い再投資されたり、受益者に分配されることになります。

税務上の取扱い

信託された財産の所有権を有する者は受託者です。では、税務上はどのように考えるのでしょうか。

税務上は、原則として、受託者ではなく受益者が信託財産を有しているとみなして考えます。

ただし、例外もあります。一つは、受益者がいない場合です。受益者がいない場合、課税法上、財産を有するとみなされる者がいなくなってしまいますので課税される者もいないことになります。そこで、受益者がいない場合には、受託者が財産を所有しているものとみなします。

また、受益証券が発行されている場合も同様に、受託者が信託財産を所有するものと考えます。このことは、受益証券が発行されている場合には、受益証券が転々として受益者が頻繁に変更されることがあるため、受益者が信託財産を有していると考えると、その都度、信託財産の譲渡があったとみなして計算することになり、課税計算が煩雑になってしまうためです。

〔信託財産の所有者と課税法上の所有者〕

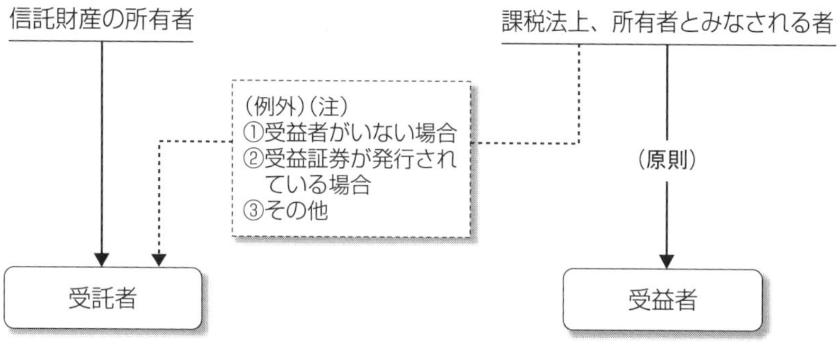

(注)　税務上は原則として受益者を所有者とみなします。しかし、法人課税信託（受益者がいない信託や、受益証券を発行する信託等をいいます（法法２二十九の二)。Q80参照）については受託者が信託財産を有するものと考えます（所法13①、法法12①)。

Q4 信託の方法

信託はどのようにするのでしょうか。口頭（口約束）で行うことができるのでしょうか。また、書面で行う必要があるのでしょうか。

Answer

信託は以下の３つの方法により行うことができます。信託契約により行う場合には、口頭で信託をすることも可能です。ただし、信託契約は信託の目的により複雑になることがありますので、十分な検討を重ねた上で書面で行う方がいいでしょう。

⑴　信託契約

⑵　遺言

⑶　信託宣言

解　説

信託をする方法は信託法で定められており、以下の３つの類型があります（信法３）。

⑴　信託契約による場合

信託契約による信託は、委託者と受託者が合意して締結します。受益者は契約の当事者にはなりません。受益者は一方的に利益を受けるだけですので、受益者の合意は必要ないものとされています。ただし、そうは言っても受益者に指定された者が受益者になりたくない場合も考えられますので、受益者が受益権を放棄することを認めています（**Q29**参照）。

⑵ 遺言による場合

遺言で信託を行うことも可能です。遺言書に「自分が亡くなった場合には……信託をする」と記載しておくことになります。遺言書の中で行いますので、遺言者が単独の意思で行い、遺言自体が有効な方法で作成されていなければなりません（Q５参照）。この信託は、遺言の効力発生により効力が生じます。

また、遺言により受託者に指定された者がいる場合には、遺言者が亡くなった後、その者に信託財産の管理を依頼することになりますが、受託者と指定された者が、信託を引き受けるかどうかは、その者の自由です。受託者と指定された者は断ることもできます。そして、断られてしまった場合や、遺言書において受託者として指定された者がいなかった場合には、裁判所に申立てをし受託者を選任することになります（信法62）。

⑶ 信託宣言による場合

次に、委託者と受託者が同一の者となる場合（自分で自分の財産を管理する場合）には、契約当事者が１人ですので、契約は締結できません。

この場合、委託者の単独による意思表示により信託をすることになります。これを「**信託宣言**」といいます。信託宣言は、単独で完結する行為なので、いつ、どのような信託がなされたのか不明確になることがあります。そこで、信託宣言により信託をする場合（単独で信託をする場合）には、単に信託の内容を記載した書面を作成しただけでは信託の効力は生じないものとされています。この書面を公正証書で作成した場合には、その作成時点で信託の効力が生じるものとされています。公正証書で作成しなかった場合、当該書面（又は電磁記録）について公証人の認証を受けた時、又は、受益者に信託がされた旨とその内容を通知した時に効力が発生することとされています。なお、この通知は、単に口頭でしたり通常の手紙で行っても無効です。確定日付のある証書（内容証明郵便等（民法施行法第５条））により通知しなければなりませんので注意が必要です。

原則として、遺言や信託宣言による信託は、書面で行う必要がありますが、信託契約を締結する場合には、必ずしも文書でしなければならないというわけではなく、口頭の合意でも成立します。しかし、信託の内容については詳細な定めをする必要があることも少なくないので、文書で信託の内容を明確にしておくといいでしょう。

具体的な方法を以下にまとめました。

〔信託の方法〕

方　法	書面作成者	書　面	効力の発生（注１）
信託契約の締結	委託者と受託者（口頭でも可）	契約書に信託の内容を記載して作成します。	契約の締結時
遺言書の作成	遺言者が単独でする意思表示	遺言書（注３）の中で信託の内容を記載して作成します。	遺言の効力発生時（相続の発生時）
信託宣言の作成	委託者が単独でする意思表示（委託者と受託者が同一である場合の信託になります。）	書面又は電磁記録に信託の内容を記載して作成します。	①　公正証書等（注２）による場合は、公正証書等の作成時 ②　公正証書以外の書面又は電磁記録による場合は、受益者となる者に対して確定日付のある証書により当該信託がされた旨及びその内容を通知した時

（注１）　信託行為※に停止条件や効力の発生日が指定されている場合には、

その信託行為に記載された内容に従います。

※　**信託行為**とは、信託の内容を定めたものをいいます。したがって、信託契約書を作成して信託を行う場合には信託契約書のことを指し、遺言により信託を行う場合には遺言書を指し、自らが受託者となる内容の信託の場合には当該内容を記載した書面又は電磁記録を指します（信法２②）。

（注２）　公正証書等とは、公正証書又は公証人の認証を受けた書面もしくは電磁記録をいいます。公証人役場での認証には、私署証書と宣誓証書がありますが、信託宣言の認証は私書証書になります。報酬は最大で11,000円になります（金額の記載がない場合は5,500円になります。）。また、手続きに必要な資料は以下のとおりです。

	委託者が個人	委託者が法人
署名者本人が出頭	(イ)　認証を受ける書面1通 (ロ)　発行から３か月以内の印鑑証明書と実印、又は運転免許証・マイナンバーカード等の公的機関発行の写真つき証明書と認印	(イ)　認証を受ける書面1通 (ロ)　発行から３か月以内の印鑑証明書 (ハ)　発行から３か月以内の履歴事項全部証明書又は現在事項全部証明書 (ニ)　実印
代理人が出頭	(イ)　認証を受ける書面1通 (ロ)　発行から３か月以内の印鑑証明書 (ハ)　実印を押印した委任状 (ニ)　代理人の身分証明書（発行から３か月以内の印鑑証明書と実印、又は運転免許証・マイナンバーカード等の公的機関発行の写真つき証明書と認印）	(イ)　認証を受ける書面1通 (ロ)　発行から３か月以内の印鑑証明書 (ハ)　発行から３か月以内の履歴事項全部証明書又は現在事項全部証明書 (ニ)　代表印を押印した委任状 (ホ)　代理人の身分証明書（発行から３か月以内の印鑑証明書と実印、又は運転免許証・マイナンバーカード等の公的機関発行の写真つき証明書と認印）

（注３）　遺言書の作成方法は、主に以下の書面により作成することになります（詳細はＱ５参照）。

①　自筆証書遺言

②　公正証書遺言

③　秘密証書遺言

Q5 遺言の方法

遺言書の作成方法を教えてください。

Answer

遺言書の作成は、主に以下の３つの方法があります。

⑴　自筆証書遺言

⑵　公正証書遺言

⑶　秘密証書遺言

解　説

⑴　自筆証書遺言

自筆証書遺言は、簡単に作成することができそうですが、全文自筆で記載する必要があります。ワープロの文字が一部でもあったり、日付や氏名の記載がなかったり押印がないと無効になってしまいますので注意が必要です。

なお、民法改正により2019年１月13日以降に作成される自筆証書遺言に添付する財産目録については、ワープロや謄本の写し等、自筆でなくてもよいものとされます。また、自筆ではない財産目録については、全ページに指名を自署し、押印をする必要があります。

⑵　公正証書遺言

それに比べて公正証書遺言は、公証人が遺言書を作成してくれます。若干費用もかかりますが、遺言書が無効になることはありませんので安心です。遺言書は公証人役場で保管されますし、開封・検印の手続きも不要です。

(3) 秘密証書遺言

秘密証書遺言は、自分で作成してもいいですし、専門家に作成してもらってもいいのですが、ワープロで本文を作成できる点が便利です（氏名は自署し、押印が必要です）。ただし、封印した遺言書を公証人に持参して公証人と遺言者及び証人に署名・押印してもらう必要があります。秘密証書遺言は、費用はあまりかかりませんが、相続が発生した後に開封と検印の手続きを家庭裁判所でしなければなりませんので面倒です。

それぞれ、一長一短はありますが、大切な遺言ですから、公正証書遺言で作成しておけば安心できますね。

〔遺言書の比較〕

	自筆証書遺言	公正証書遺言	秘密証書遺言
根拠条文	民法968	民法969	民法970
作成方法	全文・日付及び氏名を自署し、これに印を押さなければなりません（注１）。	事前に、公証人が遺言者又は専門家から遺言の内容を聞いて遺言書を作成します。作成当日に、公証人が遺言者及び証人に読み聞かせ（又は閲覧させ）、遺言者及び証人が遺言書が正確なことを承認した後、遺言者、公証人、証人がこれに署名し、押印します。	本文はワープロでもかまいません。遺言者が専門家に作成を依頼してもよいのですが、氏名は自署し、押印が必要です。作成した遺言書は、遺言書に押印した印章で封印します。遺言者が公証人と証人の前に封書を提出して自己の遺言書である旨、筆者の氏名及び住所を申述し、公証人がその証書を提出した日付及び遺言者の申

			述を封紙に記載した後、公証人、遺言者、証人が署名、押印します。
自筆で作成する必要があるか	自筆でなければなりません（注１）。	公証人に作成してもらいます。	自筆でも、ワープロでも可（氏名は自署）
単独でできるか	遺言者が単独で作成できます。	公証人に作成してもらいます。	単独で作成し封印することができます。なお、封印した後に、公証人、証人とともに署名・押印します。
証人は必要か	不要	２名以上必要（推定相続人は証人になれません。）	２名以上必要（推定相続人は証人になれません。）
氏名の自署が必要か	必要	必要（遺言者が署名することができない場合は、公証人がその事由を付記して、署名に代えることができます。）	必要
押印は必要か	認印で可	認印で可	認印で可
遺言書作成時に公証人役場に持参するもの		以下の①～④の全てが必要です。 ①　右欄の①～④のいずれか ②　遺言者と相続人の続柄がわかる戸籍謄本 ③　財産を相続人以外の人に遺贈する場合には、その人の住民票 ④　遺産に不動産が	以下の①～④のいずれかが必要です。 ①　運転免許証と認印 ②　パスポートと認印 ③　住民基本台帳カード（顔写真付き）と認印 ④　印鑑証明書（発行から３か月以内のもの）と実印

		含まれる場合には、登記簿謄本及び固定資産評価証明等	
遺言書の保管	各自（注２）	公証人役場（注３）	各自
手数料	— （注４）	（注５）	（注６）
家庭裁判所の検認（注７）	必要 （法務局で保管されていた場合は不要）	不要	必要
封印されている遺言書の開封(注７)	封印がなされている場合は、家庭裁判所において相続人又はその代理人の立会のもとで開封します（注８）。	—	家庭裁判所において相続人又はその代理人の立会のもとで開封します(注８)。
相続登記手続	遺言書の原本（注４の※４）	遺言書の正本（注３後段）	遺言書の原本

（注１） 2019年１月13日以降、自筆証書にこれと一体のものとして相続財産の全部又は一部の目録を添付する場合には、その目録（目録は全てのページに署名し印を押さなければなりません。）は、自書することを必要とせず、ワープロでもかまいません（民法968②）。

（注２） 2020年７月10日に「法務局における遺言書の保管等に関する法律」が施行され、遺言者は自筆証書遺言を法務局に保管することができるようになりました。

（注３） 公正証書遺言が作成されているかどうかわらない場合には、公証人役場で公正証書遺言が作成されているか検索してもらうことができます。当該検索はどこの公証人役場でもしてもらえます。また、遺言書の閲覧・謄本請求は公正証書遺言を作成した公証人役場でしなければなりません。なお、照会請求できるのは相続発生前は遺言者本人のみ

で、相続発生後は法定相続人、受遺者、遺言執行人などの利害関係人に限られています。

遺言書の原本は公証人役場に保管されています。正本は公正証書遺言を作成した際に発行されます。なお、万が一にも紛失してしまった場合には再発行が可能です（手数料は１枚につき250円）。

（注４） 法務局による遺言書の保管制度を利用した場合の手数料は以下になります。

申請・請求の種別	申請・請求者	手数料
遺言書の保管の申請※1	遺言者	１通につき、3,900円
遺言書の閲覧の請求（モニター）※2	遺言者・関係相続人等	１回につき、1,400円
遺言書の閲覧の請求（原本）※3	遺言者・関係相続人等	１回につき、1,700円
遺言書情報証明書の交付請求※4	関係相続人等	１通につき、1,400円
遺言書保管事実証明書の交付請求	関係相続人等	１通につき、800円

※１ 遺言書の保管の申請には遺言書保管所（遺言書の保管所として定められている法務局の本局、支局等）まで遺言者本人が行く必要があります。したがって、病気等で遺言書保管所に行くことができない場合、遺言書の保管制度を利用することはできません。また、本人確認には顔写真付きの身分証明書（マイナンバーカード、運転免許証、運転経歴証明書、パスポート、乗員手帳、在留カード、特別永住者証明書）が必要となりますので、これらの身分証明書がない場合は利用することができません。なお、遺言書の保管料は無料です。

※２ モニターによる閲覧は全国のどの遺言書保管所でも閲覧を請求することができます。

※３ 遺言書の原本が保管されている遺言保管所である遺言書保管所でのみ閲覧を請求することができます。

※４ 遺言書情報証明書は、遺言書の内容が記載された証明書で、今までは遺言書の原本を必要としていた相続登記手続に利用することができます。

（注５） 公正証書遺言の手数料は、相続及び遺贈を受ける者ごとに、目的の価額に従って、以下の手数料を算定し、それを合算した額になります

（目的の価額が１億円を超えない場合には、手数料に11,000円を加算します。）。なお、消費税は非課税です。

目的の価額	手数料
100万円まで	5,000円
200万円まで	7,000円
500万円まで	11,000円
1,000万円まで	17,000円
3,0000万円まで	23,000円
5,000万円まで	29,000円
１億円まで	43,000円
以下、１億円を超えるものについては、 超過額5,000万円まで毎に、３億円までは13,000円を、 10億円までは11,000円を、 10億円を超えるものについては8,000円をそれぞれ加算します。	

～公証人手数料令19条～

（注６） 秘密証書遺言の手数料は11,000円です。

（注７） 公正証書で作成された遺言書及び、法務局で保管されている遺言書以外の遺言書は、相続の開始を知った後、遅滞なく遺言書の保管者又は遺言を発見した相続人は家庭裁判所の検認を申し立てなければなりません。検認の手続きをせずに遺言を執行したり、封印されている遺言書を家庭裁判所以外で開封した場合には５万円以下の過料に処せられることがあります。なお、遺言書について検認の手続きを受けなかったからといって遺言書が無効になるわけではありません。

（注８） 家庭裁判所で開封を行う場合、実務上は家庭裁判所が相続人に呼出状を発して開封の日を相続人に通知しています。なお、開封の日に相続人が立ち会わなくても開封されます。また、「法務局における遺言書の保管等に関する法律」が施行され、法務局に保管された遺言書（封印された秘密証書遺言は法務局に保管を申請できません。）については開封の手続きは必要ありません。

Q6 民事信託と商事信託

Aさんは、財産を同族法人B社に信託しようと思います。B社（受託者）は信託業の免許を持っていないのですが、信託を受託することはできないのでしょうか。

Answer

営業として信託を受託するのでなければ、B社（受託者）は信託業の免許や登録を内閣総理大臣から受けている必要はありません。

また、受託者は、個人でも法人でもかまいませんし、もちろん、親族でも同族法人でも受託者になれます。

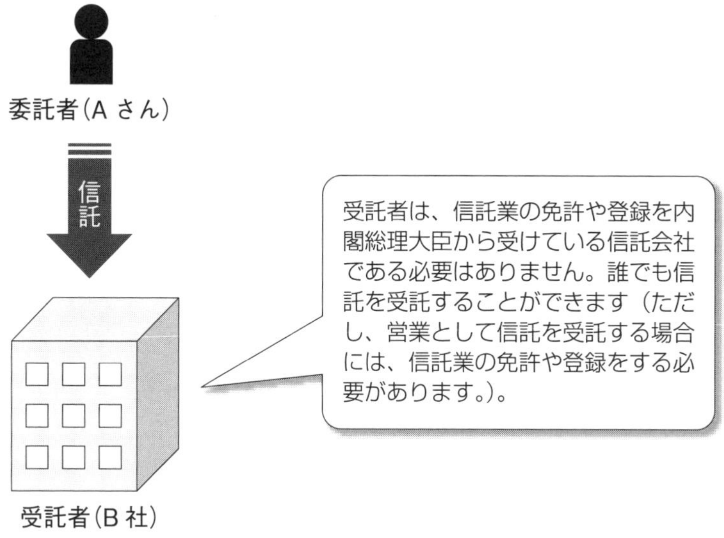
委託者（Aさん）
信託
受託者は、信託業の免許や登録を内閣総理大臣から受けている信託会社である必要はありません。誰でも信託を受託することができます（ただし、営業として信託を受託する場合には、信託業の免許や登録をする必要があります。）。
受託者（B社）

解　説

信託に関する法律は、「**信託法**」と「**信託業法**」があります。営業として信託を受託する者には、「信託業法」の規定が適用されますので、信託業の免許や登録が必要になります。それとは異なり、営業として信託を受託しないのであれば、信託業の免許や登録の必要はありません。

したがって、営業として信託を受託していないのであれば、受託する者は、同族法人や親族であってもかまいません。

ただし、受託者が親族や同族法人であっても、信託法において受託者は、受託した財産を受託者の固有財産（注１）とは区別して管理する等の義務がありますので、受託した者は信託された財産をしっかり管理しなければなりません（**Q16**参照）。

ここで、営業として信託を受託するとは、具体的にどのようなことを意味するのでしょうか。これについては「利益を得る目的で反復継続して信託を引き受けるもの」と解されています。また、「反復継続」については、不特定多数の委託者・受益者との取引が行われるかどうかという実態に則して判断するものとされています（注２）。

したがって、親族内や特定の者との間で信託をする場合は、営業にあたらないと解されます。

（注１）　固有財産とは、受託者が信託により預かっている財産ではなく、受託者自身が自由に自分のために利用したり処分したりすることができる、受託者自身の財産のことをいいます。

（注２）　金融審議会金融分科会第二部会「信託法改正に伴う信託業法の見直しについて」平成18年１月26日

Q7 遺言信託・遺言代用信託とは

(1) 遺言信託について教えてください。
(2) 遺言代用信託について教えてください。

Answer

(1) 「遺言信託」とは、以下の２つの全く異なる意味で使われています。

① 金融機関が遺言の作成や遺言執行のサービスをする商品の名称です。なお、信託と言うものの、信託法における信託ではありません。

② 遺言で信託を設定すること。

(2) 「遺言代用信託」とは、信託契約において、受益者が亡くなった時に、受益権や信託財産が移転する先が定められている信託をいいます。遺言と同様の効果があるので、遺言代用信託といわれています。

解　説

(1) 遺言信託

「遺言信託」という言葉は、法律で規定された言葉ではありません。一般的には、以下の２つの意味で使われているようですが、その意味は全く異なるので、どちらの意味で使われているか気をつけましょう。

① 金融機関が提供する商品の名称

信託とは、財産を預ける（信託する）ことですが、ここで言う「遺言信託」とは、財産を預ける（信託する）わけではなく、法的な意味では信託ではありません。

具体的には、金融機関から遺言書の作成等について支援を受け、遺言執行をしてもらうサービスを受けることをいいます。同様のサービスは相続に対応する弁護士、司法書士、税理士等の専門家等も行っていますが、金融機関が提供しているサービスの名称を「遺言信託」と言っています。

(参考) 金融機関に遺言信託を依頼した場合の費用

金融機関が提供する遺言信託（遺言書の作成と保管、執行業務）のコストは金融機関により異なりますが、一例を挙げますと、おおよそ財産額が１億円で約200万円、２億円で約300万円、３億円で約400万円、５億円で500万円を超え、10億円で800万円に近づく費用となっているようです（注）。

なお、金融機関が提供する遺言信託の前提となる遺言書は基本的に公証人役場で作成されることになっていますので、上記費用とは別に公証人役場における遺言書作成費用がかかります（Ｑ５参照）。

(注) 相続財産が遺言信託を受託した金融機関等の金融商品である場合、費用はおおよそ半額程度まで減額されるようです。なお、記載させていただいた費用は金融機関から公表されている情報を参考にしましたが、これら費用についての詳細は各金融機関にお問い合わせください。

② 遺言で信託を設定すること

信託は、契約によって行うこともできますし、遺言で設定することもできます（Ｑ４参照)。「遺言信託」とは、遺言で信託を設定することをいいます。

具体的には、「私が亡くなったら、賃貸不動産は長男に信託し、受益者は孫とする」というように、遺言において遺言者が亡くなることを停止条件として効力が生じる信託を行うことをいいます。

なお、通常の信託においては、委託者の地位は相続人に承継されますが、遺言信託の場合は、委託者の地位は原則として承継されず消滅します。もしも委託者の地位を承継させたい場合には、遺言において別段の規定をしておく必要があります。

後日、信託の目的に反するような信託条項の変更をしたい場合には、原則として委託者、受託者、受益者の合意が必要になりますが、委託者の地位を誰が承継しているのか、消滅しているのかにより対応が異なってきます。遺言信託を行う場合には気をつけるといいでしょう。

(2) 遺言代用信託

遺言信託（上記(1)②の遺言信託）に似ていますが、異なる点として、遺言で信託を設定するのではなく、生前に信託をして、当該信託の委託者が当初の受益者となり、当該受益者（委託者）が亡くなった場合に、次に受益者となる者を信託契約において定める信託をいいます。

例えば、父が生前に信託をして、信託契約書に「信託設定時の受益者は父とするが、父が亡くなった場合には長男を受益者とする」というように、父が亡くなった場合に受益権を誰が取得するのか定めるものをいいます。

これは、遺言書において遺言者の相続の発生により遺産が誰に相続（遺贈）されるか定めるのと同様に、信託契約において相続が発生した場合に受益権を取得する者を定める信託は、遺言書に代用される信託であるという意味で遺言代用信託といいます。

Q8 信託の変更

父の遺言書には、父が亡くなった後、母の老後の生活を支援することを目的として、母を受益者として父の財産を信託する旨（受益権を譲渡することは禁止されています。）が記載されていました。ここで、信託契約を変更して受益者を長女である私にしたいのですが、信託契約を変更することはできるのでしょうか。

Answer

受益者の変更は、原則として、委託者、受託者及び受益者の合意が必要です。

ところで、遺言により信託をした委託者が亡くなった場合、原則として委託者の地位は相続されません（信法147）。したがって、委託者は不在です。このような場合には、委託者の合意を得ることはできませんので信託契約を変更することは困難となります。

解　説

信託の内容の変更は、次表のように行うことができます（信法149）。

〔信託の変更の概要〕

	合意が必要な者（○が必要な者、×は合意が不要）			通　知
	委託者	受託者	受益者	
原　　則	○	○	○	なし
信託の目的に反しない場合	×	○	○	委託者に通知
受益者の利益に適合する場合	×	○	×	委託者及び受益者に通知
受託者の利益を害さない場合	×	×	○	受益者から受託者に対する意思表示をし、受託者は委託者に変更の内容を通知
受託者の利益を害しない場合	○	×	○	受託者に対する意思表示
信託行為に別段の定めがある場合	信託行為の定めによります。			

（注１）　委託者が存しない場合は、委託者の合意が必要となる変更はできません。

（注２）　受益者が複数いる場合には、原則として、全受益者の合意が必要ですが、信託行為に別段の定めがある場合には、その定めに従います（信法105①）。したがって、多数決により決定できる旨の定めがある場合には、全員の合意は必要になりません。

（注３）　遺言代用の信託※の場合（信法90①）

遺言代用信託の場合、遺贈（遺贈の場合、遺言者がいつでも書き直すことができます。）と同様に考えて、委託者が亡くなる前であれば委託者が亡くなった時に受益者となる者を委託者が単独で変更することができます（信託行為（信託契約等）に別段の定めがある時は、その定めに従います。）。

※　遺言代用の信託とは、委託者が生前に信託し、委託者が生きている

間の受益者は委託者自身として、委託者が亡くなった場合の受益者を配偶者や子にすることにより、実質的に委託者の遺産の分配の仕方を定めるものです。

原則として信託の変更は、委託者、受託者及び受益者の３者間で合意すればどのような変更でも可能です。また、信託の変更が受託者を害さない場合には、委託者と受益者が合意すれば変更できます。

信託の目的に反しない変更の場合には、委託者の合意は不要となります。さらに、受益者の利益に適合する変更であれば、受益者の合意も不要となります（受託者が単独で行うことができます。）し、受託者を害さない変更であれば、受託者の合意も不要となります（受益者が単独で行うことができます。）。なお、信託行為（信託契約等）において、信託の変更について別段の定めをしておけば、その定めに従って変更することができることとされています。

本問の場合には、信託の目的の変更になるかと思われます。このような場合、別段の規定がなければ委託者の合意が必要になりますが、遺言によってなされた信託については、委託者の地位は相続されません（Q13参照）ので、委託者が不在となり変更することはできません。

ただし、遺言による信託であっても、遺言書に「委託者の地位が承継される」旨の記載があれば、委託者の地位が遺言の定めにより指定された者に移転することになります（あくまで、遺言で信託について定めた規定が優先します。特段の規定がない場合には、原則どおり委託者の地位は相続されず、消滅します。）。仮に、委託者の地位が長女に承継される旨が指定されていたのであれば、委託者である長女と受益者である母親が合意すれば信託の内容を変更することができます。

また、遺言書に「信託の内容の変更は、受益者が単独ですることができる」と規定しておけば、委託者が存在しなくても受益者である母親が単独で信託の内容を変更することが可能です。

信託を利用しない通常の遺言であれば、遺言と異なる内容の遺産分割をしたい場合、相続人全員の合意があれば可能と解されます。しかし、信託の場合には、変更できないことにもなりかねませんので、遺言書の作成にあたっては、信託の変更について、相続人全員の合意があれば信託の内容を変更できる等の規定を設けておいてもいいでしょう。

（注）**裁判所による信託の変更**

当初予見することのできなかった特別の事情により、信託事務の処理の方法に係る信託行為（信託契約等）の定めが信託の目的及び信託財産の状況その他の事情に照らして受益者の利益に適合しなくなった場合には、委託者、受託者又は受益者の申立てにより、裁判所は信託の変更を命じることができます（信法150）。

Q9 信託と倒産隔離

信託財産の所有権は、受託者が有することになります。もし、受託者が破産等した場合、信託とは関係ないところで受託者が負っている債務にかかる債権者が、信託財産による弁済を求めてこないか心配です。信託財産は、受託者の債権者から守られるのでしょうか。

Answer

信託財産は、信託とは関係なく受託者が負担する債務にかかる債権者からは遮断されています。したがって、当該債権者が信託財産をもって受託者固有の債務の弁済に充てることはできません。

解　説

信託財産の所有者は、形式的には受託者です。しかし、信託財産は受益者のために管理されるのであり、信託財産の経済的な価値は受益者のものです。

したがって、信託財産を受託者の固有の債務から守る必要があります。そこで、受託者が負担する債務にかかる債権者は、信託財産責任負担債務（信託財産で負担しなければならない債務（注１））に基づく場合を除き、信託財産に属する財産に対しては強制執行等をすることはできないこととなっています（信法23①）。

結果として、信託に関係のないところで受託者が負担する債務にかかる債権を有する者から、信託財産は守られます。

〔信託財産で負担すべき債務〕

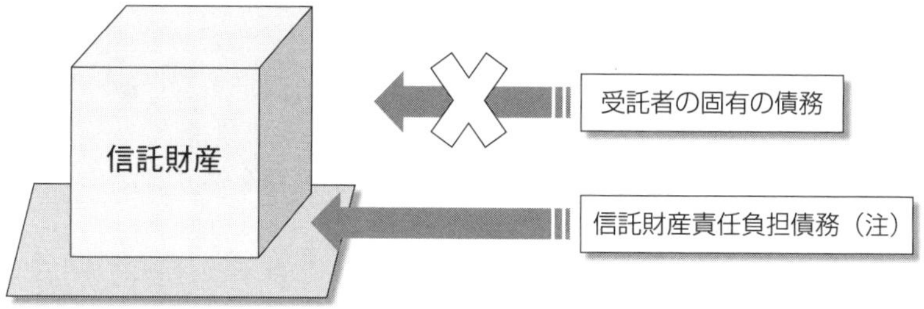

自分が負担する債務にかかる債権者を害することを知って、自分が自分を受託者として信託することにより、財産の保護を図ろうとした場合、信託前における委託者の債権者は、信託財産に属する財産に対して強制執行等を行うことができるものとされています（信法23②）。ただし、信託されてから２年を経過したときには、強制執行することはできなくなります（信法23④）。

また、２年を経過していなくても、受益者の全部又は一部が受益者としての指定を受けたことを知ったとき又は受益権を譲り受けた時において債権者を害することを知らなかったときは、強制執行できないものとされています。

（注）「**信託財産責任負担債務**」とは、受託者が信託財産に属する財産をもって履行する責任を負う債務をいいます（信法２⑨）。
具体的には、以下の債権に対する債務をいいます（信法21①）。
① 受益債権
② 信託前に信託財産に設定された抵当権等、信託前に信託財産に対して生じた権利
③ 信託前に委託者が負担する債務で、債務引受により信託財産をもって負担するものと定めた債務に対する債権
④ 受益権取得請求権
⑤ 信託のためにした借入金等（受託者がその権限に基づいて信託財産のためにした債務）に対する債権

⑥　信託のためにした借入金等（受託者がその権限に基づかずに信託財産のためにした債務）で、取引の相手方が信託財産のための行為であることを知っていたもの

⑦　信託財産の売却（又は信託財産に権利を設定する行為）で、受託者がその権限に基づかずに行った行為に対する債権

⑧　受託者が利益相反の規定に反して信託財産を処分したり、担保を設定したことにより生じた債権

⑨　受託者が信託事務を処理するについてした不法行為により生じた権利

⑩　信託事務の処理により生じた権利

〔受託者の固有財産で負担すべき債務〕

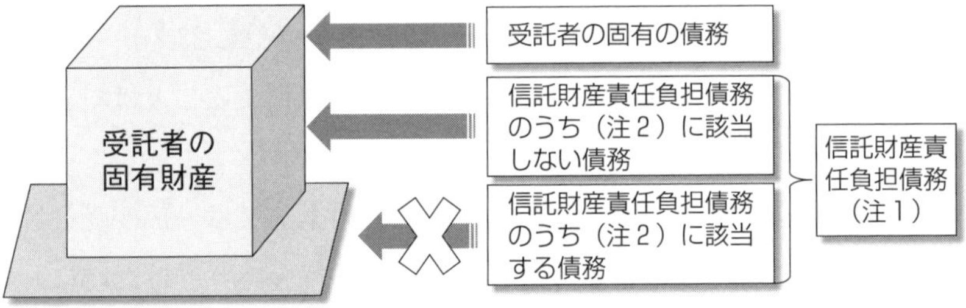

（注１）　前頁の（注）参照

（注２）　信託財産責任負担債務にかかる債権者は信託財産のみならず、受託者の固有財産に対しても、債務の履行を求めることができます。ただし、以下に示す債権に対する債務については、受託者の固有財産に債務の履行を求めることはできないものとされています（信法21②）。

①　受益債権

②　信託行為に限定責任信託（Q57参照）の定めがあり、その旨の登記がされている場合の信託財産責任負担債務にかかる債権

③　信託法において、信託財産に属する財産のみをもってその履行を負うものとされる場合における信託債権

④　信託債権を有する者との間で信託財産に属する財産のみをもってその履行の責任を負う旨の合意がある場合における信託債権

〔受託者が破産した場合の手続き〕

受託者が破産した場合には、受託者の任務が終了します（信法56①）（注１、２）。受託者の任務が終了した場合、受託者であった者は受益者に対し、その旨を通知します（信託行為に別段の定めをすることも可）（信法59①）。その後、新受託者を選任することになります（Q18参照）が、新受託者が選任されるまでの期間の手続きは以下のとおりです。

(1)　受託者（破産手続開始の決定により解散するものを除きます。）が破産手続開始決定を受けた場合

前受託者は、破産管財人に対し、信託財産に属する財産の内容及び所在、信託財産責任負担債務の内容等を通知しなければなりません（信託行為に別段の定めがある場合には、その義務を加重することができます。）（信法59②）。

破産管財人は、新受託者等が信託事務を処理することができるまで、信託財産の保管をし、信託事務の引継ぎに必要な行為をしなければなりません（信法60④）。

(2)　受託者が破産開始の決定により解散する場合

前受託者は、新たな受託者が信託事務を処理することができるまで引き続き信託財産に属する財産の保管をし、かつ、信託事務の引継ぎに必要な行為をしなければなりません（信託行為に別段の定めがある場合には、その義務を加重することができます。）（信法59③）。

なお、破産管財人が信託財産を処分しようとするときは、受益者は破産管財人に対して処分を止めることを請求できます（信法60⑤、59⑤）。

(注１)　受託者の任務が終了する場合は、以下になります。

①　受託者の死亡

②　受託者である個人が後見開始又は保佐開始の審判を受けたこと

③　受託者が破産手続開始の決定を受けたこと

④　受託者である法人が合併以外の理由により解散したこと

⑤　受託者の辞任

⑥　受託者の解任

⑦　信託行為において定めた事由

(注２)　受託者が再生手続又は更正手続の開始の決定を受けた場合には、受託者の任務は終了しません（信託行為に別段の定めをした場合にはその定めによります。）（信法56⑤）。なお、管財人があるときは、受託者の職務の遂行並びに信託財産に属する財産の管理及び処分をする権利は、管財人に専属します（信法56⑥）。

Q10 自己信託

Aさんは、自分の財産を子供に贈与しようと思いますが、子供は財産の管理能力がないので、自分が受託者となる信託をして、受益者を子供にしようと考えています。このように、自分が自分に信託することはできるのでしょうか。

Answer

自分が自分に対して信託することは可能です。

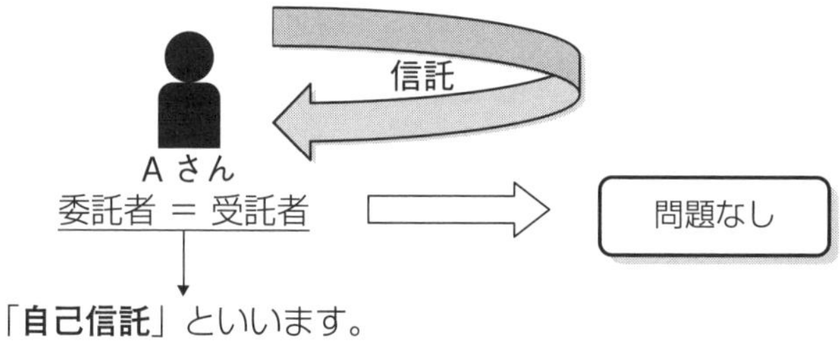

解　説

自分で自分に対して信託するとは、委託者が受託者となるような場合です。これを「**自己信託**」といいます。このような信託も、もちろん可能です。ただし、委託者と受託者は同一の者なので契約当事者は1名しかいないこととなり、契約書を作成することはできません。そこで、このような場合には、Aさん（委託者＝受託者）が信託の内容を記載した書面（又は電磁記録）を作成して、受益者となる者に内容証明等により受益者となることを通知することで効力が発生します（注）（Q4参照）。

（注）　公正証書で作成する場合又は公証人の認証を受ける場合は、受益者となる者に対する通知はなくとも書面の作成とともに効力が発生します。

Q11 受託者が受益権を有する場合

Ａさんは、自分の財産をいつか子供に贈与しようと思っていますが、子供は財産の管理能力がないので、自分が受託者となる信託をして、当面は受益権を自分で所有し、将来的に受益者を子供に移そうと考えています。このように、受託者が受益権を所有する信託をすることはできるのでしょうか。

Answer

受託者＝受益者となる信託をすることは可能ですが、この状態が１年間続くと信託は強制的に終了してしまいます（信法163二）。

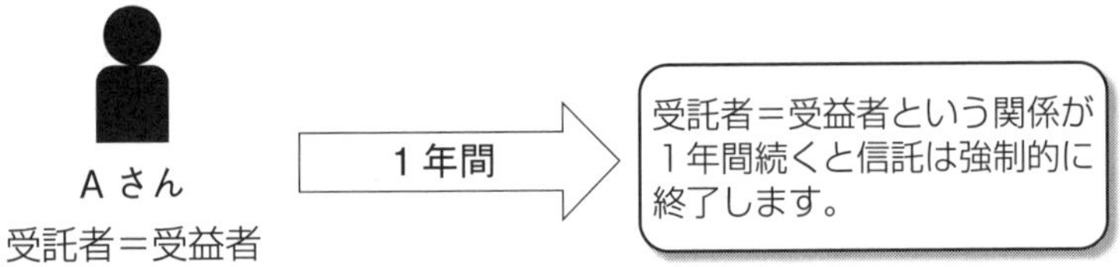
Ａさん
受託者＝受益者
１年間
受託者＝受益者という関係が１年間続くと信託は強制的に終了します。

解　説

Ａさんが、自ら受託者となる信託（委託者＝受託者となる信託）は可能です（**Q10**参照）。本問でポイントとなるのは、受託者＝受益者という状態で問題が生じないかということです。

信託の趣旨は、他人のために他人の財産を管理するというものであり、受託者＝受益者ですと、自分で自分の財産を管理することとなり、信託を認める意義がないと考えられます。そこで、信託法では、受託者＝受益者という関係が一時的に生じても認めていますが、この関係が１年間継続した場合には、強制的に信託は終了することになっています。

本問の場合のように、いずれ（一定の状況が整った場合に）子供を受益者とする予定ではあるが、当面は自分が受益者になっていたい場合、自分が受託者になってしまうと、受益者＝受託者の状態が１年間継続すると信託が強制的に終了してしまいます。

本設問の主旨とは異なりますが、このような場合には、受託者を自分とするのではなく、自分が支配している法人等にしておけば、受益者≠受託者となりますので、信託が強制的に終了してしまうことを回避できます。

なお、受託者がＡさんで、受益者がＡさんとＢさんの２名である場合、受託者≠受益者となるＢさんがいますから、この場合には信託は強制終了にはなりません。あくまで、受益権の全てを受託者が有している場合に限り強制終了することになります。

Q12 事業信託

信託をする際に、財産を信託することはできますが、債務を信託することは可能でしょうか。また、債務も信託できるならば、資産と債務をセットにして事業ごと信託することはできるのでしょうか。

Answer

信託法において信託の対象となるのは、**積極財産**（資産に計上される財産）に限られます（信法２①）。**消極財産**（債務）を信託することはできません。

ただし、信託行為において委託者の債務を、信託財産に属する財産をもって履行する債務とすること（債務引受）は可能です。

〔積極財産の信託と消極財産の債務引受〕

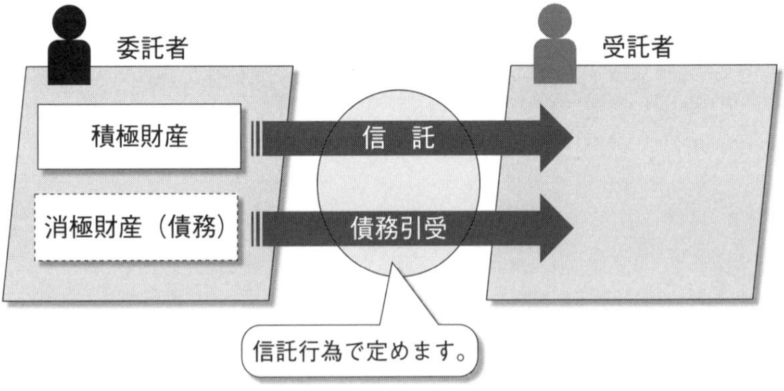

解　説

信託において、消極財産（債務）を信託することができるかどうかが論点となります。結論から言いますと、消極財産（債務）を信託することはできないと解されます。そこで、消極財産は債務引受という手続きを経て、委託者から受託者に移転することになります。

債務引受とは、元の債務者が負担している債務を新しい者が引き受けることをいいます。債務引受には、「**免責的債務引受**」と「**重畳的債務引受**」があり、免責的債務引受とは、新しい債務者が債務を引き受け、元の債務者が債務の負担を免責されます。免責的債務引受をするには、債権者の合意を得る必要があります。

これに対して、重畳的債務引受とは、新しい債務者が債務を引き受けるのですが、元の債務者も引き続き債務を負担する義務を負うものであり、結果として、元の債務者と新しい債務者がともに債務を負担するものです。重畳的債務引受の場合、債権者を害することはありませんので、債権者の合意は必要ありません。

	免責的債務引受	**重畳的債務引受**
債権者の合意	必要	不要
元の債務者	債務の負担を免責されます。	債務の負担を免責されません。

債務を信託することはできませんが、債務を負担をする者を委託者から受託者に債務引受により移転することは可能です。そして、受託者が委託者から引き受ける債務については、信託行為に記載して債務引受を行うことになります（信法21①三）。ここで、債権者の合意が得られた場合には、委託者は当該債務の負担を免責されますが、債権者の合意を得られなかった場合には、委託者は引き続き債務を負担する義務を負い

ます。

以上のことから、積極財産を信託し、消極財産（債務）については信託行為（信託契約等）において債務引受の旨を規定することにより、積極財産と共に消極財産（債務）を受託者に移転することが可能になります。

Q13 委託者の地位

父は、長男と次男にそれぞれ5千万円を相続しようと考えていました。しかし、次男には浪費癖があったため、父は一度に5千万円を次男に相続するとよくないと考え信託を活用していました。

具体的には、父（委託者）が母を受託者として5千万円を信託し、当初の受益者は父で、父が亡くなった後の受益者を次男とし、父の死後毎年300万円を受益者である次男に分配することを目的として信託していました。そして、父が亡くなり、次男が受益権を相続し、毎年300万円の分配を受けてきました。

父の死後5年が経ち、次男が自宅を購入することになったため、次男は信託の目的に反して、信託された現金をすべて分配して欲しいと受託者である母に依頼しました。

受託者（母）は次男を信頼して、信託された現金の全てを分配することに合意しています。受益者（次男）と受託者（母）が合意すれば、このように信託の目的に反する変更をすることはできるでしょうか。

Answer

信託の目的に反する変更をするためには、委託者、受託者及び受益者の合意が必要です（Q8参照）。本問では、委託者（父）はすでに亡くなっていますが、信託契約により信託が行われている場合、委託者の地位は相続により母、長男及び次男に承継されていると考えられます。したがって、信託の目的に反する変更をするには、母と長男及び次男が合意すれば、委託者、受託者及び受益者が合意したことになり変更できるものと考えられます。

〔委託者の地位について〕

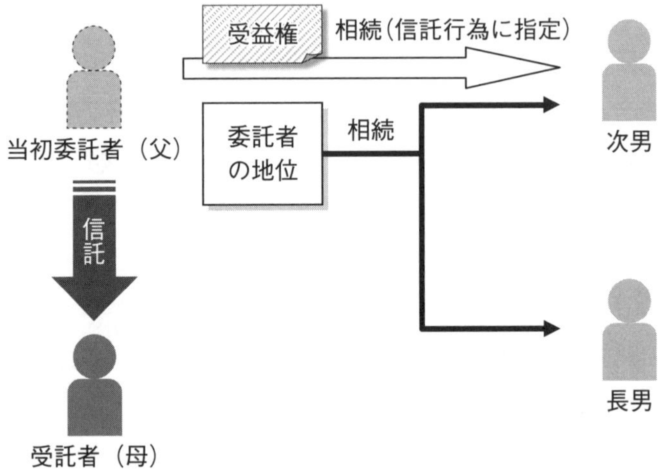

解　説

信託の目的に反するような変更は、信託行為（信託契約等）に別段の定めがない限り、委託者、受託者及び受益者の合意が必要とされています（Q８参照）。したがって、委託者の合意も必要となりますが、本問の場合、当初の委託者（父）が亡くなっています。遺言による信託を除き（注）、委託者の地位は相続により承継されるものと解されます。委託者の地位がどのように相続されるかについて指定がない場合、委託者の地位は、法定相続人である母と長男及び次男に相続されると解されます。

家族の関係が良好な場合は、特に問題はないのですが、相続でもめてしまった場合、長男の合意が得られないこともあるかもしれません。そのような場合、信託の変更（信託の目的に反しないものを除きます。）はできません。

したがって、長男の合意を得ることなく信託の変更ができるようにしておきたいのであれば、信託する際に、信託行為（信託契約等）に「信託契約は委託者の死亡後は受託者と受益者の合意により変更することができる」旨を定めておくか、委託者の地位が長男に相続されない旨を定めておくといいでしょう。

（注）　遺言によってなされた信託の場合、委託者の地位は原則として相続されず、消滅するものとされています（信託行為（信託契約等）に別段の定めをすればその定めに従います（信法147）。）。

〔委託者が亡くなった場合の委託者の地位について〕
（遺言による信託を除きます。）

（遺言による信託）

※　上記いずれの場合も信託行為に別段の定めがあれば、その定めに従います。

（補足）　委託者の権限について問題となるケース

委託者Aが信託をし、当初受益者はAでしたが、後日、Bが受益権をAから買い取りました。BはAと何ら関係はないため、受益権の譲り受けと同時に、受託者をBの関係者に変更しました。このたび、Bは、信託の目的に反する信託の変更を希望しています。

上記のようなケースでは、委託者の地位はＡのままです。信託の目的に反する信託の変更をするには、Ａの合意が必要になってしまいます。Ａとの関係が良好でなかった場合、変更をすることが困難になりかねません。そこで、このような場合には、受益権を譲り受けると同時に、委託者の地位も譲渡してもらうといいでしょう。

なお、委託者の地位の移転（譲渡）は、受託者と受益者の合意があれば行うことができます（信託行為に別段の定めがある場合には、当該定めに従うことになります。）（信法146）。

〔委託者の地位の移転（譲渡）〕

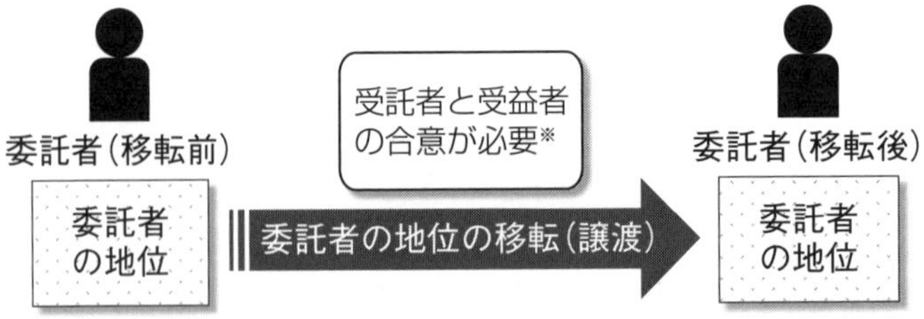

※　信託行為に別段の定めがあれば、その定めに従います。

Q14 受託者による帳簿等の作成・報告

Aさんは、所有する不動産をBさんを受託者として信託しています。なお、受益者はAさんです。受託者は信託財産を管理することになりますが、以下について教えてください。

(1) 受託者は、貸借対照表などの帳簿を作成する必要はあるのでしょうか。

(2) 受託者は、信託にかかる決算の内容を報告しなければならないのでしょうか。

(3) 帳簿閲覧権について教えてください。

Answer

信託により財産を預った者（受託者）は、帳簿を作成し、受益者に報告しなければなりません。また、受益者（Aさん）はその帳簿を閲覧することができます。

〔受託者の帳簿作成義務等〕

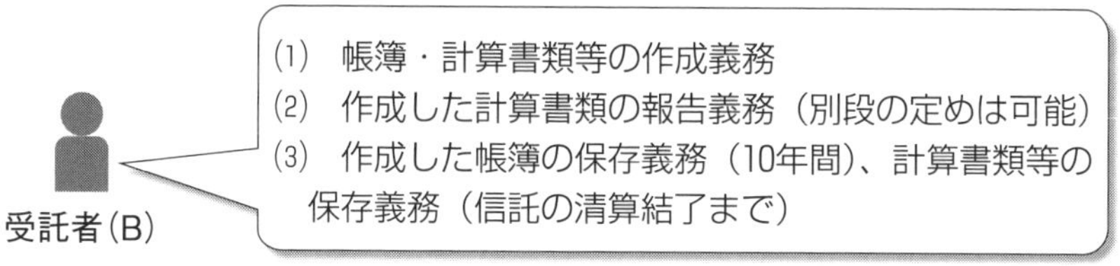
(1) 帳簿・計算書類等の作成義務
(2) 作成した計算書類の報告義務（別段の定めは可能）
(3) 作成した帳簿の保存義務（10年間）、計算書類等の保存義務（信託の清算結了まで）
受託者(B)

解　説

Ａさん（委託者）がＢさん（受託者）に不動産を信託すると、不動産の名義はＢさんになり、賃貸契約等の契約行為はＢさん（受託者）が行うことになります。それと同時に、信託財産（不動産）にかかる帳簿書類は、当然ながらＢさんが作成する義務を負います。

⑴　信託財産に係る帳簿の作成（信法37①②、信託計算規則４、５）

受託者は、信託財産に係る帳簿その他の書類（又は電磁記録）（注１）を作成しなければなりません。そして、毎年１回一定の時期に貸借対照表、損益計算書その他の書類（又は電磁記録）を作成しなければなりません（注２）。

また、以下の①②のいずれにも該当する場合、若しくは③に該当する信託については、より詳細な帳簿等の整備が求められています（注３）。

①　受益権の譲渡ができる信託で、譲渡の制限がないもの

②　受託者が、信託財産のうち主要なものの売却等をする権限を有しているもの

③　限定責任信託（**Q57**参照）

具体的には、貸借対照表、損益計算書（以下「計算書類等」といいます。）及び信託概況報告並びに付属明細書を信託事務年度の経過後３か月以内に作成しなければなりません。また、計算書類等の作成のために採用している以下の会計方針を注記しなければなりません（重要性の乏しいものを除きます。）。そして、会計方針を変更した場合には、その内容も注記する必要があります。

・資産の評価基準及び評価方法

・固定資産の減価償却の方法

・引当金の計上基準
・収益及び費用の計上基準
・その他計算書類作成のための基本となる重要な事項
・信託に係る財産及び損益の状態を正確に判断するために必要な事項

（注１）　信託財産に係る帳簿その他の書類とは、仕訳帳・総勘定元帳のことをいいますが、単純な場合には、仕訳帳や総勘定元帳といった形にこだわらなくてもいいと解されています。

（注２）　貸借対照表・損益計算書の作成をする必要がない場合（信託財産の運用をする目的の信託ではなく、単に財産を管理するような信託）には、財産状況開示資料（信託財産に属する財産及び信託財産が負担すべき債務の概況を明らかにするもの）を作成していれば足りるものと解されています。

（注３）　受託者の権限が大きい信託や、受託者の責任が限定されている信託、受益権が制限なく譲渡できる信託については、帳簿をより整備し、受益者に開示されるように手当されています（信託計算規則12～22）。

⑵　受託者から受益者への報告（信法37③）

原則として、受託者は、貸借対照表、損益計算書その他の書類を作成したときは、受益者（信託管理人がいる場合には信託管理人（**Q58**参照））に報告をしなければなりません。ただし、信託行為に別段の定めがある場合には、その定めに従います。例えば、信託行為に当該報告を必要としない旨の定めがある場合には、受託者は積極的に受益者に対して報告する必要はなくなります。

ただし、受益者は帳簿の閲覧権を有しますので、受益者が理由を明らかにして帳簿の閲覧を求めた際には、不当な目的でない限り受託者は帳簿を開示しなければなりません（信法38）。

また、受益者又は委託者は、受託者に対して信託事務の状況並びに信託財産に属する財産及び信託財産責任負担債務の状況について報告を求めることができます（信法36）。

⑶　帳簿等の保存（信法37④～⑥）

受託者は、帳簿及び信託財産に属する財産の処分の契約書、その他の信託事務の処理に関する書類（又は電磁記録）を10年間（10年経過前に信託の清算結了があった場合には、清算結了の日まで）保存しなければなりません。ただし、受託者が受益者（複数の受益者がいる場合には全ての受益者、信託管理人がいる場合には信託管理人）に対して帳簿等を交付、提供した場合にはこの限りではありません。

また、受託者は貸借対照表、損益計算書、その他財産状況開示資料については信託の清算結了までの間保存しなければなりません。ただし、10年経過した後において、受益者に対してこれらの書類を交付、提供した場合には、この限りではありません。

Q15 受託者の事務

受託者は、信託事務を自分で行わなければならないのでしょうか。誰かに依頼することはできますか。

Answer

原則として、信託事務は受託者が行わなければなりませんが、信託行為に別段の定めがある場合、やむを得ない事由がある場合には、受託者は信託事務を他人に委託していいものとされています。

解　説

受託者は、委託者から信頼されて受託者に選ばれているわけですから、原則として、信託事務を自ら行わなければなりません。ただし、受託者は、信託事務を必ず自分で遂行しなければならないということではなく、以下に挙げる一定の場合には、信託事務を他の第三者に委託することができます（信法28）。なお、事務を行うことが不適切な者に委託する場合には、受益者等に迷惑が及ぶこともあり得ますので、「適切な者に委託しなければならない（信法35①）」とされています。

(信託事務を委託することができる場合)

① 信託行為（信託契約等）に信託事務の処理を第三者に委託する旨又は委託することができる旨の定めがあるとき

② 信託行為に信託事務の処理の第三者への委託に関する定めがない場合において、信託事務の処理を第三者に委託することが信託の目的に照らして相当であると認められるとき

③　信託行為に信託事務の処理を第三者に委託してはならない旨の定めがある場合において、信託事務の処理を第三者に委託することにつき信託の目的に照らしてやむを得ない事由があると認められるとき

信託をする前から事務を第三者に委託することが予定されているのであれば、事前に信託行為においてその旨を定めておくといいでしょう。ただし、信託行為にその旨を定めなかった場合は第三者に委託できないということではなく、上記②において「第三者に委託することが信託の目的に照らして相当である」場合には、委託してもかまいません。ここで、「信託の目的に照らして相当である」とは、具体的にはどういう場合のことを意味しているのかが問題になります。これについては、『逐条解説　新しい信託法（寺本昌広、商事法務）』において以下のような場合を指していると解説されています。

⑴　信託事務のうち受託者自ら処理するよりも、より高い能力を有する専門家を使用する方が適当であると認められる場合
⑵　特に高度な能力を要しない機械的事務であるものの、受託者自ら行うよりも専門業者に委託した方が、費用・時間の点で効率的である場合

つまり、合理的な理由があれば、原則として、事務を第三者に委託することが可能であるとしています。

さらに、信託行為に信託事務を第三者に委託してはならない定めがある場合でも、受託者が海外に行ったり、入院する等により、信託事務を行うことが困難な場合には、第三者に委託しても良いものとされています。

Q16 受託者による信託財産の分別管理

受託者は、信託財産と受託者の固有財産をしっかり区別して管理しなければならないそうですが、その方法について教えてください。

Answer

受託者は以下の財産の区分に応じて、次のように管理しなければならないとされています（信法34）。

受託者による信託財産の管理方法		
① 信託の登記又は登録をすることができる財産	信託の登記又は登録する方法	
② 信託の登記又は登録ができない財産	イ 動産（金銭を除きます。）	信託財産に属する財産と固有財産及び他の信託の信託財産に属する財産とを外形上区別することができる状態で保管する方法
	ロ 金銭その他イに掲げる財産以外の財産※	その計算を明らかにする方法 ※ イに掲げる財産以外の財産とは、物理的に区別できない預金等の金銭債権があります。

（注） 上記①②について、信託行為に別段の定めがある場合には、その定めによります。ただし、信託の登記又は登録をする義務は免除することができません。

解　説

受託者は、自身の固有財産と受託者として所有する信託財産を分別管理しなければなりません。

具体的には、登記又は登録ができる財産については、登記又は登録をしなければなりません。代表的なものが不動産です。

不動産が信託された場合、受託者は不動産の所有者を受託者の名義に変更し、同時に信託である旨の登記をしなければなりません。なお、登記をしなかった場合は、当該不動産が信託財産に属することを第三者に対抗できません（信法14）。

また、株式が信託された場合には、株主名簿の変更を依頼しましょう。株主名を受託者の名義にするとともに、当該株式が信託財産に属する旨を株主名簿に記載しなければ、第三者に対抗できません（会法154の２）。

預金が信託された場合には、預金の名義を受託者の名義に変えることになります。受託者が受託者の名義で預金を管理します。現状において、預金通帳の名義人が受託者であることを明記して預金通帳を作成することに対応している金融機関と対応していない金融機関があるようです。預金通帳の名義人が受託者であることを明記できない場合には、受託者は帳簿等を記帳して当該預金が信託財産であることをわかるように管理しなければなりません。

物理的に管理できる動産であれば、信託された動産に識別できる標識を貼って管理してもいいでしょうし、倉庫等に信託財産以外の財産と区別できる形で保存してもかまいません。

Q17 受託者の死亡

父が受託者となり信託財産を管理していましたが、父が亡くなってしまいました。

⑴ 受託者の地位は相続されるのでしょうか。また、父の相続人が受託者の相続人としてしなければならないことがあれば教えてください。

⑵ 受託者がいなくなると信託は終了してしまうのでしょうか。

Answer

⑴ 受託者の地位は相続されません。ただし、次の受託者が選任されるまで、前受託者の相続人は信託財産を管理しなければなりません。

⑵ 受託者がいなくなった瞬間に信託が終了することはありません。

ただし、1年間受託者がいない状態が続くと信託は強制的に終了してしまいます。したがって、1年以内に新しい受託者を選任する必要があります（Q18参照）。

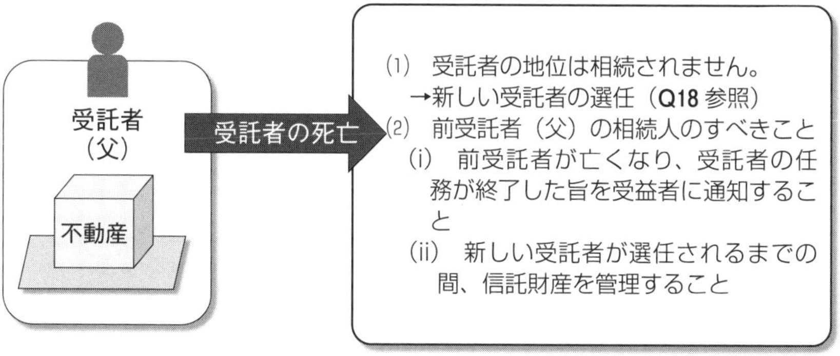

解　説

(1)　受託者の地位について

受託者の地位は、相続されることはありません。したがって、受託者が亡くなった場合には、新しい受託者を選任しなければなりません。しかし、新しい受託者が選任されるまでの間は、前受託者の相続人が信託財産の管理をしなければなりません（信法60②）。また、前受託者の相続人は、新しい受託者を選任することが必要であることを知らせるために、受益者に対して受託者が亡くなって、受託者の任務が終了した旨を通知しなければなりません（信法60①）。

本問の場合、父の相続人が受益者に対して、父が亡くなり受託者の任務が終了したことを通知し、新しい受託者が選任されるまで（最大1年間）の間、信託財産を管理しなければなりません。

(2)　受託者がいない状態が継続した場合

受託者がいない状態が1年間継続した場合には、信託は終了してしまいます（信法163三）。なお、この1年間という期間を短縮はできますが(信法163九)、延長する規定は無効となります。

Q18 受託者の選任

受託者が亡くなって、受託者が不在になってしまいました。新しい受託者を選任するにはどのようにすればいいでしょうか。

Answer

新しい受託者について信託行為（信託契約等）の規定がある場合には、その規定に従います。

規定がない場合には、委託者と受益者との合意により選任することができます。

新しい受託者の選任		
信託行為（信託契約等）に新しい受託者についての規定があるか。	ある	規定に従います。
	ない	委託者と受益者が合意したうえで次の受託者を選任します（委託者がいない場合は、受益者が単独で選任できます。）。

解説

受託者は、信託財産を管理するという重要な役割があります。したがって、受託者が不在の状態は好ましくありません。受託者が存在しないこととなった場合には、早急に新しい受託者を選任する必要があります。なお、受託者がいない状態が１年間継続した場合には、信託は終了してしまいますので注意が必要です（信法163三）。

新しい受託者を選任する方法について信託行為（信託契約等）の規定があれば、その規定に従うことになりますが、規定がない場合には、委託者と受益者との合意により新しい受託者を選任することができるものとされています（信法62①）。

なお、委託者が存在しないような場合においては、受益者のみで新しい受託者を選任することができるものとされています（信法62⑧）。

これに対して、受託者の解任について、委託者が存在しない場合には、受益者のみの意思で解任することはできないものとされています（信法58⑧）（**Q19**参照）。

Q19 受託者の解任

受託者を信頼できないので解任したいのですが、受託者を解任することはできるのでしょうか。

Answer

信託に受託者の解任の規定があれば、その規定に従いますが、規定がない場合には、委託者と受益者が合意すれば解任することができます。

受託者の解任		
信託行為（信託契約等）に受託者の解任についての規定があるか。	ある	規定に従います。
	ない	委託者と受益者の合意が必要になります。

解　説

受益者は、信託財産の実質的な経済価値を享受する権利を持っていますが、信託された財産を管理することはできません。

信託財産は、信託の目的に従って、受託者が管理することになります。そこで、受益者と受託者の間で摩擦が生じることもあるかと思われます。このような場合、受益者が勝手に受託者を解任できるかどうかが問題となります。

受託者の解任は、信託行為（信託契約等）に規定があれば、その規定に従うことになります（信法58③）。したがって、信託行為（信託契約等）に「受益者は、受託者を解任することができる」という規定があれば、受益者が単独で解任することができます。しかし、信託行為（信託契約等）に規定がない場合には、委託者と受益者が合意した場合に解任することができるものとされています（信法58①）。

また、委託者がいない場合には、委託者の合意が得られませんので受託者を解任することはできません（信法58⑧）。

ただし、受託者が信託の目的を無視して、信託財産に損害を与える場合には、委託者又は受益者が、受託者の解任を裁判所に申し立てて解任することができます（信法58④）。

Q20 受託者の責任

受託者は、どのようなことをした場合に責任を問われることになるのでしょうか。その場合に、責任を問う権利は誰にあるのでしょうか。また、その権利に時効はあるのでしょうか。

Answer

受託者が任務を怠って信託財産に損失が生じた場合、当該損失を填補し、信託財産に変更が生じた場合には、原状を回復するよう受益者が受託者に対して請求することができます。

〔受託者の責任について〕

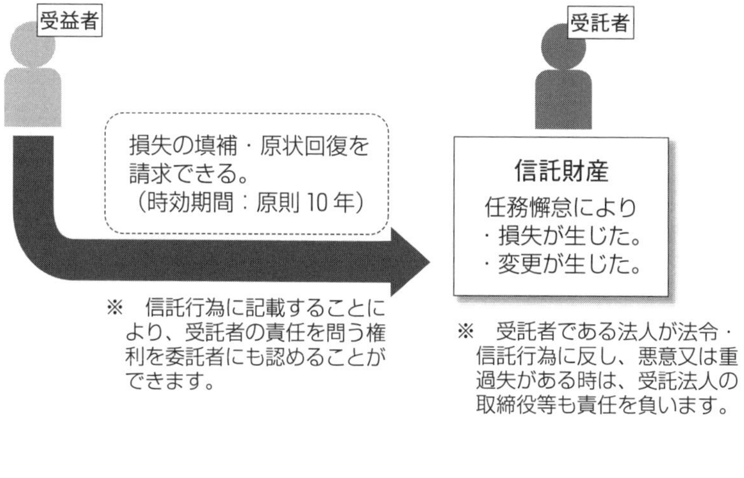
受益者
受託者
損失の填補・原状回復を
請求できる。
（時効期間：原則10年）
信託財産
任務懈怠により
・損失が生じた。
・変更が生じた。
※　信託行為に記載することにより、受託者の責任を問う権利を委託者にも認めることができます。
※　受託者である法人が法令・信託行為に反し、悪意又は重過失がある時は、受託法人の取締役等も責任を負います。

解説

受託者は、信託財産を分別管理しなかったり、信託事務について信託行為（信託契約書等）の定めに反して第三者に委託したり、競合行為や利益相反行為を行ったり、受益者の利益のためでなく自己の利益のために信託事務を行ったり、信託財産の管理を適正に行わない場合や、信託の目的に反して信託財産を処分した場合等、受託者としての任務を怠った場合に、受託者としての責任を問われます。このような場合には、受益者は任務を行った受託者に対して、以下のいずれかの請求をすることができます（信法40①）。

① 信託財産に損失が生じた場合……当該損失の填補
② 信託財産に変更が生じた場合……原状の回復

したがって、親族内の誰かが受託者になって信託を行った場合に、親族内にもめごとがあり、受託者が任務を怠り信託財産に損失が生じるようなことがあると、受託者が親族内の受益者から損失の填補を請求されるといったことが想定されます。

なお、受益者が受託者の責任問うことができる権利は、信託行為（信託契約書等）によって制限することはできません。したがって、信託契約書に「受益者は受託者に対して任務を怠った責任を問うことができない」という文言を記載していたとしても、当該文言は無効になると考えられます。つまり、信託契約書を作成する段階で受託者の責任を軽くすることはできません。ただし、受益者は受託者が任務を怠ったことによる損失の填補請求権等を事後的に免除することは可能です（信法42）。

(1) 委託者の権限

原則として、受託者が任務を怠った責任を問うことができる権利は受益者に認められており、委託者には認められていません。しかし、信託行為（信託契約書等）において、委託者が当該権利を有する旨を定めることは可能です（信法145②七）。

(2) 信託事務を第三者に委託した際の責任

親族内での信託においては、親族内の関係者又は関係法人が受託者になることがありますが、信託に係る事務を第三者に委託する場合には、原則として、信託行為（信託契約書等）において第三者に委託できる旨を定めておくことが必要です（注）。この規定に反して、第三者に委託して信託財産に損失又は変更を生じた場合には、受託者は責任を負うことになります。このような場合は、第三者に委託しなかったとしても信託財産に損失又は変更が生じたことを証明しない限り責任を免れません（信法40②）。

（注） 第三者に委託できる定めがなくても、第三者に委託することが信託の目的に照らして相当であると認められる場合、あるいは信託行為（信託契約書等）に第三者に委託できない旨の規定がある場合に、第三者に委託することが信託の目的に照らしてやむを得ないと認められる時には委託することが認められています（信法28）。

(3) 分別管理違反の責任

受託者が信託財産を分別管理していなかった場合において、信託財産に損失又は変更が生じた場合には、仮に分別管理していたとしても信託財産に損失又は変更が生じたことを受託者が証明しない限りその責任は免れません（信法40④）。

⑷　忠実義務違反・利益相反行為・競合行為の際の責任額

受託者は、自己の利益のためではなく、受益者の利益のために信託事務を行わなければならないという忠実義務（信法30）に反した場合や、受託者が利益相反行為や競合行為を行って、受託者及びその利害関係人が利益を得た場合には、当該利益の額と同額の損失が信託財産に生じたものとみなして、受託者は損失填補の責任を問われることになります（信法42③）。

⑸　受託法人の役員等の責任

受託者が法人である場合、受託者である法人が行った行為が法令又は信託行為（信託契約書等）の定めに違反する行為で、悪意又は重大な過失がある場合には、受益者は、当該受託者（法人）の理事・取締役・執行役又はこれに準ずる者に対しても受託法人と同時に責任を問うことができます（信法41）。

⑹　時効期間

受益者等が受託者等に対して責任を問うことができる期間には時効があります（信法43）。時効の起算点は、原則として、信託財産に損失又は変更が生じた時からとなります。なお、受益者が存在しない場合には信託管理人（注）が選任されるまでの期間、受益者が存在するものの受益者であることを知らない場合には、受益者が受益者として指定を受けたことを知るまでの期間は時効の期間から除かれます。なお、このように時効の計算から除かれる期間が長期間であったとしても、信託財産に損失又は変更が生じてから20年を経過した場合には、受益者の当該権利は消滅します。

受託者が責任を負うべき時効の期間については、原則として10年（民法第167条第１項の債務不履行による損害賠償請求権と同様）となりますが、商行為である商事信託の場合には５年となります（商法522)。なお、受託者の役員等に対する責任については10年とされています。

（注） 信託管理人（Q58参照）とは、受益者がいない場合に選任することができる者で、受益者がいないために受益者に替わって受託者の監督や信託の意思決定等の受益者の権利を有する者をいいます（信法123・125)。

Q21 所有権と受益権

所有権と受益権の相違について教えてください。

Answer

所有権と受益権には、以下の点で相違があります。

	所有権	受益権
収益を受け取る権利と元本を受け取る権利に分けることができるか	不可	可
権利に期間的制限等を付することができるか	不可	可
自分が亡くなった後の相続まで指定できるか	不可と解される	可

解　説

受益権とは、受益者が信託財産から得られる利益等の給付を受け取る権利及び受益者が受託者を監督する権利のことをいいます。信託をすると、委託者が有していた財産の所有権は受託者に移転し、受益者が受益権を有することになります。

受益権の場合、所有権であればできないことが可能になります。

まず、信託行為（信託契約等）において受益権を譲渡することを禁止する旨を定めれば、受益者が受益権を処分する権利を制限することが可能です（Q24参照）。

また、受益者指定権を有する者を定めると、その者の指示により受益者の意思に関わらず受益権を移転することが可能となります（Q56参照)。

さらに、一定の条件により受益権を消滅（又は移転）させる旨を信託行為（信託契約等）において定めると、その定めに従って受益権を消滅（又は移転）させることもできます。つまり、受益権に期間的制限を付けることも可能です。

そして、所有権の場合、所有権を有しない者が当該所有権の処分の仕方を定める（所有権の相続の仕方を定める）ことはできませんが、受益権であれば、信託後30年先の相続まで信託行為（信託契約等）の定めに従って、受益権の相続の仕方を決めることができます（Q60参照）。

さらに、所有権の場合、収益を受け取る権利と元本を受け取る権利を分けることはできませんが、受益権であれば、分けることが可能になります（Q23参照）。

以上のように、信託を活用すると色々なことができるようになりますが、これは主に受益権の性質によるものといえるでしょう。

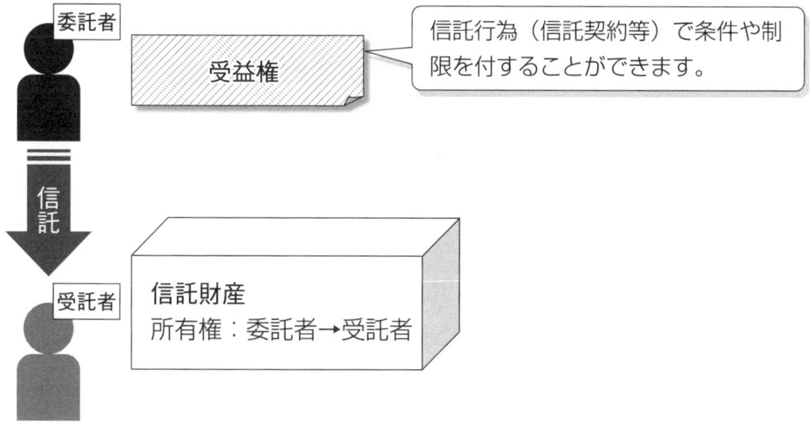

Q22 質的に分割された信託

以下のような受益権が質的に分割された信託をすることはできますか。

（例）　私は賃貸アパートと自宅を所有しています。この２つの不動産を信託し、当初の受益者は私としますが、私が亡くなった時には、長男と次男を受益者とし、長男は信託に関する権利のうち自宅に関する権利を取得し、次男は賃貸アパートに関する権利を取得するものと定めています。

〔質的に分割された信託〕

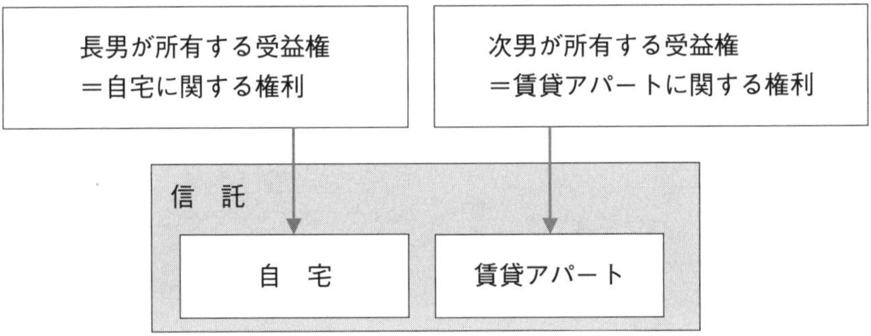

Answer

長男が取得する信託に関する権利と次男が取得する信託に関する権利は、同質なものではありませんが、そのような信託を禁止する規定はなく、信託行為（信託契約等）に規程すれば質的に異なる受益権を定め、それぞれを別々の者に承継することができます。

解説

実務上、ほとんどの信託は受益者が複数名であったとしても、それぞれが有する信託に関する権利は質的に同質です。しかし、質的に異なる受益権を定義することも認められています。よく議論になるのが、収益受益権と元本受益権に複層化した信託（Q23参照）です。

その他、設例のように、複数の不動産を信託した場合、不動産ごとに紐付けられた受益権を定義することで質的に異なる受益権を定める信託をすることも可能です。このような質的に分割された信託の需要は少なからずあるように思われますが、実務においてその利用例はあまりありません。というのも、質的に分割された信託では、信託財産とそれに係る収益、費用を精緻に区分して管理しなければなりませんが、その区分が実務上煩雑で、時には不明瞭になることがあり、また、信託行為（信託契約等）も複雑にならざるを得ない点がその理由と考えられます。

本問のように信託を質的に分割された１つの信託で行うよりも、はじめから２つの信託に分けてしまえば、質的に異なる信託を利用しなくても済みます。

Q23 受益権の複層化

父は賃貸している土地を所有しています。土地の相続税評価額が高額なので、土地を贈与すると贈与税も高額になってしまいます。そこで、今後10年の間、土地から得られる賃貸収入を得る権利と、それ以外の権利に分けて、どちらかを贈与したいと考えています。このように財産から収益を受ける権利だけを分離することはできるのでしょうか。

Answer

信託を利用すれば、収益を受ける権利を分離することができます。所有権の場合、その一部の権利（例えば、今後10年間の収益部分）を所有権から分離することはできませんが、受益権であれば、収益部分を分離することができます。

解　説

土地の所有権を有する者は、土地から得られる賃貸収入を受ける権利を有しますし、土地を売却した場合の売却代金を受領する権利も有します。土地の所有者から、収益を受ける権利を分離して、移転することができるでしょうか。これは一般的にはできないと解されています。

これに対して、土地を信託し、土地の経済価値を受益権にした場合には、受益権を収益を受け取る権利と、それ以外の権利に分けることは可能です。このように、信託財産の管理及び運用から得られる利益を受け取る権利を「**収益受益権**」といいます。

〔所有権〕

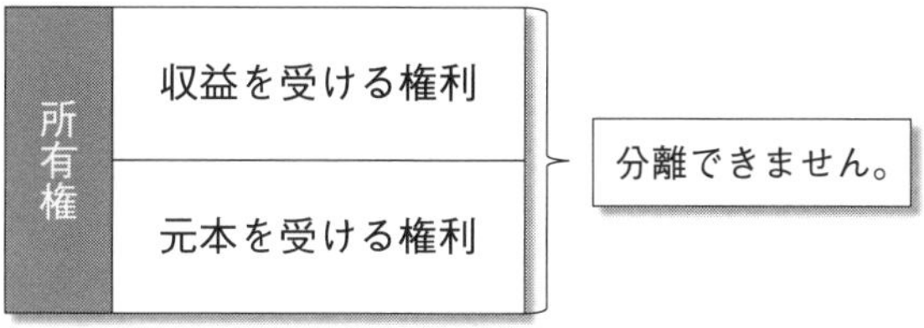

〔受益権の複層化〕

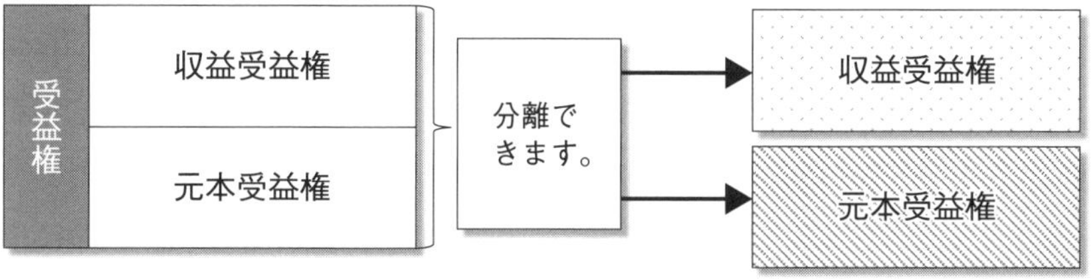

本問の場合は、今後10年間の収益を受け取る権利を収益受益権として分離する事例です。

このように信託を利用すると、財産の経済価値が受益権になりますので、当該受益権を様々に分離することができます。例えば、今後10年間の収益を受けることができる権利を受益権Aとして分離し、11年目から20年目までの収益を受けることができる権利を受益権Bとして分離し、21年目以降の収益及び信託終了時の元本を受ける権利を受益権Cとして分離することもできます。そして、受益権Aは配偶者に贈与し、受益権Bは長男に贈与し、受益権Cは孫に贈与するということも可能になります。

なお、このように分離された受益権の評価については、Q76を参照してください。

Q24 受益権の譲渡

私は、信託された賃貸不動産の受益権を有しています。賃貸不動産は父が受託者となって管理しています。ここで、私はこの信託受益権を売却してしまって現金を手にすることはできるのでしょうか。

Answer

原則として、受益者は受益権を勝手に譲渡することができます（信法93①）。

ただし、信託行為（信託契約書等）に譲渡できない旨や、譲渡には誰かの承諾を必要とする旨等を定めることができます（信法93②）。

〔受益権の譲渡について〕

受益権の譲渡……**（原則）自由**

（例外）

① 受益権の性質に反する場合（解説(注)参照）

② 信託行為で受益権の譲渡を制限する定めがある場合には、その定めに従います。

(注) 重大な過失によらず、譲渡が制限されている信託行為の定めを知らなかった譲受人又は第三者に対抗できません。

解説

原則（注）として、受益者は受益権を譲渡することができます（信法93①）。

ただし、信託行為（信託契約書等）に譲渡を禁止する規定や、譲渡する場合に受託者等の承諾を得ることを必要とする規定を定め、受益権の譲渡を制限することができます（信法93②）。親族で行う信託においては、その目的が受益者と指定された者の属人性に依拠しているケースがほとんどで、受益権の譲渡に制限を付すことが一般的です。

（注） 信託受益権の性質に反する場合には譲渡ができませんが、これは受益権が一身専属的な権利である場合をいいます。例えば、特別障害者扶養信託等の特定の者の保護を目的にしている受益権がこれに該当します。

（信託行為に反して受益権が譲渡された場合）

受益権の譲渡の制限が規定されているにも関わらず、受益権が譲渡されてしまった時、譲受人に対して対抗できるでしょうか。これについては、当該譲渡制限規定に反して受益権を譲り受けた者その他第三者が譲渡制限の定めがあることを知り、又は譲受人の重大な過失によって譲受人がこれを知らなかった場合には、対抗することができます（信法93②）。

なお、親族内で行う信託では、受益者の同意なく、受益者指定権等が行使される旨や信託条項が変更される旨が定められていることが少なくありません。信託条項を確認せず、譲渡制限が付されていることに気付かず受益権を譲り受ける者はいないと思いますが、重大な過失によらず受益権の譲渡制限があることを知らずに受益権を譲り受けた者には対抗できませんので注意が必要です。

(譲渡の手続き（対抗要件））

受益権は受託者に対する債権を内包する権利であり、受益権の譲渡は債権譲渡と同様の手続きが求められます。具体的には、受益権の譲渡者が受託者に受益権が譲渡されたことを通知するか、又はこれを受託者が承諾をしなければ受託者に受益権の譲渡を対抗できません（信法94①）。受益権の譲渡が行われたものの、当該通知又は承諾がない場合、受託者が信託にかかる収益や信託財産の交付を旧受益者（譲渡者）にしてしまったとしても、新受益者（取得者）は対抗できません。

① 通知による場合

通知は取得者が行うのではなく（※）、譲渡者が譲渡と同時に行います。譲渡前に行っても無効です。譲渡後の通知は有効ですが、通知がなされた時から対抗力が生じますので、譲渡と同時に行うとよいでしょう。また、受託者に通知をしたことを後日、証明ができるように通知を受けた旨を記した受領書を受託者からもらうか、内容証明郵便で通知書を郵送するとよいでしょう。

（※） 譲渡者の代理を受けて取得者が通知をすることは可能です。

② 承諾による場合

受託者による承諾の相手は、譲渡者・取得者のいずれでもかまいません。譲渡前の承諾を有効とする判例があるものの反対意見もあり、譲渡と同時に承諾を得るとよいでしょう。

通常は、信託行為（信託契約書等）において受益権の譲渡について受託者の承諾が必要とされていますので、受託者に譲渡の通知をするだけでは足りません。そこで、譲渡者と取得者が押印した「受益権譲渡通知及び承諾書」を受託者に提出し、譲渡日に当該書面に受託者の承諾印をもらいます。

そして当該書面を公証人役場に持参し確定日付印を押印してもらいます。受益権が二重に譲渡された場合のように、受託者以外の第三者に受益権の譲渡を対抗するためには、上記通知又は承諾を確定日付のある証書（※）で行わなければ対抗できません（信法94②）。

（※） 確定日付のある証書とは、内容証明郵便や公証人役場で確定日付印を押印した文書を言います。なお、公証人役場での確定日付印の手数料は700円です（公証人の手数料は非課税です。）。

〔受益権譲渡の対抗手続〕

・受託者への対抗……①譲渡者から受託者へ通知又は②受託者による承諾
・第三者への対抗……上記通知又は承諾を確定日付のある文書で行う。

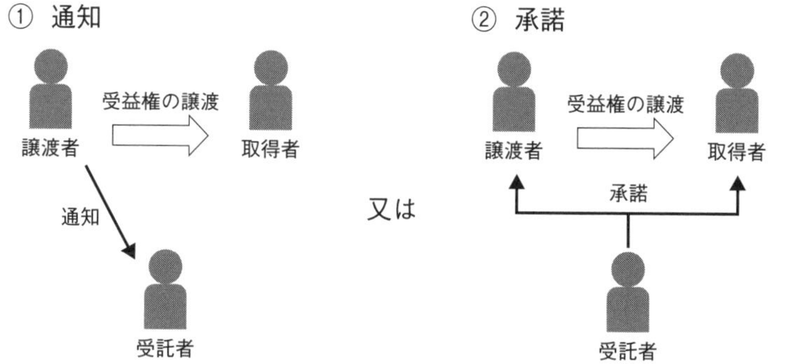

・通知は譲渡と同時かその後に行う。
・譲渡者の代理として取得者が通知することも可能

・承諾は受託者が譲渡者又は取得者に対して行えばよい。

(通知内容)
・譲渡者の住所、氏名　・取得者の住所、氏名　・譲渡日
・譲渡する受益権が特定できる内容
・被通知人（受託者）の住所、氏名

Q25 受益権に対する質権設定

受益権に担保を設定することはできますか。

Answer

原則として、受益者は受託者の承諾なく受益権に質権を設定させることができます（信法96①）。ただし、信託行為（信託契約書等）に、質権を設定することができない旨や、質権を設定する場合に受託者等の承諾を必要とする旨等を定め、質権の設定を制限することができます（信法96②）。

〔質権の設定について〕

質権の設定……（原則）自由
（例外）
① 受益権の性質に反する場合（Q24、解説（注）参照）
② 信託行為で受益権の質権設定を制限する定めがある場合には、その定めに従います。
（注） 重大な過失によらず、質権設定が制限されている信託行為の定めを知らなかった質権者又は第三者に対抗できません。

解　説

受託者が信託財産に属する資産として不動産を取得する際に、金融期間から借入れを行うことがあります。その際、不動産に対して抵当権を設定するほかに、受益権に担保を設定されることが多いようです（注）。担保の設定方法には、抵当権、質権、譲渡担保等があります。信託財産が不動産であっても受益権は不動産ではありませんので受益権に抵当権を設定することはできません。通常は受益権に質権を設定する方法が取られます。

（注） 受託者が信用のある信託会社である場合、不動産に抵当権を設定せず、受益権に質権を設定するだけで融資を受けられるケースもあるようです。抵当権の設定には登録免許税（債権額の0.4%）がかかりますので、コスト削減になります。

質権設定は、受益者（質権設定者）と債権者（質権者）の合意により効力を生じます（信法96①）。ただし、信託行為（信託契約書等）に質権の設定を禁止する規定や、質権の設定をする場合に受託者等の承諾を得ることを必要とする規定を定め、質権の設定を制限することができます（信法96②）。信託条項（信託契約書等）において質権の設定には受託者の承諾が必要とされる規定が定められることが一般的ですが、この場合は受託者の承諾を得る必要があります。

(信託行為に反して質権設定がされた場合)

信託条項（信託契約書等）で受益権に質権設定することが制限されているにも関わらず、受益権に質権設定されてしまった時、質権者に対して対抗できるでしょうか。これについては、当該質権設定制限規定に反して質権を設定した質権者その他第三者が、質権設定の制限の定めがあることを知り、又は質権者等の重大な過失によって、質権者等がこれを知らなかった場合には、対抗することができます。しかし、質権設定の制限があることを重大な過失によらず知らなかった質権者には対抗できません（信法96②）。

質権者は受益権を占有し、使用収益できるので、信託に係る配当や元本の交付を受け取ることができます。しかし、一般的には、債務不履行があるまでは、受益者が信託に係る収益を受領できる旨を質権設定契約書に定め、受益者に配当を受け取る権利を与えます。

（質権設定の手続き（対抗要件））

受益権に対する質権設定は、民法に定める権利質（民法362）に類するものと解され、権利質と同様の手続きが求められます。具体的には、受益権に質権が設定されたことを質権設定者（受益者）が受託者に通知をするか、又は受託者がこれを承諾しなければ、質権設定を受託者に対抗できません（民法364）。質権設定が行われたものの、当該通知又は承諾がない場合、受託者が信託財産を受益者（質権設定者）に交付してしまったとしても、質権者は対抗できません。

具体的な手続きは、受益権の譲渡と同様です。**Q24**の（譲渡の手続き（対抗要件））における「譲渡者」「取得者」をそれぞれ、「受益者（質権設定者）」「質権者」に置き換えて参照してください。

Q26 受益者の権利

信託の内容は、信託行為（信託契約等）の定めに従いますが、信託行為の定めをもってしても制限できない受益者の権利を教えてください。

Answer

以下の受益者の権利は、信託行為（信託契約書等）の定めによっても制限することができません（信法92）。これらの権利の多くは、受益者が受託者を監督するための権利となっています。

① 裁判所に対する申立権
② 遺言により信託がなされた場合に、遺言で受託者に指定された者に対して信託の引受けをするかどうかの確答すべき旨の催告権
③ 信託財産への強制執行等に対する異議申立権
④ 上記③により受益者が勝訴した場合の、訴訟に関する費用（訴訟費用を除きます。）等を受益者が信託財産から支払うことを請求する権利
⑤ 受託者の権限違反行為の取消請求権
⑥ 受託者の利益相反行為の取消請求権
⑦ 信託事務の処理の状況について、受託者へ報告を求める権利
⑧ 帳簿等の閲覧又は謄写の請求権
⑨ 受託者が任務を怠ったこと等による損失の填補又は原状回復を受託者に請求する権利
⑩ 上記⑨の場合、受託者が法人である場合に、当該法人の役員に対し

て損失の塡補又は原状回復を請求する権利

⑪　受託者が違反行為をし、又は当該行為をするおそれがある場合に、受託者の行為の差止めの請求権

⑫　上記⑪により受益者が勝訴した場合の、訴訟に関する費用（訴訟費用を除きます。）等を受益者が信託財産から支払うことを請求する権利

⑬　受託者の任務が終了した場合の、前受託者による信託財産の処分の差止請求権

⑭　前受託者が死亡した場合の相続人、又は前受託者が破産した場合の破産管財人による信託財産の処分の差止請求権

⑮　上記⑬⑭により受益者が勝訴した場合の、訴訟に関する費用（訴訟費用を除きます。）等を受益者が信託財産から支払うことを請求する権利

⑯　信託行為に新受託者が指定されている場合に、新受託者へ就任を承諾するかどうか確答すべき旨の催促権

⑰　受益権を放棄する権利

⑱　重要な信託の変更又は信託の併合もしくは分割があった場合の受益権取得請求権

⑲　信託行為に信託監督人が指定されている場合に、信託監督人となるべき者へ就任を承諾するかどうか確答すべき旨の催促権

⑳　信託行為に受益者代理人が指定されている場合に、受益者代理人となるべき者へ就任を承諾するかどうか確答すべき旨の催促権

㉑　受益証券が発行されない受益証券発行信託の受益者が受益権原簿記載事項を記載した書面の交付を請求する権利

㉒　受益証券発行信託において、受益権原簿を閲覧又は謄写することを請求する権利

㉓　受益証券発行信託において、受益権を取得した受益者が、受託者に対して受益権原簿に記載又は記録することを請求する権利

㉔　限定責任信託において、受託者が受益者に対して不当な給付をした場合の金銭の填補又は支払いを請求する権利

㉕　限定責任信託において、受託者が受益者に対して給付をした後、最初の決算に欠損が生じた場合の金銭の填補又は支払いを請求する権利

㉖　会計監査人（受益証券発行信託である限定責任信託において設置が可能）が任務懈怠により信託財産に損失が生じた場合の金銭の填補又は支払いを請求する権利

（注）　受益証券発行信託においては、受益者が単独で行使できる上記権利に一定の制約を付すことが認められています（信法213）。

なお、以下の受益者の権利は、信託行為（信託契約等）の定めによって制限することができます。

信託行為（信託契約等）によって制限できる事項	参照条文
①　受託者が利益相反行為をした場合に通知を受ける権利	信法31
②　受託者が競合行為をした場合に通知を受ける権利	信法32
③　受託者から信託にかかる計算書類の報告を受ける権利	信法37
④　受託者が信託事務に必要な費用の前払いを受ける場合に通知を受ける権利	信法48
⑤　受託者を委託者との合意により解任する権利	信法58
⑥　受託者の任務が終了した場合に通知を受ける権利	信法59、60
⑦　新しい受託者を委託者と合意により選任する権利	信法62
⑧　新しく受益者になる者が、その旨の通知を受ける権利	信法88
⑨　委託者、受託者との合意により信託の内容を変更する権利	信法149

⑩　信託の併合もしくは分割を委託者との合意によりする権利	信法151、155、159
⑪　信託の併合もしくは分割が信託の目的に反せず、かつ、受益者の利益を害さない場合に、受託者が単独で信託の併合もしくは分割の意思表示をした場合に、通知を受ける権利	信法151、155、159
⑫　信託を委託者との合意により終了させる権利	信法164

Q27 2人以上の受益者による意思決定の方法

受益者が２人以上いる信託の意思決定はどのようにすればよいでしょうか。

Answer

受益者が２人以上いる場合の意思決定（受益者が単独で行使することができ、制限することができない権利（Q26）は除きます。）については、以下のように判断されます。

信託行為（信託契約等）に別段の規程があるか

→ ある……規程に従います。

→ ない……全ての受益者の一致により行います。

解　説

受益者が単独で行使でき、信託行為（信託契約等）の定めによって制限できない権利（Q26①～㉖参照）は、受益者が２人以上ある場合であっても、他の受益者とは関係なく単独で行使できます（受益証券発行信託については、一定の制約をすることが可能です（信法213)。)。

それ以外の信託法及び信託行為（信託契約等）の定めによる受益者の意思決定事項は、原則として、全ての受益者の一致が必要とされています。ただし、信託行為（信託契約等）に別段の定め（注１）をすればその定めによることができます（信法105①）。

信託法による意思決定権限は例えば、以下のようなものが考えられます。

① 受託者を解任する権利

② 新しい受託者を選任する権利

③ 信託の内容を変更する権利

④ 信託の併合・分割を決定する権利

⑤ 信託を終了させる権利

なお、信託行為（信託契約等）の定めにより、これらの受益者の意思決定権限を制約することができますが、一定の場合には、当該制限された受益者に受益権の取得請求権が認められます（**Q30**参照）。

（注１） 別段の定めとして、例えば、以下のような定めが考えられます。

- 受益者の合意が不要である定め
- 特定の者による意思決定で行うことができる定め
- 受益者集会における多数決により意思決定を行う定め

（注２） **受託者の損失てん補責任を免除する場合の受益者の意思決定**

受託者又は受託者である法人の役員の責任の免除に関する意思決定（信法42）については、受益者集会における多数決による旨の定めに限り、認められます（信法105③）。

ただし、受託者（受託者である法人の役員を含みます。）の損失てん補責任（信法40、41）の全部の免除、受託者がその任務を行うにつき悪意又は重大な過失があった場合に生じた損失の一部免除、及び受託者である法人の役員の損失てん補責任の一部免除の意思決定を行う場合には、信託行為（信託契約等）により別段の規程を設けることはできず、受益者全員の一致が求められています（信法105④）。

Q28 受益権の取得

> 信託契約は委託者と受託者が合意すれば成立します。その際に受益者となる者の合意は必要とされていませんが、本人の合意なく受益者に指定された者は、当然に受益権を取得することになるのでしょうか。

Answer

原則として、信託行為（信託契約書等）において受益者となるべき者として指定された者は、当該指定された者の合意なく受益権を取得します。ただし、信託行為で別段の定めをした場合にはその定めに従うことになります（信法88①）。

受益者となるべき者と指定された者

（原則）受益者となるべき者として指定された者の合意は必要なく、当然に受益者となります。

（例外）信託行為に別段の定めがあれば、その定めに従います（「受益者となるべき者の合意が必要」と定めれば、勝手に受益者になることはありません。）。

解　説

受益権は、債権です。信託財産に属する債務にかかる債権者は、債務者である受託者に対しては債務の履行を求めることができますが、原則として受益者に対して債務の履行を請求することができません。

したがって、受益権を取得することによって財産的損害を受けることはないと考え、受益者となるべき者と指定された者は、その者の合意がなくても受益権を取得するものとされています（信法88①）。

ただし、信託行為（信託契約書等）に「受益権を取得するには、受益者となる者の意思表示を必要とする」等と規定を設けておけば、当該規定に従うことになります。つまり、信託行為（信託契約書等）に別段の定めをすれば、その定めに従うことになります。

ところで、受益権を取得することにより、受益者となる者に経済的な損害が生じることがないというのは本当なのでしょうか。課税上の負担を考えるとそうとも言えないように思われます。

例えば、受益権を取得することにより、多額の相続税（贈与税）が発生するような場合もあるでしょう。所有権を相続する場合には、当該所有権を売却して納税することも考えられますが、受益権では換金も思うようになりません。受益権を取得したことで生じる税負担を負えないこともあり得ますので、納税資金も考慮して信託を計画することが大切です。

以上のことから、受益権の取得には、信託行為（信託契約書等）において受益者の合意を必要とする旨の別段の定めを手当することも一案でしょう。

Q29 受益権の放棄

遺言により「現金1千万円を長男に相続する」と記載されていた場合であっても、長男は相続を放棄することができるようですが、信託を利用して、「私が亡くなった場合には、長男を受益者とする」と記載されていた場合に、長男は受益者になることを拒否（受益権の放棄）することはできるのでしょうか。

Answer

信託契約により、受益者に指定されていた場合であっても受益権を放棄することは可能です（信法99①）。

解　説

原則として、受益者として指定された者は、その者の意思とは関係なく当然に受益者になります（信法88①）。そこで、自分の意思が無視されて受益者になることがないように、受益者はいつでも受益権を放棄することができることとされています（信法99①）。

具体的には、受託者に対して受益権を放棄する旨を意思表示すれば（伝えれば）放棄することができます。

ただし、例外があり、信託行為（信託契約等）の当事者となる受益者は受益権の放棄をすることはできないものとされています。これは、信託の行為の当事者（信託契約の場合は、委託者及び受託者）は、信託行為（信託契約書等）の作成に携わり、信託行為（信託契約書等）の作成時点で、受益者になることに合意していると考えられるからです。

信託受益権を放棄した場合には、最初から受益権を持たなかったことになります（信法99②）。例えば、受益者になってから３年経過して受益権を放棄した場合には、３年前に遡って受益権を最初から有しないことになります。この３年間に受益者として利益を得ている場合には、この利益を受託者に返還しなければなりません。

ここで、以下のような類似するケースを考えてみましょう。

〔相続開始後、遺産分割協議の成立まで時間を要する場合〕

父が亡くなり賃貸不動産を相続することになりました。相続人は長男と次男ですが、遺産分割協議が兄弟間でなかなか合意に至らず、父が亡くなってから３年後にようやく遺産分割協議が成立し、この賃貸不動産は長男が相続することになりました。

この場合、民法上、遺産分割の効果は相続発生時に遡ることとされています（民法909）。したがって、この賃貸不動産は、相続発生時点に遡って長男が相続したことになります。では、遺産分割協議が成立するまでの３年間の賃貸収入は長男のものになるのでしょうか。これは長男だけのものにはなりません。遺産分割が成立するまでの賃貸収入は、長男と次男が半々に取得することになります。というのは、賃貸収入は遺産とは別の財産であるので、遺産分割が成立しても相続発生時に遡ることはなく、遺産分割前の賃貸収入は長男と次男の共有になると解されています（最高裁：平成17年９月８日判決）。

受益権を相続した場合はどうでしょう。受益者が受益権を放棄した場合には、受益者になった時点に遡って、最初から受益者になっていないものとされますが、受益権を放棄するまでに受け取った受益権にもとづく利益まで返すことになるのでしょうか。この点については、放棄するまでに受け取った受益権にもとづく利益は、「不当利益として信託財産に返還すべきことになる（『逐条解説　新しい信託法』寺本昌広（商事法務））」と解されています。

（補足）　税務上の取扱い～受益権を放棄した場合～

信託受益権を放棄した場合の課税関係は、どのようになるのでしょうか。

信託法的には受益権を取得した時点に遡って受益権を取得していないことになります。しかし、課税法上は遡る考え方はとっていません。受益権を放棄した時に、受益権を放棄した者から放棄後の受益者が受益権を贈与により取得したものとして贈与税が課されます（相法９の２③、相基通９の２－４）。

〔受益権を放棄した場合の考え方〕

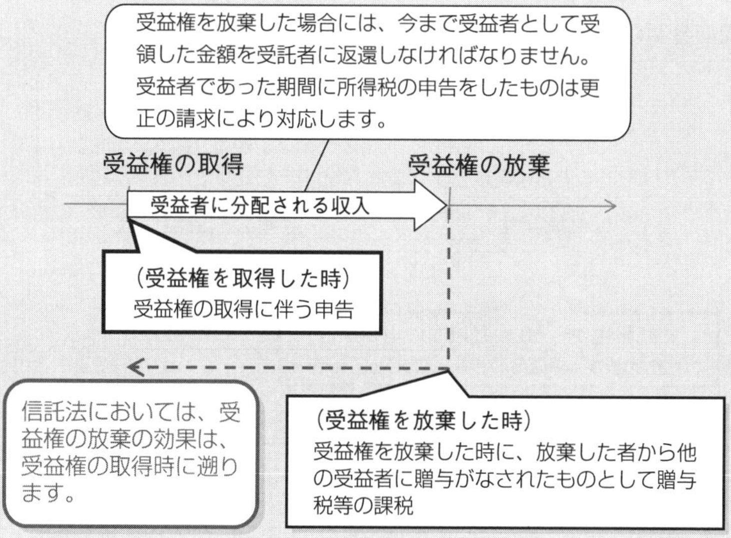

受益権を放棄した受益者は、受託者から分配された金額を受託者に返還しなければなりませんので、更正の請求をして税金の還付を申請することになるかと思います（更正の請求ができる期間は５年になります。）。

また、受託者に還付された金額は、放棄時に受益権を放棄した者から受益権放棄後の受益者が贈与を受けたものと考えて贈与税が課されます。

(参考)　類似するケース〜遺産分割協議が成立した場合〜

信託を利用しない相続の場合、遺産分割協議が成立するまでは法定相続分を相続したものとして相続税の申告をしておき、遺産分割が確定した時点で、相続の発生時点に遡って相続税の更正の請求又は、修正申告をすることになります（相法31、32)。

遺産分割協議が成立するまでの賃貸収入は、遺産分割の対象にならずに、相続人が法定相続割合で取得し、当該割合に応じて所得税の申告をする必要があります。そして、遺産分割協議が成立しても、法定相続割合に従って受領した賃料収入は返したり、請求したりすることはできません。したがって、所得税の修正の必要もありません。

〔遺産分割が確定した場合の考え方〕

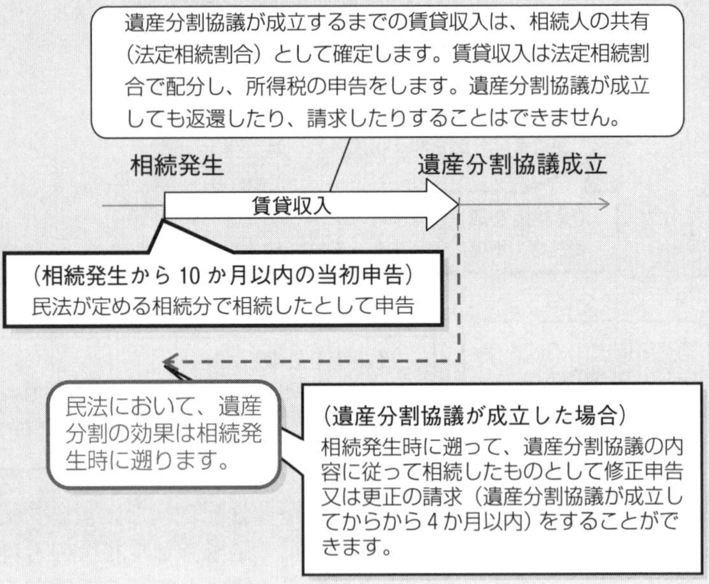

遺産分割協議が成立するまでの賃貸収入は、相続人の共有（法定相続割合）として確定します。賃貸収入は法定相続割合で配分し、所得税の申告をします。遺産分割協議が成立しても返還したり、請求したりすることはできません。
相続発生
遺産分割協議成立
賃貸収入
（相続発生から 10 か月以内の当初申告）
民法が定める相続分で相続したとして申告
民法において、遺産分割の効果は相続発生時に遡ります。
（遺産分割協議が成立した場合）
相続発生時に遡って、遺産分割協議の内容に従って相続したものとして修正申告又は更正の請求（遺産分割協議が成立してからから 4 か月以内）をすることができます。

Q30 受益権取得請求

> 受益者は、一定の場合には受託者に対して受益権を取得することを請求することができますが、どのような場合に取得を請求することができるのでしょうか。

Answer

受益者は、以下の場合に受託者に対して受益権を公正な価格で取得することを請求することができます（受益者が以下の信託の変更又は信託の併合もしくは分割の意思決定に関与し、賛成した場合は除きます。）（信法103）。

〔受益者が受託者に対して受益権の買取請求ができる場合〕

1．以下の事項に係る信託の変更がなされた場合（なお、以下③から⑤においては、これにより受益者が損害を受けるおそれがある場合に限ります。）

① 信託の目的の変更

② 受益権の譲渡の制限

③ 受託者の義務の全部又は一部の減免（当該減免について、その範囲及びその意思決定の方法につき、信託行為に定めがある場合を除く。）

④ 受益債権の内容の変更（当該内容の変更について、その範囲及び

その意思決定の方法につき、信託行為に定めがある場合は除きます。)

⑤ 信託行為において定めた事項

2．信託が併合又は分割される場合に、損害を受けるおそれのある受益者（ただし、信託の目的の変更又は受益権の譲渡の制限に係る変更に伴う場合は、損害を受ける場合に限りません。）

解 説

信託の変更は、原則として受益者、受託者及び委託者の同意を得ることが必要となりますが、信託行為に別段の定め(注)がされている場合には、受益者の同意を得ることなく（受益者の意思に反して）、信託にかかる重要な事項が変更されることがあります（**Q 8**参照）。

そこで、受益者の利益を保護するために、重要な信託の変更又は信託の併合もしくは分割があった場合には、受益者が受託者に対して受益権の取得を請求できる旨が定められています。当該受益者の権利（受益権取得請求権）は、信託行為に別段の定めをしても奪うことはできません。ただし、受益者が受託者との個別合意により受益権取得請求権を放棄することは認められます。

(注) 例えば、信託行為に、「信託契約の内容は、Aが単独で変更することができる」と定められている場合には、受益者の同意なく、Aが単独で変更することができます。

(1) 受益者に対する通知について（信法103④）

受益者が信託の変更等の事実を知る機会がないと、受益権の取得請求権を行使することができません。

そこで、受託者は重要な信託の変更又は信託の併合もしくは分割の意思決定があった場合には、意思決定の日から20日以内に受益者に以下の事項を通知しなければならないことになっています。

なお、この通知義務は信託行為の定めをもってしても免除させることはできません。

〔受託者が通知すべき内容〕

・重要な信託の変更又は信託の併合もしくは分割をする旨
・重要な信託の変更又は信託の併合もしくは分割がその効力を生ずる日
・重要な信託の変更又は信託の併合もしくは分割の中止に関する条件を定めたときは、その条件（注）

※　上記事項を官報で公告をした場合には、個別の通知を省略することができます（信法103⑤）。

（注）　受益権の取得請求が大きい場合には、信託財産が著しく減少し信託の目的を達成することが困難になってしまう場合も想定されます。

例えば、受益権の買取請求が一定割合を超えた場合には、重要な信託の変更又は信託の併合もしくは分割を中止できるような条件を定めることも可能です。なお、そのような場合には、重要な信託の変更又は信託の併合もしくは分割の効力の発生日は、以下(2)の受益権取得請求期間満了後に定めておく必要があります。

(2)　受益権取得請求の期間

上記(1)により、受益者が重要な信託の変更又は信託の併合もしくは分割の内容を知った場合には、受益者は上記(1)の通知があった日（官報による公告の日）から20日以内であれば受託者に対して受益権の取得請求をすることができます。取得請求ができる期間が長期になると信託の安定性が保持されないため、取得請求の期間が20日間に制限されています。そして、取得請求をした受益者は、原則として取得請求を撤回することはできませんが、以下の場合には取得請求を取り下げることができます。

・受託者が承諾した場合（信法103⑦）
・受益権の取得請求がなされた日から30日以内に受託者と受益者の間で買取価格について協議が調わず、さらにその後30日以内に裁判所に対して、受託者又は受益者から価格決定の申し立てがなされない場合には、受益者は取得請求を取り下げることができます（信法104⑦）。

〔受益権取得請求までのスケジュール〕

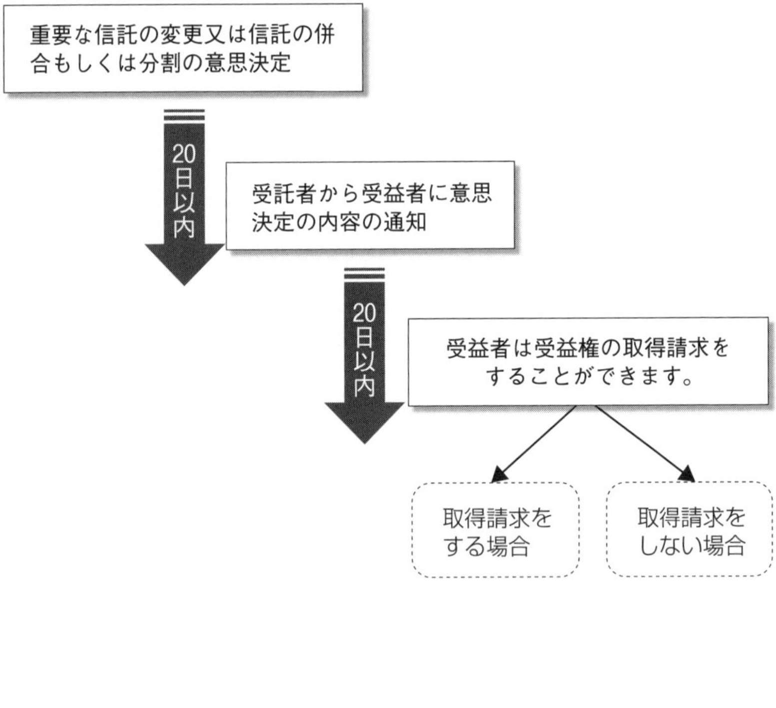

重要な信託の変更又は信託の併合もしくは分割の意思決定
20日以内
受託者から受益者に意思決定の内容の通知
20日以内
受益者は受益権の取得請求をすることができます。
取得請求をする場合
取得請求をしない場合

Q31 取得請求された受益権の価額の協議

受益者から受益権取得請求があった場合、受益権の価格はどのように協議されるのでしょうか。

Answer

受益者と受託者が協議をして価格を決定します。

仮に、受益権取得請求の日から30日以内に当該協議が調わないときは、その後30日以内に受益者又は受託者は、裁判所に対して価格決定の申立てをすることができます。

解　説

(1) 受益者と受託者の協議（信法104②）

受益者が受益権取得請求をした場合には、受益者と受託者が価格について協議することになります。この協議がまとまらないと、受益者は取得請求をしても受益権を換金できません。

そこで、この協議が取得請求日から30日以内に調わなかった場合には、裁判所に価格決定の申立てができます。この申立ては、受益者はもちろんのこと、受託者も申立てをすることができます。

(2) 協議が成立した場合（信法104①）

受益者と受託者の協議が成立した場合には、受託者は、受益者が取得請求をした日から60日を経過した日までに受益者に対して受益権の対価を支払わなければなりません。

ただし、60日を経過した日において、取得請求の原因となる重要な信託の変更又は信託の併合もしくは分割の効力が生じていない場合には、受託者は、当該効力発生日までに受益者に対して受益権の対価を支払えば良いこととされています。

(3) 30日以内に協議が調わなかった場合（信法104②⑦）

30日以内に協議が調わなかった場合には、引き続き受益者と受託者の間で協議を継続することになりますが、上記(1)に記したように、受益者又は受託者は裁判所に価格決定の申立てをすることができます。

なお、当該申立ては、取得請求日から31から60日以内に限り行うことができます。また、裁判所への申立てがなされなかった場合には、受益者は取得請求を撤回することができます。

(4) 裁判所が価格を決定した場合（信法104⑧）

裁判所が受益権の取得請求価額を決定した場合には、受託者はすみやかに受益者に対して当該請求価額を支払わなければなりませんが、上記(2)の支払い期限(注)以降の利息も受託者は受益者に対して支払わなければなりません。

(注) 取得請求日から60日を経過した日、又は取得請求の原因となった重要な信託変更又は信託の併合もしくは分割の効力発生日の遅い日

〔受益権の取得請求から受益権価額決定までのスケジュール〕

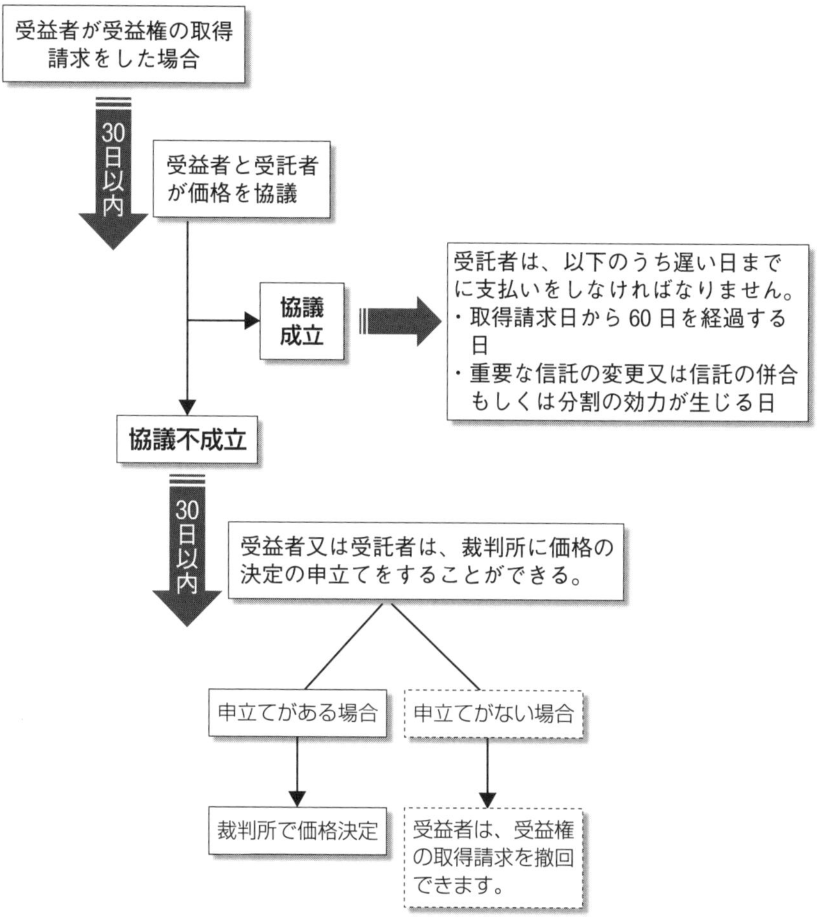
受益者が受益権の取得請求をした場合
30日以内
受益者と受託者が価格を協議
協議成立
受託者は、以下のうち遅い日までに支払いをしなければなりません。
・取得請求日から60日を経過する日
・重要な信託の変更又は信託の併合もしくは分割の効力が生じる日
協議不成立
30日以内
受益者又は受託者は、裁判所に価格の決定の申立てをすることができる。
申立てがある場合
申立てがない場合
裁判所で価格決定
受益者は、受益権の取得請求を撤回できます。

Q32 信託の併合（併合の合意）

信託の併合とは、受託者が同一の２以上の信託について、その信託財産の全部を一つの新たな信託にすることをいいます（信法２⑩）。信託を併合する方法について教えてください。

Answer

信託の併合は、関係者の合意等を得ることにより行うことができます（信法151）。

信託の併合の合意

信託行為（信託契約等）に信託の併合について別段の規定がある。

→ ある……別段の規定に従います。

→ ない……委託者、受託者及び受益者の合意で行います。

（注）信託の併合が信託の目的に反しないことが明らかな場合には以下のように手続きが簡便化されています。

→ 受益者の利益に適合することが明らかな場合

受託者の書面（又は電磁的記録）による意思表示
＊受託者は委託者と受益者に通知

→ 受益者の利益に適合することが明らかでない場合

受託者と受益者の合意
＊受託者は委託者に通知

なお、信託の併合は、信託財産に対する債権者にも影響があるため、債権者保護手続き（Q33参照）をする必要があります。

解 説

受託者が同一の場合には、信託を併合して2以上の信託を1つにすることができます。ただし、信託の併合は関係者に大きな影響があることが予想されますので、信託の変更と似た手続きが必要です。

まず、信託行為（信託契約等）に別段の定めがある場合には、その定めに従うことになりますが、信託行為（信託契約等）に信託の併合についての規定がない場合には、委託者、受託者及び受益者の合意をもって行わなければなりません。

ただし、信託の併合が信託の目的に反しないことが明らかである場合には、委託者の合意は不要とされています。

さらに、信託の併合が信託の目的に反しないことが明らかであり、かつ、受益者の利益に適合することが明らかである場合には、委託者及び受益者の合意が不要とされ、受託者の単独の意思表示で行うことができます。

なお、合意に参加しない委託者又は受益者がいる場合には、受託者は信託の併合について合意に参加しない委託者又は受益者に以下の事項（信託の併合にあたって明らかにすべき事項）を通知しなければなりません。

〔信託の併合にあたって明らかにすべき事項〕

信託の併合にあたっては、次の事項を信託の併合の合意をする前に明らかにしなければならないことになっています（信法151①、信規12）。

① 信託の併合後の信託行為の内容

② 受益権の内容に変更があるときは、その内容及び変更の理由

③ 信託の併合に際して受益者に対して金銭その他の財産を交付するときは、当該財産の内容及びその価額

④ 効力発生日

⑤ 上記③の場合、当該交付財産の内容及びその価額の相当性に関する事項

⑥ 上記③の場合、受益者に対して交付する金銭その他財産の割当てに関する事項、及び当該事項の定めの相当性に関する事項

⑦ 信託を併合する他の信託についての以下の事項

・委託者及び受託者の氏名又は名称及び住所

・信託の年月日

・限定責任信託であるときは、その名称及び事務処理地

・信託行為の内容

⑧ 信託の併合をする各信託において、直前に作成された財産状況開示資料等の内容

⑨ 信託の併合をする各信託において、財産状況開示資料等を作成した後に、重要な信託財産に属する財産の処分、重大な信託財産責任負担債務の負担その他の信託財産の状況に重要な影響を与える事象が生じたときは、その内容

⑩ 信託の併合をする理由

Q33 信託の併合（債権者保護手続）

信託の併合を行う場合の債権者保護手続を教えてください。

Answer

信託の併合をする際に、受託者が債権者に対して行わなければならない手続きは次のとおりです（信法152、信規13）。

債権者に対する手続き

信託の併合をした場合、債権者が害されるおそれがないか。

→ 債権者が害されるおそれがないことが明らかである。
……特段の手続きの必要なし。

→ 債権者が害されるおそれがないことが明らかでない。
……受託者は以下の事項を官報に公告し、知れたる債権者には各別に催告しなければなりません（※１）。

① 信託を併合する旨

② 一定の期間内（１か月以上）に異議を述べることができる旨

③ 信託を併合する他の信託についての以下の事項
・委託者及び受託者の氏名又は名称及び住所
・信託の年月日
・限定責任信託であるときは、その名称及び事務処理地

④ 信託の併合をする各信託において、直前に作成され

た財産状況開示資料等の内容

⑤　信託の併合をする各信託において、財産状況開示資料等を作成した後に、重要な信託財産に属する財産の処分、重大な信託財産責任負担債務の負担その他の信託財産の状況に重要な影響を与える事象が生じたときは、その内容

⑥　信託の併合が効力を生ずる日以後における信託の併合後の信託の信託財産責任負担債務（信託の併合をする他の信託の信託財産責任負担債務であったものを除きます。）の履行の見込みに関する事項

→ 債権者が異議を述べなかった場合

……債権者が信託の併合を承認したものとみなします。

→ 債権者が異議を述べた場合

……受託者は債権者に対し以下のいずれかの対応をしなければなりません（※２）。

①　弁済

②　相当の担保の提供

③　弁済を目的として、信託会社に相当の財産を信託する

※１　法人である受託者は公告（以下に掲げる方法に限ります。）をもって、各別の催告を省略することができます。

・時事に関する事項を掲載する日刊新聞紙に掲載する方法

・電子公告

※２　信託の併合をしても、当該債権者を害するおそれがないときは、債権者が異議を述べた場合であっても弁済等の対応の必要はありません。

解 説

信託の併合をした場合には、債権者が大きな影響を受けることがあります。例えば、併合する他の信託の負担する債務が多額である場合には、併合すると、信託の財務内容が悪化し、債権者にとって債権の回収可能性が低くなります。そこで、信託を併合した場合に債権者が害されるおそれがないことが明らかである場合を除き、受託者は信託の併合の内容を官報に公告し、知れたる債権者には各別に催告をしなければならないこととなっています（上記※１の場合は省略可）。

次に、債権者は信託の併合の内容を勘案して、債権者が害されるおそれがないことが明らかでない場合には、受託者に対して異議を述べることができます。当該異議を述べることができる期間は最低でも１か月の期間をとることが必要です。

債権者が異議を述べた場合には、受託者は債権者に債務の弁済をするか、相当の担保を設定する等により、債権者の債権の保全を図ることに協力しなければなりません。

（注） 債権者保護の対象となるのは、信託財産責任負担債務にかかる債権者です。受益債権を有する受益者（債権者）は債権者保護手続きの対象にはなりませんが、これは受益者は信託の併合の意思決定に関与することができますし、受益権を取得請求する権利を有するためです。

Q34 信託の併合の課税関係

以下の信託（いずれも受益者等課税信託とします。）の併合をした場合の課税関係を教えてください。

<信託①>

・　信託財産＝土地Ａ（簿価1,000万円、時価１億）

・　受益者＝甲さん

<信託②>

・　信託財産＝土地Ｂ（簿価２億円、時価１億円）

・　受益者＝乙さん

それぞれの信託の信託財産はいずれも時価１億円なので、併合後の信託に関する権利（受益権）は甲・乙で２分の１ずつ所有します。

〔信託の併合〕

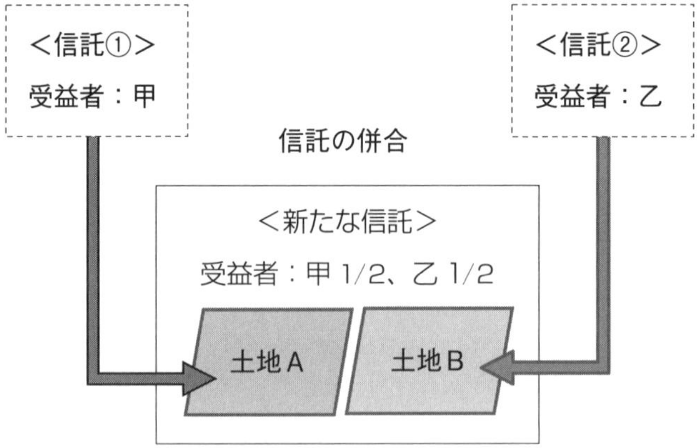

Answer

受託者……………課税なし

受益者（甲）……土地Ａの半分を時価で譲渡したとして4,500万円（時価１億円×１／２－簿価1,000万円×１／２）の**譲渡益**を認識します。

（注） 交換特例（所法58）の要件を満たす場合、譲渡益に対する課税を繰り延べることができるものと考えます。

（乙）……土地Ｂの半分を時価で譲渡したとして5,000万円（時価１億円×１／２－簿価２億円×１／２）の**譲渡損**を認識します。

解　説

受益者等課税信託においては、課税法上、信託財産は受益者のものとして整理されます。

したがって、甲が所有するとみなされるものは併合前においては土地Ａの持分100％だったところが、併合後においては土地Ａの持分１／２と土地Ｂの持分１／２になります。甲は信託の併合により土地Ａの持分の１／２を時価で乙に譲り、土地Ｂの持分の１／２を時価で乙から取得したと整理され、土地Ａの含み益9,000万円（時価１億－簿価1,000万円）の半分の4,500万円について譲渡所得を認識します。そして、土地Ｂの半分を時価5,000万円（１億円×１／２）で取得したものとみなします。

〔信託の併合の前後の土地の課税法上の所有割合の変化〕

持分	信託の併合前		信託の併合後	
	甲	乙	甲	乙
土地A	100%	—	50%	50%
土地B	—	100%	50%	50%

なお、交換の特例(注)の要件を満たす場合には、同特例を適用する旨の申告をすることにより課税を繰り延べることができるものと考えます。

課税法上、乙が所有するとみなされるものは併合前においては土地Bの持分100%だったところが、併合後においては土地Aの持分1/2と土地Bの持分1/2になります。乙は土地Bの1/2を時価で甲に譲渡し、土地Aの1/2を時価で甲から取得したものと整理され、土地Bの含み損1億円（時価1億－簿価2億円）の半分の5,000万円について譲渡損を認識します。そして土地Aの半分を時価5,000万円（1億円×1/2）で取得したものとみなします。

(注)　交換特例とは以下の要件を満たす資産を交換した場合、譲渡がなかったものとみなして（交換差金部分を除きます。）譲渡所得に対する課税を繰延べる制度です（所法58)。

① 固定資産と固定資産の交換である（棚卸資産の交換は認められません。)。

② 同種の資産の交換である（土地と建物の交換は認められません。)。

③ 交換される資産は、それぞれが1年以上所有している資産である。

④ 交換により取得する資産は、交換の相手が交換のために取得した資産でない。

⑤ 交換により取得した資産を、交換により譲渡した資産と同じ用途に使用する（土地の場合、宅地、田畑、鉱泉地、池沼、山林、牧場又は原野、その他の区分で、建物については居住用、店舗又は事務所用、工場用、倉庫用、その他用で区分されます。)。

⑥　交換譲渡資産の時価と交換取得資産の時価の差額が高い方の価額の20%以内である。

（補足１）　受益者が同一の場合

併合される信託の受益者が同一であれば、併合の前後で受益者に帰属する信託財産に異動は生じませんので課税関係は発生しません。

（補足２）　質的に分割された信託の活用

信託併合後の新たな信託にかかる受益権のうち、甲が有する受益権を土地Ａと完全に紐付け、乙が有する受益権を土地Ｂと完全に紐付けた場合、信託の併合の前後で受益者である甲及び乙が課税法上、所有するとみなされる信託財産に異動が生じません。したがって、このように併合後の新たな信託に関する権利（受益権）を規程すれば、本問のような課税関係は生じないと考えます。ただし、このように質的に分割された信託を規程し、質的に異なる受益権ごとに収益・費用を区分計算し、信託財産に属する資産及び負債を帰属させることは実務上煩雑で、面倒な管理が伴うこともあり慎重な検討が必要です。

（補足３）　法人課税信託の場合

併合される信託が法人課税信託（受託者を法人とみなし、当該受託者である法人が課税法上、信託財産を所有するとみなされる信託（Q79⑵参照））である場合、信託の併合は合併とみなし、併合される信託にかかる受託者（法人）を被合併法人と、併合された新たな信託の受託者（法人）を合併法人とみなして課税関係が整理されます（法法４の７①四）。

（補足４）　併合前の信託が受益者等課税信託で、併合された新たな信託が法人課税信託に該当する場合

併合前の信託が受益者等課税信託であるので信託財産は受益者のものと整理されます。そして信託の併合により、受益者が当該信託財産を、新たな信託の受託者（受託者が個人であっても法人とみなします。）に出資又は贈与したものとみなします。したがって、併合前の受益者が併合前の信託の信託財産を時価で譲渡したものとして譲渡所得を認識することになります。甲は土地Ａを時価で譲渡したとみなして9,000万円の譲渡益を計算し、乙は土地Ｂを時価で譲渡したとみなして１億円の譲渡損を計算します。

（補足５）　登録免許税

信託の併合の際の登録免許税は0.4％（土地については0.3％）の他に１筆につき2,000円かかります（**Q156**参照）。

Q35 信託の分割（分割の合意）

信託を分割する方法について教えてください。

Answer

信託の分割とは、「吸収信託分割」と「新規信託分割」をいいます。「吸収信託分割」とは、ある信託財産の一部を受託者を同一とする他の信託財産として移転することをいいます。「新規信託分割」とは、ある信託財産の一部を受託者を同一とする新たな信託の信託財産として移転することをいいます（信法2⑪）。信託の分割は、関係者の合意等を得ることで行うことができます（信法155、159）。

信託の分割の合意

信託行為（信託契約等）に信託の分割について別段の規定がある。

- → ある……別段の規定に従います。
- → ない……委託者、受託者及び受益者の合意で行います。

（注）信託の分割が信託の目的に反しないことが明らかな場合には以下のように手続きが簡便化されています。

- → 受益者の利益に適合することが明らかな場合
  - 受託者の書面（又は電磁的記録）による意思表示
  - ＊受託者は委託者と受益者に通知
- → 受益者の利益に適合することが明らかでない場合
  - 受託者と受益者の合意
  - ＊受託者は委託者に通知

なお、信託の分割は信託財産に対する債権者に影響があるため、債権者保護手続き（**Q36**参照）をする必要があります。

解　説

ある信託から受託者が同一である他の信託（又は新しい信託）に信託財産を移転することができます。これを信託の分割といいます。信託の分割は関係者に大きな影響があることが予想されますので、信託の変更と似た手続きが必要とされています。

まず、信託行為（信託契約等）に別段の定めがある場合には、その定めに従うことになりますが、信託行為（信託契約等）に信託の分割についての規定がない場合には、委託者、受託者及び受益者の合意をもって行わなければなりません。

ただし、信託の分割が信託の目的に反しないことが明らかである場合には、委託者の合意は不要とされています。さらに、信託の分割が信託の目的に反しないことが明らかであり、かつ、受益者の利益に適合することが明らかである場合には、委託者及び受益者の合意が不要とされ、受託者の単独の意思表示でこれを行うことができます。

なお、合意に参加しない委託者又は受益者がいる場合には、受託者は信託の分割について合意に参加しない委託者又は受益者に以下の事項（信託の分割にあたって明らかにすべき事項）を通知しなければなりません。

〔信託の分割にあたって明らかにすべき事項〕

信託の分割にあたっては、以下の事項を信託の分割の合意をする前に明らかにしなければならないこととなっています（信法155①・159①、信規14・16）。

① 信託の分割後の信託行為の内容
② 受益権の内容に変更があるときは、その内容及び変更の理由
③ 信託の分割に際して受益者に対して金銭その他の財産を交付するときは、当該財産の内容及びその価額
④ 効力発生日
⑤ 移転する財産の内容
⑥ 分割される信託の信託財産責任負担債務でなくなり、移転先の信託の信託財産責任負担債務になる債務があるときは、当該債務に係る事項
⑦ 上記③の場合、当該交付財産の内容及びその価額の相当性に関する事項
⑧ 上記③の場合、受益者に対して交付する金銭その他財産の割当てに関する事項、及び当該事項の定めの相当性に関する事項
⑨ 信託分割をする他の信託についての以下の事項
・委託者及び受託者の氏名又は名称及び住所
・信託の年月日
・限定責任信託であるときは、その名称及び事務処理地
・信託行為の内容
⑩ 承継信託(注)に属する財産（承継信託の受益権を含む）又は新たな信託の受益権を分割信託(注)又は従前の信託の信託財産に帰属させることとするときは、当該財産（受益権）の種類及び数若しくは額又はこれらの算定方法
⑪ 上記⑩に掲げる事項の相当性に関する事項
⑫ 信託の分割をする各信託において、直前に作成された財産状況開示資料等の内容
⑬ 信託の分割をする各信託において、財産状況開示資料等を作成し

た後に、重要な信託財産に属する財産の処分、重大な信託財産責任負担債務の負担その他の信託財産の状況に重要な影響を与える事象が生じたときは、その内容

⑭ 信託の分割をする理由

（注）「分割信託」とは、信託の分割により信託財産の一部を他の信託に移転をする信託をいい、「承継信託」とは、信託の分割により信託財産の一部の移転を受ける信託をいいます。

Q36 信託の分割（債権者保護手続）

信託の分割を行う場合の債権者保護手続を教えてください。

Answer

信託の分割をする際に、受託者が債権者に対して行わなければならない手続きは以下のようになります（信法156・158・160・162、信規15・17）。

債権者に対する手続

信託の分割をした場合、債権者が害されるおそれがないか。

→ 債権者が害されるおそれがないことが明らかである。
……特段の手続きの必要なし

→ 債権者が害されるおそれがないことが明らかでない。
……受託者は以下の事項を官報に公告し、知れたる債権者には各別に催告しなければなりません（※１）。

① 吸収信託分割（又は新規信託分割）する旨
② 一定の期間内（１か月以上）に異議を述べることができる旨
③ 信託を分割する他の信託についての以下の事項
・委託者及び受託者の氏名又は名称及び住所
・信託の年月日
・限定責任信託であるときは、その名称及び事務処理地
④ 信託の分割をする各信託において、直前に作成された財産状況開示資料等の内容

⑤　信託の分割をする各信託において、財産状況開示資料等を作成した後に、重要な信託財産に属する財産の処分、重大な信託財産責任負担債務の負担その他の信託財産の状況に重要な影響を与える事象が生じたときは、その内容

⑥　信託の分割が効力を生ずる日以後における信託財産責任負担債務（※２）の履行の見込みに関する事項

→ 債権者が異議を述べなかった場合

……債権者が信託の併合を承認したものとみなします。

→ 債権者が異議を述べた場合

……受託者は債権者に対し以下のいずれかの対応をしなければなりません（※３）。

①　弁済

②　相当の担保の提供

③　弁済を目的として、信託会社に相当の財産を信託する

※１　法人である受託者は公告（以下に掲げる方法に限ります。）をもって、各別の催告を省略することができます。

・時事に関する事項を掲載する日刊新聞紙に掲載する方法

・電子公告

※２　債務の履行の見込みに関する事項を明らかにすべき債務とは以下のものになります。

①　吸収分割信託の分割信託

・分割信託の信託財産責任負担債務

・承継信託の信託財産責任負担債務（吸収信託分割により承継信託の信託財産責任負担債務となるものに限ります。）

②　吸収分割信託の承継信託

・承継信託の信託財産責任負担債務（異議を述べることができる債権者に対して負担するものに限ります。）

③　新規信託分割の従前の信託
・信託財産責任負担債務
・新規信託分割の新たな信託の信託財産責任負担債務（従前の信託の信託財産責任負担債務となったものに限ります。）

※３　信託の分割をしても、当該債権者を害するおそれがないときは、債権者が異議を述べた場合であっても弁済等の対応の必要はありません。

解　説

信託の分割をした場合には、債権者が大きな影響を受けることがあります。例えば、信託の分割により他の信託に多くの信託財産が移転してしまうと、分割信託の財務内容が悪化し、分割信託の債権者にとって債権の回収可能性が低くなります。そこで、信託を分割した場合に債権者が害されるおそれがないことが明らかである場合を除き、受託者は信託の分割の内容を官報に公告し、知れたる債権者には各別に催告をしなければならないこととなっています（上記※１の場合は省略可）。

次に、債権者は信託の分割の内容を勘案して、債権者が害されるおそれがないことが明らかでない場合には、受託者に対して異議を述べることができます。当該異議を述べることができる期間は最低でも１か月間の期間をとることが必要です。

債権者が異議を述べた場合には、受託者は債権者に債務の弁済をするか、相当の担保を設定する等により、債権者の債権の保全を図ることに協力しなければなりません。

（注）　債権者保護の対象となるのは、信託財産責任負担債務にかかる債権者です。受益債権を有する受益者（債権者）は債権者保護手続きの対象にはなりませんが、これは受益者は信託の分割の意思決定に関与することができますし、受益権を取得請求する権利を有するためです。

Q37 信託の分割と課税関係

信託①の信託財産のうち土地Ａを吸収信託分割により信託②に移転した場合の課税関係を教えてください。なお、信託①、②はいずれも受益者等課税信託です。

<信託①>
- 信託財産＝土地Ａ（簿価1,000万円、時価１億）、その他
- 受益者＝甲さん

<信託②>
- 信託の分割前の信託財産＝土地Ｂ（簿価２億円、時価１億円）
- 信託の分割前の受益者＝乙さん
- 信託の分割後の受益者＝分割前の信託②の信託財産の時価は１億円で、そこに時価１億円の土地Ａが移転するので、分割後の信託②に関する権利（受益権）は甲・乙で２分の１ずつ所有します。

〔吸収信託分割〕

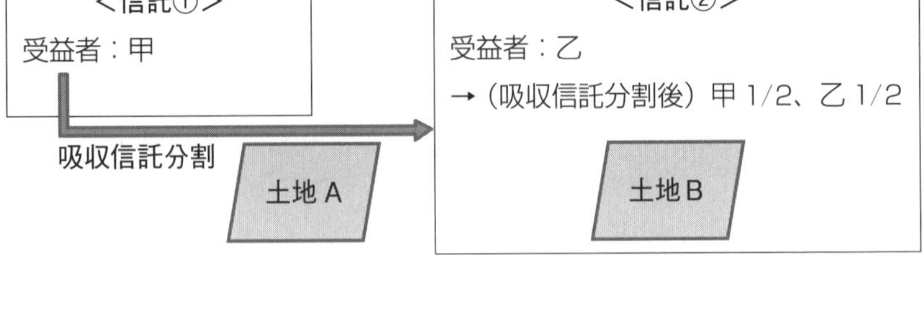

Answer

受託者……………課税なし

受益者（甲）……土地Ａの半分を時価で譲渡したとして4,500万円（時価１億円×１/２－簿価1,000万円×１/２）の**譲渡益**を認識します。

（注） 交換特例（所法58）の要件を満たす場合、譲渡益に対する課税を繰り延べることができるものと考えます。

（乙）……土地Ｂの半分を時価で譲渡したとして5,000万円（時価１億円×１/２－簿価２億円×１/２）の**譲渡損**を認識します。

解　説

受益者等課税信託においては、課税法上、信託財産は受益者のものとして整理されます。

したがって、甲が所有するとみなされるものは吸収信託分割前においては土地Ａの持分100%だったところが、吸収信託分割後においては土地Ａの持分１/２と土地Ｂの持分１/２になります。甲は吸収信託分割により土地Ａの持分の１/２を時価で乙に譲り、土地Ｂの持分の１/２を時価で乙から取得したと整理され、土地Ａの含み益9,000万円（時価１億－簿価1,000万円）の半分の4,500万円について譲渡所得を認識します。そして、土地Ｂの半分を時価5,000万円（１億円×１/２）で取得したものとみなします。

〔吸収信託分割の前後の土地の課税法上の所有割合の変化〕

持分	吸収信託分割前		吸収信託分割後	
	甲	乙	甲	乙
土地Ａ	100%	—	50%	50%
土地Ｂ	—	100%	50%	50%

なお、交換の特例（Q34(注)参照）の要件を満たす場合には、同特例を適用する旨の申告をすることにより課税を繰り延べることができるものと考えます。

課税法上、乙が所有するとみなされるものは吸収信託分割前においては土地Ｂの持分100%だったところが、吸収信託分割後においては土地Ａの持分１/２と土地Ｂの持分１/２になります。乙は土地Ｂの１/２を時価で甲に譲渡し、土地Ａの１/２を時価で甲から取得したものと整理され、土地Ｂの含み損１億円（時価１億－簿価２億円）の半分の5,000万円について譲渡損を認識します。そして土地Ａの半分を時価5,000万円（１億円×１/２）で取得したものとみなします。

（補足１） 受益者が同一の場合

吸収信託分割にかかる信託の受益者が同一であれば、吸収信託分割の前後で受益者に帰属する信託財産に異動は生じませんので課税関係は発生しません。

（補足２） 質的に分割された信託の活用

吸収信託分割後の信託②にかかる受益権のうち、甲が有する受益権を土地Ａと完全に紐付け、乙が有する受益権を土地Ｂと完全に紐付けた場合、吸収信託分割の前後で受益者である甲及び乙が課税法上、所有するとみなされる信託財産に異動が生じません。したがって、このように信託②に関する権利（受益権）を規程すれば、本問のような課税関係は生じないと考えます。ただし、このように質的に分割された信託を規程し、質的に異なる受益権ごとに収益・費用を区分計算し、信託財産に属する資産及び負債を帰属させることは実務上、煩雑で面倒な管理が伴うこともあり慎重な検討が必要です。

（補足３） 新規信託分割の場合

信託の信託財産の一部を新規信託分割により新たな信託に移転する場合、新たな信託の受益者が元の信託の受益者と同一であれば、受益者が所有するとみなされる信託財産に異動が生じませんので、課税関係は生じないと考えます。他方で、新たな信託の受益者が異なる場合には、信託財産が新たな信託の受益者に異動したとみなされ、課税関係が生じます。

（補足４） 法人課税信託の場合

信託の分割にかかる分割信託と承継信託が法人課税信託（受託者を法人とみなし、当該受託者である法人が課税法上、信託財産を所有するとみなされる信託（Q79⑵参照））である場合、信託の分割は分割型分割とみなし、分割信託の受託者（法人）を分割法人と、承継信託の受託者（法人）を分割承継法人とみなして課税関係が整理されます（法法４の７①五）。

（補足５） 信託の分割前の信託が受益者等課税信託で、承継信託が法人課税信託に該当する場合

信託の分割にかかる分割信託が受益者等課税信託であるので信託

財産は受益者のものと整理されます。そして信託の分割により、受益者が当該信託財産を、承継信託の受託者（受託者が個人であっても法人とみなします）に出資又は贈与したものとみなします。したがって、信託の分割前の受益者が分割により異動する信託財産を時価で譲渡したものとして譲渡所得を認識することになります。したがって、甲は土地Ａを時価で譲渡したとみなして9,000万円の譲渡益を計算します。

（補足６） 吸収信託分割により信託財産を受け入れる信託の受益者が異動しなかった場合

本問の場合、吸収信託分割後の信託②の受益者が乙さんのままで異動しなかった場合、吸収信託分割により土地Ａが甲さんから乙さんに贈与されたとみなされ、乙さんに贈与税が課されます。

（補足７） 登録免許税

信託の分割の際の登録免許税は0.4%（土地については0.3%）の他に１筆につき2,000円かかります（**Q157**参照）。

Q38 再信託（二重信託）とは

再信託とはどのようなことをいいますか。

また、再信託をするために信託行為（信託契約等）に記載する必要がある事項はありますか。

Answer

再信託とは、第１信託の受託者が第２信託の委託者となる信託（下図の第２信託）をいいます。

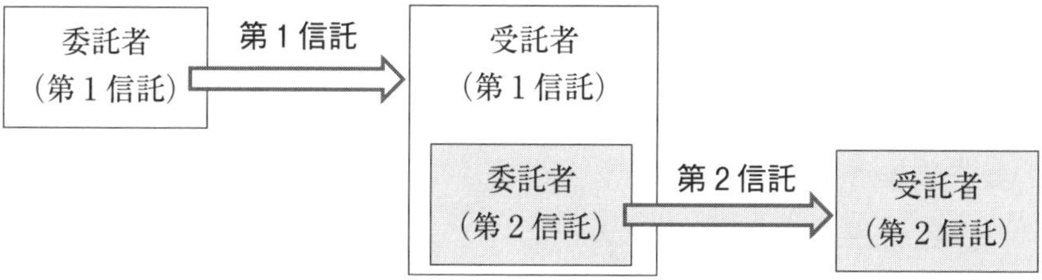

再信託は、第１信託の信託行為（信託契約等）の中に第２信託をすることができる旨が明らかにされている必要があると考えられています*。

＊　『信託に関する登記（最新第二版）』（312頁）横山亘著（発行元：テイハン）

解　説

再信託とは、ある信託（以下「第１信託」と言います。）の信託財産の一部又は全部を、「第１信託の受託者」が委託者となり、信託（以下「第２信託」と言います。）することを言います。

再信託は、第１信託にとって信託財産の処分に該当する重要な事項であるので、再信託を行うためには第１信託の信託行為（信託契約等）の中に第２信託をすることができる旨が定められていなければならないと考えられています。

再信託は、第１信託の信託財産が他の信託の信託財産に異動する点で信託の分割と類似しています。しかし、信託の分割は信託財産に属する資産の他、負債も異動することが出来るのに対して、再信託は信託財産に属する資産のみを異動することができる点で異なります。したがって、再信託を利用して信託財産に属する負債も異動したい場合には、別途債務引受により別の信託に負債を異動する必要があります。なお、信託の分割の場合、信託財産に属する負債を異動できる代わりに原則として債権者保護手続が必要になります。

（補足）

信託財産に属する資産のみを信託する再信託の場合、法人課税信託として課税する租税回避規程（Ｑ80参照）の適用はありません（法法２二十九ハ）。

第2章

信託の応用と活用例

Q39 安全な相続をするための信託
～「点の承継」から「線の承継」へ～

大切な財産を子供に承継（贈与・相続）しようと思いますが、次のようなことが心配です。

・　財産を承継したら、子供が怠けたり、浪費してしまうことがないか。

・　承継した子供が先に亡くなった場合に、財産が子供の配偶者に相続されるのではないか。

・　自分が亡くなった後、子供夫婦が財産を所有して実権を持っても、妻が安泰な老後を送ることができるだろうか。

以上の点において、財産の承継に失敗した話を時々耳にします。これらに対応する方法はないでしょうか。

Answer

上記のことは、従来から財産承継の場面における心配事として、多くの親が不安に感じている問題だと思います。これらの問題は財産の承継の場面でとても重要な問題で、信託法が改正されるまで対策が困難でした。

しかし、信託を活用することでこれら多くの心配事を解消することができるようになりました。なお、信託を活用した財産承継であっても、基本的に課税負担は変わりません。

次にその概要をまとめます。

	従来からの承継	信託を活用した承継
概　要	財産を承継すると、財産は子供のものとなり、親は一切の権利を失います。	受益権を承継しても、財産は親が定めた受託者のもので、親が引き続き財産を支配することができます。
承継する手続き	贈与又は相続 ＝贈与契約書、遺言書、遺産分割協議書等	信託 ＝信託行為（信託契約書等）
承継するもの	財産の所有権	信託された財産に係る受益権
承継後の財産	財産は承継者（子供）のもの	財産は受託者（親が定める）のもの
承継者（子供）が亡くなった時に財産を相続する者	子供が決めます。	信託契約の定めに従います（親が定めることができます。）。
効　果	―	・承継した後も親が財産を管理・支配できます。 ・承継者（子供）が先に亡くなった場合の相続人を親が指定できます。 ・子供とトラブルが生じることなく、円滑で安全な承継ができます。

解　説

財産承継（事業承継）のかたちは、信託を活用することで従前までのかたちとは大きく変わります。

結論から言うと、今までのかたちは“点の承継”でしたが、信託を活用すると“線の承継”を行うことが可能になります。では、ここで言う“点の承継”、“線の承継”とは、どういう意味でしょうか。

従来からの財産を承継する方法は、贈与や相続による財産の移転です。

これらの承継では、贈与や相続の直前まで財産の所有権は親（贈与者・被相続人）にあり、贈与や相続した直後の財産の所有権は、子供（受贈者・受遺者・相続人）に移転します。財産を移転してしまったら、その財産をどうするかは全て子供（受贈者・受遺者・相続人）が決めることです。このように財産を承継すると同時に財産に係る全権が親から子供に移転するのがいわゆる“点の承継”です。

例えば、不動産を贈与した場合、当該不動産を誰に貸すのかを決めるのは子供（受贈者）です。賃貸収入を受け取るのも子供（受贈者）です。賃貸収入を消費するのか預金するのかは子供の自由です。贈与者（親）の許可なく不動産を売却してしまうこともできます。

万が一、子供が親より先に亡くなってしまったらどうなるでしょう。当該不動産は、子供の相続人に相続されます。子供が結婚していれば、その配偶者や配偶者との間の子供に相続されます。そうなると、不動産は配偶者が支配することになります。親（贈与者）と子供（受贈者）の配偶者との折り合いが悪くなくても、親が望んだ財産の承継とは異なってきます。

親が贈与した財産が同族会社の株式であると、さらにやっかいです。子供の配偶者が大株主になり、場合によっては、株主総会で親（贈与者）は役員を解任されてしまうかもしれません。当該同族会社は、子供の配偶者に支配されることになり、いわゆる「のっとり」と言われるような状況になります。

父親が重要な財産を後継者である長男に贈与した後も、当該贈与財産に係る重要な意思決定について、後継者（長男）は父親の了解を得ていることが少なくありません。そのような場合、財産を贈与していても実権は父親にあり、家族関係に大きな変化は生じません。しかし、父親が亡くなると、財産に関する意思決定は後継者である長男が全て行うようになり、今まで父親が母親に相談し、母親に配慮して決定してきたことが、長男は長男の配偶者に配慮した決定を行うようになることが少なくありません。すると、遺された母親の生活が大きく変わってしまうことがあります。亡くなった父親は、そのようなことは望んでいなかったはずです。しかし、現実においてこのような話は少なくありません。

以上のようなことは、従来の財産承継（事業承継）ではよく見られることです。しかし、信託を活用した承継では、これらの問題に対応することができます。

まず、財産を信託します。受託者は親であってもいいですし、親が管理する法人でもかまいません。そして、受益権を子供に贈与します。税務的には、財産を贈与した際の税負担と、受益権を贈与した際の税負担は変わりません。しかし、子供が取得したのは受益権です。受益権とは、財産の預り証のようなものですので財産の所有権は受託者である親が持っています。贈与しても、財産の支配権は変わらず親の手の中にあります。

当該財産が不動産だった場合、賃貸契約を締結するのは親です。もちろん、賃貸収入を受け取るのも、収入を管理するのも親です。不動産の譲渡を決定するのも親です。子供は不動産及び賃貸収入には手を出すことができません。当該財産が株式であった場合、株主総会の議決権は親の手元にあります。受益権を子供に承継してしまっても、会社の支配は引き続き親が行います。子供に株式を承継してしまった後に、親子の関係が悪くなって親が経営から追い出されることもありません。

万が一、子供（受贈者）が先に亡くなって、受益権が長男の配偶者に相続された場合でも、財産は受託者（親）の手の中にあります。言葉は悪いですが、長男の配偶者に乗っ取られるようなことは防止できます。さらに、受益権が誰に相続されるのか指定することができます。長男が先に亡くなった場合には、長男の配偶者ではなく、例えば、次男に相続させることも可能です。

父親が亡くなって、母親と長男夫妻が遺された場合、以上の信託を活用している時は、長男が有するものは受益権で、受託者が信託財産を支配します。受託者が母親であるか、母親の意を汲んでくれる者（会社）であれば母親の老後の生活は安定するのではないでしょうか。

つまり、子供に移転するのは受益権であるということが重要な点です。財産の管理は引き続き以前と変わらず親が行うことができます。

このような承継は、親のエゴだと思われるかもしれませんが、子供が受益権を取得しても、財産の支配権が変わらず親の手の中にあると、子供は親に対する敬意と配慮を持ち、引き続き親を尊重します。なぜなら、財産を支配しているのは親で、場合によっては受益権を取り上げられることがあるかもしれないからです。子供が親を尊重することにより、人間関係も円滑になることが多いようです。筆者のクライアントにおいては、信託を活用された方で親子のトラブルになっているケースは見受けられません。

今までの承継（贈与・相続）では、承継のタイミングで全権が親から子供に移転します。それに対して、信託を活用した承継、つまり、受益権を承継した場合においては、受益権を子供に承継した後も信託された財産を親が管理し続けることができますし、場合によっては後戻りもできます。受益権を子供に渡した後も、親は信託財産とつながり続けます。これが今までの“点の承継”と異なる、信託を活用した“線の承継”です。

トラブルを未然に防いで、安定的で安心な承継を行う上で、信託の活用を検討してみてはいかがでしょうか。

Q40 分身を遺す相続
～「(財産を)残す相続」から「(気持ちを)伝える相続」へ～

私は無駄遣いすることなく生活して若干の預金があります。この預金を子供に相続してあげたいと思います。しかし、この大切なお金は、子供達の教育や医療のために使ってほしいと思います。遊興費等に無駄遣いしてほしくないのですが、私が亡くなった後にそのように制約することはできないでしょうか。

Answer

信託を活用すると、金銭の使用目的に一定の制約を付けて相続することが可能となります。

具体的には、生前に親が子供に相続する予定の金銭を信託し、当初の受益者は親にします。

信託契約書において、受益者である親は自由に信託した金銭を使うことができるものとし、親が亡くなると次の受益者は子供に指定して子供が医療や教育のための金銭を必要とする場合に限り、受託者は信託財産から金銭を子供に支給する旨を定めます。

〔お金の使い道に制約を付した相続〕

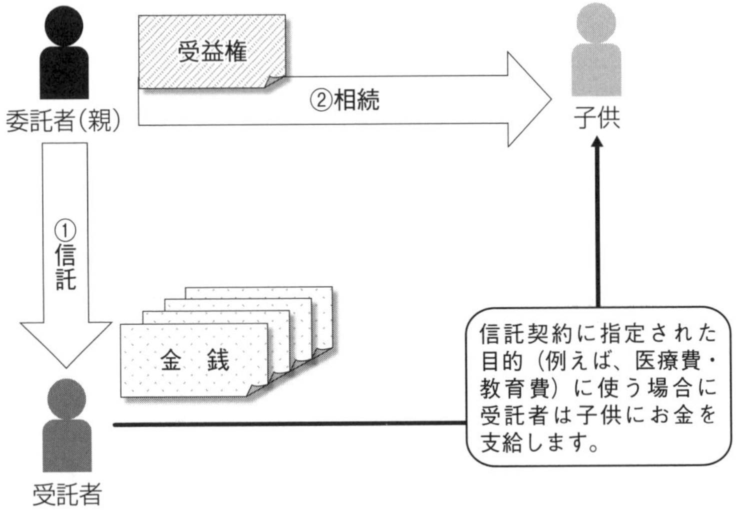
受益権
②相続
委託者(親)
子供
①信託
金　銭
信託契約に指定された目的（例えば、医療費・教育費）に使う場合に受託者は子供にお金を支給します。
受託者

解　説

自分が亡くなることを想像した時、親の気持ちは様々です。子供の将来を案じることも多いでしょう。「自分がずっと生きていられるならば、子供が壁にぶつかった時に色々と助言できるのに……。」「経済的にも支援できるのに……。」「色々な人脈を紹介できるのに……。」等々と、ずっと、配偶者や子供の力になってあげたいと望むのが親だと思います。預金を遺す親は、子供達が教育費や医療費を必要とした時に備えて預金を遺したいと望んだりします。しかし、自分が亡くなったら、子供達が預金を相続して、場合によっては無駄遣いしてしまうかもしれません。「自分（親）が健在であれば、自分（親）がお金の管理をして、子供達にとって必要な時に支援してあげて、預金が生きた使われ方をするようにできるのに……。」

信託を活用すると、上記のような親の心配に応えることができます。

まず、子供達に遺すお金を信頼できる者（会社）に信託することから始まります。当面の受益者は自分（親）に設定し、信託した預金に関しては、自由に親が使うことができるよう信託行為（信託契約書等）で取り決めます。

例えば、信託契約書に記載する内容を以下のようにしておくと良いかもしれません。

① 自分（親）が亡くなったら、次の受益権は子供（遺したい人を指定しておきます。）とする。

② 親が亡くなった後、受益者（子供）は、受益者（子供）の家族が教育費や医療費を必要とした場合に限り、信託財産から現金の分配を受けることができる。

上記のように信託契約書に記載しておくことで、親が亡くなった場合に子供が取得するのは、預金そのものではなく受益権となります。子供は受益者として、信託財産から金銭の分配を受けることができますが、親が契約した信託契約書において定められた目的のお金についてのみ、受益者（子供）に支払われることになります。

このようにすることで、子供に遺した預金が無駄遣いされることを防ぐことができます。親が亡くなったとしても、受託者が親の分身となり、預金を管理します。これが、「分身を遺す相続」です。

場合によっては、信託された預金は子供が60歳になったら自由に使えることとしてあげても良いかもしれません。

親が亡くなっても、教育費や医療費が必要な都度、親が遺した信託財産から金銭が支払われますので、子供は、教育費や医療費の心配をしなくて済みます。親が子供達の成長を応援し、健康を望む気持ちを、子供達もその都度、思い出し感謝するのではないでしょうか。

信託を活用すると、このような財産の遺し方をすることができます。子供に遺すのは親の気持ちです。そして、その気持ちの上に財産を重ねて遺すのです。そうすることによって、相続に説得力と意味を見い出しやすくなると思います。拾った１万円よりも、思いのこもった１万円の方が重みがあります。相続においても同様です。気持ちを伝えられるような相続が素敵だと感じます。信託は、その気持ちを形にする一つの方法だと思います。

Q41 相続調査と信託

相続調査において、最も多い否認事例が「名義預金」「名義株」と聞きました。「名義預金」「名義株」について教えてください。

また、このような否認をされないためにはどのようにすればいいのでしょうか。

Answer

名義預金とは、名義は相続人（子供や孫）の預金であっても、実質的には、被相続人（親）の預金だと判断されて、親の相続財産に加えて相続税が課税される預金のことをいいます。また、**名義株**も同様に、名義は子供等であっても実質的には親の財産と課税当局にみなされて相続税が課税されてしまう株式のことをいいます。信託を活用することで、名義預金や名義株の問題を解決することができます。

〔子供名義の財産について〕

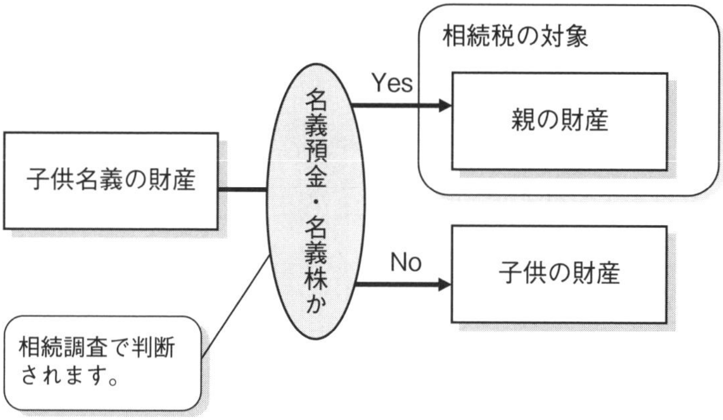

解　説

仕事柄、筆者は、相続調査に立ち会うことが多いのですが、多くの方が名義預金・名義株の問題を抱えているようです。たいていの場合、名義預金・名義株は、親心から生じており、「子供のために、子供名義の口座を作り、その口座に少しずつお金を貯めてあげよう」、さらに、「子供の教育上のことを考えると、子供のために預金していることは黙っておこう」という場合が多いのです。年少の子供のために口座を作ること自体なんら問題はありません。問題は子供に黙っておくことです。

贈与は民法上、贈与する者がその意思を表示して、受け取る者が受諾することによって効力が生じます（民法549）。したがって、受け取る者が受諾していない場合に問題となります。このような場合、「贈与はなされていないのではないか。預金の名義は子供であっても、親が子供の名義を借りて預金をしているのでは」と税務調査官に指摘されてしまいます。

子供が赤ちゃんであれば贈与を受諾することはできませんが、赤ちゃんに対して贈与することはできないのでしょうか。

そんなことはありません。親権者である親が受諾すれば贈与は成立します。

では、子供（あるいは親権者）が調査官に「贈与を受諾しています」と説明すれば認めてもらえるかと言うと、そのような説明はあまり信じてもらえません。調査官が特に注目するのは誰が財産を管理しているのかという点です。預金を管理しているのが親であれば、多くの調査官は、「名義は子供であろうと親の預金なのだろう」と考えます。したがって、財産を誰が管理しているのかがポイントになります。子供が学生で、まだ財産の管理能力がないような場合は親が管理することは当然ですので、親が管理していても問題にはならないでしょう。しかし、子供が立派な社会人なのに親が管理していたり、孫の名義の預金を親でなく、祖父母が管理していると問題になりやすいです。

そこで、筆者は「贈与した財産は、贈与を受けたお子さんが管理するようにしてください」と言うのですが、親心としては「子供に渡してしまったら、無駄遣いしてしまうかもしれない。この財産は、いざという時に備えて大切にしてほしいから自分で管理しておきたい」というのが正直な気持ちのようです。

つまり、「**財産は贈与したいけれど、管理は引き続き自分でしたい**」ということのようです。しかし、税務調査では「管理している人が財産の所有者ではないだろうか」と疑われてしまいます。子供名義の財産を親が管理している場合、親が子供の財産を預かっているだけなのか、親の財産を子供の名義にしているだけなのか、表面上区別がつかないのです。子供の財産を預かっているだけならば課税法上は問題になりませんが、子供の名義を借りているのだとしたら親の相続財産になります。

そこで、財産を管理する人と、財産の経済的な価値を有する人を分けて、経済的な価値だけ移転できればよいのです。信託を活用するとこれが可能になります。財産を信託すると、財産は受託者の名義になり、受託者が信託財産を管理することになります。ただし、受託者は信託財産の経済価値を有しません。経済価値を有する者は受益者になります。したがって、受託者を親（祖父母）にして、受益者を子（孫）にすれば、経済的には子（孫）に移転した財産を親（祖父母）が管理し続けることができます。きちんと信託契約をして、受託者として信託財産を管理すれば名義預金や名義株といった問題は生じないでしょう。

ここで、信託財産をどのように管理するかがポイントになります。登記や登録ができる財産は信託の登記又は登録をした方がいいでしょう。

不動産であれば、信託の登記をしなければいけませんし、株式であれば株主名簿に信託の記載（受託者として株式を有する旨）をしてもらう必要があります。預金の場合は、通帳の名義人を株式のように「受託者山田花子」というように記載できれば問題はありません。しかし、このように受託者であることを明記した通帳を作成してくれる金融機関はまだ多くありません。その場合には、預金が信託された預金であるのかがわかりにくくなります。信託財産は、受託者の固有財産としっかり分けて管理しなければなりません。最低限、通帳を受託者固有の通帳と分けて管理する必要があるでしょう（Q16参照）。

〔信託における受益者と受託者の分離〕

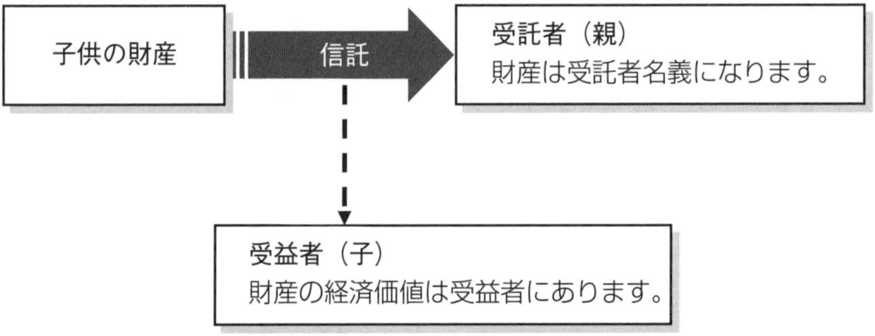

※　財産の名義は受託者（親）ですが、親の相続財産にはなりません。課税法上は信託された財産は受益者（子）の財産とみなされます。

Q42 幼い子供への財産の贈与

祖父が1歳の孫に財産を贈与してくれるといいます。幼い子供に財産を贈与することはできますか。あるいは、信託を活用して贈与する方法を教えてください。

Answer

生まれて間もない子供に対してでも財産を贈与することはできます。また、信託の受益者を孫にすることで、実質的に財産を贈与したのと同様の効果を得られます。

なお、贈与の場合には、契約当事者は贈与者と受贈者になりますが、信託の場合は、委託者と受託者であり、受益者は契約当事者になりません。

解　説

「財産の贈与契約書にサインすることができない幼い子供の場合でも、贈与を受けることができるのでしょうか？」という質問を受けることがあります。結論からいうと、幼い子供であっても贈与を受けることは可能です。

民法において、「贈与は、当事者の一方が自己の財産を無償で相手方に与える意思を表示し、相手方が受諾をすることによって、その効力を生ずる（民法549）」とされています。幼い子供は同意することはできませんが、親が同意すれば贈与を受けることはできます。

なお、贈与は口頭で行うこともできますが、口頭で行った贈与は、贈与を実行する前であれば取り消すことができることとなっています（民法550）。後日、贈与の可否について問題にしたくないのであれば、できる限り書面を作成しておくことをおすすめします。

〔年少者への贈与と信託の比較（祖父から孫への贈与の場合）〕

	贈与契約	信託契約
契約当事者	契約当事者：贈与者（祖父）と受贈者（孫） 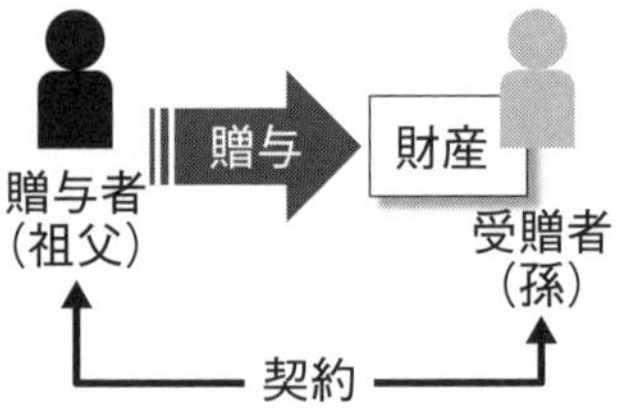 （注）　年少者である孫に代わって親が契約します。	契約当事者：委託者（祖父）と受託者 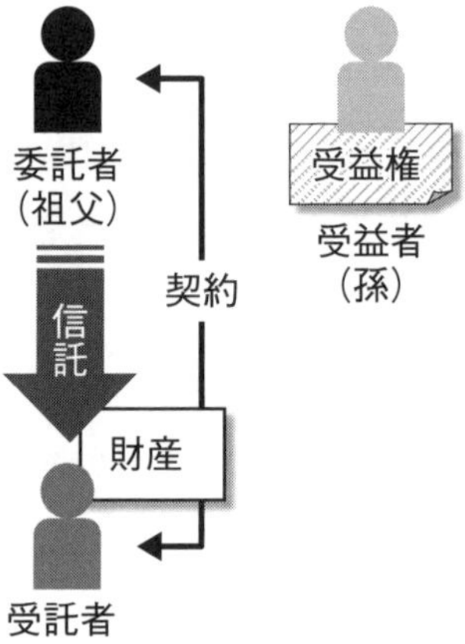 （注）　孫は契約当事者になりません。
課税関係	祖父から孫に対する所有権の贈与について贈与税が課されます。	祖父から孫に対して受益権の贈与に対して贈与税が課されます。
贈与の評価	所有権の評価	受益権の評価は、所有権の評価と同様になります。
贈与後の財産の管理	孫の親権者が孫の法定代理人として行います。	受託者が信託の目的に従って管理します。

なお、幼い子供が財産の贈与を受けた場合、その後の財産の管理は法定代理人である親が子供の代わりに行うことになります。子供名義の財産を親が管理している場合には、時として、子供の名義を借りただけで、実質的には親の財産なのではないかと税務調査で疑問を持たれることがあります。

信託を活用すると、課税法上、信託財産は受益者の財産とみなされます。子供を受益者にするには、信託契約で、子供を受益者にする旨を定めれば良いだけです。信託契約の場合、受益者になる者は契約の当事者になりません(注)ので、子供は契約書にサインする必要がありません。

そして、その後の財産の管理は、受託者が信託の目的に沿って適切に行うことになります。子供の代理人の同意が必要などということもなく、受託者が財産の管理をすることが可能となりますので、幼い子供に財産を移転するような場合には、信託の利用を検討してみると良いでしょう。

(注)　信託契約の当事者は、委託者と受託者です。

Q43 相続財産を少しずつ子供に渡したい場合
～分身を遺す相続～

私（45歳）には、５歳になる子供がいます。妻とは２年前に離婚していますので、仮に私が亡くなった場合には子供に全財産（約３千万円）を相続させたいと思っております。しかし、５歳の子供にはまだ財産の管理能力はありませんので親権者である元妻が財産を実質的に管理することになるかと思います。ここで、元妻がその財産を子供の教育資金に使ってくれればいいのですが、元妻が個人的に費消してしまうのではないかと心配で、私が亡くなった後、できれば毎年一定額ずつ数年にわたって分割して渡したいのですが、そのようなことはできないのでしょうか。

Answer

信託を活用すれば、ご希望のような相続をすることは可能になります。

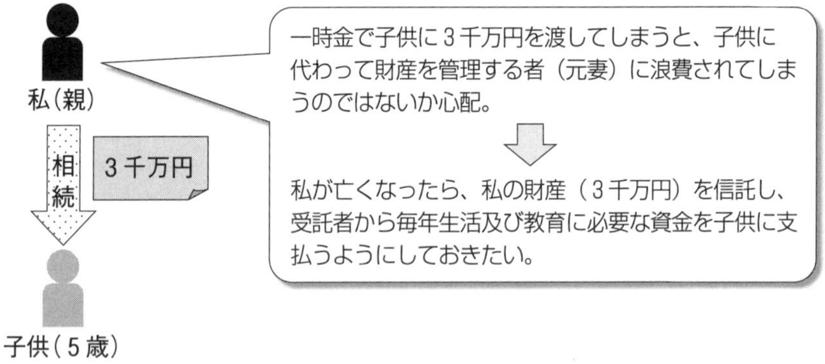

解　説

財産を残したい子供が幼かったり、障害をかかえている等により財産の管理能力がない場合、あるいは子供に浪費癖がある場合には、相続により子供がまとまった財産を取得しても、当該財産がきちんと管理されない可能性があります。

信託を活用すると、相続財産が子供に分割して交付されるように設定することができます。例えば、子供には数年にわたって相続財産が分割して分配されることになります。したがって、子供の生活資金は財産が分配される数年間にわたって一定の保証がなされることになります。子供が相続時に全ての相続財産を取得すると、当該相続財産を浪費してしまって将来子供が生活資金に困る可能性もありますが、そのようなことは防止できるでしょう。

(例)　子供の生活及び教育資金を管理する目的で、私が亡くなった場合には、私の財産（3千万円）を信託会社に対して信託する旨の遺言書を作成しておきます。私が亡くなった場合には、私の財産は信託会社に信託され、受益者は子供となります。信託会社は信託行為の定めに従って、子供の生活及び教育資金として毎年200万円を15年間にわたって子供に支払います。

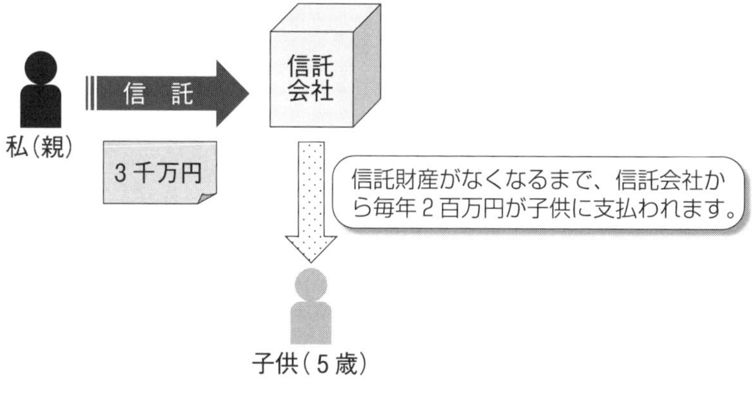
私(親)
信　託
3千万円
信託
会社
信託財産がなくなるまで、信託会社から毎年2百万円が子供に支払われます。
子供(5歳)

（補足１）　受託者について

上記のような信託の受託者は、ご親族でもいいのですが、信頼できるご親族がいらっしゃらない場合、あるいはそのご親族が亡くなってしまう場合には誰が受託者として財産を管理していくかが重要になります。したがって、このように比較的長期にわたる信託を計画する場合には、信頼できる信託会社に依頼するか、あるいは、信託監督人を設定して、信託の目的に従って信託財産が管理され、分配されているか監督できる仕組みを用意しておくと良いかもしれません。

（補足２）　生命保険信託について（Q72参照）

上記のような信託と生命保険がセットになったものが生命保険信託です。まだこのような生命保険を取り扱っている保険会社はごく少数ですが、生命保険信託を活用すると、保険商品として信託会社が設定されていますから、信託会社を探して個別に依頼する手間が省けます。

Q44 高齢化対策での信託

私の父は、最近物忘れがひどく財産の管理が難しいのではないかと不安です。さらに状態が悪くなってしまうと後見人を選任しなければならないのではないかと心配です。

なにか事前にできることはないでしょうか。

Answer

お父様が、財産の処分をすることができるうちに、お父様の財産を信託して、受託者がお父様に代わって財産を管理できるようにしておくと良いでしょう。さらに、信託契約の中で相続が起こった場合に受益者を誰にするか等も検討しておくと遺言と同じ効果を得ることができます。

〔高齢者の信託〕

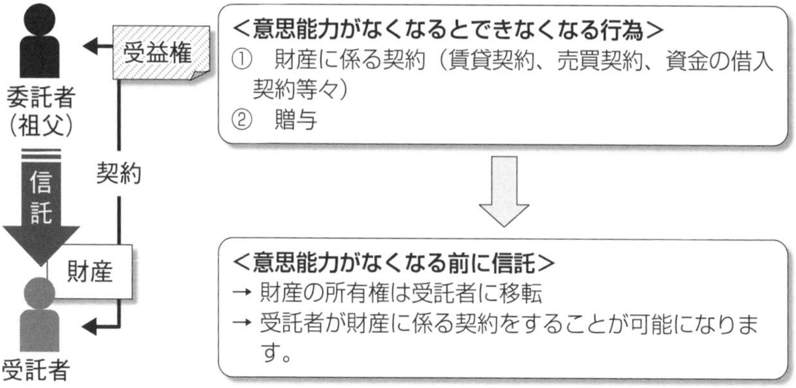

解　説

今や日本は世界有数の高齢化社会です。そして、財産を所有しているのは高齢者であることが少なくありません。高齢になって、認知症が進んでしまうと、一切の法律行為ができなくなってしまいます。そうなってしまったら、後見人を選任して、財産の管理を依頼しなければならなくなることもあります。親族等が裁判所へ手続きをすることが必要になり、後見人が毎年財産の内容を裁判所に報告しなければなりません。財産の処分は後見人の同意のもとで行わなければならなくなります。例えば、親族等が株式を売却したいと思っても、すぐに売却することはできなくなり、売り時を逃してしまうかもしれません。また、贈与は原則としてできなくなります。後見人は、被後見人（お父様）の財産の保全と管理が職務ですから、一方的に財産をあげてしまうことを認めてはくれません。したがって、相続対策の贈与や、子供の住宅資金の贈与はできなくなってしまいます。

以上のことは、信託を活用することで解決できます。もちろん、認知症が進んでしまって法律行為ができなくなってしまってからでは信託をすることもできません。したがって、そのようになってしまう前に財産を信託することが必要です。ご両親にそのような話をするのは決して楽しいことではありませんが、場合によっては、親身になってくれる専門家に説明してもらいながら信託を進めても良いでしょう。

信託をすれば、財産の所有権はお父様（委託者）から受託者に移ります。財産の管理は受託者がするので、賃貸不動産であれば、賃貸契約から、修繕契約といった日常の契約も受託者が単独で行うことができます。また、信託の目的に反しないのであれば受託者の意思で賃貸不動産を売却することも可能です（信託行為（信託契約等）に信託財産を受託者が単独で売却できない旨を定めれば、勝手に売却されてしまうことを防ぐことができます)。後見人制度を利用する場合のように、その都度、後見人の同意を得る必要もありませんし、裁判所に財産の報告をする義務もありません。

信託設定時の受益者をお父様にしておけば、信託する際に、実質的な経済価値は移転しないので、課税されることもありません。そして、信託契約の中で、相続が発生した場合に受益権を誰が取得するのかを定めることもできますので遺言書の代わりにもなります。

また、後見人を選任した場合には財産の贈与はできなくなりますが、信託を活用すれば受益者指定権者（Q56参照）を指定することで、お父様の意思能力がなくなってしまったとしても、受益権をお父様から子供たちに移転していくことも可能になります。

例えば、お父様が倒れて、意識不明の状態になってしまったような場合、財産の移転は原則として不可能です。このような状況で、財産のことを気にするようなことはあまり褒められたことではないように思われますが、それでももし相続が発生したら、納税する義務を負うのは子供たちです。気持ちはわかります。お父様が危篤の状況で、相続財産を減らそうとお父様の預金を引き出して孫達に贈与しようとするケースもあるようです（注)。しかし、税務調査が入って、調査官が預金を引き出した記録を見れば、お父様の意思で行った贈与でないことは一目瞭然です。そうなると、贈与はなかったものとされ、引き出した預金はお父様の相続財産として相続税が課税されてしまいます。お孫さんは贈与された財産を返さなければなりません。場合によっては、お父様の預金を子供が相続したものとして相続税が課税され、加えて子供から孫へ財産が贈与されたものとして贈与税まで課税されることもあり得ます。

このようなケースにおいて、お父様の財産が信託されていて、受益者を指定することができる者が信託契約書において、長男等と指定されていれば、長男（受益者指定権者）が受託者に受益者を孫に変更する旨を伝えれば受益権は孫に移転しますので、実質的に財産の贈与をすることが可能となります。

このような状況になる前に、対策をしておくことが重要です。その対策の一つとして、信託はとても有効です。

（注） 相続人又は遺贈により財産を取得した者に対して相続開始前７年以内（令和５年までの贈与については３年）に贈与した財産は、相続財産に加算して相続税が計算されます（相法19）。

〔受益者指定権の利用〕

ご高齢のお父様に対して、「将来、万が一にも認知症が進んで財産管理が困難になると大変だから信託をしてください。」とお話して、お父様から一定の理解をしていただいたとしても、お父様から「今は大丈夫だから、将来そのような状況になったら信託しましょう。」と先延ばしになってしまうケースがあります。

しかし、認知症が進んでしまうと、信託契約もできなくなってしまうかもしれません。お父様からしたら「財産に関する日常の小さな事柄は面倒だし、任せたいけれど、重要な事柄については、自分はまだしっかりしているので、自分で判断したい。」ということが信託を躊躇する一番の理由かもしれません。

そのような場合には、財産を適任の受託者（例えば長男としましょう。）に信託して父に指図権を付与する方法が考えられます。信託財産に関する重要な契約等（売買契約、重要な修繕の契約、建替えの契約等）や、信託財産に属する株式の議決権行使について、受託者は指図権者（父）の指図に従う旨を定め、更に受託者は当該指図権の行使には期間を定めることができるものとし、行使期間に指図権が行使されない場合には受託者が単独で判断して契約行為や議決権行使をできる旨を定めておきます。そうすれば、お父様の意志能力に問題がない時は、お父様の指図に従って受託者（長男）が財産管理を行い、万が一にもお父様が意思能力をなくした場合には、受託者（長男）が単独で財産管理を行うことができるようになります。

〔受益者代理人の利用〕

高齢の親が認知症になる前に信託をして、受託者が高齢の親に代わって財産を管理することができるようになっていた場合でも、親に後見人がつくと、後見人が受益者である親に代わって、親を含めた親族の意思と異なる権利行使することが考えられます。このような時には、後見人がつく前に受益者代理人を選任しておき、受益者としての権限を制限しておくことが考えられます。

ただし、受益者代理人が選任されている場合であっても制約できない受益者の権利もありますので万能というわけではないかもしれません（**Q26、58**参照）。

Q45 遺言書と信託契約書

先日、親族全員が集まって、皆の合意のもとで父に遺言書を書いてもらいました。ところで遺言書は、何度でも父一人で書き直しをすることができると聞きました。皆で合意した内容の遺言書が後日書き換えられてしまわないか不安です。遺言書が書き直されないように確定させることはできないでしょうか。

Answer

遺言書は、たとえご親族の皆さんが合意したものだとしても、遺言者（お父様）の意思で、何回でも書き直すことができます。遺言の内容を確定するためにも、信託を活用するといいでしょう。

信託契約で受益権の相続の仕方を指定し、信託契約の中でその内容の変更が親族全員の合意がないとできないように定めておけば、実質的に遺言内容を遺言者が単独で変更できないようにすることが可能です。

〔遺言書と信託契約書の変更方法〕

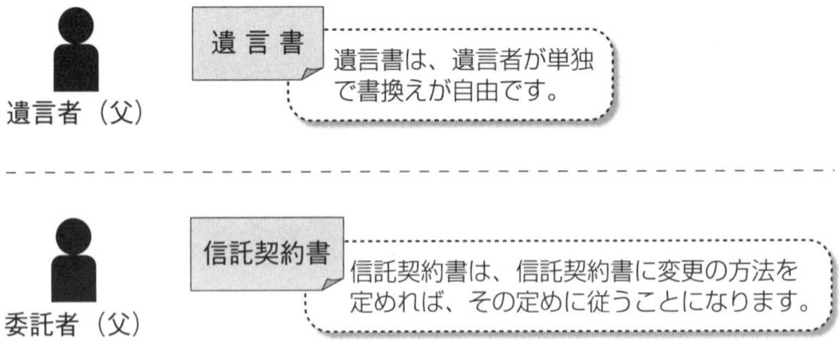
遺言者（父）
遺 言 書
遺言書は、遺言者が単独で書換えが自由です。
委託者（父）
信託契約書
信託契約書は、信託契約書に変更の方法を定めれば、その定めに従うことになります。

解　説

遺言書は、遺言者の意思でいつでも書き換えることができます。例えば、長男に全財産を相続させるという遺言書を書いたとしても、その後長男と仲違いしてしまった場合には、新しく遺言書を作って「全財産を長女に相続させる」と書けば、日付の新しい遺言書が有効となり、長男に相続させる遺言は無効になります。

相続人であるお子さん達から、事業承継のご相談を受けることも多いのですが、その場合、相続税も大きな問題なのですが、親の財産を誰が相続するのかがより大きな問題となってきます。遺言書を作成する際、兄弟の関係が良好でない等の理由から遺言書を書き直されてしまうことを不安に感じるお子さんも少なくありません。

遺言の内容は原則として、遺言者（お父様）の意思で作成するものですので、遺言者が自由に変えることができて当然です。しかし、なかには子供が親に無理やり自分に有利な内容の遺言書を書かせるようなこともあるかもしれません。また、高齢になると正確な判断ができなくなってくることもありますので、遺言書の内容を変更できないようにしたいという希望も仕方ないのかもしれません。

ここで、信託を活用した対応策をご紹介しましょう。

財産を信託した場合、相続により誰が次に受益権を取得するのかを定めることができます。信託契約にその内容を記載しておくと、実質的には遺言と同様に財産の相続の仕方を指定することが可能です。そして、信託契約に定めた内容（相続により受益権を取得する内容）が変更されない限り、信託契約で定められたとおりに相続される（信託契約に定められた者が受益権を取得する）ことになるのです。もしも信託契約を変更したい場合には、原則として、委託者と受託者及び受益者が合意して行わなければなりませんし、信託契約で別段の定めをしておけば、その定めに従って変更しなければなりません（Q８参照）。

したがって、信託契約を変更する場合、相続人全員の同意を得て行う等と定めておけば、勝手に変更されることを防ぐことができます。

（補足）　負担付死因贈与契約

相続の仕方を実質的に変更できなくする方法として、「**負担付死因贈与契約書**」の作成というものがあります。死因贈与とは、亡くなったら贈与するという、いわば贈与の予約です。そして、負担付とは、贈与を受ける予定の者に一定の義務や負担を強いるものです。

例えば、「長男には老後の面倒をみてほしい。その代わり亡くなった際には５千万円を贈与する」といったものです。ここで、贈与者が負担付死因贈与契約を取り消すことができるかについてですが、実際に長男が老後の面倒をみていないのであれば、まだ負担が発生していませんので、取り消すことができます。しかし、実際に長男が老後の面倒をみて負担が生じているのであれば、取り消すことはできないとされています。

〔各種方法の比較〕

	遺　言	遺　言 （遺言による信託）	信託契約 （契約による信託）
書面作成者	遺言者	遺言者	委託者（遺言者）と受託者
効力発生	遺言者の死亡時	遺言者の死亡時	信託契約締結時
内容の変更（軽微なものを除きます。）	遺言者はいつでも可能	遺言者はいつでも可能（遺言者が死亡した後は、右欄と同様です。）	原則として委託者・受託者・受益者の合意（別途信託契約の定めがあれば、その定めに従います。）
遺言（信託）の内容と異なる遺産分割	可能（相続人全員の合意が必要）	遺言に書かれた信託の内容を変更（注）すれば可能	信託契約を変更すれば可能
遺言者の相続の次の相続まで指定できるか	不可	可	可

（注）　遺言に書かれた信託の内容を変更するには、原則として、信託契約の変更と同様に委託者・受託者・受益者の合意が必要です（別途信託の内容の変更について遺言に定められている場合には、その定めに従います。）。

Q46 遺言書と信託契約の内容が相違する場合

以下のように遺言と信託契約の内容が相違する場合、いずれの行為が有効になるでしょうか。

① 遺言書を作成した後、信託契約を締結して遺言者の財産を信託した場合

② 信託契約を締結して財産を信託した後、信託により処分した財産について遺言をする場合

Answer

ご質問の①については、遺言書作成後に締結した信託契約が有効となり、遺言のうち、信託契約に内容が抵触する部分は撤回されたものとされます。

また、②については、原則として、信託契約により処分した財産について遺言をすることはできません。ただし、信託が以下(1)(2)に該当する場合、遺言により受益者を変更することが可能です。

(1) 委託者の死亡の時に受益者となるべき者として指定された者が受益権を取得する旨の定めのある信託

(2) 委託者の死亡の時以降に受益者が信託財産に係る給付を受ける旨の定めのある信託

なお、信託契約において受益者を変更することができない旨が定められている場合には、遺言により変更することもできません。

解説

（①の設例について）

遺言は、遺言後の生前処分その他法律行為と抵触する場合、その抵触する部分については撤回されたものとみなされます（民法1023②）。したがって、遺言後に信託契約により遺言者の財産を処分（信託することにより財産の所有権を受託者に移転）した場合、遺言のうち抵触する部分（信託により処分された財産に係る内容）は撤回されたものと見なされます。

> **（前の遺言と後の遺言との抵触等）**
>
> 民法1023条　前の遺言が後の遺言と抵触するときは、その抵触する部分については、後の遺言で前の遺言を撤回したものとみなす。
>
> 2　前項の規定は、遺言が遺言後の生前処分その他の法律行為と抵触する場合について準用する。

（②の設例について）

遺言できるのは遺言者が所有する財産になります。原則として、信託により処分されて受託者の所有物となった信託財産を遺言することはできません。ただし、信託行為（信託契約等）に遺言者の意思表示により信託財産を処分することができる旨が定められている場合は、遺言により信託財産を処分することができるものと考えます。この場合、信託行為（信託契約等）と遺言が抵触するのではなく、信託行為（信託契約等）の定めに従い信託財産が処分されるという意味で、遺言が信託行為（信託契約等）の内容を変更するものではありません。

なお、委託者が死亡した時に受益者となるべき者を指定する信託、あるいは委託者が死亡した時以後に受益者が信託財産に係る給付を受ける旨の定めのある信託については、信託行為（信託契約等）に別段の規程がない限り当該委託者（遺言者）が当該受益者を変更することが認められます（信法90①）。

例えば、信託行為（信託契約等）において、当該受益者が長男と指定されていたとしても、後日遺言で信託行為（信託契約等）の定め（次の受益者を長男とする定め）を変更し、次男とすることができます。

（注）信託行為（信託契約等）に、委託者（遺言者）が当該受益者を変更することができない旨を定めた場合、遺言により当該委託者（遺言者）が当該受益者の変更の意思表示をしても、変更することはできません。

（委託者の死亡の時に受益権を取得する旨の定めのある信託等の特例）

第90条　次の各号に掲げる信託においては、当該各号の委託者は、受益者を変更する権利を有する。ただし、信託行為に別段の定めがあるときは、その定めるところによる。

一　委託者の死亡の時に受益者となるべき者として指定された者が受益権を取得する旨の定めのある信託

二　委託者の死亡の時以後に受益者が信託財産に係る給付を受ける旨の定めのある信託

2　前項第二号の受益者は、同号の委託者が死亡するまでは、受益者としての権利を有しない。ただし、信託行為に別段の定めがあるときは、その定めるところによる。

Q47 受益者への通知（子供に知らせずに贈与ができるか）

私は財産を子供に贈与したいと思っていますが、子供の教育上の観点から、財産の贈与を子供に知らせたくありません。しかし、子供に隠して贈与した場合には、贈与は成立しないと聞きました。

子供に知らせずに財産を贈与することはできないのでしょうか。

Answer

贈与は、贈与者の意思表示と受贈者の受諾によって成立します。

したがって、受贈者である子供が受諾することが必要です（年少者の場合は親権者の受諾）。

他方、信託を利用すると、信託行為（信託契約書等）において「受益者に定められた子供に対して、受益者になった旨を通知しない」と定めることが可能です。その場合、受益者となったことを子供に通知しなくても子供は受益者になり、実質的に子供に知らせずに財産を贈与することが可能です。

〔贈与と信託〕

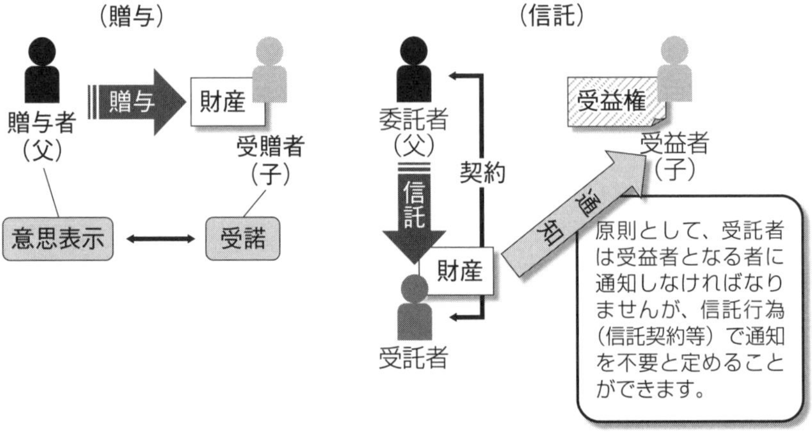

解　説

贈与は、贈与を受ける者が受諾することを必要としています。

民法では、次のように定めています。

「贈与は、当事者の一方が自己の財産を無償で相手方に与える意思を表示し、相手方が受諾をすることによって、その効力を生ずる（民法549）。」

したがって、子供が贈与してもらったことを知らない場合には、贈与はなされていないことになります（注）。以下のようなケースがあります。

親が子供の名義の通帳を作って、毎年子供名義の通帳に少しずつ現金を移転していきます。子供はその通帳のことを知りません。

（注）　子供が幼く、贈与してもらったことを認識できないような場合には、親権者が受託すれば贈与は成立します。贈与を受ける場合には、子供は一方的に利益を受けるだけですので、特別代理人を立てる必要はありません。

このようなケースはよくあることですが、子供は贈与されたことを知りませんので、民法上、贈与は成立していません。親が贈与したつもりになっているだけです。たとえ贈与の申告書を親が子供に代わって作成し、税務署に提出していても、贈与の申告をしたから贈与が成立するわけではありません。贈与の申告をしていたにもかかわらず、税務調査において贈与が成立していないと判断され、子供名義の通帳がすべて親の財産として否認されるケースもありますので、子供への贈与については慎重に行う必要があります。

一方で、信託契約は、委託者と受託者の間で結ばれます。遺言において信託をする場合は、遺言者が単独で作成します。

したがって、信託の効力が発生した場合、受益者となる者が受益者になったことを知る機会がないことがあります。そこで信託法において受託者は、新しく受益者になった者が受益権を取得したことを知らない場合には受益者に通知しなければならないこととなっています（信法88②）。

ただし、同条同項のただし書で、「信託行為に別段の定めがあるときは、その定めるところによる」と規定されています。つまり、信託行為（信託契約等）で、受託者が受益者に通知しないものと規定しておけば、子供が受益権を取得したことを隠しておくことができます。

多くの財産を所有していることが子供の教育上少なからず影響があることを気にされる方は少なくありません。財産にかかる課税法上の問題よりも、教育上の配慮を優先される方もいます。このような場合において、信託を活用すれば子供に知らせずに財産の承継をすることが可能です。

ただし、子供が受益権を取得したことを知っていようといまいと、子供が受益者になった場合には、贈与の税務申告が必要になります。本当は子供が贈与の申告をしなければならないのですが、子供は受益権を取得したことを知らないのですから、親（又は受託者）が子供に代わって贈与の申告をする必要があります。なお、贈与税を親の現金で支払ってしまうと、当該贈与税相当の現金に対しても贈与税が課税されてしまいますので、信託財産から支払うことができるようにするといいでしょう。

Q48 贈与した財産を引続き管理・支配したい

私（Aさん）は会社を創業して20年が経ち、今年で50歳になります。幸いにも業績は良く、会社の株式の評価額が毎年増加しています。今後も株式の評価額が上がっていきそうなので、思い切って長男に株式を贈与してしまおうと考えています。しかし、以下のことが不安で贈与に踏み切れません。

何か良い対応策はないでしょうか。

・　長男はまだ28歳で昨年結婚したばかりです。経営を任せられるようになるにはまだ時間がかかると思います。そこで当面は株式の議決権は私が行使して経営していきたいと思います。

・　万が一にも長男が事故で亡くなってしまうと、株式の大半は長男の配偶者に相続されてしまいます。長男の配偶者との関係は良好ですが、長男が亡くなってしまうとどうなるかわかりません。場合によっては長男の配偶者に会社を乗っ取られることになってしまうのではないかと不安です。

Answer

ご質問の場合、株式を贈与する代わりに株式を信託し、受益権を長男に渡せば良いのではないでしょうか。信託の受託者をAさんにしておけば、株主としての権利（議決権）はAさんが行使することが可能ですし、信託行為（信託契約書等）のなかで「長男が亡くなった場合、次の受益者を次男とする」としておけば、受益権が配偶者に行くことも防げます。

ただし、株式の価値が高い場合には、長男の配偶者の遺留分（Q64

（参考）参照）を侵害することになるかもしれません。その場合、長男の配偶者は遺留分を主張することができます（Q64参照）。

〔贈与者が財産を引き続き管理する仕組み〕

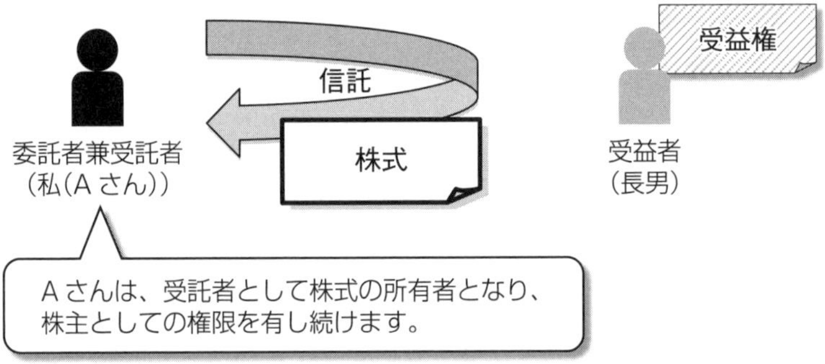

受益権
信託
株式
委託者兼受託者
（私（Aさん））
受益者
（長男）
Aさんは、受託者として株式の所有者となり、
株主としての権限を有し続けます。

解　説

会社の経営者がこのような悩みを抱えているケースは少なくありません。相続対策を兼ねて税金のことを考えると贈与したいのだけれど、贈与した財産は、親である自分が引き続き管理しておきたいと希望される方が多いのが実情です。贈与する財産が重要な財産である場合は特にそうです。それが良いことなのかどうかはわかりませんが、このような問題に応えるために信託は非常に便利です。

例えば、Aさんが所有している株式を信託します。委託者はAさんですが、受託者もAさんにし、受益者を長男とします。Aさんが受託者ですから、株式の所有者はAさんです。信託した後も引き続きAさんが株主として権利を行使することができます。

長男は受益権を取得したわけですから、課税法上はAさんから信託財産（株式）を贈与されたものとして贈与税の申告をする必要があります。しかし、長男が有するのは受益権です。株式を有するわけでありませんので株主としての権利は有しません。

信託をしておけば、長男が親より先に亡くなった場合、仮に受益権が長男の配偶者に相続されたとしても、株主は引き続き親ですから、会社の経営は親が引き続き行うことができます。ただし、株式から得られる配当金や、株式を売却した場合に得られる資金は、受託者（A さん）が管理することができますが、経済的価値は受益者（長男の配偶者）に属します。受託者（A さん）が、信託財産として管理している資金をA さんの個人的用途に消費することはできません。

また、信託行為（信託契約等）で長男が先に亡くなった場合、次に受益権を取得する者を指定することもできます。そこで、信託契約に「長男が亡くなった場合には、次男が次の受益者になる」と定めておくと、受益権が配偶者に相続されずに、次男が次の受益者になります。あるいは、A さんが受益者指定権を行使できる定めを信託行為（信託契約等）に定めておいてもいいでしょう（**Q56**参照）。信託する時点では、長男はまだ若く今後どうなるかわかりません。万が一の事態に備えて信託契約において色々と決め事を設けておくといいでしょう。

ただし、これは当面の対応策です。将来、長男が会社経営を担えるようになった場合や、長男の配偶者と信頼関係ができた際には、この信託契約自体を見直すことも視野に入れて検討されるといいのかもしれません。いつの日にか信託契約を終了して長男に株式を渡せる日が来るといいですね。

Q49 種類株式と信託

私はメーカーを創業し40年になります。来年には70歳になりますので株式の承継を検討しています。私には２人の子供（長男・長女）がいて、長男が副社長として経営を支えてくれています。長女は結婚して専業主婦なので、長男に75%の株を承継し、長女には25%の株式を承継する予定です。このようなことを知人に相談したところ以下の問題があると助言を受けました。このような問題がおこらないようにするにはどのようにしたらいいのでしょうか。

Answer

(1) 事業承継者でない長女に株式を渡した場合の問題点

現在経営に参加していない長女が株式を相続すると、株主としての権利を持つことになります。長男と長女の関係が良好であれば問題はありませんが、その関係がこじれてくると長女が株主として会社に発言したり、帳簿書類等の閲覧を請求したり、場合によっては役員の解任の訴えを起こすこともあり得ます。

事業承継にあたって、後継者（会社を引き継ぐ子供）以外の子供には、現金や不動産等を相続し、同族会社の株式は事業承継者に渡すことが後々の問題を回避するためには有効でしょう。

しかし、遺留分の問題等もあって、同族会社の株式を後継者でない子供に渡す場合には、以下の対応策が考えられます。

① 無議決権株式にしてから渡す。

② 信託を活用し、信託受益権を渡す。

〔信託を活用した同族会社の株式の相続〕

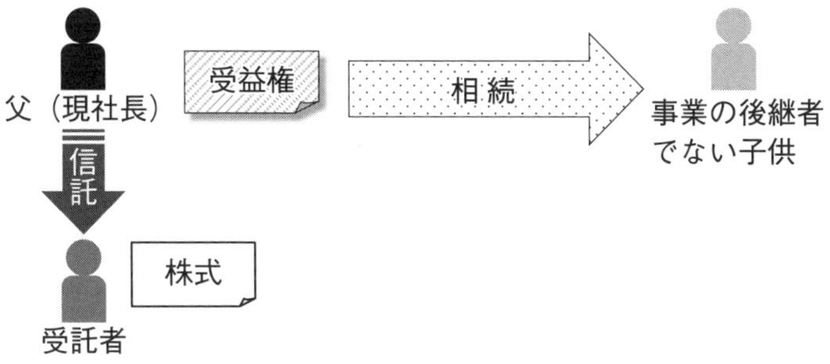

事業承継にあたって、直接経営に携わらない子供に株式を渡す場合には、後々のトラブルを想定して対応しておく必要があります。人間関係が良好なご親族であっても、些細なことからトラブルに発展することは少なくありません。したがって、楽観視せずに、問題が起こらないような対策を講じて株式の承継方法を検討することが重要です。

できれば事業の後継者でないお子さんには、株式以外の不動産や金銭等の財産を多く渡して、兄弟間のバランスをとることをおすすめします。しかし、親の財産の多くが同族会社の株式である場合などは、同族会社の株式の全てを後継者である長男に渡してしまうと、兄弟間のバランスがとれなくなってしまうこともあります。

このような場合には、後継者でないお子さんにも株式の一部を承継することにせざるを得ないこともあるでしょう。しかし、後継者でないお子さんにとって同族法人の株式をもらっても、通常の配当は微々たるものですし、同族法人の株式を換金しようとしても困難です。その反面、相続税はそれなりに課税されることになりますので、中長期的には事業の後継者でないお子さんが相続した株式を適当な価額で会社又は後継者等が買い取ることも検討しておくと良いでしょう。

以下に考えられる対策として種類株式を活用した場合と信託を活用した場合を比較します。

(2) 種類株式の活用

事業の後継者でない子供に株式を承継する場合、様々なトラブルを回避する目的で、後継者でない子供に承継する予定の株式については事前に以下のイからハのような条件を付けることがあります。なお、原則として、株式の内容を変更するにあたっては、全株主の同意が必要になりますので、株式の内容を変更する際は、株式が分散してしまう前に計画的に行うことが必要です。

イ 無議決権株式

事業の後継者でない子供が議決権を持つと、事業の後継者でない子供が株主総会等で会社の経営に混乱を招く発言をしたり、反対の議決権行使をして、場合によっては重要な決議が通らないことがあり得ます。したがって、無議決権化してから後継者でない子供に渡すことがあります。

ロ 取得請求権付株式

事業の後継者でない子供は、同族法人の株式を保有したいとは限りません。現金の方が喜ばれることも少なくないでしょう。そこで、後継者でない子供に承継する株式は、会社に対して買い取りの請求ができる株式に内容を変更しておきます。こうすることで、後継者でない子供が同族法人の株式を売却して現金化することが容易になります。

ただし、同族法人及び後継者としては、買い取りのための資金繰りを検討する必要があるでしょう。

ハ 取得条項付株式

一定の条件を満たした場合に、会社が強制的に買い取ることができる株式を取得条項付株式といいます。後継者でない子供に無議決権株式を承継しても、株主である以上、後継者でない子供には株主として各種書類の閲覧権、提案権、役員の解任請求権が認められています。そこで、親族間でのトラブルが長期化することを避けるために、後継者でない子供に相続させる株式を取得条項付株式に内容を変更して、金銭で解決できるようにしておくのも一つの対策です。

(3) 信託の活用

信託を活用する方法としては、後継者でない子供に承継する予定の株式を信託して、受益権を後継者でない子供に相続する方法です。

信託された株式については、受託者が株主となり、株主としての権利を行使することになります。後継者又は後継者が支配できる法人等を受託者にしておけば、株主としての権利は全て後継者である長男の意のままになるので、議決権等を制限する必要はありません。

種類株式を活用する場合、議決権を制限するなど、株式の内容を変更するためには全株主の同意が必要ですが、信託の場合には、委託者（父）と受託者の同意があれば、他の株主の同意は必要ありません。

また、普通株式を無議決権株式にしても、株主に本来認められている権利として制限できない権利があります（以下（参考②）参照）が、信託を活用すれば受託者が株主となりますので、信託の目的に従って受託者が株主の権利を行使することになります。後継者でない子供は受益権を有しますが、株主ではないので、株主として権利を行使することはできません。

以上のように、後継者にとって信託は勝手が良い方法のようですが、後継者でない子供にとってはどうでしょうか。

後継者でない子供は、信託受益権を相続により取得することになりますが、ここで、信託受益権の相続税評価額は、信託財産の価額と同額になります。つまり、後継者でない子供は株式を相続された場合と同様の評価額で信託受益権を評価して相続税が課税されます。また、後継者でない子供は信託契約の定めに従って、一定の配当を受けることはできるかもしれませんが、一般的に配当は微々たるものでしょうし、議決権等の株主としての権利を行使することはできません。受益権を取得した後継者でない子供には面白い話ではありません。

中期的には、後継者は信託財産（株式）を売却（注）して、現金を後継者でない子供に分配して信託を終了させることを検討してあげると良いかもしれません。会社を承継する後継者も、承継しない者も親族です。お互いに協力し、後継者は、会社で少しずつでも資金繰りを調整しながら、信託された株式を買い取る努力をして、後継者でない子供の受益権を換金化してあげると良いでしょう。

（注）売却される株式は、会社を承継する後継者又は会社自体で買い取ることが一般的です。

（参考）

少数株主の権利（以下①②に示す株式の割合又は数は定款で下げることが可能です。）

① 議決権のある株主の権利

・株主総会招集請求権（会法297）……議決権の3/100

・株主提案権（株主総会の目的とすることを請求する権利）（会法303②）……議決権の1/100（又は300個以上の議決権）

② 議決権の有無に関わらず株主が有する権利

・業務執行に関する検査役の選任を裁判所に申し立てる権利（会法358①二）……発行済株式数の3/100

・役員（清算人）の解任の訴え（会法854①二、479②二）……議決権の3/100又は発行済株式数の3/100
・会計帳簿の閲覧の請求権（会法433①）……議決権の3/100又は発行済株式数の3/100
・特別清算開始後の清算会社の内容の調査命令の申立てをする権利（会法522①）……議決権の3/100又は発行済株式数の3/100
・解散を請求することができる権利（会法833①）……議決権の1/10又は発行済株式数の1/10
・取締役会の招集請求権（会法367）……単独株主権（注）

（差止請求権）

・取締役の行為の差止請求権（会法360）……単独株主権（注）
・募集株式発行差止請求権（会法210）……単独株主権（〃）
・新株予約権発行差止請求権（会法247）……単独株主権（〃）
・略式組織再編差止請求権（会法796）……単独株主権（〃）

（閲覧請求権）

・株主名簿（会法125②）……単独株主権（〃）
・取締役会議事録（会法371②）……単独株主権（〃）
・計算書類等（会法442③）……単独株主権（〃）
・清算株式会社の貸借対照表等（会法496②）……単独株主権（〃）

（注）　単独株主権とは、一株でも保有していれば行使できる権利です（議決権の有無は関係ありません。）。

Q50 信託の終了

父は遺言により父の財産を信託する規定を定めていました。父の死亡によって、父の財産は長男が受託者となり、受益者は母となる信託が開始しました。ただし、母はしっかりしていて財産の管理は自分でできますし、長男は、このたび海外に居住することになり、長男が財産の管理をすることが困難になったため信託契約を終了して、信託財産を母に戻そうと考えています。

信託契約を終了させることはできるのでしょうか。

なお、信託の終了について遺言書には規定されていません。

Answer

信託の終了は、終了についての規定がある場合には、その規定に従うことになります（信法164③）。終了に関する規定がない場合には、委託者と受益者の合意で終了させることができます（信法164①）。

本問の場合、終了に関する規定がありませんので、委託者と受益者が合意すれば信託を終了させることができます。

しかし、委託者である父は亡くなっています。そして、遺言による信託の場合には委託者の地位は相続されない（信法147）とされていますので、委託者の合意を得ることはできません。

したがって、終了させることは困難と考えらえます（信法164④）。

信託の終了について

信託行為（信託契約等）に終了についての規定があるか。

→ ある……規定に従います。

→ ない……委託者と受益者の合意により終了できます。※

※　合意がない場合でも、例えば、以下の場合には信託が終了します（信法163）。

- 信託の目的を達成したとき
- 信託の目的を達成することが出来なくなったとき
- 受託者が受益権の全部を１年間有するとき
- 受託者が存しない状態が１年間継続するとき
- 当初予見できなかった事情により、信託を終了することが信託の目的及び信託財産の状況に照らして受益者の利益に適うことが明らかで、裁判所が終了を命じたとき

解　説

信託の終了については、原則として、委託者と受益者の合意により行うことができるものとされています。ここでは、受託者の合意は必要とされていません。しかし、信託を終了させたことにより受託者に損害が発生した場合には、受託者に損害を賠償しなければならないとされています（信法164②）。

また、信託行為（信託契約等）に、終了についての規定があれば、その規定に従うことになります。例えば、信託財産を管理している受託者の一存で終了について決定できるようにしたい場合には、「信託の終了

は受託者が行うことができる」と定めておけば、委託者と受益者の合意がなくても、受託者の判断で終了させることが可能になります。また、委託者、受益者及び受託者の合意で終了させたい場合には、「信託を終了させる場合には、委託者と受益者と受託者の合意をもって行うことができる」と定めておけば良いでしょう。さらに、信託を終了させる権限を委託者でも受益者でも受託者でもない人に与えることもできます。

このように信託を終了させる権限を誰に与えるかは、信託の規定で自由に定めることができますので、規定の作成が重要になってきます。せっかく信託をして財産の管理を行うかたちを作ったのに、この規定がしっかりできていないと委託者の意図に反して信託が終了させられてしまうこともあり得ます。また逆に、終了が困難な信託にしてしまうと、関係者全員が終了したいと希望していても終了させることができないという事態になりかねません。

本問の場合には、終了に関する規定がありませんので、委託者と受益者の合意が必要となりますが、委託者である父はすでに亡くなっています。このように委託者が死亡した場合、委託者の地位は相続されることが原則ですが、遺言による信託の場合に限って委託者の地位は相続されないものとされています（信法147）。本問の場合、委託者がいない状態になっていますので委託者の合意を得ることはできません。

したがって、信託を終了させることは困難だと考えられます。なお、長男が信託財産の管理をすることができなくなったため、信託の目的を達成することができないと解すれば、信託は終了します（信法163一）。ただ、そのように解されないとすると、あとは裁判所に信託の終了を申し立てるしかありません（信法165）。

将来相続人の意思で終了できるようにしておくには、委託者が亡くなった場合に委託者の地位が承継される規定を設けるか、委託者がいない場合に信託を終了させる権限をどうするかについての規定を設けておくと良いでしょう。

このように信託をするにあたっては、信託する時点のことだけではなく、将来のことまで想定して、様々な信託設計をすることがとても大切です。

（注） 信託は上記の合意（信託行為の定め）に従って終了するほか、以下の場合にも終了します（信法163)。
- ・信託の目的を達成したとき
- ・信託の目的を達成することができなくなったとき
- ・受託者が受益権の全部を固有財産で有する状態が１年間継続したとき
- ・受託者が欠けた状態が１年間継続したとき
- ・信託財産が不足していて受託者の事務処理の費用を負担することができない場合で、委託者及び受益者が存しないとき
- ・信託の併合がされた場合
- ・信託行為の当初予見することのできなかった特別の事情により、信託を終了することが信託の目的及び信託財産の状況その他の事情に照らして受益者の利益に適合するに至ったことが明らかであり、委託者又は受益者が裁判所に信託の終了の申立てを行い、裁判所が信託の終了を命ずるとき（信法165)
- ・信託財産についての破産手続開始の決定があったとき
- ・委託者が破産手続開始の決定、再生手続開始の決定又は更生手続開始の決定を受けた場合において、破産法第53条第１項、民事再生法第49条第１項又は会社更生法第61条第１項（金融機関等の更生手続の特例等に関する法律第41条第１項及び第206条第１項において準用する場合を含みます。）の規定による信託契約の解除がされたとき
- ・信託行為において定めた事由が生じたとき

Q51 信託の清算

信託が終了した場合、信託を清算しなければなりませんが信託の清算手続きについて教えてください。

Answer

信託が終了した後、清算受託者は以下の手続きを行い、信託を清算し結了します。

清算受託者

① 清算受託者の職務の遂行

清算受託者は以下の職務を行います（信法 177）。

・現務の結了

・信託財産に属する債権の取立て及び信託債権に係る債務の弁済

・受益債権（残余財産の給付を内容とするものを除きます。）に係る債務の弁済

・残余財産の給付

② 最終の計算の承認（信法 184）

清算受託者は、上記①の職務を修了したときは、遅滞なく信託事務に関する最終の計算を行い、信託が終了した時の受益者（信託管理人がいる場合は信託管理人）及び帰属権利者のすべてに対して承認を求めなければなりません。

解　説

信託が終了しても、信託の清算が結了するまで信託は存続することになります。信託が終了した場合には、信託が終了した時以後の受託者（「清算受託者」といいます。）は、現務を結了し、債権を回収し、債務を弁済し、残余財産の給付を除く受益者に対する債務を弁済した後に残余財産を給付します。

次に、清算受託者は、信託終了時の受益者及び帰属権利者の全て（以下「受益者等」といいます。）に対して最終の計算の承認を求めなければなりません。受益者等が最終の計算を承認した場合には、清算受託者の職務の執行に不正行為があった場合を除き、清算受託者の責任は免除されます。

なお、清算受託者が最終の計算の承認を求めた日から１か月以内に、受益者等から異議が述べられなかった場合には、最終の計算は承認されたものとされます。

Q52 信託終了時の残余財産の帰属

Aさんは所有する不動産を同族法人B社に信託していました。この度、信託を終了させることになりましたが、当該信託された不動産は誰のものになるのでしょうか。

Answer

信託が終了した場合に、信託財産が誰のものになるかは、信託行為（信託契約等）で「残余財産の受益者と指定されている者」又は「残余財産が帰属する者」が指定されている場合には当該者のものになります。

信託行為（信託契約等）によって残余財産の受益者又は帰属する者が定められていない場合には、委託者（委託者が死亡している場合には、委託者の相続人）に信託財産が帰属する旨の定めがあったものとみなされます。

さらに、委託者も、その相続人も存在しないような場合には、清算受託者に信託財産は帰属することになります（信法182）。

解　説

信託が終了した場合に、信託財産が誰のものになるのかは、信託行為（信託契約等）の定めに従います（信法182①）。したがって、信託契約等で残余財産を誰に渡すのか明確に規定しておくといいでしょう。

この場合には、「残余財産の給付を内容とする受益債権に係る受益者（「**残余財産受益者**」といいます。）」を指定するか、「残余財産の帰属すべき者（「**帰属権利者**」といいます。）」を指定しておくことが必要です。

〔信託終了時の残余財産が帰属する順序〕

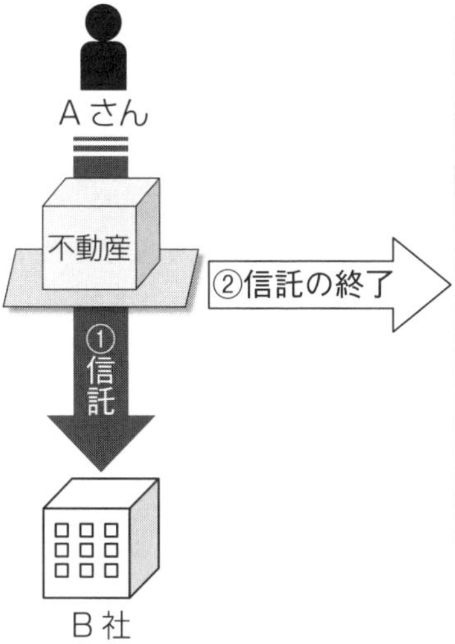

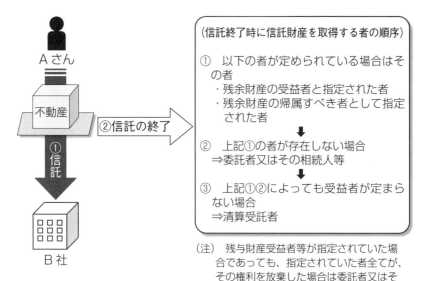

（信託終了時に信託財産を取得する者の順序）

① 以下の者が定められている場合はその者
- 残余財産の受益者と指定された者
- 残余財産の帰属すべき者として指定された者

↓

② 上記①の者が存在しない場合
⇒委託者又はその相続人等

↓

③ 上記①②によっても受益者が定まらない場合
⇒清算受託者

（注） 残与財産受益者等が指定されていた場合であっても、指定されていた者全てが、その権利を放棄した場合は委託者又はその相続人等に指定がなされていたとみなします。

ここで、残余財産受益者と帰属権利者では何が異なるのでしょうか。両者は、残余財産を取得する者であることには変わりはありません。

しかし、残余財産受益者は「受益者」です。信託の終了前から受益者としての権利を有するのに対して、帰属権利者は、信託が終了するまで受益者ではありませんので、受益者としての権利を有しません。ただし、信託の清算中は受益者とみなされ、受益者としての権利を有することになります（信法183⑥）。

次に、信託行為（信託契約等）によって、「残余財産受益者」も「帰属権利者」も指定されていない場合には、委託者（委託者が死亡している場合には委託者の相続人その他の一般承継人）を帰属権利者として指定する旨の定めがあったものとみなされます（信法182②）。

つまり、信託行為に定めがない場合には、委託者が残余財産を取得することになります。そして、委託者が死亡している場合には、その相続人が取得し、委託者が合併等により消滅している場合には、吸収合併の場合は合併存続法人が、新設合併の場合は、合併新設法人が取得することになります。

さらに、上記の場合において残余財産を取得する者が定まらない場合（委託者の相続人が存在しない場合等）、又は残余財産を取得すべき者の残余財産分配請求権が時効消滅（原則として10年）（信法102①、183⑤）した場合など、残余財産が帰属する者が定まらない場合には、清算受託者が残余財産を取得することになります（信法182③）。

Q53 受益者の定めのない信託

Ａさんは、Ａさんが亡くなった後も大切にペットを飼育してほしいと思います。このような場合に信託が活用できるそうですが、どのようなものか教えてください。

Answer

ペットの飼育を目的とした信託を設定することができます。ペットを飼育するために必要な資金を信託し、当該資金でペットの飼育を行うというものです。

信託を活用しない場合には、Ａさんが亡くなると、当該資金は相続され、相続人の所有物になります。当該相続財産を相続人がどのように消費しようとも、それは相続人の自由です。相続財産の使途を制限することはできません。

例えば、信頼できる親戚に「１千万円を遺贈するからペットを大切に飼育してください」とお願いしたとして、当該親戚が遺贈を受けた１千万円を別の使途に消費してしまったとしても、これは仕方がないことになります。

このような場合、信託を活用してペットの飼育を目的とした信託を設定すると良いでしょう。また、このような信託には受益者は定められません。受託者は、信託の目的に従って信託された財産をペットの飼育のためだけに消費しなければなりません。このようにすれば、当該資金がペットを飼育するために消費されるという目的を遂行させることができます。

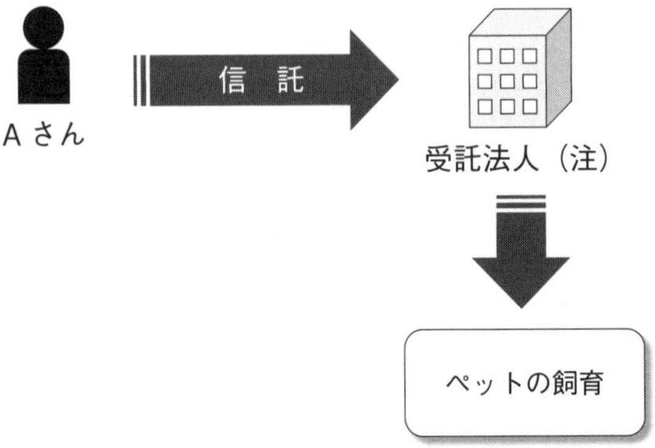

（注）受益者の定めのない信託においては、個人が受託者になることはできません。当該受託者については次のように規定されています。

「受益者の定めのない信託（学術、技芸、慈善、祭祀、宗教その他公益を目的とするものを除く。）は、別に法律で定める日までの間、当該信託に関する信託事務を適正に処理するに足りる財産的基礎及び人的構成を有する者として政令で定める法人以外の者を受託者としてすることができない（信法附則３）。」

そして、政令で定める法人とは以下に定められています。

- 国
- 地方公共団体
- 純資産が５千万円を超える法人であり、公認会計士又は監査法人の監査証明を受けていて、なおかつ役員及び監査役等に禁錮以上の刑に処され、その刑が終わり、又は刑の執行を受けることがなくなった日から５年を経過しない者等がいないこと

解説

受益者の定めのない信託のポイントは以下になります。

(1) 受益者の定めのない信託をする方法（信法258①）

信託契約により行うか、遺言により行うかいずれかの方法により信託することが可能です。信託宣言により（自己信託）行うことはできません。これは、受益者がいない信託においては、受益者が存する信託において受益者が有する受託者に対する監督権限を委託者に認めるため、委託者と受託者が同一の信託では監督権が機能しないことになるためです。

(2) 受益者の定めを設けることができるか（信法258②）

受益者の定めのない信託の場合、信託の変更によって受益者の定めを設けることはできません。また、逆に受益者の定めのある信託を信託の変更によって受益者の定めのない信託にすることもできません。これは、受益者の定めのある信託と、定めのない信託では、その目的が大きく異なり、信託の設定方法や関係者の権利内容及び信託期間が相違するため、信託の変更により受益者の定めの「ある」「なし」を変更することはできないものとされています。

(3) 遺言による信託の場合の注意点（信法258④～⑧）

遺言により、受益者の定めのない信託をした場合には、委託者が存在しませんから、委託者による監督ができません。そこで、遺言によりなされる場合には、信託管理人を設定しなければなりません。信託管理人が遺言で指定されていない場合には、遺言執行者が定められている場合には、遺言執行者が信託管理人を選任し、遺言執行者が定められていない場合には、裁判所が利害関係者の申立てにより信託管理人を選任することができます。

なお、信託管理人が不在の状態が１年間継続したときには信託は自動的に終了しますので注意が必要です。

⑷　受益者の定めのない信託の存続期間（信法259）

受益者の定めのない信託の存続期間は、20年を超えることはできません。

⑸　受託者に対する監督権限（信法260）

受益者の定めのない信託においては、受益者が有する受託者に対する監督権を、受益者に代わって委託者に認めています。

〔受益者の定めのない信託の税務上の注意点〕

受益者の定めのない信託は、税務上「法人課税信託」と分類され(注)、信託時に信託財産が委託者から受託法人に寄付されたものとして、受託法人としては受贈益を計上し、法人税の課税を受けます（Q113参照)。したがって、信託をした際に信託に拠出された財産の約30～40％が法人税の納税に充当されて信託財産が減少します。

（注）　受益者の定めのない信託であっても、特定委託者（Q81参照）が存する場合には、法人課税信託に該当しません。つまり、特定委託者を受益者とみなして課税関係が整理されます（第５章「受益者等課税信託」参照)。

（参考）

受益者の定めのない信託は、ペットの飼育のために行う他、以下のような活用も期待できます。

① 住民が資金を共同で信託に拠出して、地域の保安、子育て支援、老人の介護を行う。

② 資産流動化のスキームにおいて、SPC（特別目的会社）の株式を受益者の定めのない信託に信託することによって、倒産隔離を図り法的に安定なスキームとする。

③ 会社の福利厚生のために、会社のOBや役員が資金を信託して、従業員のための業務外のスポーツや趣味の活動、あるいは懇親会の補助を行う。

④ 大学での研究活動に資するために、卒業生が資金を信託して、研究費の補助を行う。

Q54 受託者を誰にするか

受託者は、信託財産を管理・処分等する重要な役割を負います。受託者を選ぶ際に注意すべき点があれば教えてください。

Answer

受託者は、親族や同族会社にしてもいいのですが、きちんと財産を管理・処分等してもらえるのか心配であれば、信託会社や信頼できる第三者にお願いしてもいいでしょう。

また、受託者をしっかり監督したければ、信託監督人を選任するなどの方法もあります。

〔受託者の条件等〕

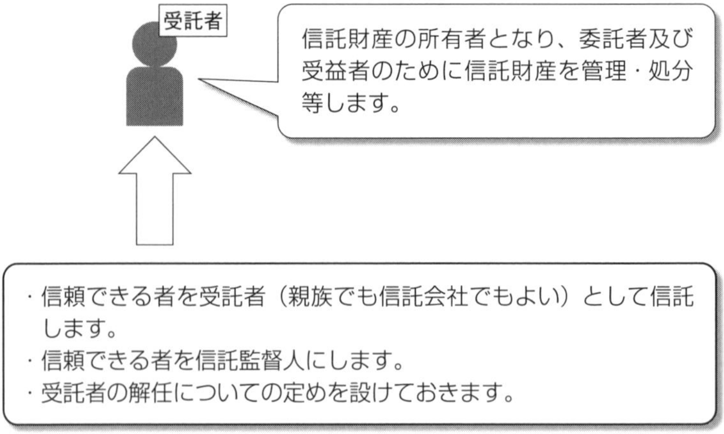
受託者
信託財産の所有者となり、委託者及び受益者のために信託財産を管理・処分等します。
・信頼できる者を受託者（親族でも信託会社でもよい）として信託します。
・信頼できる者を信託監督人にします。
・受託者の解任についての定めを設けておきます。

解説

信託において、受託者の役割は大きいものです。特に自分が亡くなった後は、自分で受託者を監督することができませんから心配も残るでしょう。

そこで、信頼できる信託会社等を受託者にしてもいいかもしれません。また、信頼できるご親族を受託者にしてもいいと思います。

ただし、受益者との利害が相反する場合には、受託者が公平に財産を管理してくれるのか不安が残ります。例えば、受益者が次男で、受託者が長男だった場合、受託者（長男）が自分に有利になり次男に不利になる行為をしないとも限りません。そこで、信頼できる第三者を信託監督人（受託者を監督する者（Q58参照））に選任して、信託監督人に受託者を監督してもらってもいいかもしれません。場合によっては、受託者が信託財産の管理に適さないときに備えて、信託監督人が当該受託者を解任できる規定を設けておくこともできます（Q19参照）。

（注１） 受託者が倒産又は破産等しても、信託会社が信託と関係なく負担している債務に係る債権者から、信託財産は守られています（Q９参照）。

（注２） 不動産を信託するような場合には、信託を受託してくれる信託会社は決して多くありません。なぜなら、受託者が不動産の所有者になると、当該不動産に火災等の事故が発生した場合には、所有者である受託者が責任を問われることになるからです。また、違法建築等の問題がある物件も、その責任は受託者が負担することになります。信託財産が金融資産である場合にはそのようなリスクはありませんので、信託を受託してくれる会社もあるでしょう。

（注３） 信託会社に信託を受託してもらう場合には、信託報酬が発生します。信託報酬は信託会社によって異なりますので、確認が必要です。

（注４） 信託においては、信託契約がとても重要です。信託会社に希望を伝え、将来起こりうることを想定しながら、信託契約を慎重に作成するとよいでしょう。そのようにしないと、将来、相続人が信託契約に

よって不便な思いをすることにもなりかねません。

(注5) 受託者を個人にする場合、信託期間中に当該個人が亡くなってしまうことがありますので、次に受託者になるべき者についても検討しておくといいでしょう。

(補足) 受益者連続型信託の場合

受益者連続型の信託の場合には、受託者の公平性が特に重要となります。例えば、最初の受益者が父（委託者）の後妻で、次の受益者が父と先妻との間の長男であるようなケースで、受託者が長男である場合を考えてみましょう。

信託財産を管理するのは受託者である長男ですが、後妻と長男の関係が良好でない場合、長男（受託者）は、後妻が受益者である期間に多くの支出をして、第一受益者である後妻に信託の分配がされないように行動することもあり得ます。

受託者は、委託者の遺志を継いで公平に財産を管理しなければなりませんが、親族間で利害関係が反する関係にあると、トラブルになることもあります。そのようなことにならないように、受託者を選任しなければなりませんし、信託監督人等を選任することも検討すると良いでしょう。

Q55 受益権譲渡の注意点

Bさんは、Aさんから受益権を譲渡により取得しようと思います。この場合の注意点を教えてください。

Answer

受益権を譲渡する場合には、まず信託行為（信託契約等）により受益権の譲渡が制限されていないかを確認し、信託行為（信託契約等）の定めに従って譲渡を行う必要があります。

次に、委託者及び受託者が信託に対して様々な権利を有することがありますので、受益権の譲渡と同時に委託者と受託者の地位の変更も行うといいでしょう。

解　説

受益権を取得すれば、信託財産にかかる経済的価値を取得することができます。ただし、信託財産を管理するのは受託者ですので受託者の役割は大きいものです。また、委託者は信託事務に関する状況の報告を請求する権利を有し、受託者の解任・辞任、信託の目的に反する変更について権利を有しています。

そこで、全くの第三者間で受益権の譲渡を行った後で、委託者及び受託者が引き続き譲渡人の関係者である場合には、売買取引後の信託の運営が、受益権の取得者の意思どおりにできず、不都合が出てくることが考えられます。

例えば、新受益者Ｂが信託を終了させようとしても、委託者の合意が得られないために終了できないということもあり得ます。

　したがって、受益権の譲渡を行う際には、委託者及び受託者の地位の移転もあわせて行うことが望ましいでしょう。

〔受益権譲渡と委託者及び受託者の変更〕

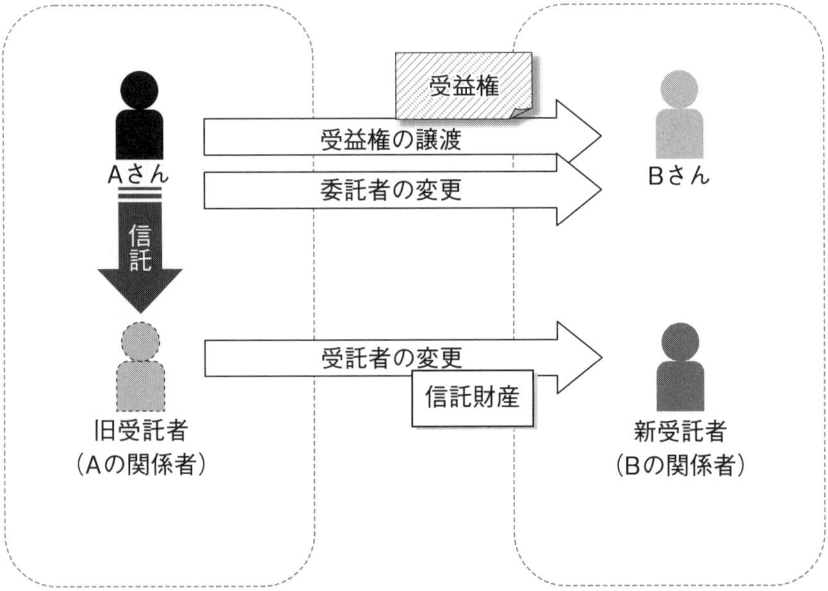

Q56 受益者指定権

会社オーナーのＡさんは、相続対策を兼ねて会社の株式を長男に贈与することにしました。ただし、長男はまだ25歳で会社の経営に向くか不安です。また、今は長男との関係は良好ですが、万が一にも将来関係が悪くならないとも限りません。

万が一の場合に、贈与した株式を取り戻す方法はないでしょうか。

Answer

株式を贈与した場合には、長男が株式を所有します。長男が所有する株式を贈与者の意思のみで後日取り戻すことはできません。

それに対して、株式を信託して受益者を長男とした場合には、長男が所有するのは、受益権になります。受益権については一定の規定を設ければ、後日取り戻すことも可能です。

〔株式の贈与〕

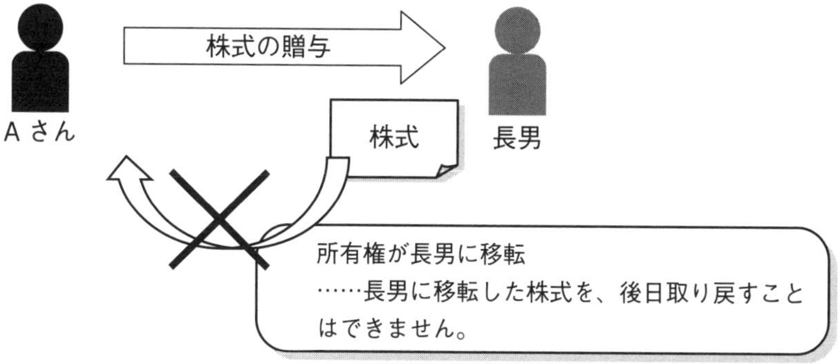
株式の贈与
Ａさん
株式
長男
所有権が長男に移転
……長男に移転した株式を、後日取り戻すことはできません。

〔受益権の贈与〕

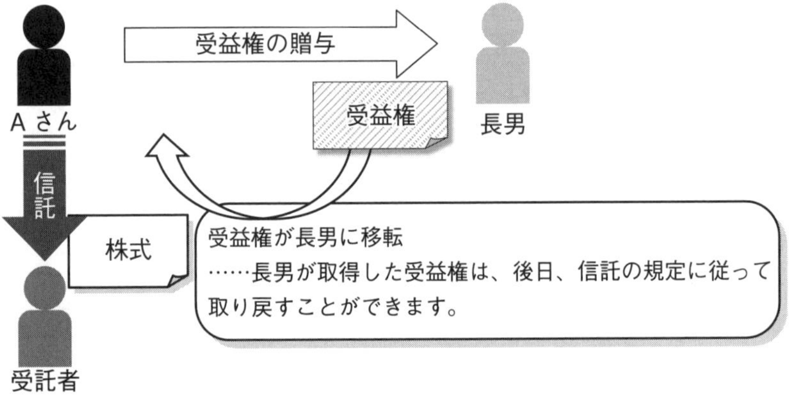

解　説

長男に株式を贈与した場合には、長男が株式の所有権を持つことになります。所有権を持つ長男は、当然株式にかかる議決権と株式を管理・処分する権利を有します。贈与してしまった株式を贈与者の意思だけに従って長男から取り戻すことはできません。

ただし、会社が買い取ることができる種類株式を贈与しておけば、後日、会社の意思決定に従って長男から当該種類株式を買い戻すことは可能になります。このような種類株式は「**取得条項付種類株式**」といいます（会法２十九）。

この場合、あくまで会社の決定に基づいて買い取ることになりますので、会社の議決権をＡさんが支配していることが必要になります。また、買い取る価額は原則として時価となりますので、株式を会社が買い取ることができたとしても、株式の価値に相当する売買代金は長男に渡さなければなりません。

これに対して、株式を信託し、受益権を長男に贈与した場合には、長男が持つのは所有権ではなく、受益権になります。受益権については信託行為（信託契約等）で自由な規定をすることが認められており、いつでも受益権を無償で取り戻すことができる旨の規定を設けることができます。具体的には、「**受益者指定権等**」を利用することになります。

受益者指定権等とは、「受益者を指定し、又はこれを変更する権利」と定義されています（信法89①）。受益者指定権等の「等」とは、受益者を指定する他に、受益者を変更する権利を有することを意味しています。本問の場合、Aさんが受益者指定権等を有する旨を信託行為（信託契約等）で定めておけば良いでしょう。

受益者指定権等（信法89①）
受益者を指定し、又はこれを変更する権利

Aさんが受益権を贈与した後に、長男が経営に向かない場合や、長男との関係が悪化した場合などには、Aさんは受益者指定権等を行使して、新しい受益者を指定できます。具体的には、Aさんが受託者に新しく受益者になるべき者を伝えれば（意思表示すれば）変更することができます（信法89①）。Aさんが受託者である場合には、Aさんが新しく受益者になるべき者に伝えれば（意思表示すれば）、変更することができます（信法89⑥）。

≪受益者指定権等の行使の方法（信法89①、②、⑥）≫
・受益者指定権等を有する者≠受託者
……受益者指定権等を有する者が受託者に対して意思表示
・受益者指定権等を有する者＝受託者

……受益者指定権等を有する者が新しい受益者に対して意思表示
（注）　上記の他に、遺言によって行使することもできます。

親が子供に大きな財産を贈与する際には、「財産を贈与してしまったら自分の老後はどうなるのだろうか。子供は財産をもらったら親のことなど気に掛けなくなるのではないか」と心配になるものです。そのようなことが気になって贈与をためらう方も少なくありません。このような場合には、受益権を贈与しておき、受益者指定権等を親自身が保有するようにしておくと良いでしょう。

万が一、子供との関係が悪くなってしまったとしても親が受益者指定権等を行使すれば受益権を取り戻すことができます。また、親が受益者指定権等を有していれば、子供に対しても一定の牽制効果があるでしょう。つまり、子供が礼節に反すれば、親は受益権を取り上げることもでき、子供は親に対する礼節をわきまえるでしょう。

税務上の取扱い

受益者を子供にした場合（受益権を子供に贈与した場合）には、子供に信託財産を贈与したものと同様に、贈与税が課税されます。そして、将来万が一子供との関係が悪化して受益権を親に戻した場合には、子供が親に信託財産を贈与したとみなして親に贈与税が課税されることになります。

したがって、このように受益権を取り戻すこと可能ですが、課税法上は大きな負担になってしまいます。

（補足１） 受益者指定権等が行使された場合に受託者がすべきこととは

受益者指定権等が行使されて受益者であった者がその受益権を失った場合には、受託者は受益者であった者に対して受益権を失ったことを通知しなければならないこととされています（信法89④）。ただし、信託行為に別段の規定があれば、その規定に従うことになります。

したがって、信託行為（信託契約等）に「受益者指定権等の行使によって受益者であった者が受益権を失った場合において、受託者は受益者であった者に、その旨を通知しないものとする。」と定めておけば受益権を失った者に通知しなくてもいいことになります。

（補足２） 受益者指定権等は相続されるか？

父が委託者となり受益者を長男として信託をした場合に、将来のことを懸念して受益者指定権等を父が有する旨が定められていました。このようなケースで父が亡くなった場合、受益者指定権等を相続することができるのかが問題となります。具体的には、父が亡くなった場合には、母に受益者指定権等を相続させたい場合がありますが、これについては原則として、受益者指定権等は相続によって承継されないものとしています（信法89⑤）。

したがって、父が亡くなった場合に受益者指定権等を母に承継させたいのであれば、事前に信託行為（信託契約等）にその旨を規定しておく必要があります。

（補足３）　受益者連続型信託に該当

受益者指定権等の定めのある信託は、課税法上は受益者連続型信託に該当します。受益者連続型信託に該当すると、基本的に当該受益権に制約が付されていても付されていないものとして評価されます（法人が受益者である場合を除きます。）（相法９の３①）。

詳細は**Q75**を参照してください。

Q57 限定責任信託とは

信託に関する債務は受託者が信託財産をもって履行することになりますが、信託財産をもってしても支払えない場合には、受託者の固有の財産で支払わなければならないそうです。

そこで、受託者の責任を限定する限定責任信託を利用しようかと検討しています。限定責任信託について教えてください。

Answer

限定責任信託とは、信託に関して負担する債務を、受託者が信託財産のみをもって履行する責任を負い、受託者の固有の財産をもって履行する必要のない信託です。これは信託行為にその旨を記載して、登記をすることにより効力が生じます（信法216）。

≪限定責任信託≫

・信託行為に限定責任信託である旨、その他事項（以下解説参照）を定める。
・登記（限定責任信託である旨の登記）をする。
・受託者が行う取引の相手方に、限定責任信託の受託者として取引を行う旨を示す。

解　説

原則として、受託者は信託に関して負担する債務について、信託財産のみならず、受託者の固有の財産をもってしても責任を負うことになります。しかしこれでは、受託者の責任が大き過ぎ、受託者になることをためらうケースもあるものと思われます。

そこで、受託者が信託に係る債務について、信託財産のみをもって履行をすればよい旨の信託を「限定責任信託」と定義し、以下の内容を信託行為（信託契約等）に定め、登記することによって、受託者の責任を有限（信託財産により履行するまでの責任）とすることが可能になります（信法216①)。

⑴ 信託行為に定めるべき事項

信託行為には、信託に係る債務について、受託者が信託財産に属する財産のみをもってその履行の責任を負う旨の定めをし、以下の事項を定めなければなりません（信法216②)。

① 限定責任信託の目的

② 限定責任信託の名称（名称に「限定責任信託」という文字を用いなければなりません（信法218①)。)

③ 委託者及び受託者の氏名又は名称及び住所

④ 限定責任信託の主たる信託事務の処理を行うべき場所

⑤ 信託財産に属する財産の管理又は処分の方法

⑥ その他法務省令で定める事項（信託事務年度（信規24))

〔通常の信託〕

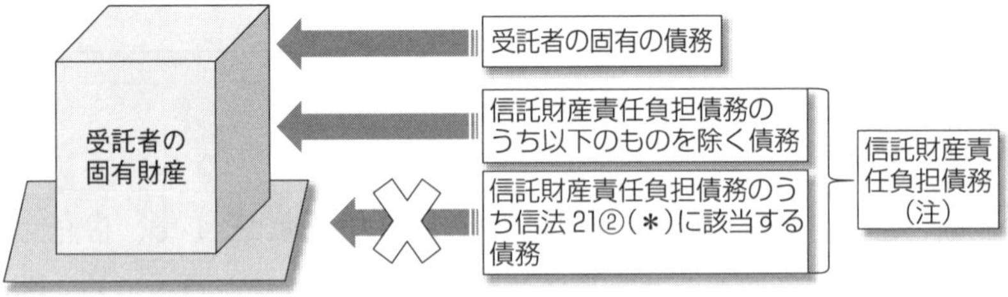

（＊） Q9［受託者の固有財産で負担すべき債務］（注2）参照

〔限定責任信託〕

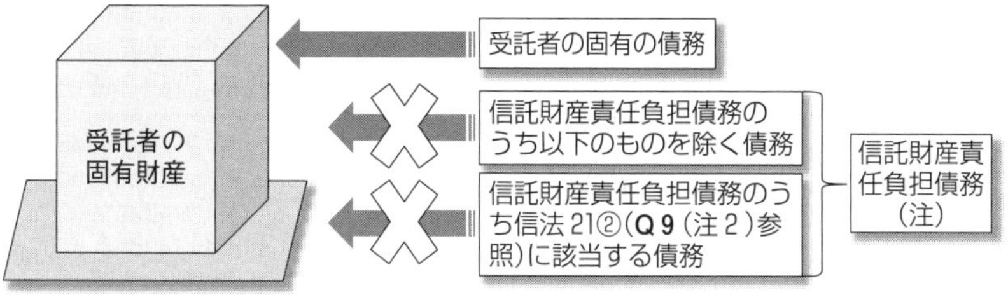

（注） 信託財産責任負担債務とは、受託者が信託財産に属する財産をもって履行する責任を負う債務をいいます（**Q9**［信託財産で負担すべき債務］（注1）参照）。

⑵ 取引の相手方への明示義務

受託者は、限定責任信託の受託者として取引をする場合には、取引の相手方にその旨を示さなければならないものとされています（信法219）。

もしも、その旨を取引の相手方に示さなければ、限定責任信託である旨を当該取引の相手方に対し主張することができません。

⑶ 帳簿作成・保存義務

限定責任信託の受託者は、通常の信託同様に帳簿等を作成しなければなりませんが、より詳細な情報の作成と開示が求められています（**Q14**参照）（信法222）。

⑷ 限定責任信託の定めの登記

信託行為（信託契約等）において限定責任信託の定めが設けられた場合には、2週間以内に以下の事項を登記しなければなりません（信法232）。

①　限定責任信託の目的

②　限定責任信託の名称（名称に「限定責任信託」という文字を用いなければなりません。）（信法218①）

③　受託者の氏名又は名称及び住所

④　限定責任信託の事務処理地

⑤　信託財産管理者又は信託財産法人管理人が選任されたときは、その氏名又は名称及び住所

⑥　信託の終了について定めがあるときは、その定め

⑦　会計監査人設置信託であるときはその旨及び会計監査人の氏名又は住所

Q58 信託管理人・信託監督人・受益者代理人とは

信託においては、受託者が財産の所有者となり信託事務を行いますので、受益者に受託者の監督機能（Q26参照）を与えています。しかし、受益者が受託者を十分に監督できる状況にない場合もありますので、信託管理人・信託監督人・受益者代理人という者を規定し、受益者のために受託者の信託事務の監督を行う者としています。これらの者について詳しく教えてください。

Answer

信託財産の経済的価値は受益者が有するものの、当該信託財産を信託の目的に従って管理等しているのは受託者です。そこで、受益者は自己の享受する経済的価値を損なわぬよう受託者を監督することができるように信託法で手当てがなされています。

しかし、受益者が存在しない場合や、受益者が子供や高齢者等で実質的に受託者を監督する能力がないような場合、また、受益者が頻繁に入れ替わったり、不特定多数であったり、信託に対する投資だけを目的として監督することが期待できない場合のために、受益者に代わって信託を監督する者を設けることができるように規定されています。これが、信託管理人、信託監督人、受益者代理人です。

親族間で信託する場合であっても、受託者が誠実に信託財産を管理するように、受託者に対する監督を、信頼できる者又は専門家に任せることを検討して良いかもしれません。

	信託管理人	信託監督人	受益者代理人
根拠条文	信法123～130	信法131～137	信法138～144
概　要	受益者が現に存しない場合に指定します。	受益者が年少者・高齢者等であり、受託者を監督できないような場合に指定します。	受益者が頻繁に変動したり、不特定多数である等、受託者を監督することが期待できない場合に指定します。
選　任	信託行為の定め又は裁判所の決定によります。	信託行為の定め又は裁判所の決定によります。	信託行為の定めによります。
権利の内容	受益者が有する信託法上の一切の権利	受託者の信託事務を監督するために受益者が有する権利	受益者が有する信託法上の一切の権利
権利行使	自己の名で行います。	自己の名で行います。	代理人として行います。

(注１)　未成年者、成年被後見人、被保佐人、当該信託の受託者は、信託管理人、信託監督人、受益者代理人になることはできません。

(注２)　信託監督人が選任された場合であっても、受益者はその権限は制約されません。

(注３)　信託代理人が選任された場合には、受益者として制限されない権利（**Q26**参照）及び信託行為（信託契約書等）で定められた行為を除き受益者は権限を行使できません。

Q59 指図権者・同意者とは

指図権者・同意者とは、どのような人をいうのでしょうか。

Answer

信託された財産の管理、運用及び処分等について指図することができる者を**指図権者**といいます。指図権者は信託財産の給付についても指図することができます。

同意者とは、信託された財産の管理、運用及び処分等について同意を要する者です。

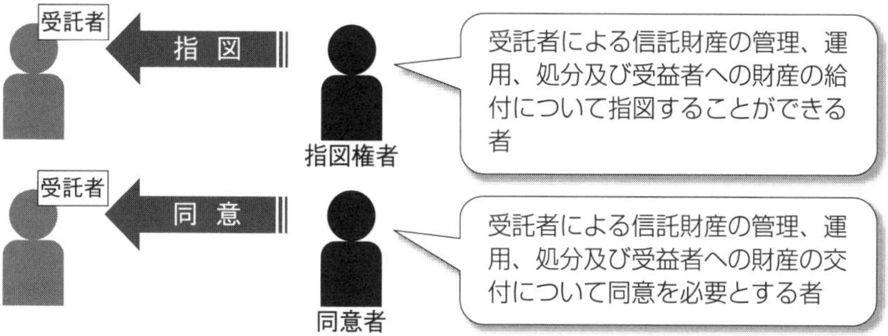
受託者
指　図
指図権者
受託者による信託財産の管理、運用、処分及び受益者への財産の給付について指図することができる者
受託者
同　意
同意者
受託者による信託財産の管理、運用、処分及び受益者への財産の交付について同意を必要とする者

解　説

信託財産を管理、運用及び処分するのは、原則として信託財産の所有者である受託者になります。ただし、指図権者を別途指定した場合には、これらの信託財産の管理、運用及び処分の方法を指図権者に定めさせることができます。 信託財産が非公開会社の株式であれば、信託された

株式の議決権の行使を指図権者に委ねることもできます。また、信託財産の受益者への給付について指図権者に決めさせることも可能です。

ただし、上記のように指図権者に一定の権限を付与したい場合には、信託行為（信託契約等）でその旨を明記しておかなければなりません。

また、受託者が信託財産についてある行為をする場合に、同意を必要とする者を同意者として定めることも可能です。

例えば、信託財産が受益者に過大に給付されてしまわないように、信託財産の給付についてはＡさんを同意者として、常にＡさん（同意者）の了解をもって行う旨を定めれば、Ａさんの了解なく、むやみに信託財産が受益者に給付されてしまうことを防止することが可能です。

受託者の行為を監督したい場合には、信託監督人を選任して対応することができますが、指図権者や同意者を選任して信託に対する影響力を持つこともできます。

なお、指図権者や同意者が有する権利については、相続税法上は経済的な価値はないと考えて課税の対象にならないと考えられます。

Q60 受益者連続型の信託について

自分が亡くなった場合に自分の財産を相続する者を指定するだけではなく、次の相続（自分の相続で財産を相続した者が亡くなったとき）まで指定するような遺言（後継ぎ遺贈型の遺言）をすることは可能でしょうか。

（事例１）

私が亡くなったら、私の財産は妻に相続し、妻が亡くなった場合には、妻が私から相続した財産を前妻との間の長男に相続させます（Q61参照）。

（事例２）

私が亡くなったら、私の財産は妻に相続し、妻が亡くなった場合には、妻が私から相続した財産の半分は私の弟に、半分は妻の兄弟に相続させます（Q62参照）。

Answer

通常の遺言書においては、自分の相続についての遺言しかできません。自分の財産を相続した相続人がその財産を誰に相続するかは、自分では決められません（上記（事例１）にあるように妻が亡くなったときの相続のしかたまで指定する遺言はできないと解されています。）。

しかし、信託を活用すると信託をした時から30年経過した時の受益者の相続まで指定することができるようになります（信法91）。

	通常の遺言	信託を利用した遺言・信託契約等
遺言(信託)の対象	所有権	受益権
自分の相続で財産を取得した相続人が死亡した時の相続まで指定できるか	できない	できる
	自分の相続において、財産を承継させる先を指定することはできるが、その財産を取得した承継者の相続の内容までは指定できないと解されている。	信託した時から30年経過後に最初に発生する相続まで指定することができる。

(例) Ａさんには、後妻と、先妻との間の子供がいました。ここで、Ａさんは、自分の相続では、財産は後妻に相続させたいけれど、後妻が亡くなった場合には、その財産は先妻との子供に相続させたいと考えています。

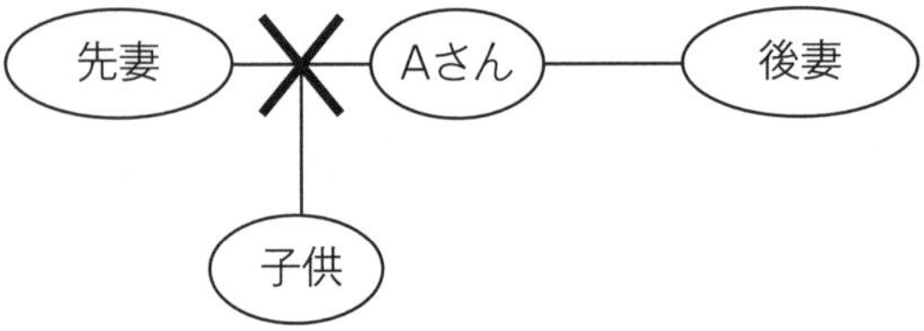

通常の遺言書では、Ａさんは自分の相続で財産を誰に相続させるかを決めることはできますが、その後の相続（後妻の相続）についてまで指定することはできないと解されています。したがって、このケースでは、後妻がＡさんから相続で取得した財産を誰に渡すかは、後妻が自分の意思で決めることになります。Ａさんが後妻に頼んでおいたとし

ても法的には意味がありません。

しかし、信託を活用すると後妻の意思にかかわらず、後妻の相続において、先妻との間の子に受益権を取得させることが可能となります。

〔従来の遺言〕

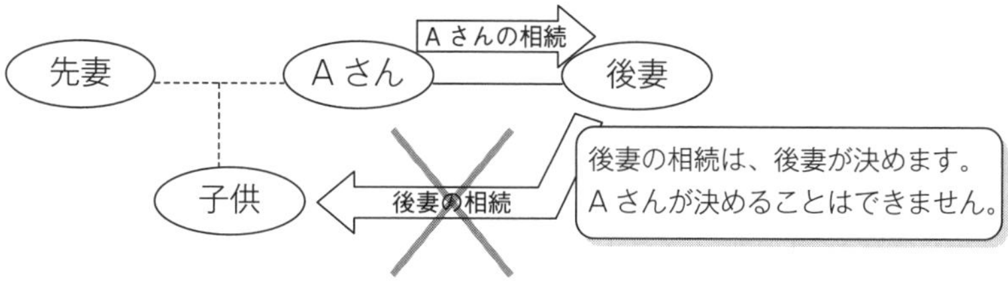

（注） 後妻の相続で、後妻がAさんから相続された財産をどのように相続するかは後妻が決めることで、Aさんが事前に決めることは困難と解されます。

〔信託を利用した遺言（信託契約等）〕

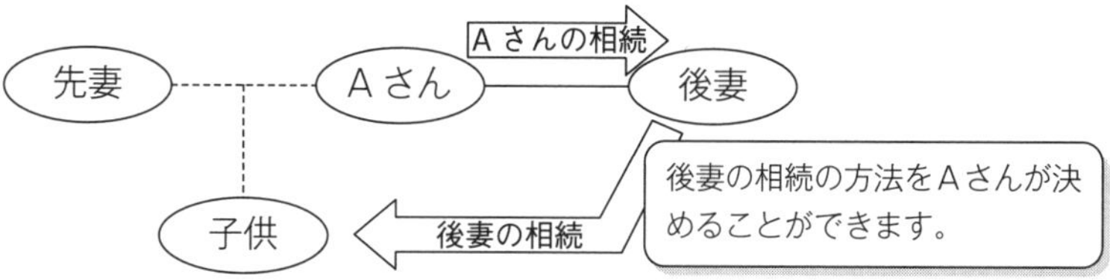

（注） Aさんが信託行為（信託契約等）において、Aさんが亡くなった際に、後妻に取得させた受益権を後妻の相続において先妻の子供に取得させるように指定することが可能です。

ただし、Aさんが死亡後に後妻が信託の内容を変更してしまうと、最終的には先妻の子に渡したいというAさんの目的は達成されません（契約内容の変更については**Q 8**を参照）。

解　説

(1)　後継ぎ遺贈型の遺言（信託を利用しない従来の遺言）

①　意義

一般的な遺言では、遺言者が指定するのは遺言者の相続についてです。これに対して「跡継ぎ遺贈型の遺言」とは、遺言者が所有していた財産について、遺言者の相続だけでなく、遺言者の財産を相続した者の相続まで指定するものをいいます。具体的には、「遺言者(父)が所有する不動産について、遺言者(父)が死亡した場合にはその不動産を配偶者に相続させ、次に配偶者が死亡した場合にはその不動産を長男に相続させ、さらに長男が死亡した場合にはその不動産を孫に相続させる……」というように、遺言者(父)の相続だけでなく、次の相続、さらにその次の相続……というように、ずっと先の相続までも指定するような遺言をいいます。

②　有効性

「後継ぎ遺贈型の遺言」の効力については、遺言者の単なる希望を述べているだけで法的拘束力はないとする否定的な説と、負担付き遺贈・期限付き遺贈・条件付き遺贈などのいずれかの類型の遺贈として効力を認めようとする肯定的な説がありますが、現時点では否定的な説が有力です。つまり、先の先の相続まで遺言することはできないと考えられています。これは民法において「所有権」に制限をすることができないという考えに基づいているためです。

これに対して、財産を信託した場合は、相続の対象となるのが「受益権」であり、受益権に制限をつけることは可能です。したがって、次に示すような受益者連続型の信託が可能になります。

(2) 受益者連続型の信託

① 意義

受益者連続型の信託とは、例えば、「委託者(父)が所有する不動産を信託し、当初受益者を父とし、父が死亡した場合には次の受益者を配偶者とし、配偶者が死亡した場合には次の受益者を長男とし、長男が死亡した場合にはその次の受益者を孫とする……」というように、信託行為（信託契約等）において受益者が死亡した場合に、その受益者の有する受益権が相続される行き先をずっと先まで指定するものです。

これを利用すれば受益者の死亡により順次、次の者が受益権を取得することが可能となります。

② 有効性

受益者連続型の信託は、信託法において「信託がされた時から30年を経過した時以後に現に存する受益者が当該定めにより受益権を取得した場合」に「当該受益者が死亡するまで又は当該受益権が消滅するまでの間」は有効であるという明文規定が設けられました(信法91)。

難解な文言ですが、要するに、信託を利用しても無期限に相続の方向性を決めてしまうことはできませんが、信託がなされてから30年先までは相続の方向性を定めることが可能とされています。例えば、相続の都度、受益権がＡ→Ｂ→Ｃ→Ｄ→Ｅと移転する内容の信託行為（信託契約等）をした場合に、信託設定後30年経過時点の受益者がＣだったとすると、Ｃ→Ｄの受益権の移転までは有効になりますが、Ｄが死亡した時点で信託は終了してしまいますので、Ｄ→Ｅの指定は無効になります（次頁の図参照)。

つまり、先の先の相続まで“所有権”について遺言をすることはできませんが、受益権であれば、上記のように30年経過後に発生する相続までという期間の制限はあるものの、先の先の相続まで受益権について定めることが可能になります。

また、A さんの信託財産にかかる受益権を取得する者として指定される者は、信託設定時点において、まだ存在していなくてもかまいません。例えば、まだ存在しない孫やひ孫を指定しておくことも可能です。ただし、信託されてから30年経過した時点で存していなければならないと解されています。

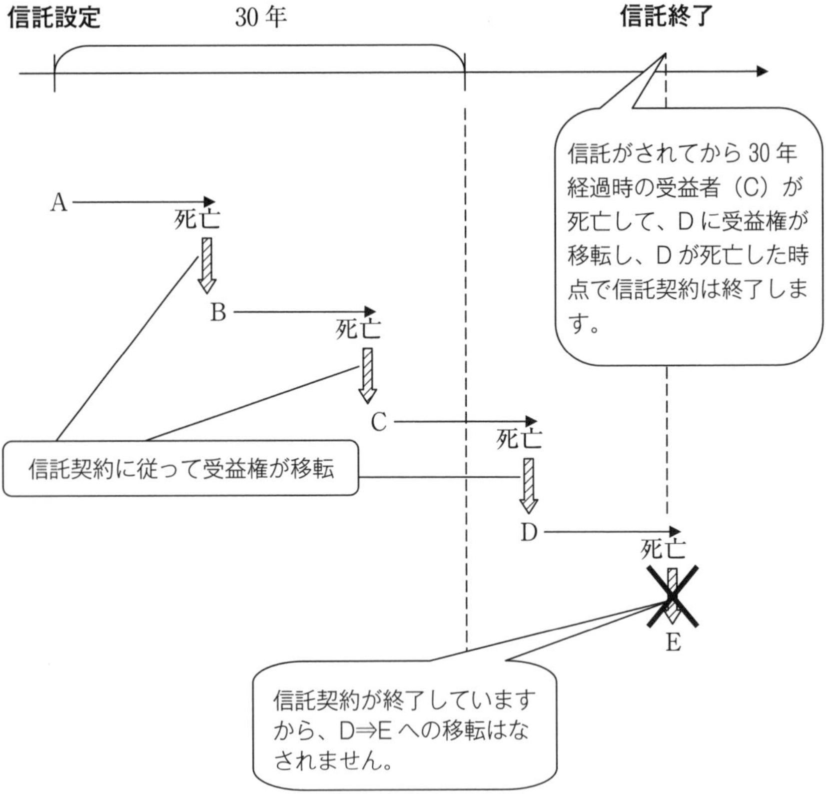

③　相続税・贈与税の課税関係（相法９の２）

受益権を相続の都度移転する場合は、所有権を相続により取得する場合と全く同様に相続税が課税されます。

つまり、上記の例で、Ａさんが死亡し、Ｂさんが受益権を取得した場合には、当該信託された財産をＡさんの相続によりＢさんが相続した場合と全く同様に相続税が課税されます。また、Ｂさんが死亡してＣさんが受益権を取得した場合も、Ｂさんの相続によりＢさんからＣさんに信託された財産が相続されたものとみなして相続税が課税されます。

ここで、ＡさんからＢさんが取得するのは“所有権”ではなく、“受益権”ですが、受益権の評価については所有権と同様に評価することになります。特別に異なった評価をしたり、評価額の減額をすることはできません（Q73参照）。つまり、“受益権”は完全な“所有権”と比較すると、制約（生きている期間について収益を受ける権利があるものの、処分等する権利はない）を受けた権利であるにもかかわらず、相続にあたっては評価額を減額することはできません。課税法上有利とはいえませんが、実務的なニーズは大きいものと考えられます。

（注）　相続税法上の受益者連続型信託についてはQ97を参照してください。

Q61 受益者連続型信託の活用例（再婚者の場合）

私は再婚しており、私の相続人は、先妻との間の子供と後妻です。私は賃貸不動産を持っていますが、この賃貸不動産から毎年１千万円の賃貸収入があります。私が死んだ場合には、この賃貸不動産を後妻に相続させて賃貸収入で苦労なく生活してもらいたいと思います。しかし、後妻が亡くなった場合には、後妻に相続させた賃貸不動産を後妻の相続人（後妻の兄弟）ではなく、私と先妻との間の子供に相続させたいのですが、このような相続は可能でしょうか。

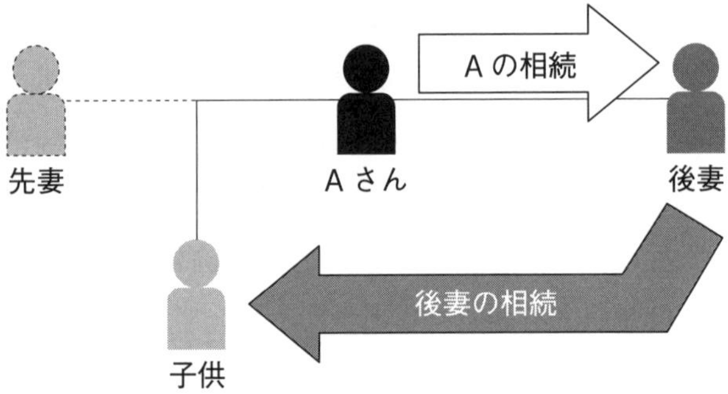

Answer

信託を利用しない遺言書で、あなたの財産を相続した人（後妻）の相続について指定をしても法的な拘束力を持たないという見解が一般的です。しかし、信託を活用すれば自分の財産を相続した人の相続まで指定することが可能になります。

解　説

遺言書を作成して「私が死んだら、賃貸不動産は後妻に相続させ、後妻が亡くなった場合には、この賃貸不動産は、先妻との間の子供に相続させる」と記載しても、後妻の相続にかかる記載は法的な拘束力はありません。

例えば、あなたの相続により賃貸不動産を相続した後妻が、この賃貸不動産を売却しようとしたらどうでしょう。後妻は自由に売却することができますし、売却で得た金銭を使ってしまうことを防ぐこともできません。仮に、後妻が賃貸不動産を売却しないにせよ、その遺言書で「この賃貸不動産は、老後お世話になった妹に相続させる」、あるいは、あなたが亡くなった後に後妻が再婚して「この不動産は（再婚した）夫に相続させる」などと記載すれば、後妻の遺言書のとおりに相続されてしまうでしょう。

しかし、信託を活用すればあなたの希望に沿った財産の承継を実現することができます。賃貸不動産を信託すれば、受託者がこの賃貸不動産をしっかり管理してくれます。もちろん、受託者は、あなたが信頼して賃貸不動産を管理してくれると思う者にした方がいいでしょう。賃貸不動産から得られる賃貸収入は、信託の定めに従って後妻に配当され、後妻の生活費はきちんとまかなわれます。そして、後妻が亡くなった場合は、信託の定めに従って後妻の受益権は消滅し、先妻との間の子供が新たな受益者になります。もしも、後妻が亡くなる前に当該不動産を売却しようとしても、この賃貸不動産を所有しているのは（あなたが信頼して任せた）受託者です。後妻は独断でこの賃貸不動産を売却することはできません。受託者は、信託の定めに従ってしっかり管理してくれるでしょう。

今までは、自分の財産を相続した者の相続については指定できないというのが常識でした。しかし、信託を利用すれば信託された財産については、信託行為（信託契約等）で定めたとおりに、信託を開始してから（遺言で信託が開始される場合にはあなたの相続から）30年経過時の受益者の相続まで指定することが可能になります。

もちろん、30年先までの相続の発生する順序はわかりませんし、あなたの相続後に孫が増えたり、結婚があったり、離婚があったりと親族の関係が変化することもあるでしょう。場合によっては、色々なパターンを想定して信託契約書に記載する必要があるかもしれません。

例えば、遺言書の作成時においては、妻と長女、次女、長男がいますが、子供たちがまだ誰も結婚していない場合に、30年先までを予想して遺言書を書こうとすると、子供たちは結婚して子供を授かるだろうか等々思いをはせて作成することになります。

「私が亡くなったら、受益者は妻にし、妻が亡くなったら長女にし、長女に子供がいる場合には、長女が亡くなったら受益者は長女の子にします。そして、長女に子供がいなかったら受益者は次女にします。また、長女が亡くなった時に次女が既に亡くなっていた場合、次女に子がある場合には次女の子供にします。次女に子供がない場合には長男に……」など、かなり先のことまで想定して記載するとかなり複雑になることもあります。

ただ、先の先のことまで指定して、それが残された家族にどこまで喜ばれるものになるのかも慎重に考える必要があるかもしれません。

親族関係は変化しますし、30年先のことは誰もわかりません。長女は裕福で生活に困らない男性と結婚して幸せに生活していて、次女は生活に困っているかもしれません。あなたが亡くなった後、家族全員があなたの財産は次女にあげたいと願っても、拘束性が高い信託の定めがあると、あなたの作った信託が、むしろ家族にとって障害となるかもしれません。

　そのようなことにも思いを巡らせて、無理のない範囲で信託の規定を定めるといいでしょう。また、信託の内容を変更できないようにするか、変更できるようにするか、変更できる場合には誰にその権限を与えるか等々、具体的に信託の規定を作る場合には、遺された家族にとって有益なものになるように作成する必要があります。

Q62 受益者連続型信託の活用例（子供がいない夫婦の場合）

私は結婚して妻と50年ともに生きてきました。私も80歳になりますので、遺言書を書いておこうと思います。私達夫婦には子供がいませんので、私の相続人は妻と弟です。私が亡くなった場合には、私は全財産を妻に相続するつもりです。その場合、次に妻が亡くなった際には、妻の相続において私の弟には相続権がないので、全て妻の妹に相続されてしまうかもしれません。しかし、私の財産は父から相続で引き継いだ財産もあるため、妻が亡くなった場合には、私から妻に相続した財産の半分は、弟に相続させたいと思います。このように、妻の相続まで指定するような遺言をすることは可能でしょうか。

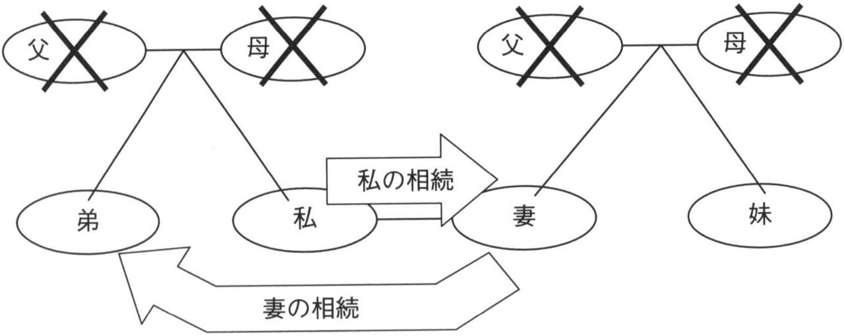

Answer

信託を利用しない遺言書で、あなたの財産を相続した人（妻）の相続について指定をしても法的な拘束力を持たないという見解が一般的です。しかし、信託を利用すれば、このような相続を実現させることができます。

解　説

子供がいないご夫婦の場合、ご夫婦の財産をどうするか悩ましい問題です。ご親族以外のお世話になった方（法定相続人でない人）に相続させたい場合には、遺言書に書いておかないと相続することはできません。したがって、老後お世話になった人に財産を渡したい場合には遺言書を書いておくといいでしょう。

子供がいないご夫婦の場合、夫の遺言により妻が全財産を相続し、妻の相続でその財産は全て妻のご兄弟に相続されることが少なくありません。また逆に、妻が先に亡くなると、妻の遺言で夫が妻の全財産を相続し、夫の相続によりご夫婦の財産が全て夫のご兄弟に相続されることもしかりです。

夫の相続において、遺言書がないと、夫の親が生きている場合には、夫の親が３分の１を、妻が３分の２を相続することになります。また、夫の親が亡くなっている場合には、夫の兄弟が４分の１を相続し、妻が４分の３を相続することになります。もちろん、遺言書がない場合も、法定相続人が合意して遺産分割協議書を作成し、法定相続分と異なる相続をすることは可能ですが、あくまで相続人の同意が必要になります。

したがって、配偶者に全財産を遺そうとするのであれば、遺言書にその旨を書いておくといいでしょう。ここで、妻が亡くなった場合に、妻が遺言書を書いていないと全財産が配偶者の親または兄弟に相続され、夫の兄弟は相続を受けることはできません。夫が生前妻に、妻の相続において夫の兄弟に財産の半分を遺すような遺言書の作成をお願いしていたとしても、妻がその事を忘れてしまえばその希望はかないません。

このようなケースにおいて信託を活用すると、夫から妻に相続された受益権について、妻の相続で誰に相続するか事前に指定しておくことができるようになります。ただし、指定できるのは、妻の財産全てではなく、あくまで夫が信託をして妻に相続された受益権に限ります。

したがって、妻の相続において指定したい財産については信託しておく必要があります。そして、信託の定めの中で、「夫が亡くなった場合には、信託の受益者は妻とする。そして妻が亡くなった場合には次の受益者は弟とする。もしも弟が亡くなっている場合には弟の子とする。」などと記載しておく必要があります。

また、信託された財産の（形式的な）所有者となる受託者が誰になるかも重要です。しっかり財産を管理して、信託の定めに従って受益者を変更してもらう必要があります。このような場合に、受託者が夫の親族であれば、夫の親族に有利に行動することがあり得ますし、受託者が妻の親族であれば妻の親族に有利となるように行動することがあるかもしれません。全く公平に財産の管理をしてもらいたいのであれば、費用はかかりますが、受託者をご親族でなく信託銀行や信託会社等にすることも考えると良いでしょう。あるいは、信託監督人（Q58参照）を公平な立場の第三者に指定して、受託者の監督をしてもらうことも一案です。

Q63 受益者連続型信託の活用例（子供の相続を指定）

私は先祖代々承継してきた不動産を所有しています。一部の不動産を後継者である長男に生前贈与しようと計画しています。長男は結婚して子供も授かりましたが、贈与後に万が一にも長男が亡くなると、生前贈与した不動産は長男の配偶者と長男の子に相続され、実質的に長男の配偶者に支配されることになると思われます。世間では先に子供が亡くなり、子供の配偶者に財産を乗っ取られるような話を聞きます。

長男が先に亡くなった場合、長男の配偶者には相続しないで次男に相続させることはできないものでしょうか。

〔概略図〕

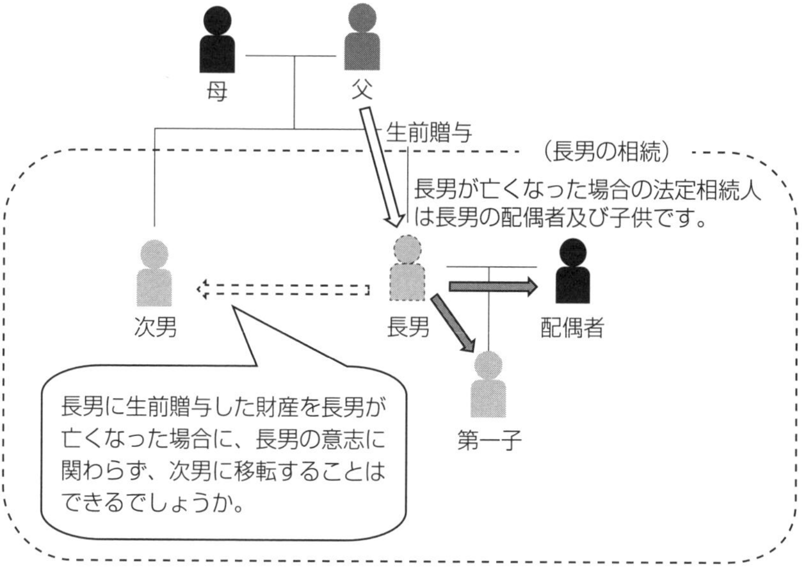

Answer

長男の相続の仕方を、長男の意思に関わらず、長男以外の者が定めることはできないと考えられます。したがって、長男の親が、長男に贈与した財産を長男の配偶者及び子供に相続させたくないと思っても、長男が「次男に遺贈する」旨を遺言書に記載しなければ、そのような相続をすることは困難です。

ただし、信託を活用し、長男に受益権を贈与した場合、信託行為（信託契約等）に「長男が亡くなった場合には、次の受益者を次男とする」旨を記載すれば、長男が亡くなった場合に次男に受益権を移転することが可能です。

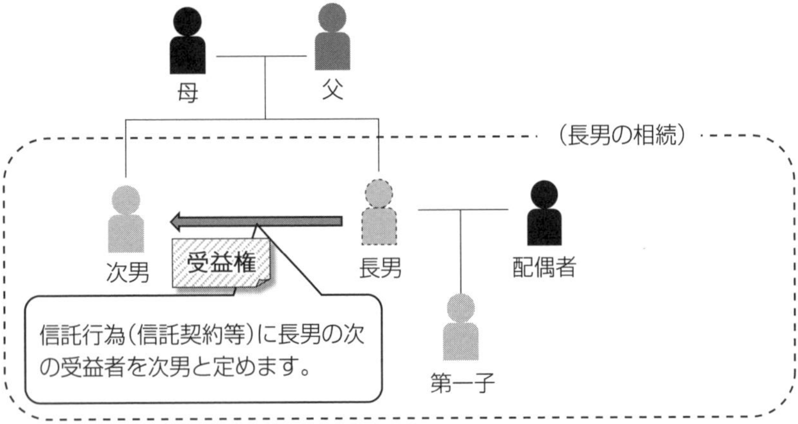

解　説

子供に財産を生前贈与する親が心配に感じることの一つは、子供が先に亡くなってしまうことです。贈与後に、親より先に子供が亡くなると、当該子供の配偶者と幼い子供に財産が相続され、実質的に子供の配偶者に財産が支配されることになります。子供に贈与する財産が不動産や、同族会社の株式等の重要な財産であると、結果として親がまだ元気で活躍しているのに、贈与した重要な財産は子供の配偶者が支配して、親との間で摩擦が生じることもあり得ます。

本問のように長男を後継者に決めて、長男に重要な財産を贈与した後に長男が亡くなって、親が後継者を次男にしようとしても、重要な財産が長男の配偶者に相続されてしまっていては、親が思うように事は進みにくいものです。そこで、親は重要な財産の贈与には慎重になります。しかし、長男にやる気と自覚をもってもらうため、相続財産を減らすため、重要な財産の贈与を計画することがあります。そのような時に、長男が親より先に亡くなった場合、重要な財産を次男に移転するにはどうしたらいいでしょうか。

一つは、長男に「長男が先に亡くなった場合には、次男に遺贈する」旨の遺言書を書いてもらうことです。遺言書の効力が後日問題にならないように、公正証書で遺言を作成すれば安心できるでしょうか。遺言書は、遺言者がいつでも単独で書き換えることができます。公正証書遺言を作成しても、後日長男が自室で１人、新しい遺言書を作成して、そこに「妻と子供に相続させる」と記載すれば、以前に作成した公正証書遺言は無効になります。したがって、公正証書遺言を作成しても、長男の気持ちが変われば、いつでも変更されてしまいます。遺言による対策は不安定と言わざるを得ません。

このような場合、信託を活用すると安全な財産の移転が可能になります。

まず、親が贈与したい財産を信託します。受託者（財産を預かる者）は、親でも良いですし、親が支配する法人でもかまいません。いずれにしても信託された財産は親が支配することができます。

次に、受益権を長男に贈与します。長男が取得するのは財産の所有権でなく、信託された財産の受益権です。

ここで、長男が亡くなったらどうなるでしょう。信託行為（信託契約等）に、次の受益者が指定されていた場合、受益権は当該指定に従って移転します。信託行為（信託契約等）に「長男が先に亡くなった場合の次の受益者は次男とする」旨が記載してあれば、長男の遺言に関わらず、受益権は当該定めに従って次男に移転します。

親と子供の関係、親と子供の配偶者との関係は時間と共に変化することが一般的です。親が長男への贈与を検討した時点においては、親と、長男の配偶者との信頼関係が強くなくて、親が信託を活用して、受益権が次男に移転する旨の対策をしたとしても、長男の配偶者が長男及び長男の親をバックアップして、長男の第一子が成長して、長男の配偶者と長男の親との信頼関係が築けてきたら信託契約を変更するといいでしょう。例えば、「長男が亡くなった場合、次の受益者は、長男の子供とする」等と変更してもいいかもしれません。

以上のことを踏まえ、信託契約の変更も想定して、その上で現在すべき対策を検討することが肝要になります。

Q64 信託と遺留分侵害額請求①

父は、父が所有する不動産を長男に生前贈与していました。長男が結婚し、万が一にも長男が先に亡くなった場合に、長男の配偶者に大半の財産が相続されることがないよう長男を委託者兼受益者とし、父を受託者として長男が所有している不動産を信託することにしました。そして、信託行為（信託契約書）に「長男が亡くなった場合には、次の受益者は次男である」旨を記載しました。

当該信託を行ってから数年して、長男が事故で先に亡くなってしまいました。信託行為の定めに従って、次の受益者は次男となります。ここで、長男の配偶者は遺留分侵害額請求（注）をすることはできますか。

（注）遺留分（**（参考）**参照）を有する相続人は、遺留分を侵害されている場合には、遺留分を侵害している他の相続人、受遺者及び受贈者に対して、侵害している額を金銭で請求することができます。当該請求を遺留分侵害額請求といいます。

Answer

長男が亡くなった場合の法定相続人は、長男の親と配偶者になります。長男の配偶者の法定相続分は３分の２です。

したがって、配偶者に認められる遺留分は３分の１となります。信託を利用した場合であっても遺留分の侵害は許されないと解されており、配偶者は遺留分侵害額請求をすることができます。なお、遺留分侵害額請求をする相手が受託者であるのか、受益者であるのかについては見解が分かれており、現時点では明確な結論は出ていません。遺留分侵害額請求をする場合、受託者と受益者の両者に対して請求しておくことが無難かもしれません。

〔遺留分侵害額請求〕

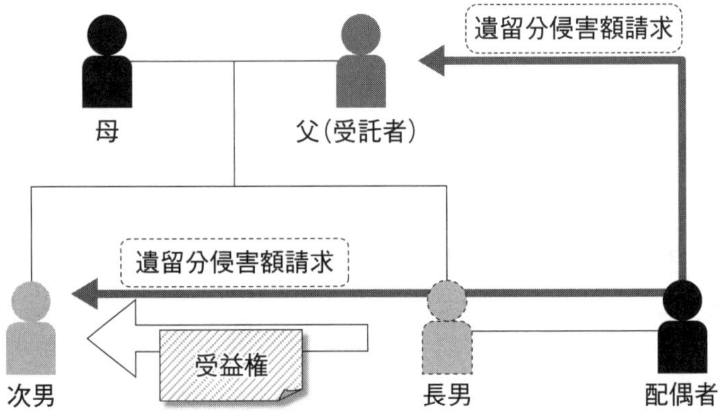

解　説

次男は、信託契約の定めに従って長男が亡くなったことにより受益権を取得します。これは、形式的には贈与、相続、遺贈による取得ではない（課税法上は遺贈とみなされます。）ため、遺留分侵害額請求の対象になるかどうかが論点になります。

これについての法律の規定はありませんが、信託を活用することにより遺留分制度の潜脱になることは認められないと考えられています。

また、信託行為（信託契約書等）により先の相続を指定することは、死亡を原因として財産を処分する死因贈与契約（死因贈与は遺留分侵害額請求の対象になります。）に準ずるものと考えることもできます。

以上のことから、実務的には委託者（長男）が行った信託による財産処分行為は長男の相続人（配偶者）の遺留分侵害額請求の対象になると解されます。

次に、配偶者が誰に対して遺留分侵害額請求をするのかが論点になります。遺留分侵害額請求の相手方が誰になるのか法律の規定はなく、以下のように様々な考え方が示されていますが実務上の明確な答えは出ていません。

（受託者に対して請求する考え方）

信託法の制定にあたって設けられた法制審議会信託法部会では、受託者を相手として行う意見が記述されています。その理由として、受益者が存在しない信託の場合、受益者を相手に減殺額請求をすることができないことを挙げています。

（受益者に対して請求する考え方）

東京地裁（平成30年９月12日）判決によると以下のように判断されています。

> 信託契約による信託財産の移転は、信託目的達成のための形式的な所有権移転にすぎないため、実質的に権利として移転される受益権を対象に遺留分減殺の対象とすべきである。

上記の判例では、遺留分侵害額請求は、受益者を相手とすべき考え方が示されていますが、当該裁判は上告されており、原稿執筆時点において上告審の結論は出ていません。

（受託者と受益者の双方に対して請求できる考え方）

「信託を活用した中小企業の事業承継円滑化に関する研究会における中間整理」には、以下のように整理されています。

> ① **受託者について**
>
> 受託者は、法律行為としての信託の相手方であり、信託財産の所有権を取得し、その管理処分権を有することから、相続財産の管理処分権を有する遺言執行者に類似する地位にあると考えることができる。
>
> また、例えば、信託行為により指定された受益者が不特定又は未存在である場合には、受益者を遺留分減殺請求の相手方とすることができない。
>
> さらに、受益者のみを相手方として遺留分減殺請求がなされると、その後の信託事務処理に支障を来すおそれがある。
>
> 以上のことから、受託者を遺留分減殺請求の相手方とする必要があると考えられる。
>
> ② **受益者について**
>
> 受益者は、信託行為により直接利益を享受する者であるから、信託行為の「受益権の取得」という面を捉え、受益者も遺留分減殺請求の相手方とすることができると考えられる。

（注）　上記意見は、現在施行されている民法（2019年７月１日施行）に改正される前の旧民法を前提になされています。旧民法において「遺留分の減殺請求」は物権的請求権と考えられ、遺贈や贈与された財産の返還を請求する権利と考えられていました（旧民法1031）。これが改正後の民法においては「遺留分の侵害額請求」として侵害額の金銭の請求権であると改められました（民法1046①）。

いずれにしても、遺留分の侵害額請求の相手が現時点において明らかではないので、遺留分侵害額請求を行う場合には、受託者（信託財産）と受益者（受益権）の両者に対して請求しておくことも検討すべきでしょう。

（補足） 父が委託者となり信託を行った場合

本問のケースで、父が長男に不動産を贈与する前に、父が所有する財産を父が委託者兼受託者となり長男を受益者とする信託を行った場合を考えてみたいと思います。

この場合、長男が亡くなった際に、長男の配偶者は遺留分侵害額請求をすることはできないと考えます。遺留分侵害額請求の対象になるのは信託による財産処分行為であり、これを行ったのは父ですので遺留分は父が亡くなった時に、父の相続人の権利として整理されるものと考えます。

課税法上は、長男が亡くなった時に、受益権に属する信託財産が長男から次男に遺贈されたとみなしますが、取引法上は、父による財産処分行為により、経済的利益が最初の受益者である長男と、次の受益者である次男にそれぞれ移転されたものと整理されます。次男が取得する受益権は、長男の相続により長男から移転を受けたものではないので、長男の相続に際し長男の配偶者から遺留分侵害額請求を受けることはないと考えられます。

（参考）遺留分について

⑴　遺留分は以下により計算されます（民法1042・1043）。

遺留分（※２）＝遺留分算定の基礎財産（※１）×法定相続割合×遺留分割合（1/2）（※３）

（※１）　遺留分算定の基礎財産＝①＋②＋③＋④－⑤により計算されます。

なお、生前贈与財産の評価は、原則として贈与された財産が相続開始時において原状のままであると仮定して相続発生時点の評価額で計算します（民法1044②）。

① 相続開始時に有していた財産（民法1043）
② 相続発生前１年以内の贈与（負担付贈与及び遺留分権利者に損害を与えることを知って行った不相当な対価をもってした有償行為を含みます。）（民法1044①・1045）
③ 遺留分を害することを知ってなされた贈与（民法1044①）
④ 特別受益（注）（民法1044③）
⑤ 相続債務（民法1043）

（※２）　遺留分は兄弟姉妹には認められません。

（※３）　相続人が直系尊属のみである場合は1/3（民法1042）

（注）　特別受益（相続人が受けた贈与）に該当するもの

相続人に対して、相続開始前10年間に行った以下に該当する贈与が特別受益に該当します。

なお、上記10年という期間制限は、改正民法施行（2019年７月１日）後に適用されるもので、改正前においては期間の制限はありませんでした。

結婚費用	結納金、持参金、支度金（挙式費用は一般的には特別受益に該当しません。）

教育資金	私立大学医学部等の多額の教育資金・留学費用（被相続人の生活状況に照らして多額と判断される場合には、通常の大学教育資金が含まれることもあります。）
開業資金	子供が事業を始める資金を贈与した場合には特別受益に該当します。
土地の使用貸借権	親が所有する土地を無償で使用させていた場合の使用貸借権は特別受益に該当します。過去の判例からは一般的に土地の価額の30％以内で評価されています。
建物の使用貸借権	同居している場合には特別受益に該当することはありません。別の建物に相続人が無償で居住している場合には特別受益に該当するという見解があります（土地に比べて経済価値が小さく特別受益に該当しないと解される場合もあります。）。
生命保険	原則として特別受益に該当しませんが、相続人間の不公平が到底是認できないほど著しいものと評価すべき特段の事情がある場合の生命保険は特別受益に該当します。
死亡退職金	退職金に関する規定等により遺族の生活保障の趣旨で支給される場合は特別受益に該当しないと解されます。ただし、報酬の後払いとして支払われる趣旨であれば特別受益に該当すると解される場合もあります。
不動産	子供に居住、事業及び賃貸用等の不動産を贈与した場合、特別受益に該当します（不動産購入資金の贈与も特別受益に該当します。）。
借地権	被相続人の借地権を承継した場合には、特別受益に該当します（名義書換料は控除されると思われます。）。また、被相続人の土地に子供が借地権を無償で設定した場合には特別受益に該当すると考えられます。
借家権	原則として、特別受益には該当しないと考えます。

金銭・有価証券	原則として特別受益に該当します（扶養義務に基づくもの、常識的な小遣い・祝金は除かれます。）。同族会社の株式の贈与は特別受益に該当します。

（注）　上記に該当するものであっても、被相続人の資産や生活の状況、社会的地位に照らして常識的なものは特別受益に該当しません。

⑵　遺留分減殺請求の順序（民法1047①）

遺留分減殺請求の順序は以下のように規定されています。

①　遺贈・相続（遺贈の中での減殺請求の順番は遺言書で定めることができます。定めがない場合は遺贈の価額の割合に応じます。）。

②　死因贈与

③　贈与（後の贈与から減殺請求の対象になります。）

⑶　遺留分の減殺請求のできる期間（民法1048）

遺留分の減殺請求ができる期間は、遺留分権利者が相続の開始及び減殺すべき贈与又は遺贈があったことを知ってから１年以内にしなければなりません（なお、相続の開始から10年を経過した場合、上記に関わらず減殺請求をすることはできません。）。

なお、複数の受贈者への贈与が同時になされている場合は遺言の中で減殺請求の順番を定めることができます。定めがない場合は贈与の価額の割合に応じます。

Q65 信託と遺留分侵害額請求②

私（Aさん）には70歳になる妻と、妻との間に一人娘がいますが、その他、先妻との間に長男がいます。私は２億円の賃貸不動産を有していますが、私の相続では全て妻に相続して、賃貸収入を妻の生活費にあててもらいたいと考えています。そして、妻が亡くなった場合には、この賃貸不動産の２分の１を長女に、残り２分の１を先妻の子である長男に相続させたいと思います。しかし、妻が相続した財産をどのように相続するかは妻が決めることで、私が指定することはできないそうです。

そこで、私は賃貸不動産を信託することにしました。不動産を信託して、所有権を受益権にしておけば、妻の相続において受益権をどのように相続するか指定できるそうです（Q60参照）。そして、信託契約の内容で「私が亡くなった際の受益者は妻とし、妻が亡くなった場合の受益者は長女と長男とする」旨の内容を規定しようと思います。

私の相続にあたって、長男から遺留分侵害額請求（Q64の問の(注)参照）がなされることはありますか。また、請求は妻に対してなされるのでしょうか。

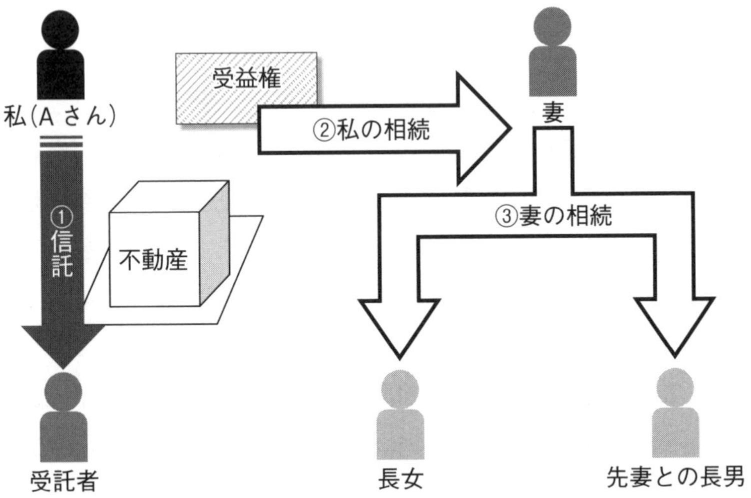

Answer

長男は、Aさんの妻が亡くなった後に、はじめて経済的利益を享受できる受益権の半分を（Aさんの妻からではなく）Aさんから遺贈されたと考えます。Aさんの相続時点において長男が取得する受益権の評価額が長男の遺留分を満たしていない場合、遺留分の侵害額請求をすることができると考えます。

(注)　遺留分侵害額請求の相手については、受託者、受益者、あるいはその双方とする考え方が示されており、明確な結論は出ていません（Q64参照）。本問においては、受託者と受益者（妻）の双方に対して請求することを検討すべきでしょう。

解　説

遺留分を考えるにあたっては、以下のように考えます。

・　妻は、Aさんから受益権（Aさんが亡くなってから、妻が亡くなるまでの期間の受益権）を取得します。

・　長女と長男は、Aさんから受益権（妻が亡くなった時以後に経済的利益を享受できる受益権）を取得します。

つまり、賃貸不動産を信託財産とする受益権は、妻も長女も長男もAさんから取得すると考えます。別の言い方をすると、賃貸不動産の受益権には本来期間的な制限はありませんが、その受益権をAさんは期間によりぶつ切りにしたのです。一つ目は、信託してからAさんが亡くなるまでの期間の受益権で、二つ目はAさんが亡くなってから妻がなくなるまでの期間の受益権で、三つ目は妻が亡くなってからの受益権です。

〔法務的な解釈〕

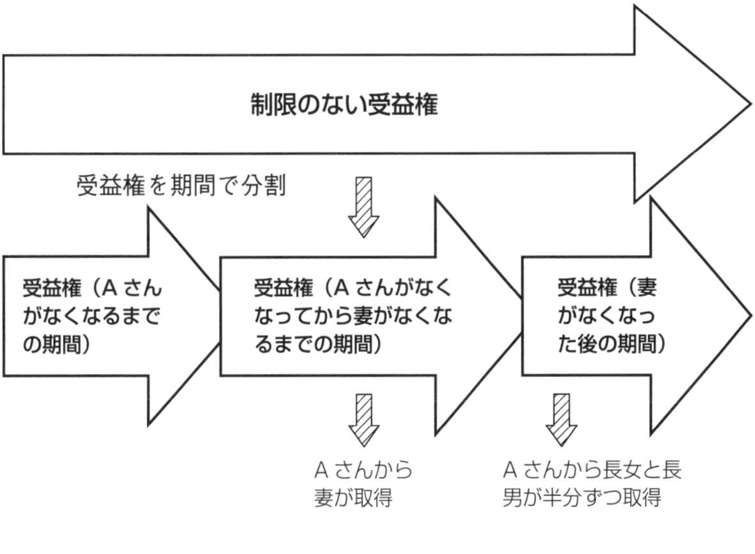

そして、ぶつ切りにされた二つ目の受益権をAさんは妻に渡し、三つ目の受益権の半分を長女に、残り半分を長男に渡したと考えます。つまり、一つの受益権を分割して、分割したかけらを妻、長女、長男に渡したのです。

取引法上は長女と長男は妻から受益権の遺贈を受けたとは考えません（税法上は妻から遺贈されたものを考えます。）。長男と長女はAさんからぶつ切りにされた受益権を遺贈されたと整理します。

したがって、長男はAさんの相続でなにも相続しなかったわけではありません。Aさんから相続した受益権を評価（注）して、遺留分を満たしていた場合には遺留分侵害額請求をすることはできません。

もしも長男が取得した受益権の価値が遺留分を満たしていない場合には、遺留分侵害額請求をすることができますが、その場合の請求相手について、現時点において明確にはなっていません（**Q64**参照）。実務上、長男は受託者と受益者（妻）の双方に遺留分減殺額請求をすることを検討すべきでしょう。

（注）　Aさんの相続発生時点においては、第二次受益者である妻が受益権を有する期間（妻の生存期間）はわかりませんので、第三次受益者として長男がAさんの相続により取得する受益権の評価額を計算することは難しいという問題があります。

民法1043条第2項において「条件付きの権利又は存続期間の不確定な権利は、家庭裁判所が選任した鑑定人の評価に従って、その価格を定める。」と規定されていますが、現時点では、その価格の算定方法について明確な指針は明らかになっていません。

筆者の私見になりますが、本問のケースでは、例えば、Aさんが亡くなった時に妻が75歳であったとすると、75歳の女性の平均余命は約16年（※）ですので、妻があと16年生きると仮定して、妻が取得する受益権はAさんの相続発生時点から16年間の賃貸不動産から得られる利益として評価し、長女と長男が取得する受益権はAさんの相続発生時点から16年経過以後、得られる利益と仮定して評価（Aさんの相続発生時点における賃貸不動産の評価額からＡさんの妻が取得する受益権の評価額を控除した価額）することも一つの考え方かと思います。

※　厚生労働省が公表している「平成30年簡易生命表(女)」より

課税法上の取扱い

課税法上は、法務的な解釈と全く異なる解釈をします。

課税法上は妻はＡさんから受益権（ぶつ切りされていない完全な受益権）を相続し、長女と長男は妻が亡くなった時に、妻から受益権（ぶつ切りされていない完全な受益権）を相続すると考えます（相法９の３①）。

したがって、Ａさんの相続税の申告にあたって長女と長男には相続税が課税されません（注）。妻は期間の制限が付されていない受益権を相続すると考えて、賃貸不動産の評価額で受益権を評価して相続税を計算します。次に妻の相続においては、長女と長男は妻から受益権（期間的制限がない受益権）を取得していると考えて、賃貸不動産の評価額で受益権を評価して長女と長男に対して相続税が課税されます。

（注）　遺留分侵害額請求により金銭の請求権が認められた場合には、当該請求権に対して相続税が課されます。

Q66 遺留分を侵害する信託は無効か

以下のように遺留分を侵害するような信託は無効になりますか。

（例）　私（父）が亡くなった場合の推定相続人は長男と次男です。私（父）は財産を全て長男に相続させたいと思いますが、次男には遺留分が１/４あります。

そこで、財産の全てを長男を受託者として信託し、長男が受託者として財産の維持管理を行うことにします。当初の受益者は私（父）としますが、私（父）が亡くなった場合には、私が所有する受益権が消滅し、長男が受益権の３/４を、次男が１/４を取得し、長男又は次男が亡くなった場合には、長男又は次男が有する受益権が消滅し、長男の子供が当該受益権を取得する定めをした信託をしようと思います。なお、信託財産から得られる純収益（賃貸収入から実際に発生した経費（管理費や固定資産税等）を控除した金額）は毎年、権利の割合に応じて受益者に分配されます。

Answer

遺留分を侵害する信託であっても、遺留分を侵害された相続人が遺留分の侵害額請求によって救済される場合には、信託行為は無効にならないと考えます。

解　説

遺言の内容が遺留分を侵害していたとしても、遺言が無効になることはなく、遺留分を侵害された相続人は遺留分の侵害額を請求することができ、救済されることになっています。これと同様に、信託により遺留分を侵害された相続人がいる場合、遺留分の侵害額請求により救済されるならば信託が無効になることはないと考えます。ただし、信託を利用することにより遺留分の侵害額請求を妨げることは許されませんので、遺留分の侵害額請求により救済されないような信託は公序良俗に反し無効と判断されることがあり得ると考えます。

設例では、最初の受益者は委託者である父であり、父が亡くなった時に、長男、次男、長男の子供はいずれも父から一定の制約を付された信託に関する権利を取得すると整理されます。

〔受益権の承継〕

取引法上は、信託をした委託者である父から長男、次男、長男の子供が期間の制約のある受益権を取得するものと整理されます。

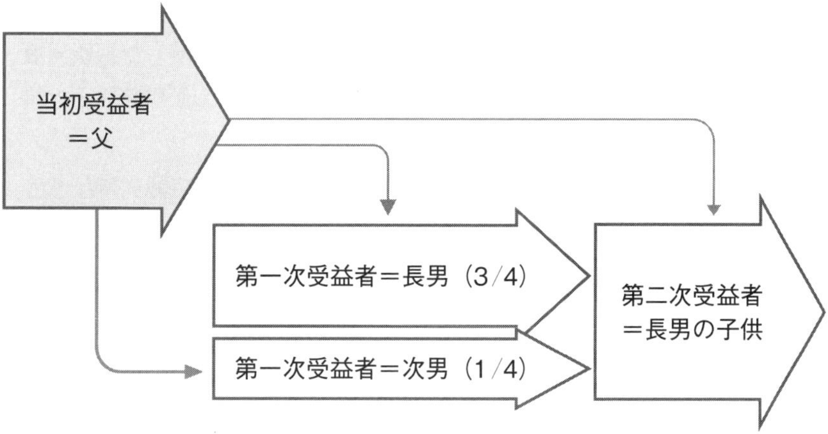

※　当初受益者（委託者）のことを第一次受益者と言い、委託者が亡くなった後の受益者（長男、次男）を第二次受益者と言い、その次の受益者（長男の子供）を第三次受益者と言うこともあります。

ここで、第一次受益者である次男が取得する受益権の価額が、父が亡くなった時の信託財産の価格の1/4以上であるならば遺留分の問題は生じません。次男が取得する受益権は、第一次受益者の受益権の1/4の権利があり遺留分を満たすようですが、次男が有する受益権は、次男が亡くなると消滅する存続期間の制約が付されている権利です。次男の受益権には、信託財産から得られる収益の1/4を死ぬまで受け取る権利がありますが、信託財産の処分権はありません。

このような受益権の遺留分算定上の評価方法※は現時点では明らかになっていません。民法では「条件付きの権利又は存続期間の不確定な権利は、家庭裁判所が選任した鑑定人の評価に従って、その価格を定める（民法1043②）。」と規定されていますが、信託を利用した本問のような事例の取り扱いは明確になっていません。

※　課税法上の評価については次ページの**補足**を参照してください。

（遺留分を算定するための財産の価額）

第1043条　遺留分を算定するための財産の価額は、被相続人が相続開始の時において有した財産の価額にその贈与した財産の価額を加えた額から債務の全額を控除した額とする。

2　条件付きの権利又は存続期間の不確定な権利は、家庭裁判所が選任した鑑定人の評価に従って、その価格を定める。

以下は私見になりますが、仮に父が亡くなり次男が当該受益権を取得した時点で60歳だったとすると、その時の次男の平均余命年数は約24年※です。仮に、割引率を3％と仮定すると、24年分の収益（収益が一定であると仮定します。）を現在価値に割引計算をすると約17年分に相当します。信託不動産から分配される期待平均純収益が不動産価額の4%と仮定すると当該受益権の価値は不動産価額の約68%（4%×17年）となります。したがって、次男が取得した受益権の信託財産に対する割合は17%（68%×受益権割合1/4）で遺留分（25%）に満たないこととなり、次男は遺留分侵害額請求をすることができると考えます。これが経済的に保障される限り、信託契約は無効にならないと考えます。

※ 「平成30年 厚生労働省 簡易生命表（男）」より

（補足） 課税法上の取り扱いと問題点

課税法上は、父の相続にあたって、長男と次男が取得した受益権は制限が付されていない受益権とみなし、長男と次男はこれを父から遺贈されたとみなします（Q77参照）。したがって、次男は信託財産の1/4の相続税評価額に対して相続税を納税する必要があります。

他方で、長男の子供は父（当初受益者で長男の子供にとって祖父）の相続では課税されず、次男が亡くなった時に次男から信託財産の1/4の遺贈を受けたとみなされ、長男が亡くなった時に長男から信託財産の3/4の遺贈を受けたとみなされて相続税が課されます。

父が亡くなった後、仮に3年後に次男が亡くなった場合、次男は結果として3年分の不動産の収益しか受け取ることができなかったのに対して、父の相続に際して不動産の評価額に対する納税をしなければなりません。仮に父が信託した財産の相続税評価額が10億円だったとすると、次男はその1/4（2.5億円）の遺贈を受けたとみなされますので約1億の相続税を負担することになります。

また、仮に次男に対する１年分の収益の分配が1,500万円で、所得税等を300万円支払い、１年の手取りが1,200万円（３年で3,600万円）とすると、次男はこの受益権を取得したことにより6,400万円（相続税負担１億円－３年分の収益の分配手取額3,600万円）の負担を負ったことになります。次男の相続に際して次男の子供が当該不動産（受益権）を相続（取得）することができればそれでも問題ないのですが、本設問の例では、受益権は長男の子供が取得します。次男にとって、実態にそぐわない課税負担が生じる結果となってしまいます。

（参考）東京地裁（平成30年９月12日判決）

受益者連続型信託により財産を承継した事例で、信託の一部が遺留分制度を潜脱する意図で信託制度を利用したものであり、公序良俗に反して無効であると判断された判例があります。本件は遺留分制度の民法改正前の判例であることを前提に参考までにその概要を記載したいと思います。

■ 事案の概要

・　被相続人＝父

・　相続人＝長男（原告）、次男（被告）、長女

・　被相続人（父）が行った信託の内容

①　信託の目的は、祭祀を承継する次男において、その子孫を中心として財産を管理、運用することにより、末永く繁栄していくこと

②　委託者＝父、受託者＝次男、当初受益者＝父

・　第一次受益者＝長男１/６、次男４/６、長女１/６

・　第二次受益者＝次男の子供

③　受託者（次男）は信託不動産を無償で使用することができる。

④　受益者の一人は他の受益者に対して当該受益者の有する受益権持分の一部若しくは全部の取得を請求することができる。なお、取得する受益権の価格は、最新の固定資産税評価額をもって計算した額とする。

⑤　受益者の意思決定は信託法105条にかかわらず、長女が行う。

⑥　信託財産は主に父が所有していた不動産で以下の属性の不動産でした。

(イ)　賃貸不動産（適正な収益を産んでいる）

(ロ)　父の自宅等、適正な収益を生まない不動産

■ **裁判所の判断**

父は亡くなる直前に不動産を信託し、自分を当初受益者と、自分が亡くなった後の第一次受益者を子供（長男１/６、次男４/６、長女１/６）とし、子供が亡くなった後の第二次受益者を次男の子供と定めました。長男の遺留分は１/６ですので、形式的には長男は遺留分を侵害されていません。判決は信託契約のうち、⑥(イ)の不動産については有効とし、⑥(ロ)の不動産については遺留分制度を潜脱する意図でなされたもので公序良俗に反して無効と判断しました。

＜有効とされた信託財産＞

適正な収益を産み受益者に分配されている信託不動産については、長男は信託不動産により発生する経済的利益を享受することができ、仮に遺留分が侵害されているならばそれを行使して利益の回復を図ることができるのであるから、本件信託が遺留分逃れのものであるということはできないと結論づけています。

なお、長男が取得した受益権の評価にあたり、当該受益権に付されている制約に伴うディスカウントはなされず、論点となりませんでした。これは、収益の分配を受けられることと、固定資産税評価額による買取請求権があることからディスカウントの必要がないと判断したのかもしれませんが、詳細は不明です。

<無効とされた信託財産>

被相続人の自宅等の収益を産まない信託不動産については、信託不動産の経済的利益を分配することを本件信託当時より想定していなかったものと認めるのが相当で、遺留分の減殺請求により長男の受益権割合が増加したとしても受益権割合に相応する経済的利益を得ることは不可能であり、受益権の買取請求（固定資産税評価額による買取請求）によっても当該経済的利益を得ることはできないと指摘しています。そして、長男に対して遺留分割合に相当する割合の受益権を与えることにより、信託不動産に対する遺留分減殺請求を回避する目的であったと解さざるを得ないとし、遺留分制度を潜脱する意図で信託制度を利用したものであって、公序良俗に反して無効であるというべきであると裁判所は判断しています。

■ 現行民法における考察

本件は、遺留分に係る民法改正が施行される前の事案になります。旧民法では遺留分を侵害された場合、遺産の共有持分を取得することが原則とされていました。遺留分が認められて、受益権の持分が増加したとしても、受益権の価値に見合った経済的利益を享受できないならば遺留分制度を潜脱した結果となります。そこで、信託は無効とされたわけですが、現行民法においては、遺留分は金銭の請求権であり、信託を無効としなくても問題は解決されるものと考えます。現行民法のもとでは異なる判断になる可能性があるのではないかと考えます。

（補足）　遺留分減殺請求の対象について

本件では、遺留分減殺請求は、受託者が有する信託財産に対してではなく、受益者が有する受益権を対象とすべきと判断されています（Q64参照）。

Q67 信託の計算期間

信託の計算期間を定める際の注意点はありますか。

Answer

受益者は、受益者の計算期間に対応する信託財産にかかる収益及び費用を申告しなければなりませんので、信託の計算期間は受益者の計算期間に合わせるといいでしょう。

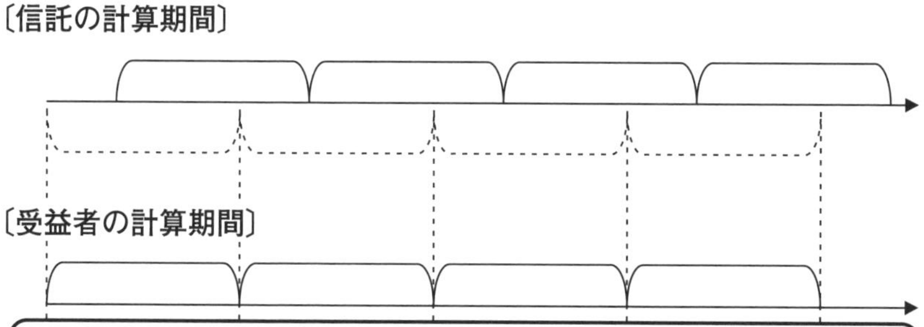

課税法上、受益者は、信託の計算期間にかかわらず、受益者の計算期間に属する信託財産の収益及び費用を申告する必要があります。(※)

※　信託の計算期間と受益者の計算期間が異なる場合、信託の計算期間に基づく決算データは、受益者の税務申告に利用することはできません。

解　説

受託者は毎年1回、一定の時期に貸借対照表、損益計算書等を作成し、受益者に報告しなければならないこととされています（信法37②③）。なお、1年よりも短い期間を計算期間にすることを妨げるものではないと解されます。

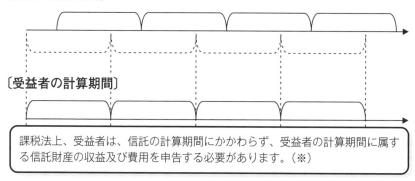

課税法上、受益者（受益者が信託財産を有するものとみなされる信託（受益者等課税信託）の受益者）は、信託財産にかかる収益及び費用について税務申告をする必要があります。

ここで受益者は、信託の計算期間にかかわらず、受益者自身の計算期間に属する期間の収益及び費用を申告する必要があります（所基通13－２、法基通14－４－２）。

したがって、信託の計算期間が受益者の計算期間と異なる場合には、信託の計算期間に基づく決算とは別に、受益者の計算期間に基づく決算をまとめる必要があります。

例えば、信託の計算期間が４月１日から３月31日で、受益者の計算期間が１月１日から12月31日であった場合には、信託の計算期間にかかわらず、１月１日から12月31日までの信託財産に属する収益及び費用を計算して、受益者は申告しなければなりません。

したがって、信託の計算期間は、受益者の計算期間に合わせて設定すると良いでしょう。

Q68 親が意思を表示できなくなった後も継続する贈与を目的とした信託

相続税対策として、毎年、子供や孫に金銭の贈与を行う方がいますが、贈与者である親が高齢となり、認知症などになってしまうと贈与の意志表示ができなくなってしまいます。

そこで、親が意思能力を表示できなくなっても贈与を行う一つの方法として、親がしっかりしているうちに、子供や孫に金銭を贈与する目的で財産を信託して、受託者が継続的に子供や孫に贈与する方法が考えられます。この方法によれば、金銭を贈与するのは当該金銭の所有者である受託者です。受託者が仮に長男であった場合、万が一、親が認知症になってしまったとしても受託者（長男）の意思で贈与を実行することができます。

この方法の課税関係とその留意点について教えてください。

〔親が意思能力を亡くした場合における贈与の実行〕

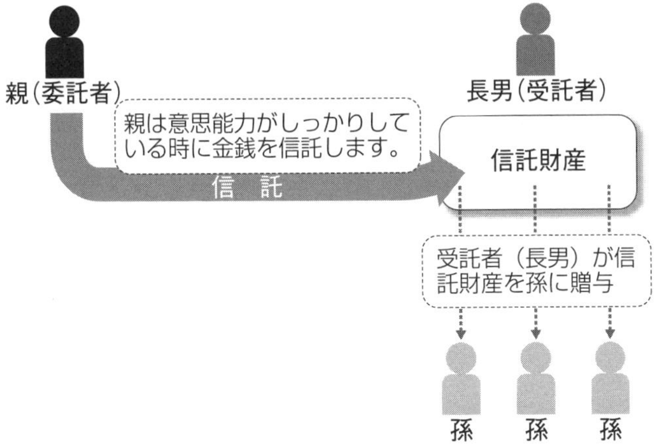

Answer

親族内が一枚岩でなく、信託財産の贈与が信託行為（信託契約書）に明記されていない場合、受託者（長男）は信託財産の贈与による減少額の補填を求められ、争いになる可能性があります。

また、信託行為（信託契約書）に毎年行うべき信託財産の贈与が明記されていた場合には、各年毎の贈与ではなく、毎年贈与を受ける権利を一括して贈与されたものとして、予定されている贈与総額に近い金額に対して贈与税が課される可能性があります。

解　説

贈与は贈与者が贈与の意思を表示し、受贈者が受諾することによって成立します。したがって、贈与者が認知症になり、意思能力が表示できなくなると贈与を行えません。現に、85歳以上の方の４分の１以上が認知症であると言われています。そこで、親が認知症になってしまったとしても財産を贈与できるように信託を利用することが考えられます。

もちろん、意思を表示できなくなると信託もできません。意思を表示できるうちに財産を信託することが必要です。

まず、親（委託者）が長男（受託者）に財産を信託します。受益者を親とすれば、この時点では課税関係は生じません。財産の名義は親（委託者）から長男（受託者）に変更され、長男が当該信託財産を管理します。そして、長男が毎年、信託財産の一部を孫に贈与し続けます。仮に、親（委託者）が認知症になってしまったとしても、財産の所有権は受託者である長男にありますので、信託財産を孫の口座に移動することは可能です。

この場合、孫が受け取った金銭は、受益者である親から贈与を受けたものとみなして贈与税が課されます。

親が亡くなった場合には、親が受益権を有する当該信託の信託財産は相続税の対象になりますが、親が亡くなるまでは継続的に信託財産を孫に移動することができますので、相続の対象になる財産を減少させることができます。

親が意思を表示できなくなっても、贈与を継続して相続税対策が可能になる有効な方法であるように考えられます。ただし、信託財産を贈与することは、信託財産を一方的に減少させることです。信託法においては、受託者が任務を怠ったことによって信託財産に損失が生じた場合には、受益者は受託者に対して損失を補填することを求めることができます（信法40①）。親（受益者）が亡くなると、受益権は次の受益者に移動します。仮に、次男が次の受益者になった場合、次男は受託者（長男）が行った信託財産の贈与が信託の目的に反するものであったならば、受託者（長男）に対して損失補填を請求することができます。贈与が信託の目的に合致するものであることが明確でないと、信託財産の贈与は受託者にとって法的に不安定な行為になります。

他方、信託の目的に110万円ずつ10年間にわたって信託財産から贈与することを記載した場合、税務上は各年ごとの贈与ではなく、10年間にわたって110万円を受け取る権利の贈与を一時に受けたものとして定期金の評価により評価されます（相法24）。仮に期間10年の複利年金現価率が9.6であったと仮定すると贈与額は1,056万円（110万円×9.6）になり、これに対する贈与税が課されます。したがって、毎年贈与税の非課税枠以下の贈与により贈与税の負担なく、財産を孫に移動しようという目算は狂ってしまいます。

上記の方法に代替する方法として、受益者指定権の行使により、受益者を変更することによって贈与を実行する方法が考えらえます。具体的には、上記と同様の信託を設定するのですが、信託契約において受益者指定権を長男に与えておきます。長男の意思により受益者を孫に変更した場合、当該変更された受益権に対応する信託財産が孫に贈与されたものとみなされます。そして、親の受益権は減少します。

このケースでは信託契約に定められた受益者指定権の行使ですので、長男が責任を問われることはありません。

もちろん、受益者の変更が最初から定められていた場合には、孫に対して一時に全額の贈与を受ける権利が贈与されたとして上記と同様の贈与税が課されることがあり得ますので注意が必要です。

Q69 信託報酬

信託業の免許・登録を受けていない受託者（民事信託の受託者）が信託報酬を受け取ることはできますか。また、民事信託の受託者が信託報酬を受け取るために、信託行為（信託契約書等）に記載すべき事項はありますでしょうか。

Answer

信託業の免許・登録を受けていない受託者（民事信託）であっても、反復継続して信託を受託しないならば信託報酬を受け取ることは可能です。

なお、信託報酬を受け取る場合、信託行為（信託契約書等）に信託報酬を受ける旨を記載しなければなりません。

〔信託報酬を受け取る場合の要件〕

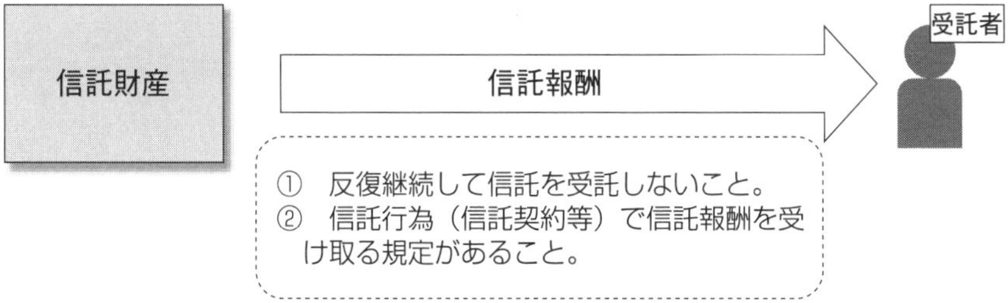
信託財産
信託報酬
受託者
①　反復継続して信託を受託しないこと。
②　信託行為（信託契約等）で信託報酬を受け取る規定があること。

解　説

信託業の免許・登録を受けていない受託者であっても信託報酬を受け取ることができるかが論点となります。

信託報酬を受け取るためには、信託業の免許・登録を受けている必要があると考えている方もいらっしゃるようですが、免許・登録が必要となる信託とは、営業として受託する信託であり、これは利益を得る目的であることと、反復継続して信託を引き受けるものであることのいずれの要件にも該当するものと解されています。したがって、信託業の免許・登録を受けていない受託者であっても反復継続して受託しなければ、信託報酬を受け取ることができると解されます。

また、信託業の免許・登録を受けていない受託者は、信託報酬を受ける旨の定めがある場合に限り信託報酬を受け取ることができます（信法54①）。したがって、信託報酬を受け取る予定がある場合には、信託行為（信託契約書等）に信託報酬を受け取る旨を記載しなければなりません。また、信託報酬の額は、信託行為（信託契約書等）に報酬の額又はその算定方法の定めがある場合は、その定めに従い、定めがない場合は相当の額とされています（信法54②）。そして、定めがない場合で受託者が信託報酬を受け取る場合には、信託報酬の額及びその算定の根拠を受益者に通知しなければなりません（信法54③）。

Q70 信託契約書の作成と注意点

信託契約書の作成にあたって注意する点はありますか。

Answer

信託契約は将来予想される事象を想定して、それらの事象に対応できるように作成することが重要です。また、信託において、どのような課税関係が生じるのか確認しながら作成することも大切です。

≪信託行為（信託契約等）の作成上の注意点≫

・将来の事象に柔軟に対応（信託の内容の変更）できるようにする。
・将来、予期せぬ過大な課税負担が生じることがないようにする。

解　説

信託は、委託者の意思を自由に反映して作成することができます。そして、相続後何十年の間、信託契約が続くこともあり得ますので、将来のことまで十分に予測して信託契約書を作成することが重要となってきます。

例えば、受益者連続型の信託契約書を作成し、受益者が亡くなる都度、本人から妻へ、妻から長女へ、長女から孫へというように受益者が変更されるように定めていたとします。

信託契約書を作成した時点では、長男はそれなりに収入があって生活に困るようなことはありませんでした。その反面、長女は結婚しておらず将来を案じて妻が亡くなった後、長女が受益者となるように定めました。しかし、信託を設定した本人が亡くなった後で、長男が事業に失敗してしまい、逆に長女は結婚し生活に困らない生活を送っています。そのような場合、遺された家族全員が集まって、妻の次の受益者は長男に変更しようと考えることがあるかもしれません。

しかし、信託契約が変更できない内容になっている場合、遺された家族の意図はかなえられません。将来どのような状況の変化があるか、信託契約時点で判断することは困難です。信託を遺されたご親族のために行うのであれば、遺されたご親族全員が合意した場合には信託契約の内容を変更することができるようにしておくといいでしょう。場合によっては、ご親族の関係が悪くなることがあるかもしれません。そのような場合に、信託に係る権限が分散していると、身動きがとれなくなってしまうことがあり得ます。誰のために信託をするのか等々、将来起こり得ることを相談しながら作成してください。

また、信託が終了する場合についても、様々なことを想定しながら作成すると良いでしょう。信託が終了した場合に、残余財産の給付を受ける者（残余財産受益者）等が指定されていないと、信託財産は、委託者（委託者が亡くなっている場合には委託者の相続人）に交付されることになってしまいます。したがって、終了時点のことまで考慮して、終了時に信託財産を受け取る者を誰にするのか明確に指定しておくと良いかもしれません。

次に、信託をすることによって生じる課税関係についても検討する必要があります。信託をすることにより、税負担が大きくなってしまうことがないように税法は整備されていますが、いくつかの注意点もあります。

以下に、特に注意を要する点を記述します。

① 受益者がいない状態が想定される場合

受益者がいない状態が発生してしまうと、この信託は法人課税信託になり、信託財産の含み損益に対して課税が生じ、受託者に贈与税と法人税が課されてしまいます（Q114参照）。思わぬ課税負担が発生する局面が生じることがないように（受益者が存しない状況が生じないように）信託契約を作成することも大切です。

② 賃貸不動産を信託する場合

信託をしなかったならば3年間繰り越しできるはずの不動産所得の損失（青色申告に限ります。）が、信託から生じた不動産所得の損失についてはなかったものとされます（Q91参照）。今後、大きな修繕計画や建て替えの計画がある場合には、信託に係る不動産所得の損失が生じないか、その弊害を勘案した上で信託をするかどうか判断するべきでしょう。

③ 信託にあたり受益者を委託者以外の者にする場合

信託をした時、委託者と受益者が同一であれば特段課税関係は生じません。しかし、委託者と受益者が異なる場合、信託財産が委託者から受益者に移転したものとみなして贈与税等の課税が生じます（Q83参照）。また、信託をすると同時に、債務引受により負債が信託財産に属することになる場合、贈与税の計算にあたり不動産については相続税評価額ではなく時価評価されることがありますので注意が必要です（Q104参照）。

④ 信託行為を単独で変更できる場合

法人が委託者になる信託において、受託者を委託者若しくは委託者の特殊関係者（注）とし、受益者を委託者の特殊関係者（注）とした時、信託行為（信託契約等）の変更を特定の者が単独でできる場合、当該信託は法人課税信託とみなされ、信託された財産が受託者に出資されたものとして課税関係が整理されます。法人が委託者となる民事信託は、特殊関係者間で行われることがほとんどですので、単独で信託の変更ができる場合には、法人課税信託に該当し、信託財産の含み損益が顕在化することで課税関係が生じます（グループ法人税制が適用される場合には課税が繰り延べられます。）（**Q80**参照）。

(注) 特殊関係者とは、以下の関係がある「他の者」を言います（法令14の5③）。

i 委託者（法人）と他の者（受託者又は受益者）との間に、いずれか一方の者が他方の者（法人に限ります。）を直接又は間接に支配する関係がある場合

※ 一方の者が個人である場合は、親族や事実上婚姻関係と同様の事情にある者、使用人等の生計維持者を含みます。

ii 同一の者が委託者（法人）と他の者（受託者又は受益者（法人に限ります。））を直接又は間接に支配する関係があることを言います。

※ 同一の者が個人である場合は、親族や事実上婚姻関係と同様の事情にある者、使用人等の生計維持者を含みます。

⑤ 受益権の放棄が想定される場合

受益権の放棄がなされた場合、放棄をした者から放棄により信託に関する権利を取得した者に対して贈与又は遺贈がなされたものと整理されます。

例えば、信託行為（信託契約等）において当初受益者である親が亡くなった際に長男が受益権を取得する旨が定められていたとしましょう。ところが親の意思に反し、長男は受益権を取得することを辞退して次男に承継させたいと考え、長男が受益権を放棄して次男に取得させたような場合はどうなるでしょうか。

長男は親から信託財産の遺贈を受けたものとみなされて相続税が課され、次男は長男の放棄により長男から信託財産の贈与を受けたとみなして贈与税が課されるものと考えられます（**Q29補足**参照）。長男

は実質的に何ら経済的利益を得ていないにもかかわらず相続税の負担が生じ、また、次男にも贈与税の負担が生じることとなり、税負担が二重になってしまいます。

受益者として指定された者が受益権を放棄することが将来想定されるならば、受益権を取得する承諾が得られることを受益者になる条件として信託行為（信託契約等）に定めておくとよいでしょう。こうすれば長男が受益者になってから放棄して次男が受益者になるのではなく、長男が受益者になることを承諾しなかったことにより長男は受益者にならず、次の受益者候補者である次男が父の次の受益者になります。長男に相続税は課されず、次男は父から信託財産の遺贈を受けたものとみなして相続税が課されます。

⑥　譲渡・質入を制限する規定

受益権は原則として、受益者が自由に譲渡し、又は質権設定することができます。そこで、譲渡や質権の設定を制限するには、信託行為（信託契約書等）で規定する必要があります。一般的には、受託者の合意を得た場合に限って、譲渡や質権の設定を認める規定を設けているケースが多いようです。

⑦　信託が終了した時の残余財産についての規定

信託が終了した時の残余財産を受領する残余財産受益者又は帰属権利者を信託契約等において指定していない場合、残余財産は委託者（委託者が亡くなっている時は委託者の相続人）が取得することになります。

例えば、父が事業用の財産を信託し、信託期間中の受益者を事業の後継者である長男に指定していたとしても、信託終了時の受益者を定めていないと、父が亡くなって信託が終了した時、信託財産は父の相続人が残余財産の帰属権利者になります。相続人が長男のほかに、次男がいる場合、次男も長男と同様に残余財産を受け取る権利を有します（注）。信託期間中のことだけでなく、信託が終了した時のことも踏まえて信託契約を作成するようにしましょう。

（注）**課税関係**

信託が終了した時に、次男が信託から交付をうけた残余財産については、受益者であった長男から次男に贈与がなされたものとみなして贈与税が課されます。長男が信託から交付をうけた残余財産には課税は生じません。

（補足） みなし受益者の論点

父が、残余財産を取得する者を定めない信託をした場合、委託者（父）が残余財産を受け取る権利を有し、また、別段の定めがない限り、委託者（父）は受託者及び受益者と合意により信託を変更する権限を有します。この場合、信託契約で長男を受益者と指定していたとしても、委託者（父）は課税法上、受益者とみなされ（Q81参照）、受益者は長男と委託者（父）の２名になります。父の受益権の価値をどのように計算するかは不明瞭ですが、場合によっては、父が亡くなった時に父が有していたみなし受益権の価値に応じて、相続税が課される可能性があります。

いずれにしても、ご自身が亡くなった後のことのために作成する信託行為（信託契約書等）の内容は、委託者の家族関係、将来に対する方針により、かなり個別性が高いものになります。信頼できる方と十分な相談をして納得して作成するといいでしょう。

Q71 信託の一般的な契約書

以下のような信託をしようと思います。どのような信託契約を締結すればよいでしょうか。簡単な契約書の例示を示してください。

・甲（委託者）が乙（受託者）に、甲が有する財産の管理・運用・処分をする目的で信託をする。
・当初受益者は甲（委託者）とする。

Answer

信託契約は、その目的、当事者の思惑により多様性が高いものになります。

ここでは、次頁以降で汎用性が高く一般的なものを紹介します。実際に信託契約を締結する場合には、個々の特別な事情を反映して特約条項を加入するといいでしょう。

信託契約書

甲（以下「委託者」という。）と乙（以下「受託者」という。）は、以下のとおり信託契約（以下「本契約」という。）を締結する。

第１条（信託の目的及び信託物件）

委託者は、本契約の締結日（以下「信託開始日」という。）に、以下の目的により、下記財産を受託者に信託し、受託者はこれを引き受ける（以下本契約に基づく信託を「本信託」という。)。

【信託目的】

以下に定義される信託財産を、受益者のために管理・運用・処分すること。

【信託財産】

×××（以下「信託財産」と総称する。)

第２条（所有権の移転、引渡し）

1．委託者は、信託開始日において、信託財産の権利行使を阻害する一切の制限及び負担を抹消して、完全な所有権を受託者に移転する。

2．委託者は、信託開始日に、信託財産を受託者に引き渡す。

第３条（信託財産の所有権移転）

1．委託者及び受託者は、本契約締結後すみやかに、信託財産について信託を原因とする所有権移転の手続を行う。

2．前項の手続に係る費用については、信託財産がこれを負担する。

第４条（費用及び収益等の精算）

信託財産に係る費用及び収益の帰属については、信託開始日をもって区分して精算するものとし、信託開始日の前日までの期間に対応する分は委託者に、信託開始日以降の期間に対応する分は信託財産にそれぞれ帰属するものとする。

第５条（瑕疵担保責任）

1．委託者は、信託財産の瑕疵又は瑕疵があることに起因して信託財産、受益権若しくは受託者に生じた損害等（費用負担若しくは第三者に対する損害賠償債務の負担又は信託の収入の減少等を含む。本条において以下同じ。）については、信託期間中はその責めを負い、損害賠償の責めに任ずるものとする。

2．信託財産の瑕疵によって受託者が第三者から損害等の賠償を請求された場合、受託者は、受益者の協力を得てその解決に努めるものとする。但し、受託者は、第７条の規定に従って当該損害賠償額相当額の補償を受益者に対して請求することができる。

3．受託者は、受託者の責めに帰すべき事由による場合を除き、信託期間中に信託財産に生じた瑕疵又はかかる瑕疵があることに起因して受益者に生じた損害等につき責めを負わない。

第６条（信託財産の管理・運用）

1．信託財産の管理運用事務については、本契約に別段の定めがある場合を除き、受託者が自らの裁量により行うものとする

2．受託者は、本信託の計算、配当金の交付、その他の信託の管理事務について、これを相当と認める第三者に委託できるものとする。

第７条（信託事務処理に必要な費用）

受託者は、信託財産に係る費用、信託事務の処理に必要な諸費用（これらを総称して以下「信託事務書類に必要な費用」という。）を信託財産から支弁するものとし、信託財産からの支弁に不足が生じる場合には、受益者に対して支払いの都度若しくは予めその不足額を請求することができる。

第８条（受託者の注意義務）

1．受託者は、信託財産の管理・運用・処分その他の信託事務について、自己の財産におけるのと同一の注意義務をもって処理する。
2．受託者は、前項に定める義務を尽くす限り、信託事務によって生じた信託財産の価値の下落又は信託財産に係る収支の悪化その他の損害について、その責めを負わない。

第９条（受益権）
1．本信託の受益権の当初の受益者は、委託者とする。

第10条（受益権の譲渡、承継、質入）
1．受益者は、受託者の事前の承諾を得た場合に限り、受益権を譲渡し、又は質入することができる。
2．受益権の譲渡、相続・合併等による包括承継、受益者の変更その他の事由（以下「譲渡等」という。）により受益者に変動があった場合は、受益者変更の手続きに要する費用は、受益権の譲受人又は承継人（以下「新受益者」という。）が負担する。
3．受益権の譲渡等があった場合、受託者は、新受益者をして、本契約の内容を承諾させ、かつ、本契約に定める受益者の権利の制限及び義務について合意させるものとする。

第11条（金銭の運用方法）
受託者は、信託財産に属する金銭を、預金、貸付その他受託者が適当と認める方法により運用することができる。

第12条（信託の計算と報告）
1．信託財産に関する計算期間は、毎年１月１日から12月31日までとする。但し、第１期の計算期間は、信託開始日から平成××年12月31日までとする。
2．当該計算期間の末日を各々の計算期日とし、受託者は信託財産に係る貸借対照表及び損益計算書を作成して、各計算期日から２か月以内に受益者に報告する。

第13条（配当金の交付）
受託者は、信託財産に属する財産のうち、分配可能な余剰現金については、いつでもこれを受益者に配当することができる。

第14条（信託報酬）
受託者は、本信託に係る信託報酬を受領しないものとする。

第15条（信託期間）
本信託の信託期間は、信託開始日から××年間とする。但し、期間満了の６か月前までに受益者から受託者に対する書面による意思表示がなされない限り、10年間更新するものとし、以後同様とする。

第16条（本契約の解除）
受託者は、次の各号に掲げる事由が生じた場合には、受益者に対して通知を行うことにより、本契約を解除することができる。この場合、受益者に対する損害賠償の請求を妨げない。
⑴　受益者に破産、民事再生手続、会社更生手続、会社整理若しくは特別清算の開始の決定がなされた場合
⑵　受益者に支払停止又は手形交換所の取引停止処分がなされた場合
⑶　受益者に仮差押、保全差押又は差押の命令、通知がなされ、20営業日以内にかかる仮差押、保全差押又は差押の命令が解除されない場合
⑷　その他本契約を継続し難い重大な事由が発生した場合

第17条（信託の終了及び残余財産の交付等）
1．本契約は、以下の事由により終了する。
⑴　信託期間の満了

⑵　その他信託法に定める事由に該当する場合

2．本契約が終了したときは、受託者は最終計算を行い、受益者の承認を得るものとする。この場合、最終計算前の収支決算は記載を省略することができる。

3．本信託終了時の残余財産は、信託終了時の受益者に帰属するものとし、前項の承認を得た後、信託終了日の翌営業日以降、次の方法をもって信託終了時の受益者に交付するものとする。

⑴　受託者が委託者又は第三者に対して有する債権その他信託財産は、現状有姿にて交付する。但し、受託者が相当と認めたときは、その全部又は一部を換価し、金銭をもって交付することができる。

⑵　信託債務その他の債務（以下、「債務等」という。）については、債務の弁済期の如何にかかわらず、その債務等の弁済に充当するための資金として、受託者は信託財産に属する金銭よりその資金を留保し、更に不足があるときは受益者がその資金を受託者に預託するものとする。但し、債権者の同意を得て、受益者がその他の債務等を承継し、受託者が免責されることを妨げない。

4．受託者は、やむを得ない事情により前項各号の方法により信託の残余財産を交付できないと認めたときは、一般に相当と認められる方法・価額をもって信託財産の一部又は全部を売却し、その売却代金をもって前項第３号の債務等を精算し又はその弁済に充当するための資金を留保し、その残額を信託終了時の受益者に交付する。

5．信託の終了に関する費用及び信託の終了後に支払いを要する費用は、すべて受益者の負担とし、受託者は受益者に請求し、又は信託財産から支弁することができる。この場合には、第７条の規定を準用するものとする。

第18条（届出事項）

委託者及び受益者は、次の各号の事由が生じた場合には、遅滞なく受託者に届け出て所定の手続きを行うものとする。この届出が遅れたために生じた損害については、受託者は一切その責任を負わない。

⑴　氏名又は名称、住所、代表者、代理人及び届出印鑑の変更

⑵　信託契約証書又は届出印章の喪失

⑶　その他本契約に関して重要と認められる事項

第19条（印紙）

本契約につき課税される印紙税は、委託者及び受託者がそれぞれその保有する分につき負担する。

第20条（本契約に定めのない事項）

本契約に定めのない事項については、民法、信託法、その他の法令並びに信義誠実の原則に従い、受託者及び受益者が協議の上決定するものとする。

第21条（合意管轄）

本契約に関して争いが生じた場合には、東京地方裁判所をもって第一審の専属的合意管轄裁判所とする。

以上、本契約を証するため、契約書正本２通を作成し、委託者及び受託者が各１通を保有する。

平成　　年　　月　　日

委託者　（住　所）
　　　　（氏　名）

受託者　（住　所）
　　　　（氏　名）

Q72 生命保険信託

生命保険信託とは、どのようなものをいうのですか。

Answer

生命保険信託とは、生命保険と信託がセットになったものです。一般的に生命保険の場合、死亡事故が発生すると、死亡保険金は保険受取人である個人に支払われます。これに対して、生命保険信託の場合、死亡保険金は受託者（信託銀行）に支払われます。そして、受託者（信託銀行）が信託財産（死亡保険金）を運用しながら、信託契約で定められた受益者に、定められた金額を支払うものです（注）。

（注）　受益者への金銭の交付を指図できる者（指図権者）を定めたり、同意を要する者（同意者）を定めて、これらの者の指図（又は同意）に従って金銭を交付することもできます。

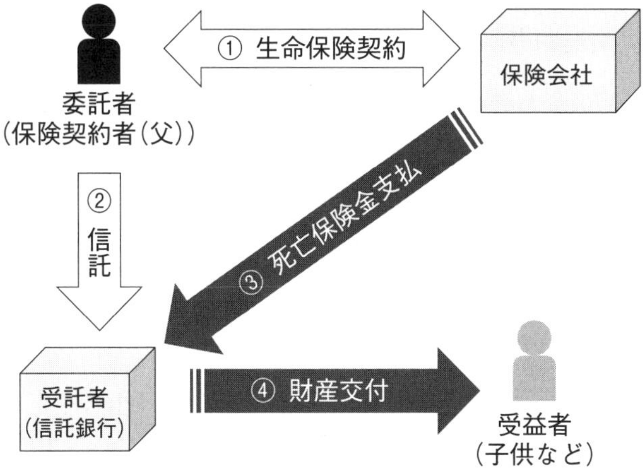

解　説

生命保険信託とは、死亡保険金を受け取る権利を信託することをいいます。具体的には、委託者（保険契約者）が保険金を受け取る権利を受託者（信託銀行）に信託します。受益者は委託者の親族にすることが一般的ですが、親族以外の個人や法人なども指定できます。この場合、委託者が亡くなると、生命保険会社から受託者（信託銀行）に死亡保険金が支払われます。受託者（信託銀行）は死亡保険金を受取った後、これを信託財産として管理・運用します。そして、信託契約の定めに従って、一定期間にわたり受益者に信託財産から金銭を交付させることができます。

通常の生命保険の場合、死亡保険金の受取方法は一括か年金方式のいずれかとなりますが、信託を利用することによって、保険金の支払い方法、金額などを自由に設定することが可能となります。

保険金が一時に全額支払われてしまうと、いざという時の備えにする目的の保険金が浪費されてしまうかもしれません。生命保険信託を活用すると、保険金を受託者（信託銀行）に管理してもらい、あらかじめ、委託者（保険契約者）と受託者（信託銀行）の間で定めた信託契約に従って、受益者（親族）に金銭を交付してもらうことが可能になります。

生活資金に充ててほしい場合には、毎年一定額が支払われるようにしても良いでしょう。また、当初の受益者が亡くなった場合に、次に受益者となる者を定めることもできます（例えば、「毎月10万円を妻に交付し、妻が亡くなった後は長女に交付する」）。受益者を２人以上に定めてもかまいません。

金銭の交付について、指図することができる指図権者を定めておいて、当該指図権者の指示に従って交付されるようにすることも可能です。

〔生命保険の活用事例〕

①子供がまだ幼い場合

私にはまだ幼い子供がいます。私が事故等で亡くなった場合には、子供が成人するまでの養育費に充てるために生命保険を活用しようと思います。ただし、生命保険が一括で支払われた場合、配偶者が生命保険金を管理することになりますが、配偶者には浪費癖があるため、子供の養育費に充てずに浪費してしまうのではないか心配です。

このような場合、生命保険信託を活用すると、生命保険金は信託銀行に支払われ、当該保険金は、信託銀行が管理してくれますから配偶者が浪費してしまうことを防止することが可能になります。

（注） 障害を抱えたお子様をお持ちの場合も、上記事例と同様にお子様の生活資金がお子様の財産管理者に浪費されてしまわないか心配です。信託契約により毎年定額が支給されるようにしておくと、管理者による浪費を防止できるのではないでしょうか。

②妻に子供の財産の管理権を委ねたい場合

私が亡くなった場合、妻には老後の心配のない財産を相続しようと思っています。また、子供にもそれなりの財産を相続しようと思います。そして、子供には遺された妻の老後の生活も見てほしいと思っています。もしも、私の相続でそれなりの財産を子供に渡してしまうと、子供は慢心して妻の老後の生活を見なくなってしまうのではないかと心配です。なにかいい方法はないでしょうか。

このような場合、子供に渡す予定の資金は生命保険信託で手当てすると良いでしょう。私が亡くなると、子供に支給すべき生命保険金は信託銀行に支給されます。そして、信託銀行が信託契約に基づいて子供に少しずつ支給します。信託契約において、支給額の決定権を妻に付与しておけば、私の妻が子供への毎年の支給額を決定することができます。そのようにしておくことで子供も私の妻の老後の生活に配慮し、妻も安心して老後を過ごせるようになるのではないでしょうか。

③長女には相続したいが、長女の配偶者には渡したくない場合

私には長女と次女の２人の子供がいます。長女は結婚していますが長女の配偶者とはうまくいっていません。私は長女に、生活資金に充てられるように３千万円を相続したいと思います。ただし、長女に３千万円を相続した直後に、長女が亡くなった場合には、長女の配偶者ではなく、私の次女に相続させたいと希望しています。良い方法はないでしょうか。

例えば、３千万円を生命保険信託契約します。相続が発生すると、保険金は信託銀行に支払われます。そして、事前に締結した信託契約において長女には毎年200万円ずつ保険金が無くなるまで支払うものとします。万が一長女が亡くなった時に、保険金が信託銀行に残っていた場合には、受取人は長女から次女に変更するように設定しておきます。このようにしておけば、残った保険金は長女の配偶者ではなく、次女に相続されることになります。

税務上の取扱い

委託者に相続が発生した場合、保険金は受託者（信託銀行）に支払われますが、課税法上は、受益者が保険金を受取ったものとみなして整理します。したがって、受益者に相続税が課されます。

例えば、委託者（保険契約者）が父で、被保険者も父、受益者が子である場合に、父が亡くなって支払われる死亡保険金は受託者（信託銀行）に支払われています。しかし、課税法上は、受益者である子が死亡保険金を受け取ったものとみなして、当該保険金は相続により子が取得したものとして、相続税における保険金の非課税限度額の規定（注）を適用することが可能です（相基通９の２－７）。また、当該保険金について相続税が課されますから、その後受託者から受益者に交付される金銭に対しては、課税されません（所法９十六）（保険金を受託者（信託銀行）が運用したことによる利益については受益者に課税されます。）。

（注）　保険金の額から、「500万円×法定相続人の数（養子は１人（実子がいない場合は２人）までとします。）」を控除できる規定（相法12①五）

第3章

受益権の評価

Q73 受益権の相続税評価

私は保有する財産のうち、賃貸不動産と有価証券を子供が経営する会社（B社）に信託して、賃貸不動産と有価証券の管理を任せています。受益権は私が有していますが、私が亡くなった場合には次の受益者は子供にするつもりです（当該受益権を子供に相続することになります。）。その際、受益権の相続税評価額はどのようになるのでしょうか。信託することによって、財産の評価額は高くなったり、低くなったりするのでしょうか。

Answer

信託をしても、相続税評価額に変わりはありません。

財産を信託している場合、相続されるのは受益権ですから、相続税の計算において受益権を評価することになります。当該受益権の評価は、信託された財産（所有権）の評価額と同額になります。

〔信託受益権の評価〕

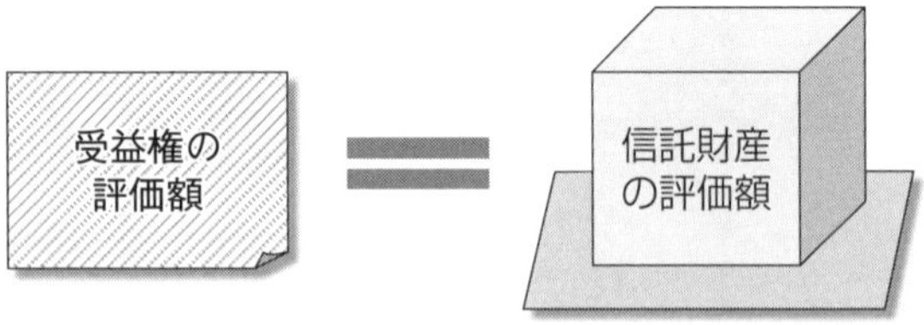

解　説

受益権の相続については、相続税法において「信託財産に属する資産及び負債を取得し、又は承継したものとみなして（相法９の２⑥）」とあり、受益権の評価は、「信託された財産の価額」によって評価することになっています（評基通202）。

したがって、財産を信託しても相続税評価額が増加したり、減少したりすることはありません。つまり、原則として財産を信託しても相続税額への影響はないといえます。

Q74 受益権の相続税評価（信託財産に属する債務がある場合）

以下の信託受益権を相続により取得しました。相続税の計算にあたってどのように評価すればよいでしょう。

信託財産に属する資産、負債は以下の通りです。

・信託財産に属する資産＝不動産（相続税評価額８千万円）

・信託財産に属する債務＝借入金１億円

Answer

〔信託財産に属する債務がある場合の評価〕

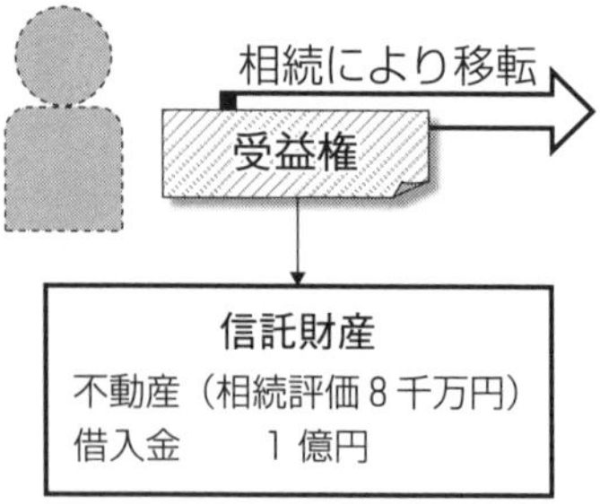

① 新たに受益者となる者が旧受益者の相続人又は包括受遺者である場合

信託財産に属する資産（不動産）は８千万円で評価し、信託財産に属する債務（借入金）１億円は相続又は遺贈により取得した財産の総額から債務控除（<u>新受益者（相続人又は包括受遺者）が負担することが確実と認めら場合に限ります。</u>）して計算されます。

② 新たに受益者となる者が旧受益者の相続人又は包括受遺者でない場合

信託受益権の評価額を信託財産に属する資産の評価額（８千万円）から信託財産に属する債務の金額（１億円）を控除して評価（本件においてはゼロ円）し、債務控除はできません。

解　説

以下の相続税法の規定において、贈与又は遺贈により信託受益権を取得した者は、当該信託財産に属する資産及び負債を取得又は承継したものとみなされます。

> 贈与又は遺贈により取得したものとみなされる信託に関する権利又は利益を取得した者は、当該信託の信託財産に属する資産及び負債を取得し、又は承継したものとみなして、この法律（省略）の規定を適用する（相法9の2⑥）。

他方で、相続税の申告において債務控除の対象になる債務は、「相続又は遺贈（包括遺贈及び被相続人からの相続人に対する遺贈に限る。(省略)）により財産を取得した者」が負担する被相続人の債務等の金額に限定されています（相法13①）。

そこで、新受益者が旧受益者の相続人又は包括受遺者である場合には、信託財産に属する資産（本問では土地）は相続税評価額（８千万円）で評価し、信託財産に属する債務（本問においては借入金１億円）は相続又は遺贈（旧受益者の死亡により受益権を取得した場合を含みます。）により取得した財産総額から債務控除することができます。

なお、この場合においても債務控除できる金額は債務控除する者（新受益者）において債務を負担することが「確実と認められるものに限る。(相法14①)」とされていますので、債務を負担することが確実と認められない金額がある場合、当該金額は債務控除の対象になりませんので注意が必要です。

他方で、相続人又は包括受遺者でない者が新受益者となる場合、債務控除することはできません。その代わり、負担付遺贈の場合（相基通11

の２－７）と同様に相続人又は包括受遺者でない新受益者が取得する信託財産に属する債務の金額は信託財産に属する資産の評価額から控除することができるものと考えます。

本問の場合、信託受益権の評価額は、不動産の評価額（８千万円）から信託財産に属する借入金の金額（１億円）を控除してゼロ円（借入金の金額が不動産の評価額を超える部分の金額は切り捨てられます。）と計算されます。

Q75 受益権の贈与税評価

以下の信託受益権を贈与により取得しました。贈与税の課税価額の計算にあたってはどのように評価すればよいでしょう。

信託財産に属する資産、負債は以下のとおりです。

〔ケース1〕

・信託財産に属する資産
　＝不動産（相続税評価額8千万円、時価1億5千万円）

〔ケース2〕

・信託財産に属する資産
　＝不動産（相続税評価額8千万円、時価1億5千万円）

・信託財産に属する債務＝借入金1億円

Answer

〔ケース1〕

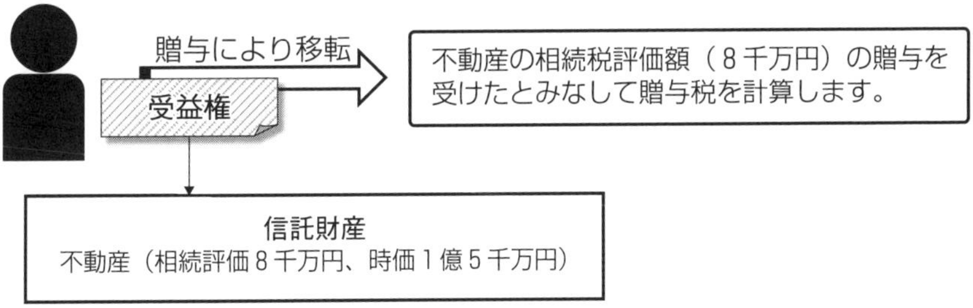
贈与により移転
受益権
不動産の相続税評価額（8千万円）の贈与を受けたとみなして贈与税を計算します。
信託財産
不動産（相続評価8千万円、時価1億5千万円）

〔ケース2〕

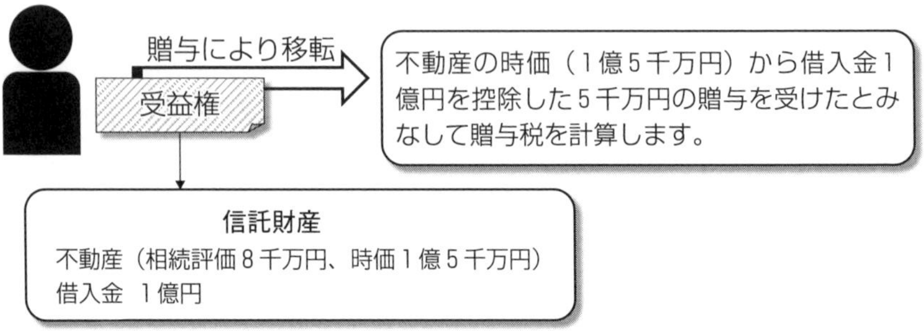
贈与により移転
受益権
不動産の時価（1億5千万円）から借入金1億円を控除した5千万円の贈与を受けたとみなして贈与税を計算します。
信託財産
不動産（相続評価8千万円、時価1億5千万円）
借入金　1億円

解　説

相続税法の規定において、贈与又は遺贈により信託受益権を取得した者は、当該信託財産に属する資産及び負債を取得又は承継したものとみなされます。

> 贈与又は遺贈により取得したものとみなされる信託に関する権利又は利益を取得した者は、当該信託の信託財産に属する資産及び負債を取得し、又は承継したものとみなして、この法律（省略）の規定を適用する（相法9の2⑥）。

〔ケース1〕

受贈者（新受益者）は信託財産に属する資産（不動産）の贈与を受けたものとみなされます。そこで、8千万円（信託財産に属する資産の相続税評価額）の贈与を受けたものとして贈与税を計算します。

〔ケース２〕

信託財産に属する債務がある場合の受益権の贈与税評価額は、負担付贈与の場合と同様に計算します。具体的には、信託財産に属する債務がないものとした場合における信託財産に属する資産の評価額から信託財産に属する債務の金額を控除した価額で計算します（相基通21の２－４）。

ただし、信託財産に属する資産に土地、土地の上に存する権利（借地権等）、並びに家屋及びその附属設備又は構築物がある場合には、これらの資産は相続税評価額ではなく通常の取引価額（時価）で評価しなければならないものと考えます（負担付贈与通達）。

本問のケースでは、不動産の時価（１億５千万円）から債務の金額（１億円）を控除して５千万円の贈与を受けたものとして贈与税を計算します。

なお、信託財産に属する債務と同額以上の現預金が信託財産に帰属している場合には、負担付贈与通達は適用されず、信託財産に属する資産は相続税評価額で計算できるものと考えます。

Q76 受益権を収益受益権と元本受益権に分けた場合の評価

私は所有する賃貸不動産を信託し、今後20年間の賃貸事業にかかる収益の受益者を長男とし、20年経過時に信託を終了させて残余財産の受益者（元本受益者）を孫にしたいと考えています。この場合、長男には収益受益権が贈与されたものとされ、孫には元本受益権が贈与されたものとして贈与税が課税されることになりますが、収益受益権と元本受益権はどのように評価されるのでしょうか。

〔賃貸不動産の概要〕

・賃貸不動産の相続税評価額は１億円である。

・当該賃貸不動産からは毎年５百万円の利益が見込まれている。

・基準年利率（現在価値に割戻し計算する際の利率）＝0.01％

Answer

元本受益権と収益受益権が分けられた場合、それぞれの受益権の評価額は以下のように計算します。

≪収益受益権と元本受益権に分離された受益権の評価≫

・収益受益権の評価額

＝将来収益受益権者が受け取る各年の利益の額を現在価値に割り戻した金額の合計額

・元本受益権の評価額

＝信託財産の評価額－収益受益権の評価額

〔収益受益権の評価〕

収益受益権の評価額＝５百万円×１/(１＋0.0001)＋５百万円×１/(１＋0.0001)^{2}＋…

…＋500万円×１/(１＋0.0001)^{20}≒99,895千円

〔元本受益権の評価〕

元本受益権の評価額＝信託財産の評価額－収益受益権の評価額
＝１億円－99,895千円＝105千円

なお、上記計算には別の考え方があります。詳細は、解説の〔元本受益権の評価〕を参照してください。

解　説

賃貸不動産を所有していると定期的に賃貸収入が入ってきます。また、賃貸不動産を売却した場合には、売却代金が得られます。

このように賃貸不動産から得られる価値には、賃借中に得られるものと、売却時に得られるものがありますが、所有権はこの２つがセットになっていて、一般的には賃貸収入を得る権利と売却代金を得る権利を分離することはできません。

しかし、信託を活用すると、これらを分離することができます。一般的に賃貸中に得られる収益を受ける権利を**収益受益権**といい、信託終了時に信託財産を売却した代価又は信託財産の交付を受ける権利を**元本受益権**といいます。では、収益受益権と元本受益権はそれぞれどのように評価額を計算するのでしょうか。

原則として、受益権を収益受益権と元本受益権に分けたとしても、両者を足したら、分ける前の受益権の評価額と同額になると考えます。

≪受益権の評価額（＝所有権の評価額）≫

＝収益受益権の評価額＋元本受益権の評価額

〔所有権〕

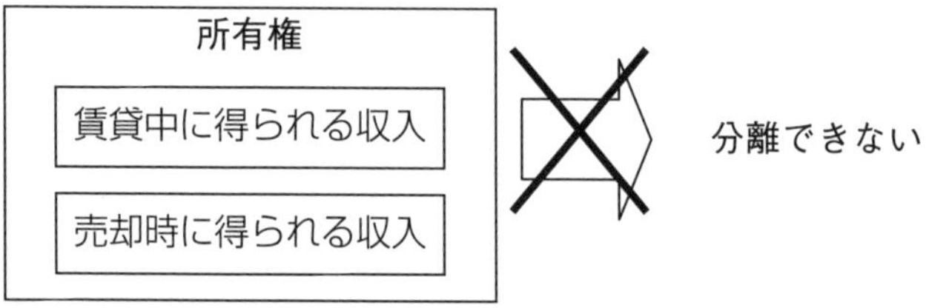

〔信託受益権〕

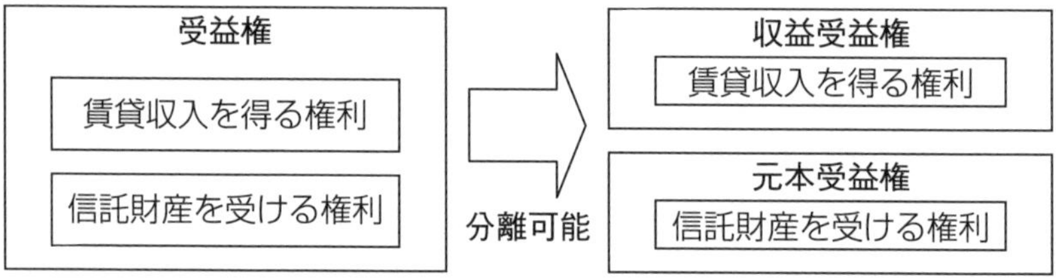

そして、評価にあたっては、まずは収益受益権の評価を行い、次に信託財産の評価額から収益受益権の評価額を控除して元本受益権を評価します。

〔収益受益権の評価〕

収益受益権の評価方法はやや複雑です。通達によると次のように計算することになっています（評基通202(3)ロ）。

課税時期の現況において推算した受益者が将来受けるべき利益の価額ごとに課税時期からそれぞれの受益の時期までの期間に応ずる基準年利率による複利現価率を乗じて計算した金額の合計額

難解な文章ですが収益受益権の評価額は、評価する時点において収益受益者が将来得る利益の額（将来得る利益が確定していない場合には、推定して計算するしかありません。）を合計した金額で算定します。ただし、単に合計すれば良いというものではありません。ここが複雑なところなのですが、今受け取る100万円と５年後に受け取る100万円は価値が異なると考えます。どういうことかというと、今の100万円は、運用すれば若干の利息がついて５年後に100万円を超えていると考えられます。逆にいうと、５年後に受け取る利益100万円は、今の価値に引き直すと100万円未満だということです。したがって、将来の利益の額を単純に足すのではなく、将来受け取る利益は現在の価値に減額計算してから足すことになります。ここで、現在の価値に減額する方法は、国税庁が公表する基準年利率により割引計算をします。

例えば、基準年利率が0.01％であったとすると、１年後に受け取る100万円は100/(１＋0.0001)＝999,900円になると計算します。そして２年後に受け取る利益100万円は現在の価値に置きなおすと$100/(1+0.0001)^2$＝999,800円となります。本問の場合、今後20年にわたり収益を受ける収益受益権ですから、具体的な計算は以下のようになります。

$$収益受益権の評価額＝5百万円\times 1/(1+0.0001)+5百万円\times 1/(1+0.0001)^2+\cdots+5百万円\times 1/(1+0.0001)^{20}\fallingdotseq 99,895千円$$

（注）　**複利現価率及び複利年金現価率**

将来の価額を現在価値に割引計算するために乗ずる率を複利現価率といいます。例えば、本問のケースでは10年後の複利現価率は、$1/(1+1.0001)^{10}=0.999$になります。

そして、複利現価率を将来の一定の時期まで足したものが複利年金現価率です。例えば、20年間の複利年金現価率＝$1/(1+1.0001)+1/(1+1.0001)^{2}+1/(1+1.0001)^{3}+\cdots+1/(1+1.0001)^{20}=19.979$となります。

本問は、以下のように計算することもできます。なお、適用すべき基準年利率及び複利年金現価率は、適時国税庁から公表されています。

収益受益権の評価額＝５百万円×複利年金現価率【19.979（利率0.01％、20年）】＝99,895千円

〔収益受益権の評価の考え方〕

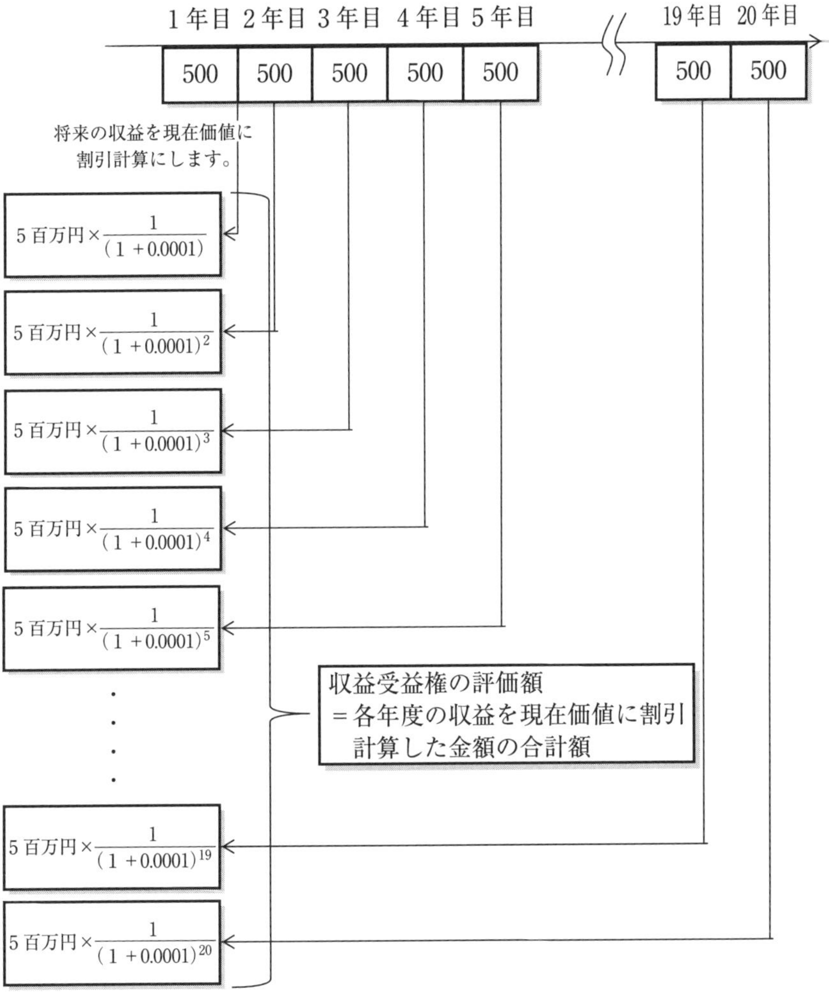
1年目 2年目 3年目 4年目 5年目
19年目 20年目
500
500
500
500
500
500
500
将来の収益を現在価値に割引計算にします。
$5百万円 \times \frac{1}{(1+0.0001)}$
$5百万円 \times \frac{1}{(1+0.0001)^2}$
$5百万円 \times \frac{1}{(1+0.0001)^3}$
$5百万円 \times \frac{1}{(1+0.0001)^4}$
$5百万円 \times \frac{1}{(1+0.0001)^5}$
$5百万円 \times \frac{1}{(1+0.0001)^{19}}$
$5百万円 \times \frac{1}{(1+0.0001)^{20}}$
収益受益権の評価額
＝各年度の収益を現在価値に割引計算した金額の合計額

〔元本受益権の評価〕

元本受益権の評価額は課税時期における信託財産の評価額から収益受益権の評価額を控除して計算します（評基通202(3)イ）。

≪元本受益権の評価額≫
＝信託財産（所有権）の評価額－収益受益権の評価額

信託財産の評価額とは原則として、課税時期における財産評価基本通達に定める評価額を意味しています。一方で、土地（借地権等を含みます。）、建物、付属設備、構築物を、債務の負担と共に贈与する場合にはこれらの財産は相続税評価額ではなく、取引価額（時価）で評価すべきとされています（負担付贈与通達）。信託受益権の贈与においても、信託財産に属する債務がある場合には、実質的に負担付贈与と同様と考えられます（**Q75・104**参照）。

以下は筆者の私見になりますが、仮に、当該元本受益権は、今後20年間の収益に相当する金銭を支払う債務の負担と共になされる賃貸不動産の贈与と考えるならば、当該元本受益権の贈与は負担付贈与に該当します。そのため、賃貸不動産の相続税評価額（１億円）を適用して計算するのではなく、取引価額（時価）で計算すべきかもしれません。すると元本受益権は以下のように計算されることになります（仮に当該賃貸不動産の取引価額（時価）が１億３千万円だったと仮定します。）。

○　元本受益権の評価額
＝信託財産の評価額（信託財産の取引価額）－収益受益権の評価額（信託財産に属する債務の評価額）＝１億３千万円－99,895千円
＝30,105千円

（補足１）　受益者連続型信託において収益受益権と元本受益権に分離された受益権の評価

収益受益権と元本受益権に複層化されていた場合においても、受益者連続型の信託である場合には、以下のように評価します（相基通９の３－１⑵⑶）（**Q77参照**）。

○　元本受益権の評価額＝０
○　収益受益権の評価額＝信託財産の評価額
（注）　収益受益権を法人が有する場合又は収益受益権の全部又は一部の受益者が存しない場合は当該通達は適用されません。

（補足２）　収益受益権の評価額が信託財産の評価額を超える場合

収益受益権に係る収益の金額が大きい場合や、収益を収受する期間が長い場合には、収益受益権の評価額を計算した価額が信託財産の評価額を超えることがあり得ます。

仮に本問のケースで、収益受益権の期間が30年だった場合、30年間の複利年金現価率は29.954ですから、収益受益権の評価額は約1.5億円（＝５百万円×29.954）になります。信託財産の評価額が1.3億円の場合どのように考えるのでしょう。これについては明確になっていません。財産評価基本通達202においても、このようなケースは想定されていないものと推測されます。

収益受益権と元本受益権は、信託財産から分離されたものであるから、それぞれ信託財産の評価額を超えないとする見解もあるようです。

以下は筆者の私見になりますが、収益受益権と元本受益権に複層化した信託の課税関係は、信託を活用しなかった場合に同様の権利関係を作り出した場合の課税関係が参考になります。このケースで信託を活用しなかった場合の権利関係の一例として次のように考えることができます。

元本受益者 ⇒ 不動産を所有し30年にわたって毎年５百万円を収益受益者に支払う義務を負う
収益受益者 ⇒ 30年の間、毎年５百万円を受け取ることができる債権を有する

すると、収益受益者の有する権利は元本受益権を超えて1.5億円と評価されることになり、元本受益者が有する権利の評価は、△２千万円（信託財産の評価額1.3億円－収益受益権の評価額1.5億円）と算定されます。

ところで、信託財産に属する債務は、原則として受託者が信託財産に属する財産をもって、その債務を履行する責任を負うものであり、受益者が受益権を超えて負担するものではありません。したがって、元本受益権の評価額がマイナスになることは理屈が通らず、このような場合は元本受益権の評価額をゼロとすべきと考えられます。なお、財産評価基本通達202③においても、元本受益権の評価は、「信託財産の価額から、……収益受益者に帰属する信託の利益を受ける権利の価額を控除した価額」によって評価する旨が規定されています。ここで、「控除」とは、マイナスを切り捨ててゼロとすることを意味しますので、財産評価基本通達の文言からも元本受益権がマイナスになることはないと解されるのではないかと考えます。

Q77 受益者連続型信託の受益権の評価

Aさんは毎年１千万円の賃貸収入が得られる不動産を信託し、当初の受益者はAさんとしています。Aさんが亡くなった場合には、Aさんが所有していた受益権は消滅し、Bさんが受益者となります。そしてBさんが亡くなるとBさんが所有していた受益権が消滅してCさんが受益者となる旨を定めています。この場合、各相続において受益権をどのよう評価することになるのでしょうか。

Answer

受益者連続型の信託の受益権の評価は、通常の受益権の評価と同様に、相続発生時の信託財産の評価額によります（相基通９の３－１(1)）。Aさんの相続時には、BさんはAさんから遺贈を受けたとみなして、Bさんが取得する受益権はAさんの相続発生時の信託財産の評価額で評価され相続税が課されます。そしてBさんの相続時には、CさんはBさんから遺贈を受けたとみなして、Cさんが取得する受益権はBさんの相続発生時の信託財産の評価額で評価され相続税が課されます。

〔受益者連続型の受益権の評価額〕

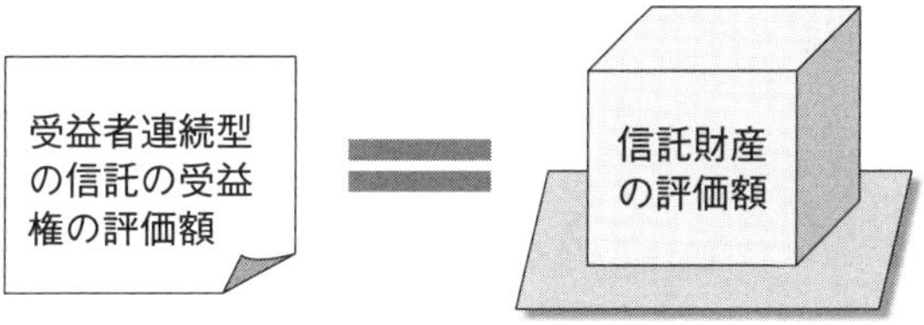

解　説

受益者連続型の信託における受益権には制限が付されています。設問の場合、Ｂさんが取得した受益権には、Ａさんが亡くなった時点からＢさんが亡くなるまでの間の賃貸収入に係る利益を収受する権利があるのみで、不動産自体（又は不動産を売却した代価）を受領する権利はありません。このような経済価値の制約について、課税法上は制約がないものと考えます（相法９の３①）。

したがって、Ｂさんに相続される受益権の評価額は、Ａさんに相続が発生した時点の信託財産の評価額と同額になります。同様に、Ｂさんから C さんに相続される受益権の評価についても、Ｂさんの相続が発生した時点の信託財産の評価額と同額になります。受益者連続型信託の受益権は、実際には制約があるのですが制約がないものとして評価されますので、評価上は有利とはいえないかもしれません。ただし、財産の相続の仕方を先々まで指定したいというニーズに対しては有効です。

（補足１）　税法と民法の考え方の違い

１.Ｂさんは A さんの相続により信託財産を相続したものとみなして、Ａさんの相続による相続税が課税されます（Ａさんの相続発生時点で信託財産を評価します。）。また、C さんはＢさんの相続により信託財産を相続したものとみなしてＢさんの相続による相続税が課税されます（Ｂさんの相続発生時点で信託財産を評価します。）。これに対して、民法における遺留分の計算については、Ｂさん、C さんともに A さんの相続により制限が付されている受益権を取得したものとして考えます（Q65参照）。

（補足２）　受益者指定権の定めがある場合

受益者指定権（Q56参照）の定めがある信託の場合、受益者が有する受益権は、受益者指定権を有する者の判断で、次の受益者に移転され、前の受益者は受益権を失うことがあります。このような受益権は、受益者にしてみればいつ取りあげられてしまうかわからないので、ある種の制約があるわけですが、課税法上は受益者連続型の信託に分類され、このような制約はないものとみなして、受益権の評価は信託財産の評価額で計算されます（相法９の３①）。

ここで、相続税法上の受益者連続型の信託とは以下のものをいいます（Q97参照）（相令１の８）。

・受益者の死亡により他の者が新たに受益権を取得する定めのある信託
・受益者指定権を有する者の定めのある信託
・受益者等の死亡その他の事由により、順次他の者が受益権を取得又は他の者に受益権が移転する旨の定めのある信託

（補足３）　複層化されている場合

受益者連続型の信託の受益権が収益受益権と元本受益権に複層化された場合には、収益受益権の評価額＝信託財産の評価額と計算し、元本受益権の評価額＝零とします。ただし、収益受益権を法人が有する場合には、法人が有する受益者連続型の収益受益権の評価額は通常（受益者連続型信託でない信託）の収益受益権と同様に計算し、その時の受益者連続型信託の元本受益権の評価額も通常（受益者連続型信託でない信託）の元本受益権と同様に計算します（相法９の３①、相基通９の３－１⑵⑶）。

（補足４）　信託終了時の評価について

受益者連続型の信託の元本受益権は価値がないとみなして、相続税（贈与税）の対象になりません。ただし、信託が終了して、元本受益者が信託財産を取得した場合には、当該信託財産を相続（贈与）により取得したものとみなして相続税（贈与税）が課されます（相基通９の３－１⑶注、相法９の２④）。

Q78 受益証券発行信託の受益権の評価

受益証券発行信託の受益権の評価は、どのように考えるのでしょうか。

Answer

受益証券発行信託の受益権の評価については明確な規定はありません。したがって、原則として信託財産の評価額で計算されるものと考えられます。ただし、株式の評価に従って計算する考え方もあり、通達の整備が望まれます。

受益証券発行信託の受益権の評価額 ＝ 原則として信託財産の評価額

株式とみなして評価する考え方もあります（受託者を信託財産を有する会社とみなして、受益権を当該会社の株式とみなして評価することについて、相続税法上明確な規定はありません。）。

解　説

受益証券が発行される信託の受益権の評価については、明確な規定はありません。したがって、以下に記す内容はあくまで私見になります。

財産評価基本通達においては、「信託の利益を受ける権利の評価は……課税時期における信託財産の価額によって評価する」と記載されているのみです（評基通202）。

通常の親族間の信託（法人課税信託でない信託）では、所得税及び法人税において受益者が信託財産を所有するものとみなすことになっています。相続評価にあたっても同様の考え方をして、受益者が信託財産を所有するものとみなして評価します。つまり、受益権の評価として特別に計算するわけではなく、信託財産の評価額をもって受益権の評価として計算します（**Q73**参照）。

他方、受益証券を発行する信託では、所得税法及び法人税法において、信託財産を所有するものは受託者であるとみなしています。そして、受託者を信託財産を所有する会社とみなして、受益権は当該会社の株式とみなします（所法６の３四、法法４の７六）。

この考え方にならうと、法人課税信託の受益権の相続税評価は、株式として評価することになろうかと思われます。ただし、財産評価基本通達においては、受益権の評価は信託財産の評価により計算するとしか規定されていませんので、通達の文言からは、受益証券発行信託の受益権の評価を株式の評価で行っても良いとは読めません。

したがって、原則として、受益証券発行信託の受益権の評価は、信託財産の評価額で計算すると考えられます。ただし、財産評価基本通達は、そもそも受益証券を発行する信託の受益権の評価を想定して設けられていないものと考えられますし、所得税及び法人税との整合性を考慮すると、相続税法上においても受益証券発行信託の受益権を株式（信託財産を有する会社の株式）とみなして評価することは理にかなっています。

なお、この点については財産評価基本通達上、明確な規定が整備されることを望むところです。

第4章

信託の課税関係の基本

Q79 基本的考え方

信託における課税法上の基本的な考え方を教えてください。

Answer

信託をすると、信託した財産の所有権は、預けた者（委託者）から預かった者（受託者）に移ります。

しかし、税務上は預かった者（受託者）が財産を所有しているとは考えません。受託者はあくまで「預り人」だと考え、実質的に財産を所有しているのは「受益者」だと考えます。

そこで、税務上の判断においては、「**受益権**」を「**所有権**」に置き換え、「**受益者**」を「**所有者**」に置き換えてください。そのように置き換えて考えればほとんどの税務上の問題の答えが自然に導き出せるはずです。

(注) 税務上、上記とは異なる考え方をする信託もあります。
例えば、受益者がいない信託や、受益証券を発行している信託においては、受託者が信託財産を所有しているものとして取り扱います。ただし、一般的な事業承継でこのような信託を活用することはほとんどありません。
本書においてはこのような例外的な取扱いの信託についても解説しています（Q112～Q138参照）が、はじめのうちは無視してください。例外的な取扱いについては、専門家等をはじめ、興味がある方の参考になればと思い記述しています。

〔信託の原則的な課税関係の考え方（受益者等課税信託）〕

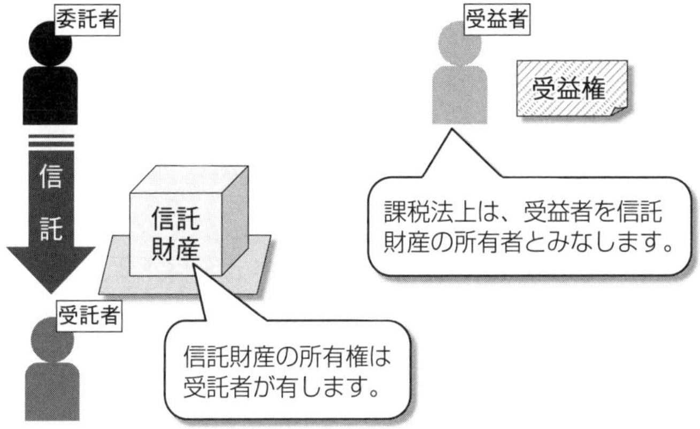
委託者
信
託
受託者
信託
財産
信託財産の所有権は
受託者が有します。
受益者
受益権
課税法上は、受益者を信託
財産の所有者とみなします。

解　説

信託を課税法上の取扱いにより分類すると、3つの類型（表**〔信託の課税関係の概要〕**参照）に分けることが可能です。

本書においては、財産の管理・承継のために信託を活用することに着目することとし、原則的な取扱いと例外的な取扱いの一つ（法人課税信託）のうち、特に、受益証券を発行する信託と受益者が存しない信託について、その課税関係を考察したいと思います。

(1)　原則的な取扱い（受益者等課税信託）

信託をすると、信託された財産の所有権は、委託者から受託者に移転します。信託財産の所有権は受託者が有することになりますが、課税法上は、原則として、受益者が信託財産を有するものとして考えます。

したがって、信託財産にかかる収入や費用は、受益者が申告することになりますし、当該収入、費用に関する消費税も受益者に属するものとして申告します（法法12①、所法13①、消法14①）。受託者は信託された財産を預かっているだけとみなされ、受託者に対しては課税されません。

⑵　例外的取扱い

法人課税信託、集団投資信託、退職年金等信託、特定公益信託等については、上記⑴とは異なる取扱いになります。

このうち財産の管理・承継のために利用される信託は、法人課税信託でしょう。法人課税信託とは、課税法上、受託者が信託財産を有するものとして取り扱う信託です。法人課税信託のうち、特に受益証券を発行する信託と、受益者がいない信託について本書では取り上げます。

受益証券を発行する信託については、所得税・法人税においては受益権＝株式（受益者＝株主）とみなし、受託者＝会社とみなして、受益証券＝会社（受託者）の株券とみなします。そして、委託者が受託者に財産を信託をするという行為は、株主（となる者）が法人に出資する行為とみなして課税関係を整理します（Q133参照）。

受益者がいない信託については、原則として、課税すべき受益者が存しないために、受託者が財産を有しているものとして考えます。

その場合、委託者が受託者に信託するという行為は、委託者が受託者（会社とみなす）に対して信託財産を贈与する行為とみなして考えます（Q113参照）。

〔信託の課税関係の概要〕

	受益者等課税信託（原則的な信託（右の２つの類型の信託以外の信託））	法人課税信託	集団投資信託、退職年金等信託、特定公益信託等
概　要	・一般的に親族間で信託を行う場合には、ほとんどがこの場合に該当することになるかと思います。	・受益証券を発行する定めのある信託 ・受益者（みなし受益者を含みます。）がいない信託 ・法人が委託者となる信託で、一定の要件（Q80参照）に該当するもの	
基本的な考え方	受益者が信託財産を有するものと考えます。	受託者（会社とみなします。）が信託財産を有するものと考えます。	信託に関する収益が受益者に分配された時に、受益者に課税します。

Q80 法人課税信託（租税回避規程）の要件

相続・贈与において一般的に活用される信託は、受益者が信託財産を有するとみなして受益者に課税し、受託者は課税されません。

他方で、信託財産を有する受託者に課税する法人課税信託があります。当該法人課税信託に該当する主な信託には以下のものがありますが、③の一定の要件について教えてください。

① 受益者がいない信託（Q112から127参照）

② 受益証券を発行する信託（Q128から138参照）

③ 法人が委託者となる信託で一定の要件に該当する信託

Answer

以下の一定の要件（(1)から(3)のいずれか）に該当する場合には、法人課税信託に該当します（法法２二十九の二ハ）。

(1) 委託者である法人の事業の全部又は重要な一部を信託し、かつ、その信託の効力が生じた時において、当該法人の株主等が取得する受益権のその信託に係る全ての受益権に対する割合が100分の50を超えるもの（信託財産に属する金銭（注１）以外の資産の種類がおおむね同一（注２）である場合を除きます（法法２二十九の二ハ(1)、法令14の５②、法規８の３の２）。）

（注１） 預金及び貯金は金銭に含まれます。

（注２） 金銭以外の資産の種類がおおむね同一とは、金銭以外の資産の区分が以下のいずれかの区分に属するかどうかにより判定します。

① 貸付債権その他金銭債権及び有価証券

② 不動産等（土地（土地の上に存する権利を含みます。）及び建

物（その付属設備を含みます。））

③ 減価償却資産（建物（その付属設備を含みます。）を除きます。）については、耐用年数省令別表第一から第五までに規定する種類ごと（その種類につき構造若しくは用途又は設備の種類の区分が定められているものについては、その構造若しくは用途又は設備の種類ごと）に異なる区分とします。

④ 金銭債権等（上記①）、不動産等（上記②）及び③に規定する減価償却資産以外の資産については、これに準じた区分

(2) 信託の効力が生じた時又はその存続期間の定めの変更の効力が生じた時において、委託者である法人、又は当該法人と特殊の関係がある者が受託者であり、当該効力発生時等において当該効力発生時等以後のその存続期間が20年を超えるもの（信託財産に属する主たる資産の耐用年数が20年を超える減価償却資産（減価償却資産以外の固定資産を含みます。）であることが見込まれていた場合又は償還期限が20年を超える金銭債権を含む金銭債権であることが見込まれていた場合を除きます（法法２二十九の二ハ(2)、法令14の５⑤）。）

(3) 信託の効力が生じた時において委託者である法人、又は当該法人の特殊関係者（注１）を受託者とし、当該法人の特殊関係者（注１）を受益者として、かつ、その時において受益者である当該特殊関係者（注１）に対する収益の分配の割合について受益者、委託者、受託者その他の者がその裁量により決定することができるもの（注２）（法法２二十九の二ハ(3)、法令14の５⑥）

（注１） 特殊関係者とは、以下の関係がある「他の者」を言います（法令14の５③）。

① 委託者（法人）と他の者（受託者又は受益者）との間に、いずれか一方の者が他方の者（法人に限る）を直接又は間接に支配する関係がある場合

（※） 一方の者が個人である場合は、親族や事実上婚姻関係と同様の事情にある者、使用人等の生計維持者を含みます。

② 同一の者が委託者（法人）と他の者（受託者又は受益者）（法人に限る）を直接又は間接に支配する関係があることを言います。

（※） 同一の者が個人である場合は、親族や事実上婚姻関係と同様の事情にある者、使用人等の生計維持者を含みます。

（注２） 信託行為の変更について特定の者が単独で行う規定が定められている場合は、受益者である特殊関係者に対する収益の分配の割合について受益者、委託者、受託者その他の者がその裁量により決定できる場合に該当します。したがって、法人が委託者となり、信託行為の変更を特定の者が単独で行うことができる信託を特殊関係者の中で行う場合は法人課税信託に該当することになりますので注意が必要です。たとえ収益の分配の割合が信託行為において確定的に定められている場合であっても、特定の者が信託行為を単独で変更することができる場合は、収益の分配の割合を当該特定の者がいつでも変更することができますので同様です（法基通12の６－１－４）。

解　説

相続や贈与（事業承継）に活用する信託が法人課税信託に該当することはほとんどないため、法人課税信託の課税関係について深く考察する必要性はあまりないかもしれませんが、万が一にも、計画する信託が法人課税信託に該当してしまうと、複雑な課税関係が生じてしまいます。

したがって、法人課税信託に該当しないように注意する必要があります。

仮に、法人課税信託に該当すると信託財産の所有権が委託者から受託者に移転する信託時に信託財産に属する資産に係る含み損益の実現を認識して課税が生じます。信託期間中は信託財産に属する収益・費用は信託財産の所有者である受託者に属すると考えますので、受託者が納税義務を負います。

以上の点で受益者に課税する一般的な信託と大きく異なります。

そこで、どのような場合に法人課税信託に該当するのか理解しておくといいでしょう。

法人課税信託に該当する場合とは、第１に受益者がいない信託（Q112から127参照）であり、第２に受益証券を発行する信託（Q128から138参照）で、第３に租税回避に利用されることが想定され得る信託となります。具体的には、上記一定の要件（(1)から(3)）に記載した信託です。

Q81 税務上の受益者について

税務上の受益者と、信託法上の受益者の定義が異なるようですが、これについて教えてください。

Answer

信託法上の受益者と課税法上の受益者は、基本的に同じ意味ですが、正確には違いがあります。

〔信託法の受益者〕

受益者（信法２⑥）
「**受益権**を有する者」

受益権（信法２⑦）
信託行為に基づいて受託者が受益者に対し負う債務であって、信託財産に属する財産の引渡しその他の信託財産に係る給付をすべきものに係る債権（受益債権という）及びこれを確保するためにこの法律の規定に基づいて受託者その他の者に対し一定の行為を求めることができる権利をいう。

〔課税法上の受益者〕

受益者（注１）（所法13①②、法法12①②、相法９の２①⑤））
受益者としての権利を現に有する者＋みなし受益者（注２）

（注１） 相続税法においては、受益者としての権利を現に有する者と特定委託者を併せて「受益者等」と定義しています。所得税法及び法人税法において、信託法においては受益者でないが税務上受益者とみなされる者を含めて「受益者」と定義しています。

（注２） みなし受益者のことを相続税法においては「特定委託者」と定義しています（相法９の２⑤）。

〔受益者としての権利を現に有する者の例示〕（所基通13－７、法基通14－４－７、相基通９の２－１）

	信託法の定義条文	受益者としての権利を現に有する者に該当するか（該当は○）
残余財産受益者	信法182①一	○
帰属権利者（信託終了前の期間）	信法182①二	×
委託者の死亡により受益者になる者（委託者の死亡前）	信法90①一	×
委託者の死亡の時以後に信託財産に係る給付を受ける旨が定められている受益者（委託者の死亡前）	信法90①二	×

（注） ① 残余財産受益者については、「相続税法基本通達逐条解説」（大蔵財務協会）の相続税基本通達９の２－１の解説において、以下のような記述があります。

「残余財産受益者が、信託が終了し、当該信託に係る残余財産に対する権利が確定するまでは残余財産の給付を受けることができるかどうか分からないような受益債権しか有していない場合には、現に権利を有しているとはいえないことから、このような残余財産受益者については、その権利が確定するまでは受益者として権利を現に有する者に該当しない」

② 帰属権利者は、信託法において信託が終了するまでは受益者でないとされています（信法183⑥）。課税法上も同様に、信託が終了するまでは受益者には該当せず、信託の終了により受益者になります。

③ 委託者の死亡の時に受益者となるべき者として指定された者は委託者が死亡するまで受益者ではありません。又、委託者の死亡により信託財産の給付を受ける受益者は、委託者が死亡するまでの期間については受益者としての権利を有しません（信法90②）。そこで、課税法上も信託法と同様に委託者が死亡するまでの期間については原則として受益者になりません。ただし、これらの者が委託者が死亡するまでの期間において信託の変更をする権限（信託の目的に反しない限り認められる軽微な変更は除く）を現に有している時は、税務上、受益者とみなされます。

〔みなし受益者（特定委託者）〕（所法13②、法法12②、相法９の２⑤）

信託を変更する権限※1（軽微なもの※2を除く）を現に有する者	かつ	信託財産の給付を受けることとされている者（受益者を除く）

※１　他の者との合意で変更できる権限を含みます（所令52②、法令15②、相令１の７②）。

※２　信託の目的に反しない限り変更できる権限をいいます（所令52①、法令15①、相令１の７①）。

（注）みなし受益者には以下の者が含まれます（所基通13－８、所令52③、法基通14－４－８、法令15③、相基通９の２－２）。

① 変更権限（軽微なものを除きます。）を有する委託者で、以下のいずれかに該当する者

・帰属権利者である者
・信託行為に残余財産受益者若しくは帰属権利者が指定されていない場合
・信託行為に残余財産受益者又は帰属権利者として指定された者が権利を放棄した場合

② 変更権限（軽微なものを除きます。）を有する者で、信託財産の給付を受ける停止条件が付された権利を有する者

＊ 上記以外の者であっても、信託財産の給付を受ける権利を有している受益者指定権を有する者は、特定委託者に該当すると解されています（相続税法基本通達逐条解説）。

解　説

信託法と課税法において、受益者の定義はほぼ同じなのですが、課税法においては、実体が受益者と同様の者について、信託法においては受益者と定義されていなくてもみなし受益者（特定委託者）として受益者に含めています。

まず、課税法上の受益者については、「受益者としての権利を現に有する者」と定義されています。ここで、現に有する者には、収益の受益者はもちろんですが、残余財産の受益者も含まれます。

一方で、帰属権利者は含まれません。残余財産受益者も帰属権利者も、信託が終了した後に残余財産が帰属するという経済価値は同じなのですが、残余財産受益者は、信託期間中において受益者としての権利（受託者の監督権や信託の変更権等）を有しますが、帰属権利者は、信託期間中はそのような権利を有しません。帰属権利者は信託が終了して清算期間中において受益者としての権利を有する者です。そこで、信託が終了するまでの間は、帰属権利者は受益者から除外されています。

次に、委託者が死亡することにより受益者となる旨が指定されている者や、委託者が死亡することにより信託財産に係る給付を受ける者につ

いては、委託者が生きている間は、委託者の単独の意思で変更ができることとされているため、信託法上も委託者が生きている間は受益者に該当しないものです（信法90）。そこで、これらの者は課税法上も受益者に該当しないこととされています。

みなし受益者（相続税法上は「特定委託者」といいます。）は、信託法上は受益者に該当しませんが、信託の変更に対する権限を有していて、信託財産の給付を受けるとされるため、課税法上は実質的に受益者とみなして考えるものです。

例えば、帰属権利者である委託者がこれに含まれます。帰属権利者は、信託が終了するまでの間は受益者になりませんが、その者が委託者であるならば、委託者は信託の変更に関する権限を有しますので、実質的に残余財産の受益者と同じと考えて課税法上は受益者とみなすことになります。また、帰属権利者に指定されていない委託者であっても、信託行為に残余財産受益者や帰属権利者の指定がない場合には、残余財産は委託者に給付されることになっています（信法182②）。このような場合の委託者もみなし受益者になります。同様に、残余財産受益者や帰属権利者がその権利を放棄した場合にも、委託者に残余財産が給付されますので、この場合の委託者もみなし受益者に該当します。

その他、現在は信託財産に係る給付を受ける権利を有していなくても、一定の条件が成就した場合に給付を受ける者で、信託を変更する権限を有する者をみなし受益者として、課税法上の受益者に含めています。

つまり、課税法上は、現時点で信託財産に係る給付を受けている者はもちろん含まれますし、将来給付を受ける者であっても、現時点で信託の変更権限を有する者は受益者に含めます。

なお、信託を変更する権限とは、信託の目的に反しない変更に係る権限は含まれません。あくまで信託の目的に反するような重要な変更に対する権限を有する者とされており、また、当該変更を単独で行うことができる者に限定はされていません。他の者との合意により変更できる権利も含まれます。

第5章

受益者等課税信託

Q82 自益信託の課税関係（委託者＝受益者）

父は高齢で、所有する不動産の管理が手に負えなくなってきたので、父（委託者）が父を受益者として、当該不動産を同族法人であるA社（受託者）に信託しようと思います。

この場合、父に課税されることはないのでしょうか（信託にあたり受益証券は発行されていません。）。

Answer

信託においては、原則として受益者が信託財産を所有しているものとして考えます。まず、信託の効力発生時の課税関係ですが、委託者と受益者が同一の者である場合には、信託の設定時には委託者、受託者、受益者いずれも課税関係は生じません。

次に、信託中の課税関係は、信託財産に帰せられる収益及び費用は、受益者の収益及び費用とみなして課税計算をすることになります。また、その際には、受益者の損益通算の規制に留意する必要があります（Q91参照）。

〔自益信託の課税関係〕

自益信託とは、信託の効力発生時の受益者が委託者である信託をいいます。

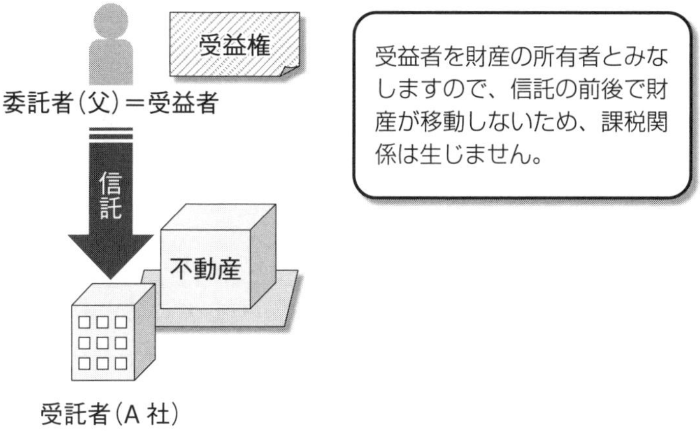
受益権
委託者（父）＝受益者
信託
不動産
受託者（A 社）
受益者を財産の所有者とみなしますので、信託の前後で財産が移動しないため、課税関係は生じません。

解　説

(1)　信託の効力発生時

財産の所有権が移転した場合には、通常は財産の移転に伴い課税関係が生じます。信託をすると財産の所有権は委託者から受託者に移転されますので、ここでどのように課税関係が生じるのかが論点となります。

信託において所有権を有する者は受託者ですが、受託者は財産を預かって管理等するだけですので、課税法上は、受託者を信託された財産を有する者とは考えません。

他方、受益者は信託された財産に係る経済的な利益を得ることができる者になりますので、課税法上は、受益者が信託されている財産を有するものとみなして課税関係を整理することになります。信託においてはこの考え方が一貫されています（法人課税信託等を除きます（Q80参照)。)。

具体的にいいますと、不動産が信託された場合には、不動産の所有権は委託者（父）から受託者（A 社）に移転します。しかし、受託者（A 社）は信託された財産を管理・処分等するために、財産の名義人になって預かっているだけで、信託された財産から得られる収益も、信託された不動産を処分して得られる金銭も受託者（A社）が享受することはできません。これらの経済価値は受益者（父）に帰属するものです。

したがって、課税法上は、受益者（父）を所有者とみなして課税関係を考えることになります。

本問の場合、信託前の不動産の所有者は父であり、信託後の信託財産（不動産）は、課税法上は受益者である父が有しているとみなして考えます。したがって、当該不動産の経済価値は、信託により父から移転していないと考えますので、信託の効力発生時において課税関係は生じないこととなります。また、受託者であるA社は、不動産を預かるだけですので課税関係は生じません（所基通13－5(1)）。

(2) 信託期間中

受益者（父）が信託財産に属する「資産及び負債」を有するものとみなし、かつ、そこから発生する「収益及び費用」を受益者の収益及び費用とみなします（所法13①）。

本問の場合は、信託前の不動産所得の申告は父が行っていますが、信託効力発生後も、受益者である父が信託された不動産所得の申告をすることになります（損益通算の規定については**Q91**参照）。なお、消費税法上も受益者の取引として計算されます（消法14①）。

受託者（A社）は、信託された不動産を預かっているだけですので、課税関係は生じません（信託報酬などを除きます。）。

（参考）委託者（＝受益者）が法人だった場合について

本問は委託者が個人の場合ですが、委託者が法人である場合も同様に考えます。

ただし、損益通算の考え方は、個人と法人では異なりますので注意が必要です。

(1) 信託の効力発生時

法人税においても、所得税と同様に受益者が信託財産に属する「資産及び負債」を有するものとみなし、かつ、そこから発生する「収益及び費用」を受益者の収益及び費用とみなします。つまり受益者を所有者とみなしています。したがって、委託者が受益者になる信託の場合、信託の前後で課税法上は所有者が移動しないと考えられますので、課税関係は生じません（法基通14－４－５）。

(2) 信託期間中

受益者を所有者とみなして、不動産にかかる収益、費用は受益者が申告することになります。受託者に課税関係が生じることはありません（法法12①）（損益通算の規制については**Q91**参照）。

（注）「法人課税信託」に該当する場合（**Q80**参照）、信託時に、信託財産が委託者から受託者に贈与により移転したとして課税されることになりますので、注意が必要です。

Q83 他益信託の課税関係（委託者≠受益者）

祖父は、祖父にとっての孫Ｂに、祖父が所有する不動産（自用）を贈与してくれるそうです。しかし、孫Ｂは未成年で不動産を管理することができません。そこで、祖父が所有する不動産を同族法人Ａ社（受託者）に信託し、受益者を孫Ｂにしました。このような信託が効力を生じた場合、祖父から孫Ｂに対して贈与税が課税されるのでしょうか。また、この信託不動産を賃貸した場合に得られる不動産所得は孫が申告することになるのでしょうか。

なお、信託にあたり受益証券は発行していません。

Answer

祖父から孫Ｂに不動産が贈与されたと考えて、孫Ｂに贈与税が課されます。また、祖父は財産を贈与しただけですので課税は生じませんし、受託者であるＡ社も財産を預かって管理するだけですから課税されることはありません。

信託期間中においても、信託不動産から得られる不動産所得は、受益者（孫Ｂ）が実際の信託財産の所有者とみなして、受益者（孫Ｂ）が申告することになります。なお、課税計算をする際には、受益者の損益通算の規制に留意する必要があります（Q91参照）。

〔他益信託の課税関係〕

他益信託とは、信託の効力発生時の受益者が委託者とは異なる信託をいいます。

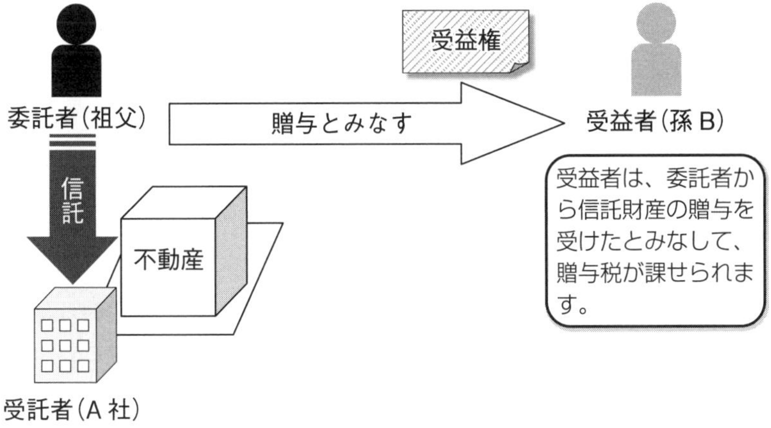
委託者（祖父）
信託
不動産
受託者（A 社）
受益権
贈与とみなす
受益者（孫 B）
受益者は、委託者から信託財産の贈与を受けたとみなして、贈与税が課せられます。

解　説

(1)　信託の効力発生時

財産の所有権が移転した場合には、通常は所有権の移転に伴う課税関係が生じます。

信託において所有権を有する者は受託者ですが、受託者は財産を預かって管理等するだけですので、課税法上は信託された財産を有する者とは考えません。他方、受益者は、信託された財産に係る経済的な利益を得ることができる者になりますので、受益者が信託されている財産を有するものとみなして課税関係を整理することになります。信託においてはこの考え方が一貫されています（法人課税信託等を除きます（Q79参照）。）。

具体的にいいますと、不動産が信託された場合には、不動産の所有権は委託者（祖父）から受託者（A 社）に移転します。しかし、受託者（A 社）は信託された財産を管理・処分等するために、財産の名義人になって預かっているだけで、信託された財産から得られる収益も、信託された不動産を処分して得られる金銭も受託者（A 社）が享受することはできません。これらの経済価値は、信託により受益者と指定された孫Ｂに帰属するものです。したがって、課税法上は、受益者（孫Ｂ）を所有者とみなして課税関係を考えることになります。

本問の場合、信託の前の不動産の所有者は祖父であり、信託後の不動産は、課税法上は受益者である孫Ｂが有しているとみなして考えます。つまり、当該不動産の経済価値は信託により祖父から、孫Ｂに移転しています。したがって、信託の効力発生時において、祖父から孫Ｂに贈与があったとみなして、孫Ｂに贈与税が課されます（相法９の２①）。受託者であるＡ社は不動産を預かるだけですので、課税関係は生じません。

（注１） 贈与における不動産の評価について
信託の効力が発生した際に、孫Ｂは、信託に関する権利（受益権）を得ることになります。そこで、贈与税の申告にあたっては、受益権の評価をする必要があります。
受益権の評価については、信託された財産の価額によって評価することになっています（評基通202⑴）。そこで、信託された不動産の評価額をもって受益権の評価を行うことになります。

（注２） 信託した不動産が賃貸不動産で、賃借人から敷金を預かっている場合には、負担付贈与となり、土地・建物については時価で評価しなければならなくなることがありますので、注意が必要になります（**Q104**参照）。

⑵ 信託期間中

受益者（孫Ｂ）が信託財産に属する「資産及び負債」を有するものとみなし、かつ、そこから発生する「収益及び費用」を受益者（孫Ｂ）の収益及び費用とみなします（所法13①）。

したがって、本問の場合、信託効力発生後は、受益者である孫Ｂが信託された不動産に係る所得の申告をすることになります（損益の通算についてはQ91参照)。なお、消費税法上も受益者(孫B)の取引として計算されます(消法14①)。

受託者(A社)は信託された不動産を預かっているだけですので、課税関係は生じません。

(参考)

上記で考察したように、委託者と受益者が異なる場合、信託の効力発生と共に、信託された財産が委託者から受益者に移転したものとして課税関係を整理します。この場合、委託者と受益者が個人か法人かによって適用される税目が異なり、課税関係に差異が生じます。

【信託設定時の課税関係(委託者と受益者が異なる場合)】

① 資産のみの信託

② 資産と、資産の価額に比べて著しく低い(注)負担(債務)の信託(債務引受)

③ 資産と、資産の価額に比べて著しく低くはない(注)負担(債務)の信託(債務引受)

(注)「著しく低い」とは時価の2分の1に満たない場合をいいます。

委託者	受益者
個　人	個　人
① 課税関係は生じません。 ② 負担(債務)の額で資産を譲渡したものとみなして譲渡損益を計算(譲渡損はなかったものとみなします。) ③ 負担(債務)の額で、資産を譲渡	信託された財産(資産から債務の額を控除したもの)の贈与を受けたものとみなして贈与税(注1)が課税されます。 (原則)相続税評価額で評価 ②③の場合で、信託財産が、土地、建

したものとして譲渡損益を計算	物等又は上場株式のときは通常の取引価額で評価
個　人	**法　人**
信託した資産を譲渡したものとして譲渡所得を計算 ①　通常の取引価額で譲渡所得を計算 ②　通常の取引価額で譲渡所得を計算 ③　負担（債務）の額で、譲渡所得を計算	通常の取引価額で信託された財産（資産から債務の額を控除したもの）の受贈益を計上
法　人	**個　人**
通常の取引価額で信託した資産を譲渡したものとして損益計上します。 また、通常の取引価額で信託された財産（資産から債務の額を控除したもの）を、個人と法人との関係に応じて、寄附金、（役員）賞与、退職金等として損金（一部は損金不算入）とします（注２）。	通常の取引価額で信託された財産（資産から債務の額を控除したもの）の所得を計上 ※　個人と法人との関係に応じて、一時所得、（役員）賞与、退職金等として課税されます。
法　人	**法　人**
通常の取引価額で信託した資産を譲渡したものとして損益計上します。 また、信託された財産（資産から債務の額を控除したもの）の価額は寄附金、交際費等として損金（一部は損金不算入）とされます（注３）。	通常の取引価額で信託された財産（資産から債務の額を控除したもの）の受贈益を計上（注４）

（注１）　信託の効力発生が、委託者の死亡を基因としている場合には、遺贈とみなして相続税が課税されます（相法９の２①）。

（注２）　賞与・退職金と認識される場合には、源泉徴収義務を負います。

（注３）　委託者である法人と受益者である法人の間に100％の支配関係がある場合には、平成22年税制改正によるグループ法人税制が適用され、譲渡による所

得は繰り延べられます（簿価１千万円未満の資産を除きます）。また寄附金については損金となりません※（子会社支援損と認識される場合を除きます。）。

（注４）　委託者である法人と受益者である法人の間に100％の支配関係がある場合には、平成22年税制改正によるグループ法人税制が適用され、寄附金に対応する受贈益は益金になりません※（子会社支援のためと認識される場合を除きます。）。

※　法人による100％支配関係がある場合に限ります。

〔課税法上の取得価額について〕

受益者における信託された資産の課税法上の取得価額は、原則として信託された資産の時価になります。ただし、個人間の取引において上記①②の場合には、委託者の帳簿価額を引き継ぎ、③の場合には負担（債務）の額で受け入れます。

〔消費税について〕

消費税は、贈与（無償での資産の移転）の場合には課税されませんが、対価を伴う取引（負担付贈与を含みます。）の場合には、当該対価の額で税額計算します。つまり、所得税・法人税において、対価の額と異なり時価で取引されたものとして所得計算する場合においても、消費税においては対価の額で計算することになります（消法28①）。

ただし、法人から個人へ財産が移転する場合、当該個人が当該法人の役員（取締役・執行役・会計参与・監査役・理事・監事・清算人・その他経営に従事している者等（法法２十五、法令７））に該当する場合で、対価の額が時価に比べて著しく低い（おおむね50％未満（消基通10－１－２））場合には時価で消費税の計算を行うことになります（消法28①ただし書）。

Q84 信託終了時の課税関係

息子が有する有価証券を、息子が委託者兼受益者となり、同族法人（A社）が受託者として信託していました。この度、当該信託を終了させることになりました。その際の課税関係を以下の場合について教えてください。

(1) 信託契約に、信託が終了する際の残余財産の帰属権利者は息子と指定されている場合

(2) 信託契約に、信託が終了する際の残余財産の帰属権利者は孫と指定されている場合

Answer

信託が終了する場合の課税関係は、財産が実質的に移転しているかどうかで判断します。

(1) 信託の終了前の受益者は息子であり、信託が終了した後の信託財産（有価証券）の帰属者も息子になります。信託の終了によって、実質的に財産は移転していませんので課税関係は生じません。

(2) 信託の終了前の受益者は息子であり、信託が終了した後の信託財産（有価証券）の帰属者は孫になります。ここでは、信託の終了によって実質的に財産は息子から孫に移転しています。したがって、息子から孫に有価証券の贈与があったものとみなして贈与税が課税されます。

解　説

信託が終了した場合には、信託終了時の受益者から信託の残余財産が給付される者に対して贈与によって財産が移転したものとみなします（相法９の２④）。ただし、残余財産を給付される者が信託終了時の受益者であった場合には、受益者の権利に相当して受益者に残余財産が給付されるので、贈与から除外されています（相法９の２④括弧書）。

(1)の場合

信託の終了によって、息子が信託の残余財産（有価証券）を取得します。なお、信託が終了する前の受益者は息子で、受益者として信託財産（有価証券）に係る権利を有していました。

したがって、終了に伴い取得した残余財産（有価証券）は、贈与により取得した財産から除外され、課税関係は生じません。

(2)の場合

信託の終了によって、孫が信託の残余財産（有価証券）を取得します。ここで、信託の終了前の受益者は息子ですので、終了に伴い孫が残余財産（有価証券）を息子から贈与により取得したものとみなして、孫に贈与税（注）が課税されます。

（注）　贈与財産（有価証券）の評価にあたっては、信託だからといって特別に変わることなく、通常と同様に給付される有価証券の評価額で評価します（評基通202(1)）。

（参考）

上記で考察したように、信託終了時の受益者と残余財産が給付される者が異なる者の場合、信託された財産が終了時の受益者から残余財産が給付される者に移転したものとして課税関係を整理します。この場合、信託終了時の受益者と残余財産が給付される者が個人か法人かによって適用される税目が異なり、課税関係に差異が生じます。

【信託終了時の課税関係（信託終了前の受益者と残余財産帰属者が異なる場合）】

① 残余財産として資産のみ給付

② 残余財産として資産の給付と、資産の価額に比べて著しく低い（注）負担（債務）の債務引受

③ 残余財産として資産の給付と、資産の価額に比べて著しく低くはない（注）負担（債務）の債務引受

（注）「著しく低い」とは、時価の２分の１に満たない場合をいいます。

信託終了前の受益者	残余財産帰属者
個　人	**個　人**
① 課税関係は生じません。 ② 負担（債務）の額で資産を譲渡したものとみなして譲渡損益を計算（譲渡損はなかったものとみなします。） ③ 負担（債務）の額で、資産を譲渡したものとして譲渡損益を計算	給付された財産（資産から債務の額を控除したもの）の贈与を受けたものとみなして贈与税（注１）が課税されます。 （原則）相続税評価額で評価 ②③の場合で、信託財産が土地、建物等又は上場株式のときは、通常の取引価額で評価
個　人	**法　人**
給付された資産を譲渡したものとして譲渡所得を計算 ① 通常の取引価額で譲渡所得を計算 ② 通常の取引価額で譲渡所得を計算	通常の取引価額で給付された財産（資産から債務の額を控除したもの）の受贈益を計上

③ 負担（債務）の額で、譲渡所得を計算	
法　人	**個　人**
通常の取引価額で給付された資産を譲渡したものとして損益計上します。 また、通常の取引価額で給付された財産（資産から債務の額を控除したもの）を、個人と法人との関係に応じて、寄附金、（役員）賞与、退職金等として損金（一部は損金不算入）とします（注2）。	通常の取引価額で信託された財産（資産から債務の額を控除したもの）の所得を計上 ※　個人と法人との関係に応じて、一時所得、（役員）賞与、退職金等として課税されます。
法　人	**法　人**
通常の取引価額で給付された資産を譲渡したものとして損益計上します。 また、信託された財産（資産から債務の額を控除したもの）の価額は寄附金、交際費等として損金（一部は損金不算入）とされます（注3）。	通常の取引価額で給付された財産（資産から債務の額を控除したもの）の受贈益を計上（注4）

（注1）　信託終了前の受益者の死亡に基因して終了している場合には、遺贈とみなして相続税が課税されます（相法9の2④）。

（注2）　賞与・退職金と認識される場合には、源泉徴収義務を負います。

（注3）　委託者である法人と受益者である法人の間に100％の支配関係がある場合には、平成22年税制改正によるグループ法人税制が適用され、譲渡による所得は繰り延べられます（簿価1千万円未満の資産を除きます。）。また寄附金については損金となりません※（子会社支援損と認識される場合を除きます。）。

（注4）　委託者である法人と受益者である法人の間に100％の支配関係がある場合には、平成22年税制改正によるグループ法人税制が適用され、寄附金に対応する受贈益は益金になりません※（子会社支援のためと認識される場合を除きます。）。

※　法人による100％支配関係がある場合に限ります。

〔受入価額について〕

残余財産として給付される資産の受入価額は、原則として、信託された資産の時価になります。ただし、個人間の取引において上記①②の場合には、委託者の帳簿価額を引き継ぎ、③の場合には負担（債務）の額で受け入れます。

〔消費税について〕

Q83の「消費税について」を参照してください。

Q85 受益権の譲渡

父は所有する不動産を父を受益者とし、同族法人Ａ社に信託していました。この度、父は当該受益権（簿価１億円）を３億円でＢ社に売却しました。この場合の課税関係について教えてください。

Answer

父は不動産（簿価１億円）を３億円で売却したことになりますので、２億円の利益に対して譲渡所得税が課税されます。

なお、消費税においても不動産の譲渡があったものと考えますので、当該不動産のうち、建物部分の譲渡については消費税が課税されます。

解　説

信託受益権を所有する者は、信託されている資産を有するものとみなされます（所法13①、消法14①）。

したがって、信託受益権の譲渡であっても、信託されている財産の譲渡と考えて課税関係を整理します（所基通13－６、消基通４－３－３）。

本問の場合、信託されている不動産を３億円で譲渡したものとして、所得税、消費税ともに計算することになります。

（参考）

受益権を時価よりも低い金額で譲渡する場合の課税関係は、信託財産を時価よりも低い金額で譲渡した場合と同様となります。

なお、受益権を無償で譲渡した場合の課税関係は次問（Q86参照）を参照してください。

【受益権が譲渡された場合の課税関係】

① 受益権の譲渡価額が、時価で譲渡した価額と同額になる場合

② 受益権の譲渡価額が、時価に比べて著しく低くはない（注）価額で譲渡した場合の価額となる場合

③ 受益権の譲渡価額が、時価に比べて著しく低い（注）価額で譲渡した場合の価額となる場合

（注）「著しく低い」とは時価の２分の１に満たない場合をいいます。

譲渡者	取得者
個　人	個　人
① 信託されている資産の譲渡価額（時価）から簿価を差し引いて譲渡所得を計算 ② 信託されている資産の譲渡価額から簿価を差し引いて譲渡所得を計算 ③ 信託されている資産の譲渡価額から簿価を差し引いて譲渡所得を計算（譲渡損はなかったものとみなします。）	① 課税関係は生じません。 ②③の場合で、譲渡価額が相続税評価額（信託財産が土地、建物等又は上場株式のときは、時価）に比べて著しく低い※ときには、当該低い部分の金額は贈与を受けたものとして贈与税が課税されます。 ※ 著しく低いとは個々の取引について取引の事情、取引当事者間の関係等を総合勘案し、実質的に贈与を受けたと認められる金額があるかどうかにより判定します。

個　人	法　人
①　信託されている資産の譲渡価額（時価）から簿価を差し引いて譲渡所得を計算 ②　信託されている資産の譲渡価額から簿価を差し引いて譲渡所得を計算 ③　信託されている資産の時価から簿価を差し引いて譲渡所得を計算	①　課税関係は生じません。 ②③時価に比べて低い部分の金額は受贈益として益金に計上します。
法　人	**個　人**
①　信託されている資産の譲渡価額（時価）から簿価を差し引いて譲渡所得を計算 ②③信託されている資産の時価から簿価を控除して譲渡所得を計算し、譲渡価額が時価に比べて低い部分の金額は、個人と法人との関係に応じて、寄附金、（役員）賞与、退職金等として損金（一部は損金不算入）とされます（注１）。	①　課税関係は生じません。 ②③時価に比べて低い部分の金額は所得として計上 ※　個人と法人との関係に応じて、一時所得、（役員）賞与、退職金等として課税されます。
法　人	**法　人**
①　信託されている資産の譲渡価額（時価）から簿価を差し引いて譲渡所得を計算 ②③信託されている資産の時価から簿価を控除して譲渡所得を計算し、時価に比べて引い部分の金額は寄附金、交際費等として損金（一部は損金不算入）とされます（注２）。	①　課税関係は生じません。 ②③時価に比べて低い部分の金額は受贈益として益金に計上します（注３）。

（注１）　賞与・退職金と認識される場合には、源泉徴収義務を負います。

（注２）　委託者である法人と受益者である法人の間に100％の支配関係がある場合

には、平成22年税制改正によるグループ法人税制が適用され、譲渡による所得は繰り延べられます（簿価１千万円未満の資産を除きます。）。また、寄附金については損金となりません※（子会社支援損と認識される場合を除きます。）。

（注３） 委託者である法人と受益者である法人の間に100％の支配関係がある場合には、平成22年税制改正によるグループ法人税制が適用され、寄附金に対応する受贈益は益金になりません※（子会社支援のためと認識される場合を除きます。）。

※　法人による100％支配関係がある場合に限ります。

〔受入価額について〕

受益権の取得者における信託されている資産の帳簿受入価額は、原則として信託されている資産の時価となります。ただし、個人間の取引の場合で、上記②の場合は信託された資産を受け入れるにあたって負担した金額（信託の負債と、受益権の譲渡価額の合計額）で受け入れ、③の場合は旧受益者の簿価で受け入れます。

〔消費税について〕

Q83の「消費税について」を参照してください。

Q86 受益権の贈与・相続

父は所有する不動産（自用）を同族法人Ａ社に信託しており、受益者は父でした。信託されている不動産の簿価は１千万円で、時価は３千万円（相続税評価額は２千万円）です。この度、当該信託の受益者を父から長男に変更することになりました。

この場合の課税関係について教えてください。

Answer

父は、不動産の信託による受益権を長男に贈与したことになりますから、長男には贈与税が課されます。

なお、対価を伴わない贈与ですので消費税は課税されません。

解　説

適正な対価を負担せずに受益権を取得した者は、受益者であった者から贈与により取得したものとみなします（相法９の２②）。

本問においては、長男が父から受益権の贈与を受けたものとみなして計算することになります。また、受益権の評価は、信託された財産の価額で評価することとされています（評基通202(1)）。

したがって、長男は、２千万円の不動産の贈与を受けたものとして贈与税が課税されます。

（注）　本問の場合は、信託財産が不動産のみ（負債がないという前提）であるという設定ですが、信託財産に不動産の他に債務がある場合には、負担付贈与に該当し、贈与額の算定にあたっては、不動産を時価で評価することになりますので注意が必要です。

（参考）

上記で考察したように、受益者が変更された場合、信託された財産が旧受益者から新受益者に移転したものとして課税関係を整理します。この場合、旧受益者と新受益者が個人か法人かにより適用される税目が異なり、課税関係に差異が生じます。

【受益者が変更された場合の課税関係】

① 信託財産に属するものが資産のみの場合

② 信託財産に属するものが資産と、資産の価額に比べて著しく低い（注）債務の場合

③ 信託財産に属するものが資産と、資産の価額に比べて著しく低くはない（注）債務の場合

（注）「著しく低い」とは、時価の２分の１に満たない場合をいいます。

旧受益者	新受益者
個　人	**個　人**
① 課税関係は生じません。 ② 債務の額で資産を譲渡したものとみなして譲渡損益を計算（譲渡損はなかったものとみなします。） ③ 債務の額で、資産を譲渡したものとして譲渡損益を計算	信託された財産（資産から債務の額を控除したもの）の贈与を受けたものとみなして贈与税（注１）が課税されます。 （原則）相続税評価額で評価 ②③の場合で信託財産が土地、建物等又は上場株式のときは、通常の取引価額で評価
個　人	**法　人**
資産を譲渡したものとして譲渡所得を計算 ① 通常の取引価額で譲渡所得を計算	通常の取引価額で信託財産（資産から債務の額を控除したもの）の受贈益を計上

②　通常の取引価額で譲渡所得を計算 ③　債務の額で、譲渡所得を計算	
法　人	**個　人**
通常の取引価額で信託された資産を譲渡したものとして損益計上します。 また、通常の取引価額で信託された財産（資産から債務の額を控除したもの）を、個人と法人との関係に応じて、寄附金、（役員）賞与、退職金等として損金（一部は損金不算入）とされます（注２）。	通常の取引価額で信託された財産（資産から債務の額を控除したもの）の所得を計上 ※　個人と法人との関係に応じて、一時所得、（役員）賞与、退職金等として課税されます。
法　人	**法　人**
通常の取引価額で信託された資産を譲渡したものとして損益計上します。 また、信託された財産（資産から債務の額を控除したもの）の価額は寄附金、交際費等として損金（一部は損金不算入）とされます（注３）。	通常の取引価額で信託された財産（資産から債務の額を控除したもの）の受贈益を計上（注４）

（注１）　受益者の変更が旧受益者の死亡に基因して変更されている場合には、遺贈とみなして相続税が課税されます（相法９の２②）。

（注２）　賞与・退職金と認識される場合には、源泉徴収義務を負います。

（注３）　委託者である法人と受益者である法人の間に100％の支配関係がある場合には、平成22年税制改正によるグループ法人税制が適用され、譲渡による所得は繰り延べられます（簿価１千万円未満の資産を除きます。）。また、寄附金については損金となりません※（子会社支援損と認識される場合を除きます。）。

（注４）　委託者である法人と受益者である法人の間に100％の支配関係がある場合には、平成22年税制改正によるグループ法人税制が適用され、寄附金に対応する受贈益は益金になりません※（子会社支援のためと認識される場合を除きます。）。

※　法人による100％支配関係がある場合に限ります。

〔課税法上の取得価額について〕

受益者における信託された資産の課税法上の取得価額は、原則として信託された資産の通常の取引価額（時価）になります。ただし、個人間の取引において上記①②の場合には、委託者の帳簿価額を引き継ぎ、③の場合には負担（債務）の額で受け入れます。

〔消費税について〕

Q83の「消費税について」を参照してください。

Q87 受託者が信託財産を譲渡した場合の課税関係

受託者が信託財産を譲渡した場合、信託財産の譲渡にかかる課税は受託者ではなく、受益者に課されるのでしょうか。

Answer

受益者等課税信託においては、信託財産を有するのは受益者と考えますので、信託財産が譲渡された場合には、受益者が信託財産を譲渡したものとして課税関係を整理します。

したがって、受託者には課税関係は生じず、受益者に課税関係が生じることになります。

解　説

信託法において、信託財産の所有権を有するのは受託者です。そのため、信託財産にかかる譲渡契約を締結することができるのは受託者です。そこで、信託財産の譲渡損益が受託者に計上されて、受託者が課税されるかどうかが論点となります。

この点について課税法上は、信託財産を有するのは受益者と整理されています（所法13①、法法12①）。そのため、信託財産を譲渡したときの譲渡損益は受益者に計上されて、受益者が課税されることになります。

〔受託者が信託財産を譲渡したときの課税関係〕

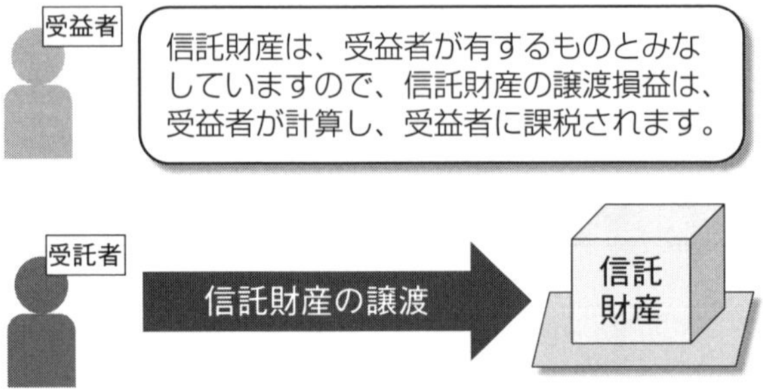
受益者
信託財産は、受益者が有するものとみなしていますので、信託財産の譲渡損益は、受益者が計算し、受益者に課税されます。
受託者
信託財産の譲渡
信託
財産

（補足）　法人課税信託の場合

法人課税信託の場合は、課税法上も信託財産は受託者が有するものと整理されています。そのため、法人課税信託の受託者が信託財産を譲渡した場合には、当該受託者が信託財産の譲渡損益を計上し、課税されることになります。

なお、法人課税信託の受託者が個人である場合にも会社とみなされますので、譲渡損益に対して法人税が課税されることになります。

Q88 受託者が亡くなった場合の相続税の取扱い

祖母は祖母の財産（賃貸マンション）を祖父に信託していました。受益者は祖母ですが、この度祖父（受託者）が亡くなり受託者が父に変更されました。信託財産の所有者である受託者（祖父）が亡くなり、信託財産が次の受託者に移動した場合に、相続税が課税されることはないのでしょうか。

Answer

受託者は課税法上、信託財産を預かっているだけですので、受託者が亡くなっても受託者が有する信託財産に相続税は課税されません（受益者（祖母）が亡くなった際に、相続税が課税されることになります。）。

〔受託者が変更されたときの課税関係〕

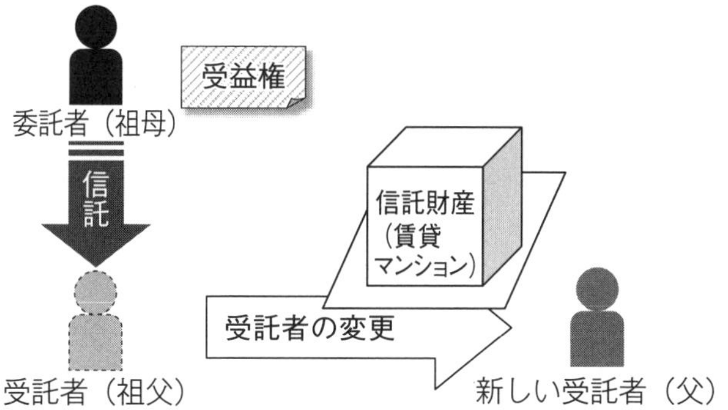

受託者が変更されて、信託財産の所有権が移転しても、課税関係は生じません。

解　説

受益者等課税信託においては、課税法上は信託財産を有するのは受益者です。したがって、受益者が亡くなると、亡くなった受益者から次の受益者に相続があったものとして相続税が課税されます。

他方、受託者が亡くなった場合には課税関係は生じません。なぜなら、受託者は信託財産を預かっているだけで、課税法上は信託財産を受託者の財産と考えていないからです。

（補足）　法人課税信託の場合

法人課税信託の場合は、受託者が信託財産を有するものと考えています。では、法人課税信託の受託者が亡くなった場合、相続税が課税されるのかが論点となります。

受託者が亡くなると、信託法の規定により「信託財産は、法人とする（信法74①）」ため、信託財産は、亡くなった受託者の相続財産にはなりませんので相続税は課税されません（相基通９の４－４）。

第6章

受益者等課税信託の応用

Q89 委託者が２人いる場合

平成23年４月、私の両親はそれぞれ、父は簿価１千万円（時価６千万円）の土地（昭和44年取得）を、母は現金４千万円を同族法人Ａ社に同時に信託することにしました。父と母が信託した財産の価値の割合は６：４になるので、受益権の割合は父が60%、母が40%を所有することにしました。このような信託をした場合の課税関係を教えてください。

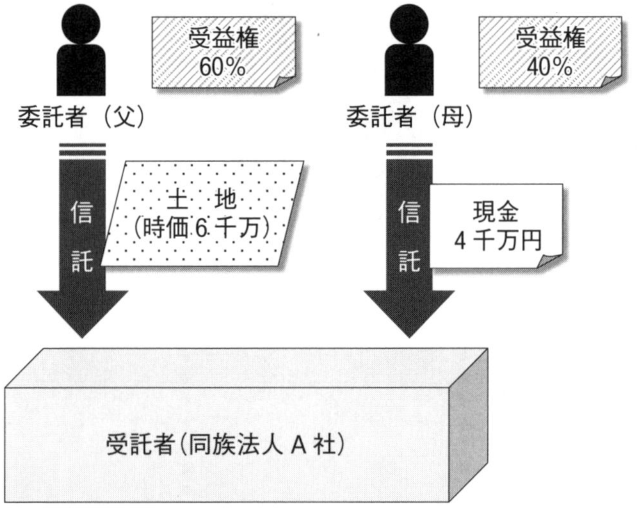

Answer

父が信託した土地の持分の40%が母に移転したと考えて、父は譲渡所得を計算します。

・譲渡所得＝譲渡価額24百万円（土地の時価６千万円×譲渡割合40％）－取得価額４百万円（土地の取得価額１千万円×譲渡割合40％）＝２千万円

・譲渡所得税＝２千万円×20％*＝４百万円（所有期間が５年超ですから長期譲渡所得に該当し、税率は20％*（住民税含みます。）として計算します。）

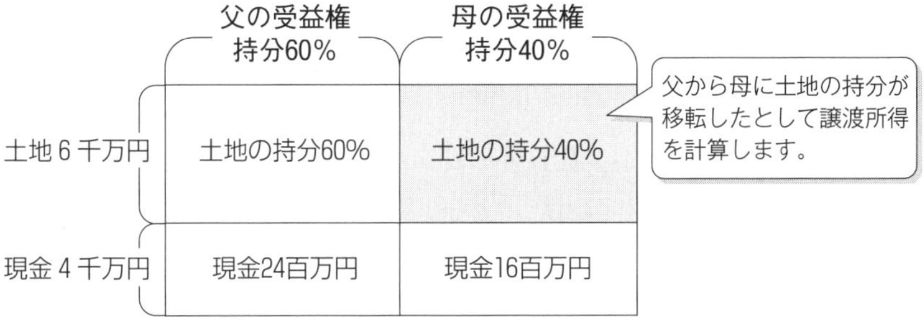

＊　復興増税を加味すると、20.315％（所得税15.315％と住民税５％）になります。

解　説

２人以上の委託者（個人）が信託した場合、受益権は、委託者間で贈与等の問題が生じないように信託した財産の価額の割合に応じて委託者に割り当てます。仮に、信託した財産の価額の割合と受益権の割合が異なる場合には、信託をすることにより経済価値が移転しますので、当該移転した経済価値について贈与税等が課税されます。

本問の場合、父が６千万円の土地を信託し、母が４千万円の現金を信託して、この信託に係る受益権は、父が60％、母が40％を有しますので、信託により経済価値は結果的に移転していません。

したがって、父と母の間で贈与税は課税されません。

次に、それぞれの受益者は信託財産に関する権利（受益権）の割合に応じて、信託財産を有するものと考えます。

したがって、父が信託した土地については、父が60％を有し、母が40％を有することになります。また、母が信託した現金の４千万円のうち60％の24百万円は父が有し、40％の16百万円を母が有するものと考えます。つまり、信託をすることにより父の不動産の持分の40％が母に移転し、父は現金24百万円を得たことになります。そこで、父は土地の40％部分を対価24百万円で母に譲渡したとみなして譲渡所得を計算することになります。

以上より、複数の者が金銭以外の資産を信託する場合、信託した財産のうち他の受益者の持分割合に相当する部分について原則として譲渡所得を計算することになりますので注意が必要です。

	父	母
譲渡所得	父は土地の持分40％を母に譲渡したものとして計算 譲渡所得＝24千万円－４百万円＝20百万円	母は父から土地の持分の40％を24百万円で取得したものと考えます。
信託後の土地の持分	60％	40％
信託後の現金の持分	24百万円（60％）	16百万円（40％）
信託後の土地の帳簿価額	６百万円（注）	24百万円
信託後の土地の取得日	昭和44年（注）	平成23年４月

（注）　信託後に父に帰属する土地の持分60％部分は、課税法上は譲渡とは認識されませんので、取得価額及び取得日は、父が信託不動産を取得した取得価額と取得日を引き継ぐものと考えられます。

（補足）　内容が異なる受益権の設定

信託財産に属する資産及び負債、並びに収益及び費用は以下のとおりすべて受益者に帰属することとされています。

> 信託財産に属する資産及び負債の全部をそれぞれの受益者がその有する権利の内容に応じて有するものとし、当該信託財産に帰せられる収益及び費用の全部がそれぞれの受益者にその有する権利の内容に応じて帰せられるものとする（所令52④、法令15④）。

受益者が複数いる場合、受益権の権利の内容について特段の定めがない場合、受益者が有する受益権の内容は質的に同質の受益権を有するものとして、本問のように全ての信託財産を、均等に所有しているものと考えます。

では、複数の受益者が、質的に異なる受益権を有するものと定義することは可能でしょうか。平成19年度の「改正税法のすべて」に、受益者が有する権利の内容について、以下のように記述されています。

> 各受益者に質的に均等に帰属することまでを定めたものではなく、例えばある受益者は信託財産に属する土地の底地権を有し、他の受益者は当該土地の借地権を有するものとみなされる場合もあるといったように、信託行為の実態に応じて、帰属を判定するものと考えられます（『平成19年度改正税法のすべて』（大蔵財務協会）294頁）。

以上より、それぞれの受益者が有する受益権の権利の内容を、個別に定めることも可能です。本問の場合、例えば、父が有する受益権の内容を信託財産である土地と、土地に属する収益及び費用と定め、母が有する受益権の内容を信託財産である現金と、それに属する収益及び費用と定めることが可能です。この場合、信託財産である土地はすべて父が有する受益権に帰属しますので、譲渡を認識する必要はありません。

Q90 信託財産の取得日

父は簿価１千万円（時価１億円）の土地（取得日：昭和51年５月）を平成19年３月に同族法人に信託しました。この信託の受益者は父です。

⑴　受益者（父）は、信託財産を有するとみなして課税関係を整理しますが、土地の取得日は信託した日になるのでしょうか。

⑵　平成29年３月に信託が終了します。信託が終了して、信託財産であった土地は受託者から父に給付されることになりますが、この場合の土地の取得日はいつになるのでしょうか。

Answer

信託した時及び信託が終了した時に財産が移転しても、課税法上、譲渡を認識しない場合には、取得日は従前の取得日を引き継ぐことになります。

⑴　土地の取得日は信託しても変わりません。当初の取得日である昭和51年５月のままです。

⑵　土地の取得日は信託が終了しても変わりません。当初の取得日である昭和51年５月のままです。

	土地の所有権	課税法上の土地を有する者
信託前 （昭和51年５月～平成19年３月）	父	父
信託期間中 （平成19年３月～平成29年３月）	受託者（同族法人）	父
信託終了後 （平成29年３月～）	父	父

信託しても、あるいは信託が終了しても、課税法上、信託財産を有する者（有するとみなされる者）が変わらない場合には、引き続き信託財産を有しているものとみなして、取得日は従前のままで変わりません。

解　説

土地を信託すると、土地の所有権は委託者（父）から受託者に移転します。土地の登記簿謄本を見ると、所有権移転の登記がされ、登記原因日は信託の日（平成19年３月）になります。

しかし、原則として、課税法上の信託財産を有する者とは、登記上の所有者である受託者ではなく、受益者です。父（委託者）が信託した場合に、受益者が父であれば、引き続き父が土地を有するとみなして考えます。

つまり、信託された土地は譲渡していないものとみなされ、父にとっての課税法上の土地の取得日は、信託しても変わらず、昭和51年５月のままです（所基通13－５⑴）。

次に、信託を終了した場合には、土地の所有権は受託者から父に移転します。しかし、課税法上は、信託が終了しても土地を有する者は引き続き父になりますので、信託終了時においても土地は譲渡していないものとみなして、取得日は変わりません（昭和51年５月のままです。）（所基通13－５(2)）。

（注１）　父が受益権を譲渡した場合には、信託財産（土地）が譲渡されたものと考えます。したがって、受益権を取得した者にとっての信託財産の取得日は、当該譲渡日になります。

（注２）　法人課税信託（信託財産は受託者が有するものと考える信託）の場合、課税法上、信託財産は委託者から受託者に移転すると考えます。したがって、受託者における信託財産の取得日は信託をした日になります。

Q91 損益通算の規制

受益者等課税信託（受益者が信託財産を有するとみなされる一般的な信託）の受益者Aには、信託された不動産（簿価200万円）に係る損益が以下のように生じています。これとは別に受益者Aが所有している（信託でない）不動産から毎年200万円の所得が計上されています。この場合に、受益者Aの申告はどのようになるでしょう（なお、信託の計算期間は12月決算とします。）。

・平成19年……所得　　200万円

・平成20年……所得　△300万円

・平成21年……所得　　100万円

〔受益者Aが個人の場合〕

① 受益者Aが所有している（信託でない）不動産から毎年200万円の所得が計上されていますが、信託から生じる損失と通算はできるでしょうか。

② 損失は翌年以降に繰り越すことはできるでしょうか。

③ 各年の申告すべき不動産所得の金額はいくらになるでしょうか。

〔受益者Aが法人の場合〕

法人の決算期間は12月決算とし、受益者Aは信託財産を超えて信託に係る債務を負担することはない契約であるとします。

① 受益者Aが所有している（信託でない）不動産から毎年200万円の所得が計上されていますが、信託から生じる損失と通算はできるでしょうか。

② 損失は翌年以降に繰り越すことはできるでしょうか。

③ 各年の申告すべき不動産所得の金額はいくらになるでしょう。

Answer

課税法上は、受益者が信託された資産及び負債を有するものとみなし、かつ、当該信託された資産及び負債から生じる収益及び費用は、受益者の収益及び費用とみなします（所法13①、法法12①）。つまり、受益者が信託された不動産から生じる所得を申告することになります。

しかし、当該信託から損失が生じた場合の損益通算については、個人と法人で異なる規制があるので注意が必要です。

〔個人と法人での信託から生じた損失の取扱いの概要〕

	個　　人	法　　人
信託から生じた損失の損金計上	原則として損金計上できます。ただし、信託から生じる所得が不動産所得の損失である場合には、なかったものとします。	原則として損金計上できます。ただし、以下の場合には制限があります。 ①　受益者が実質的に信託財産を超えて信託に係る債務を弁済することがない場合 ⇒信託された財産の簿価純資産を超える損失の金額は、損金に算入されません。 ②　実質的に信託から生じる損益が欠損にならない場合（損失補填契約がある場合等） ⇒信託から生じる損失の全額が損金に算入されません。
繰越し	信託から生じた不動産所得の損失はなかったものとされるため、繰越しもできません。	損金に計上できなかった損失は繰越しできます（繰越期間に制限はありません。）。
繰り越された損失超過額の損金計上	—	繰り越された損失がある信託から所得が生じた場合には、当該所得の範

		囲内で取り崩して損金に算入することができます。

〔受益者Ａが個人の場合〕

① 受益者が個人の場合、信託から生じた損失は、原則として損金になるのですが、信託から生じた損失が不動産所得の損失である場合、平成18年以後は、不動産所得の計算上なかったものとされます（措法41の４の２①、措令26の６の２④）。したがって、信託から生じた不動産所得の損失は、当該信託以外の所得と相殺することはできません。

② 上記①で記述したとおり、信託された不動産所得の損失はなかったものとされますので、翌年以降に繰り越すこともできません。

③ 各年の所得の金額は以下のようになります。

・平成19年……信託による不動産所得200万円＋受益者固有不動産の所得200万円⇒不動産所得400万円になります。

・平成20年……信託による不動産所得△300万円はなかったものとされます⇒不動産所得は受益者固有不動産の所得200万円となります。

・平成21年……信託による不動産所得100万円＋受益者固有不動産の所得200万円⇒不動産所得300万円になります。

（注１） 受益者の所得の計算は、受益者の計算期間に従って計算することになります。信託の計算期間が12月決算でなかった場合には、別途１月～12月までの信託による不動産所得を計算する必要があります（所基通13－２）。

（注２） 受益者が個人の場合、損失の規制は不動産所得に限定されています。したがって、不動産所得以外の所得については損失を計上することは可能です。なお、信託において、事業を営んでいる場合に、

受益者のその事業への関与度合が希薄であれば、その生ずる所得及び費用は雑所得として扱われ、雑所得の損失については損益通算が認められていないことから、あえて損益通算の規制を設けていないものと考えられます※。

※ 『平成19年版 改正税法のすべて』(一般財団法人 大蔵財務協会)

〔受益者 A が法人の場合〕

受益者が法人の場合、信託から生じた損失は、原則として損金となります。しかし、受益者にとって、信託の債務を弁済する責任の限度が、実質的に信託財産の価額までとされている場合に、信託から生じた損失が調整出資等金額（注１）を超えるならば、その超える部分の金額は損金に算入しません（措法67の12①)。

これは、受益者が負っている責任が信託財産を限度としており、受益者の固有の財産で信託に係る債務の負担を負うことがない場合には、課税法上も信託財産の額を超えて損失を計上することを認めないとした規定です。

なお、信託から生じた損失の金額が信託財産の簿価純資産を超えたために損金に計上されなかった金額は、翌年度以降に繰り越すことが可能です。そして、翌年度以降に当該信託から利益が生じた場合には、繰り越された損失を当該利益の額を限度として取り崩して損金に計上することが可能となっています（措法67の12②)。

（注１） 調整出資等金額とは、受益者にとっての信託財産にかかる課税法上の簿価純資産価額に相当する金額です（措令39の31⑤）※。

（注２） 信託契約を複数行っている受益者は、損益通算の計算は各信託ごとに別々に計算することになります。したがって、異なる信託において繰り越されている損失を、別の信託で計上された利益があるからといって、取り崩すことはできません。

（注３） 信託の最終的な損益の見込みが実質的に欠損となっていない場合において、契約等において、損失補填条項がある等により、信託の損益

が明らかに欠損とならないと見込まれる場合には、信託から生じる損失は損金に算入されません（措法67の12①、措令39の31⑦）。

※　調整出資等金額とは、詳しくは以下の金額をいいます。

	加算項目	減算項目
信託時	・信託した金銭の額 ・現物資産（注）の価額×他の受益者の当該現物資産に係る信託財産持分割合 ・現物資産の信託直前の帳簿価額×当該法人の信託財産持分割合	・信託と併せて委託者の負債を信託財産に属する負債とした場合の負債の額
信託期間における利益	当該法人の利益積立金のうち、当該信託の信託損益帰属額に係る部分の金額	
信託財産の受益者への交付時	負債が受託者から当該受益者に合わせて分配された場合の当該負債の額	・信託財産から交付を受けた金銭の額 ・分配された現物資産の価額×他の受益者の持分割合 ・分配された現物資産の分配直前の当該法人の帳簿価額

（注）　現物資産とは、信託した金銭以外の資産をいいます（措令39の31⑤一）。

①　信託された財産から生じた所得の損失は、信託された財産の簿価純資産価額までの金額は損失として計上されますので、通常どおり他の所得と相殺できます。ただし、信託された財産の簿価純資産価額を超

える損失が生じた場合には、その超える部分の金額は、当該信託以外の所得とは通算することはできず、翌年度以降に繰り越されます。

② 上記①で記述したとおり、信託された財産の簿価純資産額を超えて生じた損失は翌年度以降に繰り越すことができます。ただし、繰り越された損失は、翌年度以降に当該信託から生じた所得の範囲内で損金にすることが可能です。

③ 各年の所得の金額は以下のようになります。

・平成19年……信託による所得200万円＋受益者固有の所得200万円⇒所得400万円になります。

・平成20年……

(イ) 平成19年の信託による所得200万円が受益者に分配されている場合

信託による不動産所得△300万円のうち、信託された財産の調整出資等金額（信託財産の帳簿価額200万円＋平成19年の信託に係る所得200万円－受益者への分配金銭200万円＝200万円）までの額は損失として計上し、これを超える損失（△100万円）は翌年度以降に繰り越します。したがって、信託による損失△200万円＋受益者固有の所得200万円⇒所得０円になります。

(ロ) 受益者には金銭等を分配していない場合

信託による不動産所得△300万円のうち、信託された財産の調整出資等金額（信託財産の帳簿価額200万円＋平成19年の所得200万円＝400万円）までの額は損失として計上されます。したがって、損失計上を制限されませんので、信託による損失△300万円＋受益者固有の所得200万円⇒所得△100万円になります。

・平成21年……

（上記(イ)の場合）

前年度から繰り越された損失（△100万円）があります。繰り越された損失は、当該信託から生じた所得の範囲内で損金に計上することができます。平成21年の信託による所得は100万円ですので、繰り越された損失は全額を損金にすることができます。したがって、信託による繰越損失△100万円＋信託による所得100万円＋受益者固有の所得200万円⇒所得200万円になります。

（上記(ロ)の場合）

信託による所得100万円＋受益者固有の所得200万円⇒所得300万円になります。

（注） 受益者の所得の計算は、信託の計算期間にかかわらず、受益者の計算期間に従って計算することになります。仮にＡ社が３月決算の場合には、別途４月～３月までの期間における信託による所得を計算して、Ａ社の他の所得と合算して計算する必要があります（法基通14－４－２）。

Q92 相続税の計算における信託財産に帰属する債務の債務控除

父は不動産投資をする目的で、父を受益者として現金１億円を受託者（Ａ社）に信託しました。そして、当該信託において２億円を借り入れて３億円で賃貸不動産を取得しました。

その後、賃貸収入により借入金の利息のみを返済し、残額は受益者に分配してきました。ここで、父が亡くなりました。

相続発生時の当該不動産の帳簿価額は2.3億円（相続税評価額は１億円）で、残存する借入金の金額は２億円です。相続により長男が受益者となり、相続税の計算にあたっては、長男は信託財産に属する不動産の遺贈をうけたものとみなして、相続税評価額（１億円）で相続財産に加えます。その際に当該借入金２億円は、相続財産から控除することはできますか。

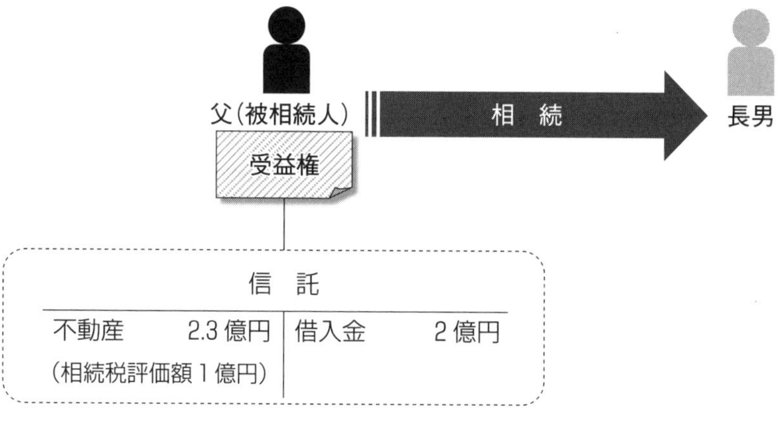

Answer

信託財産に属する借入金２億円を債務控除※することができます。

（注）　長男が当該債務を負担することが確実と認められない場合には、当該認められない部分の金額については債務控除が認められず、結果として信託を活用せずに当該不動産を直接所有する場合に比べて、相続税の負担が大きくなることがあります。信託を設定して借入れを行う場合には注意が必要です。

※　債務控除とは、相続財産の課税価格を計算するにあたり、相続財産の価格から相続により引き受けた債務等の負担額を控除して相続財産を計算することをいいます。

解　説

信託の受益者（父）が亡くなると、新たに受益者になった者（長男）は、遺贈により信託に関する権利を取得したものとみなされます（相法９の２②）。長男は信託財産である不動産（相続税評価額１億円）と信託財産に帰属する債務（２億円）を承継したものとみなして相続税を計算します（相法９の２⑥）。したがって、長男が父から当該受益権の他に現金２億円を相続したとすると、長男の相続税の課税価格は１億円（＝不動産１億（信託）+現金２億－借入金２億（信託））となります。

（補足）　信託財産に属する債務を債務控除できない場合について

⑴　新受益者が旧受益者の相続人である場合

相続財産から債務控除できる被相続人の債務は、相続又は遺贈により財産を取得した相続人又は包括受遺者が負担するもので、確実と認められるものに限られます（相法13①、14①）。

他方で、信託財産に属する債務は原則として信託財産をもって履行する義務を負い、受益者が信託財産を超えて負担することはありません。そのため、当該弁済が見込まれない部分の金額について受益者の相続税の課税価額から債務控除することが認められない可能性があります。

ただし、旧受益者（被相続人）が信託財産に属する債務の連帯債務者であるか、保証人であって、旧受益者（被相続人）の死亡により当該連帯債務者の地位又は保証人の地位を新受益者が承継した場合には、信託財産をもって弁済できないと見込まれる信託財産に属する債務を新受益者が負担することになりますので債務控除が認められるものと考えます。

実務的には、相続発生時において新受益者（本問では長男）が信託財産に属する債務（本問では２億円の借入金）の負担をすることが確実かどうかの判断が簡単でない場合もあり得ます。信託において無理な借入れをしないようにするとともに、場合によっては、借入金は信託に帰属させずに父の固有の借入金にすることも一つの対応策でしょう。あるいは、保証行為や信託契約の個別規定により長男が確実に当該借入金を負担する形態をとることで対応することもできると考えます。

⑵ 新受益者が旧受益者の相続人でない場合

相続税の計算において債務控除ができるのは、相続人又は包括受遺者が負担する債務に限ります（相法13①）。したがって、新受益者が相続人でも包括受遺者でもない場合（例えば相続人にも包括受遺者にもならない孫）には、信託財産に属する債務は、債務控除することはできません。ただし、信託財産の相続税評価額は、当該債務がないものとして計算した信託財産の価額から当該債務の金額を控除して評価することができると考えます。

なお、信託財産に属する債務の金額が信託財産に属する資産の価額を超える場合には、信託財産の評価額はゼロとなり、当該超えた部分の債務の金額は相続税の計算にあたって切り捨てられると考えます。

Q93 信託受益権の所在地の判断

財産の所在地は、いくつかの場面で重要になります。以下の事例において信託受益権の所在地はどのように判断されるのでしょうか。

（事例１）　甲と甲の長男が国外に移住してから10年を超えます。この場合、甲が長男に国外財産を贈与しても日本では贈与税の対象になりません。以下①②の信託の受益権は国外財産として日本において課税の対象外になるでしょうか。

①　日本の不動産を外国にある営業所を受託者として信託した場合

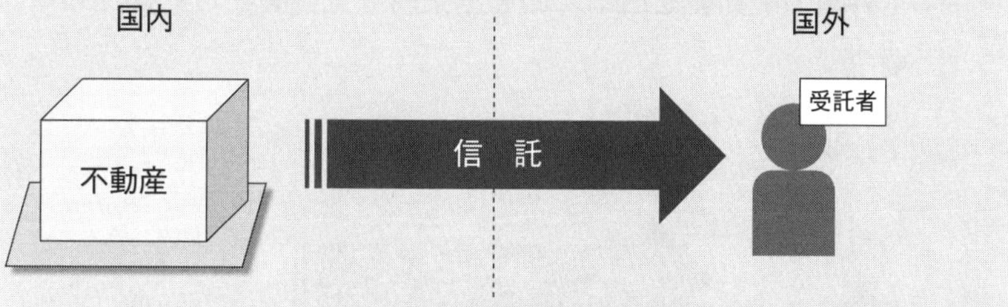

②　外国の不動産を日本にある営業所を受託者として信託した場合

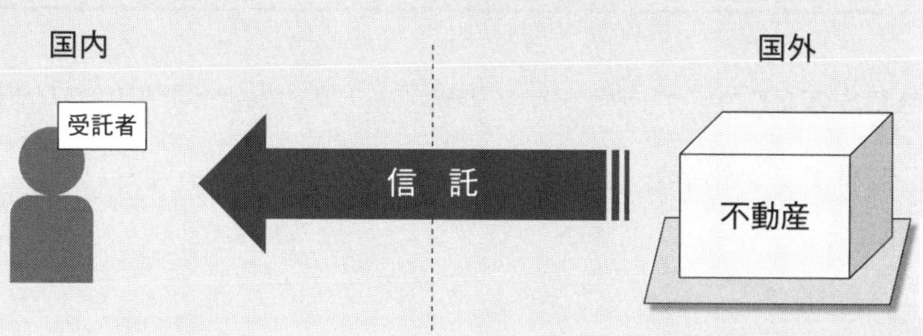

第6章
受益者等課税
信託の応用

（事例２）　12月31日に国外に５千万円を超える財産を有する居住者は、翌年３月15日までに国外財産調書を提出しなければなりません。以下①②の受益権は国外財産として報告の対象になるでしょうか。

①　日本の不動産を国外にある営業所を受託者として信託した場合

②　外国の不動産を日本にある営業所を受託者として信託した場合

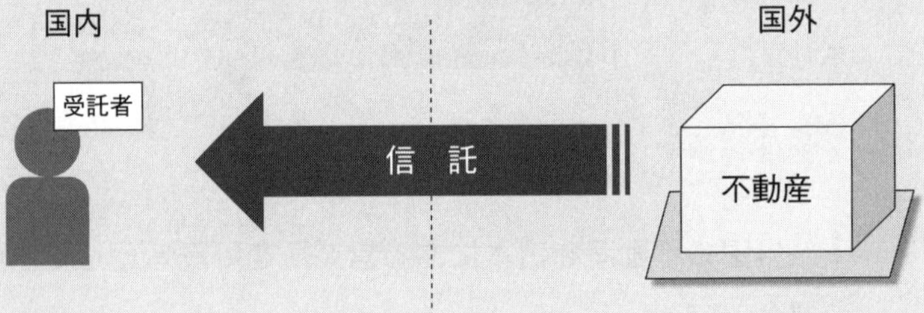

Answer

国外財産の所在については、次のように考えられます。

〔事例１について〕

贈与税の対象になる財産の所在地の判定は、信託財産の所在地で判断します。

①……贈与税の対象になります。

②……贈与税の対象になりません。

〔事例２について〕

国外財産調書の記載にあたって受益権の所在地の判定は、信託を引き受けた営業所の所在地で判断します。

①……報告の対象になります。

②……報告の対象になりません。

解　説

日本に所在する財産については、居住者か非居住者かを問わず、日本において相続税又は贈与税の対象になります。他方で、国外に所在する財産については、財産を渡す者と財産を受け取る者の両者が、相続又は贈与前10年間(注)において日本に住所を有していない場合、相続税又は贈与税の対象にはなりません。

(注)　国外にある財産については、財産を渡す者と受け取る者が相続又は贈与前10年以内に国内に住所がない場合のほか、一定の要件において相続税、贈与税の対象になりません。当該要件の詳細につきましては、次頁タックスアンサーを参照してください（タックスアンサーは贈与を前提に記載されていますが、相続においても同様になります。)。

〔国税庁タックスアンサー No.4432「受贈者が外国に居住しているとき（課税対象となる財産の範囲）」より抜粋〕

贈与により財産を取得した時に日本国内に住所がない人の贈与税については、課税対象となる財産の範囲が、日本国内に住所がある人と異なります。

なお、留学や海外出張などで一時的に日本国内を離れている人は、日本国内に住所があることになります。

課税対象となる財産の範囲は、財産を贈与した人（贈与者）と贈与により財産を取得した人（受贈者）の贈与時の住所等により、次のとおりとなります。

受贈者		国内に住所あり		国内に住所なし		
				日本国籍あり		
贈与者			一時居住者 ※1	10年以内に国内に住所あり	10年以内に国内に住所なし	日本国籍なし
国内に住所あり			※4		※4	※4
	一時居住贈与者 ※2		■		■	■
国内に住所なし	10年以内に国内に住所あり		※4		※4	※4 ※5
	非居住贈与者① ※3		■		■	■
	10年以内に国内に住所なし 非居住贈与者② ※3		■		■	■

□の受贈者が贈与により取得した財産については、国内財産及び国外財産にかかわらず全て課税対象になります。ただし、※5の区分に該当する

受贈者が、平成29年４月１日から平成34年３月31日までの間に非居住外国人（平成29年４月１日から贈与の時まで引き続き国内に住所を有しない人であって日本国籍を有しない人をいいます。）から贈与により取得した財産については、国内財産のみが課税対象になります。

■の受贈者が贈与により取得した財産については、国内財産のみが課税対象になります。

（注）

※１　「一時居住者」とは、贈与の時において在留資格（出入国管理及び難民認定法別表第１の上欄の在留資格をいいます。※２において同じです。）を有する人で、その贈与前15年以内に日本国内に住所を有していた期間の合計が10年以下である人をいいます。

※２　「一時居住贈与者」とは、贈与の時において在留資格を有する人で、その贈与前15年以内に日本国内に住所を有していた期間の合計が10年以下である人をいいます。

※３　「非居住贈与者」とは、贈与の時に日本国内に住所を有していなかった贈与者で、①その贈与前10年以内に日本国内に住所を有したことがある贈与者のうちその贈与前15年以内に日本国内に住所を有していた期間の合計が10年以下である贈与者（この期間引き続き日本国籍を有していなかった贈与者に限ります。）、②その贈与前10年以内に日本国内に住所を有したことがない贈与者をいいます。

※４　上記の表の※４の区分については、平成27年７月１日以降に「国外転出時課税の納税猶予の特例」の適用を受けていたときは、贈与者が、贈与前10年を超えて日本国内に住所を有したことがなかったとしても、これに含まれる場合があります。

では、受益権を相続又は贈与した場合、受益権の所在地はどのように判断されるのでしょうか。信託受益権のうち、集団投資信託及び法人課税信託の受益権については、信託の引受けをした営業所、事務所その他これらに準ずるものの所在で判断することが定められています（相法10①九）。

一方で、一般的な受益権については特段の定めはありません。ただし、「贈与又は遺贈により取得したものとみなされる信託に関する権利又は利益を取得した者は、当該信託の信託財産に属する資産及び負債を取得し、承継したものとみなしてこの法律の規定を適用する。」とあります（相法９の２⑥）。つまり、受益権を相続、遺贈又は贈与により取得した者は、当該信託財産を取得又は承継したものとみなすことになります。したがって、受益権の所在は信託財産の所在により判断することが適当と考えます。そこで、信託を引き受けた営業所が国外にあったとしても、信託財産が日本国内の財産であれば、相続税及び贈与税の対象になると考えられます。

次に、国外財産調書において、信託受益権の所在については以下のように定められています。

> 信託に関する権利（相続税法第十条第一項第九号（注１）及び前三号（注２）に規定する財産を除く。別表第一において同じ。）については、当該信託の引受けをした営業所、事務所その他これらに類するものの所在（国外送金等調書規則第12条第３項第４号）

上記規定において、「信託に関する権利」とは受益権（信法２⑦）のことをいいます。また、外国の法令により組成された信託受益権も当該「信託に関する権利」に含まれます（国外送金等調書法（国外財産調書関係）の取扱い５－６）。

したがって、信託受益権の所在地は受託者の所在地で判断されることになります。国外財産を有する者が、国内の受託者に当該国外財産を信託した場合、当該信託受益権は国内財産と判断されて、国外財産調書の報告の対象とならないと考えられます。

（注１）　相続税法第10条第１項第９号に定められている財産は、集団投資信託及び法人課税信託に係る信託財産をいいます。なお、ここで除外さ

れているこれらの財産の所在は、「信託の引受けをした営業所、事務所その他これらに準ずるものの所在（相法10①九）」と定められています。

（注2） 前3号に規定されている財産は組合契約、匿名組合契約その他これらに類する契約に基づく出資で、これらの出資の所在地は、これらの契約に基づいて事業を行う営業所、事務所その他これらに類するものの所在地と定められています。

Q94 複層化信託の課題（収益受益者及び元本受益者に対する所得課税）

受益権が収益受益権と元本受益権に分けられたような信託の課税関係について教えてください。

Answer

このような信託の課税関係については明確になっていません。現時点で実行する場合には、多角的に検討し、税務上のリスクを認識する必要があります。

（注）評価については、Q76を参照してください。

解　説

受益者が複数いる場合に、それぞれの受益者の所得の考え方については次のように記されています。

> 信託財産に属する資産及び負債の全部をそれぞれの受益者がその有する権利の内容に応じて有するものとし、当該信託財産に帰せられる収益及び費用の全部がそれぞれの受益者にその有する権利の内容に応じて帰せられるものとする（所令52④）。

つまり、受益権の権利内容に応じて、資産及び負債、収益及び費用が各受益権に割り振られることになります。具体的には次のような事例が考えられます。

（事例１） 賃貸建物を信託しました。当該信託の受益権を２人の受益者が有し、それぞれが有する受益権が全く同じ内容であったとします。この場合、信託財産は50％ずつそれぞれの受益者が有し、収益及び費用がそれぞれ半分ずつ受益者に帰せられると考えられます。

（事例２） 賃貸建物を信託しました。10年間の賃貸収入を受け取る収益受益権と、10年後に信託財産を受け取る元本受益権を設定したとします。この場合、信託財産である賃貸建物を元本受益者（Ａ氏）と収益受益者（Ｂ氏）にどのように割り振り、収益及び費用は元本受益者（Ａ氏）と収益受益者（Ｂ氏）にどのように帰せられると考えられるでしょうか。

（事例２）の場合は**（事例１）**に比べて受益権の内容が質的に異なりますので複雑です。受益権の権利内容に応じて割り振る考え方として、次のような説明があります。

> この判定については、仮に信託がないものとした場合に同様の権利関係を作り出そうとすればどのような権利関係となるかが参考になると考えられます（「平成19年度 改正税法のすべて」294頁）。

上記**（事例２）**において、信託がないものとした場合に、同様の権利関係を作り出すとするならば、次のようないくつかのケースが考えられます。

〔ケース１〕

例えば、Ａ氏（元本受益者）を賃貸建物の所有者と置き換え、Ａ氏（元本受益者）はＢ氏（収益受益者）に当該賃貸建物を無償で10年間賃貸し、Ｂ氏（収益受益者）は第三者に有料で賃貸したと置き換えて考えることができます。

A（元本受益権）	B（収益受益権）
10年後に信託財産（不動産）を受け取る。 ↓ Ａ氏が財産（不動産）を所有し、当該財産（不動産）を10年の間、Ｂ氏に無償で賃貸すると置き換えます。	10年間、賃貸収入を受け取る。 ↓ 10年間、Ａ氏から建物を無償で借り、第三者に有償で賃貸すると置き換えます。

上記取引を形式的に検討すると、賃貸収益はＢ氏（収益受益者）の所得として計算し、Ａ氏（元本受益者）は無償で賃貸しているために課税関係は生じない（建物の減価償却費他の経費は、所得税の計算において認められません。）ことになります。

他方、次のような規定があります。

> 資産から生ずる収益を享受する者がだれであるかは、その収益の基因となる資産の真実の権利者がだれであるかにより判定すべきであるが、それが明らかでない場合には、その資産の名義人が真実の権利者であるものと推定する（所基通12-１）。

当該通達に従って考えると、当該賃貸収入は、所有者であるA氏（元本受益者）のものであり、A氏（元本受益者）はB氏（収益受益者）に対して賃貸料相当額を10年間にわたって支払うべき債務を負担している（B氏（収益受益者）は当該債権を有します。）と整理することもできます。

この場合、A氏（元本所有者）は、賃貸収入から減価償却等の費用を控除した金額を所得として計算し、B氏（収益受益者）が受領する賃貸収入相当額については、A氏（元本受益者）からB氏（収益受益者）に債務の返済をしていると整理し、課税関係は生じないと考えます。

なお、信託設定時のA氏（元本受益者）とB氏（収益受益者）の債権債務の金額は、信託設定時の賃料水準から見積もることができますが、実際の賃料と異なることになるかと思われます。そのような場合には、信託設定時に見積もられた金額よりも、実際の賃料が少額になったとすると、当該少額になった部分の金額は、最終的にA氏（元本受益者）がB氏（収益受益者）から支払いの免除を受けたとみなし、A氏（元本受益者）が贈与を受けたものと整理することになるのかもしれません。

〔ケース2〕

B氏（収益受益者）が賃貸建物の所有者と置き換え、10年経過することを停止条件としてB氏（収益受益者）がA氏（元本受益者）に賃貸不動産を贈与すると考えます。

A（元本受益者）	B（収益受益者）
10年後に信託財産(不動産)を受け取る。	10年間、賃貸収入を受け取る。
↓	↓
10年後に、Ｂ氏から財産（不動産）を贈与されるものと置き換えます。	Ｂ氏が財産（不動産）を所有し、当該財産（不動産）を第三者に10年間、有償で賃貸します。そして、10年経過時に当該財産（不動産）をＡ氏に贈与すると置き換えます。

この場合、賃貸収入から減価償却等の経費を控除した金額をＢ氏（収益受益者）の所得として計算し、Ａ氏は10年経過時まで課税関係は生じません。そして、10年経過時にＢ氏から当該賃貸建物の贈与を受けたものとしてＡ氏に贈与税が課されます。なお、当該贈与の課税関係については負担付贈与通達の適用に注意する必要があります。

(注)　負担付贈与とは、資産の贈与と同時に債務を移転する取引をいいます。この場合、贈与価額は資産の時価から債務の価額を控除した金額になりますが、資産が不動産の場合、相続税評価額ではなく取引価額で評価すべき点に注意をする必要があります。また、贈与者は債務の価額で資産を譲渡したものとして譲渡所得を計算します。なお、債務の価格が資産の評価額に比べて著しく小さい場合（時価の２分の１）には、譲渡損はなかったものとみなされます（所法59)。

一般的に、収益受益権が設定された事例のようなケースでは、賃料収入は、収益受益者の所得とすると考えられているようですが、信託設定時の課税関係（注）を勘案すると上記〔**ケース２**〕の考え方は整合性が取りにくいと考えられます。

(注)　信託設定時においては、10年分の賃貸収入を現在価値に割引計算した

評価額を収益受益権の評価額として、B氏（収益受益者）に贈与税を課し、賃貸建物の評価額から収益受益権の評価額を控除した金額を元本受益権の評価額としてA氏（元本受益者）に贈与税を課税します（Q23参照）。

また、〔ケース1〕の形式的な課税関係で整理すべきとする見解もありますが、これは実質課税の原則である所得税法第12条に矛盾する考え方となり、税務上認められるものか疑問を感じます。

結果として、賃貸収入は元本受益者に帰属（賃貸収入に係る所得税は元本受益者が納付）し、元本受益者は賃貸収入金額に相当する金銭を収益受益者に対して支払う債務を負担しているとするのが一つの整理の仕方であると考えます。

信託がない場合に、同様の権利関係を作り出すことが困難であるときは、理論的に受益者課税の枠組みの中で整理することに限界が生じることがあるかもしれません。この場合、将来的には受益者課税の枠の中で整理するのか、法人課税信託を擬制して、受託者課税として整理するのかといった議論になる可能性も否定できません。いずれにしても、複層化信託の活用にあたっては十分な注意と検討が求められるでしょう。

なお、上記は筆者の私見になります。というのも、これらの質的に異なる受益権が設定されている場合の課税関係については現時点において具体的に明確になっていません。

金融庁は「平成22年度税制改正（租税特別措置）要望事項」において、「信託受益権が質的に分割されている場合（優先劣後構造、元本収益構造）の課税関係については、それぞれの受益者にその有する権利の内容に応じて課される（所得税法施行令第52条第4項、法人税法施行令第15条第4項）旨規定されるにとどまり、課税関係が明確になっていない」

と指摘し、「緊急に明確化する必要がある」と要望しています。また、日本税理士連合会は「平成27年度・税制改正に関する建議書」で「信託受益権を収益受益権と元本受益権に複層化した場合における課税関係は明確ではない。納税者の予測可能性を高めるためにも、信託契約を締結した時点から終了時までの課税関係を包括的に再検討し、明確にすることが必要である」と指摘し、さらに一般社団法人信託協会は「平成25年度税制改正に関する要望」で同様に取扱いの明確化を要望しています。

現時点では、一定の考察をすることは可能ですが、明確にならない点もあり、受益権が質的に分割される信託を実行することは税務上のリスクが伴います。質的に異なる受益権に分割された場合の課税関係については、様々なケースが考えられ、全てのケースに対応する規定を設けることは非現実的とも思われます。

しかし、現状においては基本的な考え方すらも認識されていない状況であり、望むべくは、いくつかのモデルケースについて具体的な考え方が示されると良いのかもしれません。そうすれば、将来において税務上の問題が生じ得る取引を未然に防ぐ効果が期待できますし、課税関係が予測できるようになれば新しい経済活動が生じ得るかもしれません。信託の健全な活用と普及のためにも、今後の税務当局の対応に注目していきたいと思います。

Q95 受益権の贈与と配偶者控除

父が居住用の土地若しくは建物を母に贈与した場合には、その他一定の要件（注）を満たすならば、２千万円まで課税されません（贈与税の配偶者控除）。

居住用の土地若しくは建物が信託されている場合、当該土地若しくは建物の信託受益権を贈与した場合にも同様に当該特例を適用することができるでしょうか。

その他一定の要件とは以下になります。

・両親の婚姻期間が20年以上である。
・当該土地若しくは建物の所在地は日本である。
・当該土地若しくは建物が受贈者の居住用であり、受贈後も引き続き居住の用に供する見込みである。

※　なお、当該特例は、居住用の不動産の贈与を受けた場合の他、居住用の不動産を取得するための現金の贈与を受け、贈与を受けた翌年の３月15日までに当該現金で居住用不動産を取得し、受贈者の居住の用に供し、かつその後引き続き居住の用に供する見込みである場合にも適用になります。

Answer

受益権の贈与であっても、当該特例を適用することが可能です。

〔居住用不動産が信託された場合の受益権の贈与と配偶者控除〕

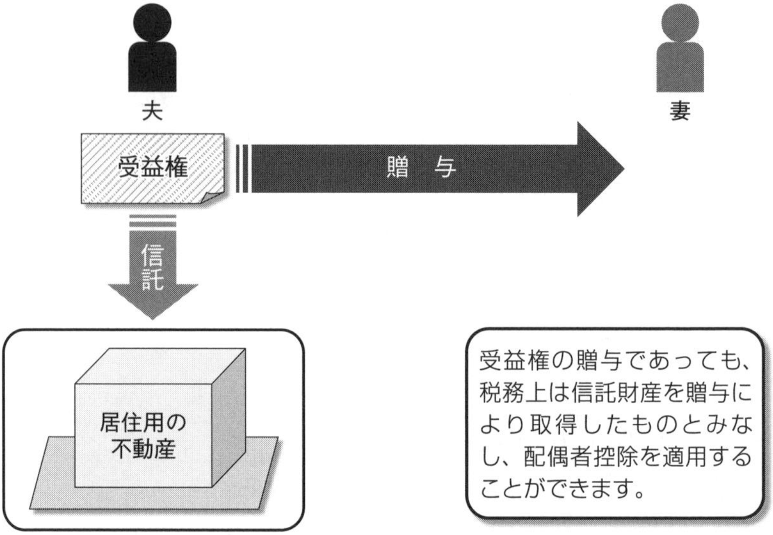
夫
妻
受益権
贈　与
信託
居住用の
不動産
受益権の贈与であっても、
税務上は信託財産を贈与に
より取得したものとみな
し、配偶者控除を適用する
ことができます。

解　説

贈与により受益権を取得したものとみなされる者は、信託財産に属する資産及び負債を取得したものとみなされます（相法９の２⑥）。

したがって、受益権の贈与であっても、税務上は配偶者が信託財産である居住用の不動産を贈与により取得したものとみなされますので、配偶者控除（２千万円まで）を適用することが可能と考えられます（土地信託に関する所得税、法人税並びに相続税及び贈与税の取扱いについて４－４）。

Q96 信託受益権の物納

父は個人的に所有していた土地を信託し、当該信託の受益権を所有していました。父が亡くなって、長男は父から受益権を取得しました。長男には相続税の納税資金がないため物納を検討しています。当該受益権を物納することができるでしょうか。

Answer

受益権を物納することは困難と考えられます。

解　説

物納に充てることができる財産は、以下になります（相法41②）。

①　国債及び地方債

②　不動産及び船舶

③　社債及び株式並びに証券投資信託又は貸付信託の受益証券

本問の信託受益権は、上記のいずれにも該当しませんので、当該受益権を物納することは認められません（土地信託に関する所得税、法人税並びに相続税及び贈与税の取扱いについて４－５(3)）。

なお、物納できる財産は、相続税の課税価額計算の基礎となった財産の他に、当該財産により取得した財産でも認められています（相法41②）。例えば、親（被相続人）が所有していた土地を相続により取得した場合、当該土地が物納財産として不適当であったために、他の者が有する別の土地と交換した場合には、当該交換により取得した土地を物納に充てることが可能です。

私見になりますがこの法の趣旨を鑑みると、設例において受益権を相続により取得した長男が、信託財産である土地の分配を受けた場合には、当該分配を受けた土地を物納申請することは可能であると考えられます。なお、信託財産を受益者(長男)に分配した場合、預けていた財産が戻ってきたことになりますので、所得税の課税は生じません。

〔受益権の物納〕

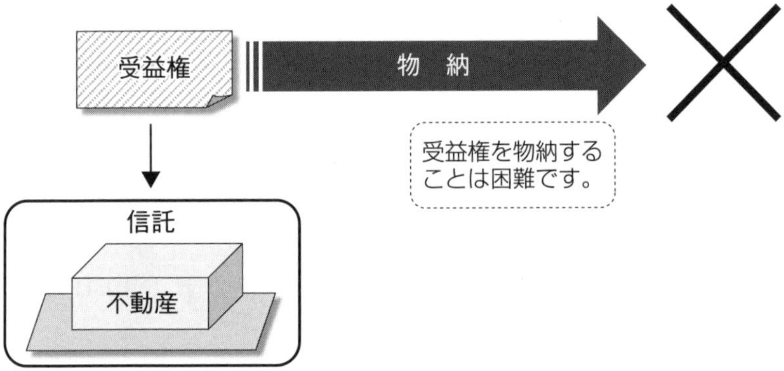

〔不動産に変換した物納〕

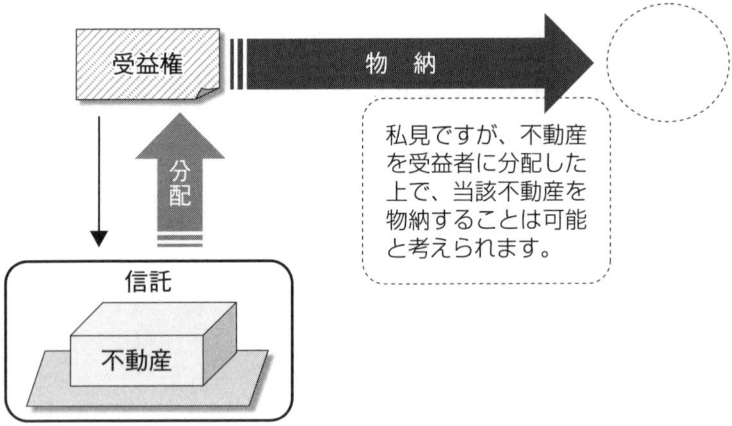

Q97 相続税法上の受益者連続型信託

受益者連続型信託の受益権の評価にあたっては以下に示すような注意点があると聞きます（Q77参照）。

① 利益を受ける期間の制限が付されていても当該制限がないものとみなして受益権を評価します。

② 収益受益権であっても、信託財産の全部の価額として評価します（法人が収益受益者である場合を除きます。）。

③ 元本受益権の評価はゼロとします（法人が収益受益者である場合、又は収益受益権の全部若しくは一部の受益者が存しない場合を除きます。）。

ここで、相続税法における受益者連続型の信託とはどのような信託をいうのでしょうか。

Answer

相続税法上において受益者連続型の信託とは、次のように定義されています（相令1の8）。

相続税法上の受益者連続型信託（相法９の３①、相令１の８）

受益者等（受益者としての権利を現に有する者及び特定委託者（注））の死亡その他の事由により、当該受益者等の有する信託に関する権利が消滅し、他の者が新たな信託に関する権利（当該信託の信託財産を含む）を取得する旨の定め（受益者等の死亡その他の事由により順次他の者が信託に関する権利を取得する旨の定めを含む）のある信託（信法91の信託を除く）
受益者等の死亡その他の事由により、当該受益者等の有する信託に関する権利（当該信託の信託財産を含む）が他の者に移転する旨の定め（受益者等の死亡その他の事由により順次他の者に信託に関する権利が移転する旨の定めを含む）のある信託
受益者の死亡により他の者が新たに受益権を取得する旨の定めのある信託（信法91）
受益者指定権等を有する者の定めのある信託（信法89）
上記の信託に類するもの

（注） 特定委託者とは、信託の変更をする権限（他の者との合意により信託の変更をすることができる権限を含み、信託の目的に反しないことが明らかである場合に限り信託の変更をすることができる権限を除きます。）を現に有し、かつ、当該信託の信託財産の給付を受けることとされてい

る者（受益者を除きます。）をいいます（相法９の２⑤、相令１の７）。

解　説

受益権を評価する際には、まず、受益者連続型の信託に該当するか否かを判断する必要があります。

信託法においては、「受益者の死亡により、当該受益者の有する受益権が消滅し、他の者が新たな受益権を取得する旨の定め（受益者の死亡により順次他の者が受益権を取得する旨の定めを含む。）のある信託（信法91）」を受益者連続型の信託と解していますが、相続税法上は実態に着目してより広く定義されています（相法９の３①、相令１の８）。

例えば、受益者指定権を有する者の定めのある信託（信法89）（Q56参照）も相続税法上の受益者連続型に該当します。さらに、これら以外の信託であっても、一定の条件等により受益者が変わる旨が定められている信託は相続税法上の受益者連続型の信託に該当すると定められているため注意が必要です。

Q98 受益権を相続・贈与する場合の注意点（譲渡所得の認識）

受益権を贈与・相続する場合に、贈与税・相続税の他に譲渡所得税が課される場合があるそうですが、以下の受益権を贈与又は遺贈した場合について教えてください。

（受益権の内容）

信託財産に属する資産が不動産（相続税評価額が８千万円、時価１億５千万円、取得費９千万円）、信託財産に属する債務が当該不動産を取得するために負った借入金（贈与・遺贈時の残高１億円）である信託の受益権

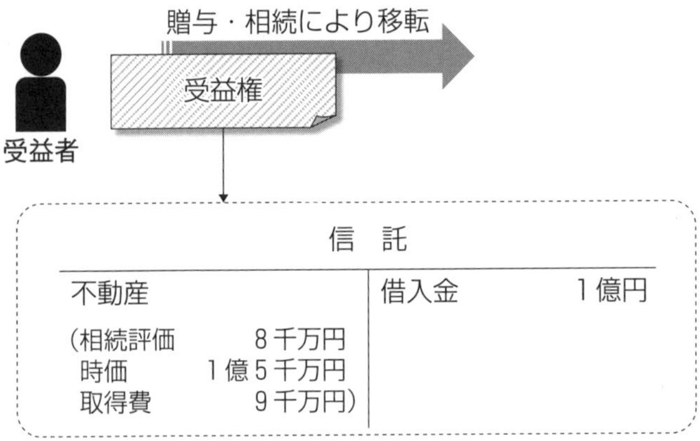

Answer

旧受益者は、信託財産に属する資産（不動産（取得費９千万円））を１億円で譲渡したものとして、１千万円の譲渡所得を計算します。

解　説

信託受益権が贈与又は遺贈により移転した場合には、信託財産に属する資産及び債務を旧受益者から新受益者が取得又は承継したものと考えます（相法９の２⑥）。ここで、旧受益者は信託財産に属する債務が消滅することによる利益を譲渡所得の収入金額として、信託財産に属する資産を譲渡したものとして譲渡所得を認識する必要があると考えます。これは負担付贈与・負担付遺贈において贈与者・遺贈者が譲渡所得を認識することと同様です。なお、信託財産に属する現預金が信託財産に属する債務を超えている場合には、実質的に受益者が負担する債務はないものと考えられますので、負担付贈与・負担付遺贈に該当せず、譲渡所得を認識する必要はないものと考えます。

（補足）　旧受益者の死亡に伴って、旧受益者の相続人又は包括受遺者が受益権を取得する場合

旧受益者の死亡に伴って、旧受益者の相続人又は包括受遺者が旧受益者の受益権を取得する場合には、信託財産に属する債務の移転を信託財産に属する資産の譲渡の対価と整理せず、相続により承継されたとみなし、旧受益者（被相続人）の譲渡所得を認識しない考え方が実務では一般的です。

〔譲渡所得の計算〕

受益権が旧受益者から移転することにより、旧受益者は信託財産に属する債務（借入金１億円）が消滅する利益を得ます。そこで、旧受益者は信託財産に属する資産（不動産（取得費９千万円））を１億円で譲渡したものとして譲渡所得１千万円を認識します。

（補足）　譲渡損がなかったとみなされる場合

譲渡損が生じる場合であって、譲渡収入の金額が時価の半額未満の場合には、譲渡はなかったものとみなされます。

（例）　本件事例において、信託財産に属する借入金が７千万円であった場合

譲渡所得の金額は、譲渡収入とみなされる金額（７千万円）から取得費（１億５千万円）を減算して、譲渡損失８千万円と計算されますが、譲渡収入とみなされる金額（７千万円）は譲渡資産の時価（１億５千万円）の半額（７千５百万円）未満になりますので、譲渡損はなかったものとみなされます。また、この場合の新受益者にとっての信託財産に属する資産の取得費は旧受益者にとっての取得費（１億５千万円）を引き継ぎます。

（注）　受益権が贈与された場合の贈与税の計算については**Q75**を、遺贈された場合の相続税の計算については**Q74**を参照してください。

Q99 賃借料の支払いに源泉徴収（受益者が非居住者又は外国法人）

Ａ社は、受益者が外国法人である信託に属する不動産（日本に所在）を当該信託の受託者（日本法人）から賃借しています。Ａ社が賃借料を支払うにあたって、注意点はありますか。

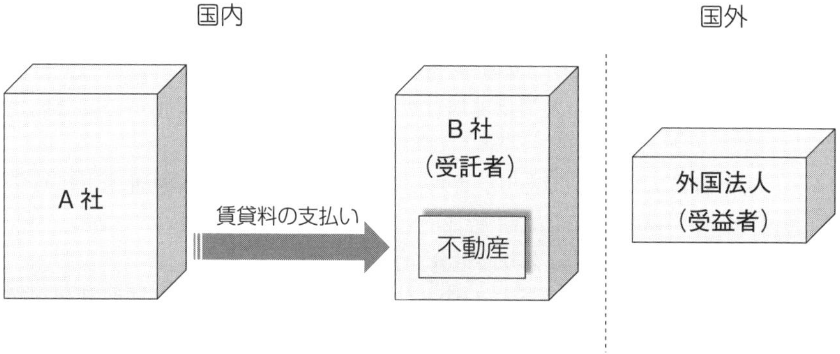

Answer

Ａ社は賃借料を支払うにあたって源泉徴収をしなければなりません。

解　説

通常、不動産の賃借料を支払う場合には、源泉徴収する必要はなく、賃借料を賃貸人に支払えば問題ありません。ただし、外国法人又は非居住者に対して、日本国内にある不動産の賃貸料を支払う者は、源泉所得税を納付しなければなりません（所法161①七、所法212①）。

Ａ社が賃借料を支払う相手はＢ社（日本法人）なので、形式的には、外国法人に賃借料を支払うわけではありません。しかし、所得税法及び法人税法において、「信託の受益者（省略）は、当該信託財産に属する資産及び負債を有するものとみなし」と規定されています（所法13①、法法12①）。したがって、当該賃貸不動産の所有者は当該信託の受益者である外国法人とみなし、外国法人への賃借料の支払いであると取り扱われますので、A社は源泉徴収義務を負い、源泉所得税を納税する必要があります。

（注１） 源泉徴収税率は、原則として20%（復興特別所得税を含めると20.42%）になります（所法213①一）。ただし、外国との租税条約により、当該税率が免除又は軽減される場合があります（所法162）（詳細は、該当する外国との租税条約をご確認ください。）。

（注２） 受益者が外国法人又は非居住者であっても、源泉徴収が必要ない場合

① 賃借人が個人であり、かつ、賃借人又はその親族の居住用に賃借している場合には、非居住者に対する賃借料の支払いであっても、源泉徴収の必要はありません（所令328①二）。

② 以下の要件を満たす外国法人又は非居住者に対して賃借料を支払う場合であり、かつ、税務署に対して源泉徴収の免除証明書交付申請をして、当該証明書の交付を受け、これを源泉徴収義務者（賃借人）に提示した場合には、源泉徴収の免除を受けることができます（所法180①、214①、所令305、331）。

〔要件〕

非居住者（所令304）	外国法人（所令330）
① 開業等の届出を提出していること。 ② 納税管理人の届出をしていること。 ③ その年の前年分の所得税に係る確定申告書を提出していること。 ④ 源泉徴収の免除を受けよう	① 「外国普通法人となった旨の届出」、「公益法人等又は人格のない社団等の収益事業の開始等の届出」を提出していること。 ② 登記（※）をすべき外国法人については登記をしていること。

とする所得に対して総合課税に係る所得税が課されること。 ⑤　偽りその他不正行為により所得税を免れたことがないこと。 ⑥　帳簿に支払者（賃借人）の氏名（名称）、住所、事務所、事業所、支払の場所、証明書を提示した年月日を記録すること。	※　会社法第933条第１項又は民法第37条第１項による登記で、恒久的施設を有する外国法人については会社法第933条第１項第２号による登記 ③　源泉徴収の免除を受けようとする所得に対して法人税が課されること。 ④　偽りその他不正行為により所得税又は法人税を免れたことがないこと。 ⑤　帳簿に支払者（賃借人）の氏名（名称）、住所、事務所、事業所、支払の場所、証明書を提示した年月日を記録すること。

（補足１）　不動産の売買に源泉徴収

受益者が非居住者又は外国法人である場合に、当該信託の受託者（日本法人）から日本国内に所在する不動産を購入して譲渡対価を支払う場合にも、譲渡対価の支払いをする者は源泉徴収（税率は復興特別所得税を含めて10.21％）をしなければなりません（所法161①五、212①、213①二）。

なお、別途租税条約の規定がある場合には、当該規定に従います。

また、購入者が個人であり、不動産の譲渡対価が１億円以下で、購入者又はその親族の居住の用に供する場合（所令281の３）、その他上記（注２）②の場合には、源泉徴収は必要ありません。

（補足２）　その他の対価の支払いに源泉徴収

受益者が非居住者又は外国法人である場合には、受託者に対して支払う、賃借料の支払いや、不動産購入対価の支払いのほか、以下の対価に対しても源泉徴収が必要になります（所法161①、212①）。

なお、源泉徴収税率は、20.42%（復興特別所得税を含みます。）ですが、下記③利子、⑩給付補てん金等、④配当のうち上場株式等に対する源泉徴収税率は15.315%（復興特別所得税を含みます。）となります。なお、別途租税条約の規定がある場合には当該規定に従います（所法162、213①、措法９の３①）。

① 組合契約、匿名組合契約による利益の配分

② 国内における以下の人的役務提供の対価（所令282）

・映画若しくは演劇の俳優、音楽家その他の芸能人又は職業運動家の役務の提供

・弁護士、公認会計士、建築士その他の事由職業者の役務の提供

・科学技術、経営管理その他の分野に関する専門的知識又は特別の技能を活用して行う役務の提供（機械設備の販売その他事業を行う者の主たる業務に付随して行われる場合における当該事業、建設、据付け、組立てその他の作業の指揮監督の役務の提供を除きます。）

③ 利子（日本国債、地方債、内国法人の発行する債券の利子、外国法人の発行する債券の利子（外国法人の恒久的施設を通じて行う事業に係るもの）、国内にある営業所に預け入れられた預貯金の利子、国内にある営業所に信託された合同運用信託、公社債投資信託、公募公社債等運用投資信託の収益の分配）

④　配当（内国法人からの配当（所得税法第24条第１項に規定するもの)、国内にある営業所に信託された投資信託（公社債投資信託、公募公社債等運用投資信託を除きます。)、特定受益証券発行信託の収益の分配）

⑤　国内で業務を行う者に対する貸付金の利子（所令283）

⑥　使用料（所令284）

国内で業務を行う者から受領する使用料（工業所有権その他の技術に関する権利、特別の技術による生産方式若しくはこれらに準ずるものの使用料又は譲渡による対価、著作権の使用料又はその譲渡による対価、機械装置、車両運搬具、工具器具備品の使用料又はその譲渡による対価）

⑦　給与、報酬、年金

⑧　国内事業の広告宣伝の賞金

⑨　生命保険契約による年金

⑩　給付補てん金等

Q100 国外転出時課税と受益権

信託受益権を有する者が国外転出した場合、当該信託受益権に譲渡所得税は課税されますか。

〔国外転出時課税〕

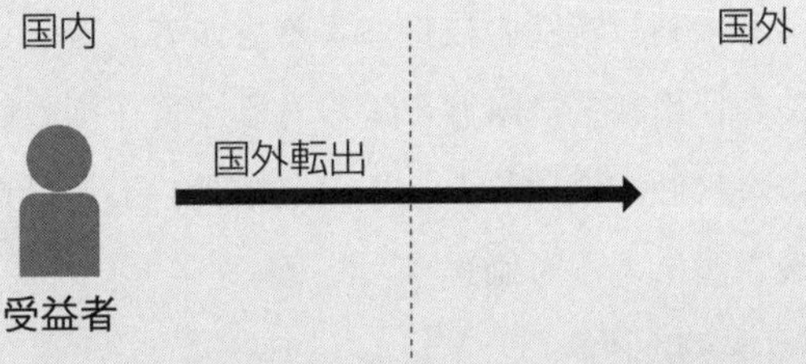

一定の要件を満たす居住者（注１）が、国外に転出した場合、所有している有価証券等（注２）をその時の時価で譲渡したものとみなして所得税（住民税は課されません。）が課されます。

（注１） 時価１億円以上の有価証券等を所有し、かつ、国外転出前10年以内において国内在住期間が５年を超える者

（注２） 有価証券（株式、投資信託、公社債等）、匿名組合出資、未決済の信用取引・発行日取引、未決済デリバティブ取引

Answer

信託財産に属する資産に有価証券等がある場合、国外転出時課税の対象になります。

解　説

国外転出時課税とは、時価１億円以上の有価証券等を所有し国外に転出する日前10年間に国内に居所を有していた期間が５年以下である者が、国外に転出（日本に住所を有しなくなること）した場合には、その所有している有価証券等を時価で譲渡したものとみなして所得税が課される制度です（所法60の２）。

ここで、有価証券等とは、株式、投資信託、公社債等、匿名組合出資、未決済の信用取引等、未決済デリバティブ取引を意味しますが、受益権は明記されていないので、国外転出時課税の対象になるのか疑問が生じます。

税法の考え方としては、受益者は信託財産に属する資産及び負債を有するものとみなして考えます。さらに、所得税基本通達60の２－３において、国外転出時課税の対象になる有価証券に、（受益者等課税信託の）信託財産に属する有価証券が含まれることが記載されています。以上より、信託受益権を有する者が国外転出した場合には、当該信託財産に属する有価証券等がある場合には、国外転出時課税の対象になりますので注意が必要です。

（注）　贈与又は相続時に時価１億円以上の有価証券等を所有していた者から、国外に居住する者に有価証券等を贈与又は相続した場合も、国外転出時課税と同様に、贈与又は相続された有価証券等に所得税が課されます。この場合も、国外に贈与又は相続された財産に信託受益権があり、当該信託財産に属する資産に有価証券等がある場合には、譲渡所得税の対象になります。

Q101 事業承継税制と信託受益権の贈与・相続

同族会社の株式を信託して、当該信託の受益権を贈与した場合、事業承継税制は適用することはできるでしょうか。

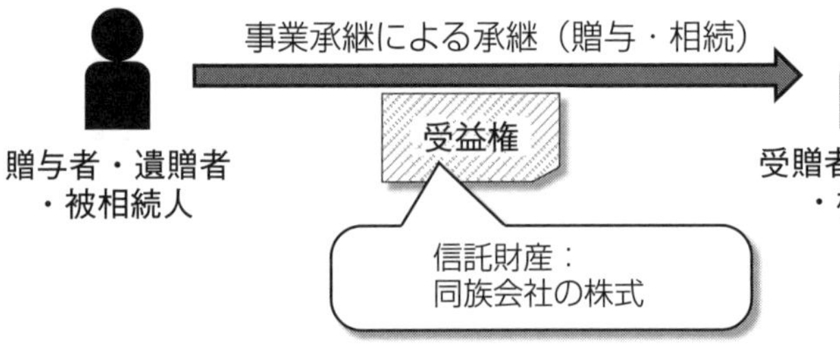

Answer

受益権を贈与した場合には、事業承継税制を適用されないと考えます。

解　説

信託に係る税制では、受益権を取得した者は信託財産に属する資産及び負債を取得及び承継したものとみなしているので、受益権を贈与又は相続した場合には、当該信託に属する株式の贈与又は相続がなされたとみなして事業承継税制を適用することができるのではないかと疑問が生じます。

この点に関しては、事業承継税制が適用される会社は「中小企業における経営の承継の円滑化に関する法律」に定める経済産業大臣の認定を受けることが要件になっています。そして、当該認定を受ける要件として、贈与者・遺贈者・被相続人及び、受贈者・受遺者・相続人が一定の議決権を有していることが要件になっていますが、株式が信託されている場合には、議決権を有する者は受託者になりますので、当該要件を満たすことができないと考えられます。

また、立法趣旨として、事業承継税制が適用されるのは、議決権の制限のない株式に限定しており、事業承継に伴って議決権が異動することを前提としています。他方で、株式が信託されている場合、議決権は受託者が有しますので、受益権が承継されたとしても議決権は受託者が有したままで、その立法趣旨に沿っているとはいえないと考えられます。

以上より、株式が信託されている場合には、事業承継税制は適用できないものと考えられます。

Q102 受益者の定めがない信託において税務上、受益者を認識する場合

Aさんは、所有する不動産を同族法人（甲社）を受託者として信託しました。なお、信託契約書において受益者の定めはありません。このような信託をした場合、どのような課税関係になるでしょうか。

なお、Aさんの推定相続人は妻と子供1人です。

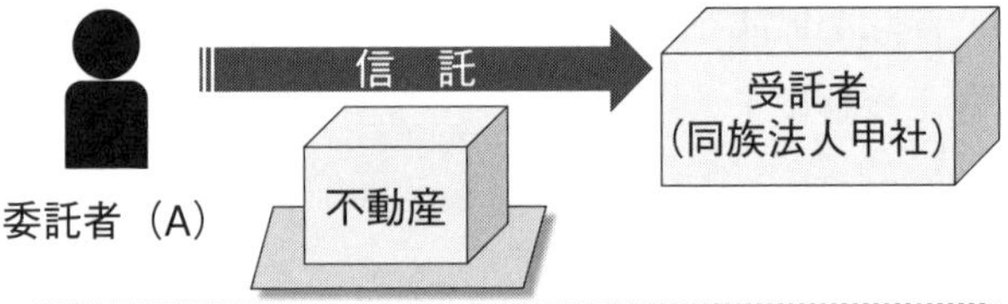

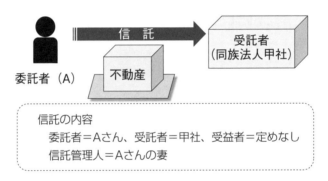

信託の内容
委託者＝Aさん、受託者＝甲社、受益者＝定めなし
信託管理人＝Aさんの妻

Answer

Aさんが受益者であるとみなして課税関係を整理します。

・信託時：特段課税関係は生じません。

・信託期間中：信託財産（不動産）に係る所得税はAさんに課されます。

・信託終了時：課税関係は生じません。

解　説

本件信託は受益者の定めはありませんが、課税法上も受益者がいないものとして取り扱われるかというとそうではありません。課税法上は、

信託を変更する権限を有し、信託財産の給付を受けることとされている者は受益者とみなされます（Q81参照）。本問であてはめてみると、Aさんは委託者ですから原則として信託を変更する権限を有します（注）。次に、本問信託は受益者の定めはなく信託終了時の残余財産受益者若しくは帰属権利者の定めもありません。このような場合、信託が終了したときには委託者であるAさんに信託財産が帰属することになります。つまり、Aさんは信託を変更する権限を有し、信託財産の給付を受けることとされている者に該当しますので、受益者とみなされることになります。

以上より、本問信託は、受益者の定めはありませんが、課税法上はAさんを受益者とみなして取り扱うことになります。

（注）ここでいう信託を変更する権限とは、他の者との合意で変更できる権限を含みます。信託契約において特段の規定がない場合、信託契約は委託者、受託者及び受益者の合意で変更できますが、受益者の定めがない場合は委託者、受託者及び信託管理人がいる場合は信託管理人の合意で変更をすることができます。なお、信託契約に別段の規定がなされている場合は当該規定に従います。

（補足１）　信託期間中にＡさんが亡くなった場合の課税関係

信託期間中にAさんが亡くなった場合、信託契約書において別段の定めがなければ、委託者の地位も、信託が終了した時に信託財産の給付を受ける権利も相続人に承継されます。結果として相続人（妻と子供）が受益者であるとみなされますので、Aさんからその相続人に対して信託財産が半分ずつ相続されたものとみなして相続税が課されます。

（補足２） 本件信託を遺言において行った場合

本問信託を遺言で行った場合、原則として委託者（Ａさん）の地位は相続人に承継されず消滅します。そして、信託が終了した場合、信託財産は原則としてＡさんの相続人である妻と子供に半分ずつ給付されることになりますが、信託を変更する権限は、相続後においては受託者（甲社）と信託管理人（妻）だけが有します。したがって、子供は受益者とみなされず、妻だけが受益者とみなされます。よって、Ａさんの妻がＡさんから信託財産（不動産）を遺贈により取得したものとみなして相続税が課されます。

注意すべき点は、Ａさんの妻は信託財産である不動産の全てを遺贈により取得したものとして課税されるということです。実際に信託が終了した時には信託財産はＡさんの妻と子供が半分ずつ取得することになるにしても、「信託についての受益者等が一である場合には、当該信託に関する権利の全部を当該受益者等が有するものとする（相令１の12③一）」という規定があり、受益者である妻が信託財産（不動産）の全てを遺贈により取得したものとして相続税が課されます。

そして、実際に信託が終了した時には、Ａさんの妻と子供が信託財産を半分ずつ取得することになりますが、Ａさんの妻が子供に信託財産（不動産）の半分を贈与したものとして、子供に贈与税が課されることになると考えられます（相法９の２④）。

第7章

不動産の信託

Q103 信託された不動産の賃貸収入に係る申告

Ａさんは高齢で不動産の管理に不安があるため、賃貸マンションを息子が経営する同族法人であるＢ社にＡさんを受益者として信託しています。したがって、不動産の名義はＢ社に変更され、Ｂ社が賃貸契約を締結し、賃貸料はＢ社の口座に振り込まれています。また、固定資産税の納付書はＢ社に届き、Ｂ社が支払っています。

(1) 賃貸マンションにかかる税務申告はＢ社ではなく、Ａさんが行うのでしょうか。

(2) 消費税もＡさんが申告する必要がありますか。

(3) Ｂ社の決算期は３月であり、信託の決算期も３月ですが、ＡさんはＢ社の決算期にあわせて申告を行うのでしょうか、それとも１月～12月の所得を別途計算して申告する必要があるのでしょうか。

(4) Ａさんの所得は不動産所得として申告するのでしょうか。

(5) 賃貸収入、修繕費、固定資産税、管理費等は全てＢ社が管理し建物の減価償却を計算した結果、平成××年１月１日～12月31日の信託不動産にかかる所得は1,000万円と計算されました。他方で、Ａさんは受益者としてＢ社（受託者）から収益の分配を同期間に300万円しか受け取っていません。この場合に確定申告が必要となるのは、300万円で良いのでしょうか。

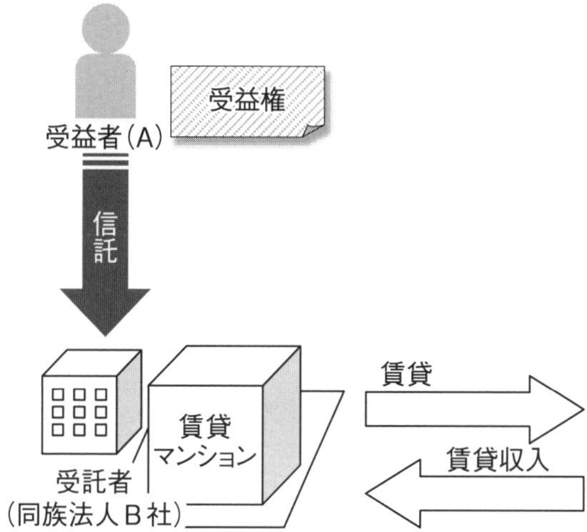

Answer

⑴　賃貸マンションにかかる所得の申告は受益者（Ａさん）が行います（Ｂ社は課税されません。）。

⑵　消費税の申告も受益者（Ａさん）が行います（Ｂ社は課税されません。）。

⑶　受益者（Ａさん）は、信託の計算期間にかかわらず、各年１月１日から12月31日までの所得を計算して申告する必要があります。

⑷　不動産所得として申告します。

⑸　Ａさんの確定申告にあたり、実際に信託からの金銭の分配がいくらあったかは関係ありません。信託財産に係る収益と費用を計上し、所得1,000万円を申告する必要があります。

解　説

所得税法第13条第１項によると、次のように記載されています。

≪所得税法第13条第１項≫

「受益者は当該信託の信託財産に属する資産及び負債を有するものとみなし、かつ、当該信託財産に帰せられる収益及び費用は当該受益者の収益及び費用とみなしてこの法律を適用する」

つまり、受益者であるＡさんが、信託された賃貸マンションを所有しているものとした場合と全く同様の課税関係になります。本問は、以下のように考えれば解決します。

(1) 受益者であるＡさんが賃貸マンションを所有するものと考えますので、当然に賃貸マンションにかかる所得の申告はＡさんが行います。他方、受託者であるＢ社は、賃貸不動産の所有者になっていますが、実態は預かっているだけですので賃貸マンションの所得を申告する必要はありませんし、課税もされません。

(2) 消費税についても、所得税と同様に、「信託の受益者は当該信託の信託財産に属する資産を有するものとみなし、かつ、当該信託財産に係る資産等取引は当該受益者の資産等取引とみなして、この法律の規定を適用する（消法14①）」とあります。つまり、信託された賃貸不動産に係る取引は受益者であるＡさんの取引として消費税を計算しますので、消費税の申告もＡさんが行います。また、課税法上は信託されている賃貸マンションの取引は受託者であるＢ社の取引にはなりませんので、Ｂ社は当該賃貸マンションに係る消費税について課税されません。

(3) 受益者であるＡさんが不動産を所有していると考えますので、受託者における信託の計算期間が毎年３月末決算であっても、Ａさんは１

月１日から12月31日までの所得を計算して申告しなければなりません。なお、この点については、「信託財産に帰せられる収益及び費用は、当該信託行為に定める信託の計算期間にかかわらず、当該信託の受益者のその年分の各種所得の金額の計算上総収入金額又は必要経費に参入することに留意する（所基通13－２）」とあることからも明らかです。したがって、信託の決算期は受益者が本問のように個人であれば12月末とし、法人であれば、受益者である法人の決算期に合わせると実務上の手間が少なく済むでしょう。

(4)　受益者であるＡさんが信託された不動産を所有しているものとして考えますので、賃貸マンションから得られる賃貸収入は、Ａさんの不動産所得として申告します。

(5)　受託者であるＢ社から受益者であるＡさんに信託から分配された金額がいくらであろうと、課税法上、信託財産は受益者であるＡさんのものとみなされます。

したがって、信託からの分配金は、もともとＡさんが有していた金銭が、受託者（Ｂ社）の手元からＡさんに戻されただけと考えられるため、信託からの分配金に対して課税されることはありません。一方で、信託された賃貸不動産にかかる収入と費用はＡさんのものと考えられます。賃貸不動産に係る収益が実際にＡさんに分配されていようといまいと、Ａさんは賃貸不動産にかかる所得を申告しなければなりません。結果、本問においては1,000万円の所得を申告する必要があります。

Q104 賃貸不動産の信託（負担付贈与の取扱い）

Aさんが以下の賃貸不動産を信託した場合（以下⑴～⑶の場合）、受益者をAさんの長男であるBさんにした場合の贈与税の計算について教えてください。

信託された不動産は賃貸建物（通常の取引価額1億円、相続税評価額5千万円、Aさんにとっての帳簿価額1億円）で、賃借人から敷金として1千万円を預かっているものとします。

⑴ 当該賃貸建物のみを信託した場合の課税関係

⑵ 当該賃貸建物の建築資金の借入金債務が5千万円あり、当該借入債務と賃貸建物を同時に信託した場合の課税関係

⑶ 当該賃貸建物と1千万円の現金を信託した場合の課税関係

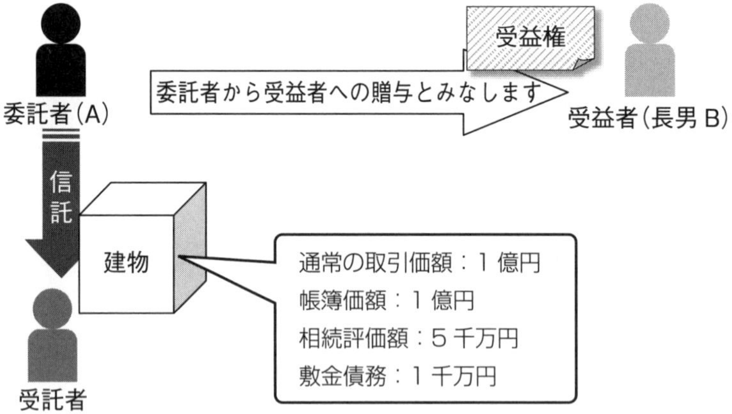

Answer

信託の効力発生前の賃貸不動産の所有者はＡさんで、信託の効力発生により、Ｂさんが受益者になります。したがって、ＡさんからＢさんに信託財産が贈与されたものとみなして贈与税が課税されます（相法９の２①）。

なお、贈与税が課税される財産の評価については以下のようになります。

⑴　９千万円（建物の通常の取引価額１億円－敷金債務１千万円）

⑵　４千万円（建物の通常の取引価額１億円－敷金債務１千万円－借入債務５千万円）

⑶　５千万円（建物の相続税評価額５千万円－敷金債務１千万円＋現金１千万円）

解　説

賃貸建物の所有者は、賃借人に対する敷金債務（１千万円）を負担することになります。賃貸建物が信託された場合には、建物と同時に敷金債務も受託者に移転します。

その一方で、受益者（長男Ｂ）が受益権を有することになりますが、課税法上は、受益者（長男Ｂ）が信託財産に属する資産及び負債を有するものとみなし、委託者（Ａ）から受益者（長男Ｂ）が信託財産（賃貸建物とそれに伴う敷金債務）の贈与を受けたものとみなします（相法９の２①）。

⑴　建物のみを信託した場合には、受益者（長男Ｂ）に贈与される信託財産は、建物と敷金債務になります。

　このように、債務が同時に移転している場合には、不動産の評価は、

「通常の取引価額」で評価することになっています（負担付贈与通達（平元直評５、直資２－204）（平３課資２－49改正））。そこで、受益者（長男Ｂ）が取得した財産の評価は、建物１億円（通常の取引価額）と、敷金債務１千万円となるので、贈与を受けた金額は９千万円と評価されます。

⑵　建物と同時に借入債務（５千万円）と敷金債務（１千万円）が信託されることになるので、贈与される受益権の評価は、建物の価額から、借入債務と敷金債務を控除して計算します。なお、このように債務が同時に移転している場合には、上記⑴と同様に建物の評価は、「通常の取引価額」で評価することになります（負担付贈与通達（平元直評５、直資２－204）（平３課資２－49改正））。そこで、受益者（長男Ｂ）が贈与を受けた財産の評価は、４千万円（建物１億円（通常の取引価額）－借入債務（５千万円）－敷金債務（１千万円））となります。

⑶　建物と一緒に敷金見合いの現金を信託した場合には、受益者（長男Ｂ）に贈与される信託財産は、建物と敷金債務（△１千万円）と現金（１千万円）になります。この場合、実質的に債務は移転していないと考えられますので、上記⑴⑵の負担付贈与には該当せず、建物は財産評価基本通達に基づいた相続税評価額で計算することができます。

　したがって、贈与を受けた金額は、５千万円（建物５千万円（相続税評価額）＋現金１千万円－敷金債務１千万円）となります。

（参考）委託者の課税及び受益者にとっての不動産の取得価額について

⑴の場合

　負担（敷金債務）を伴った贈与は、実質的には対価を伴う取引である譲渡と同様に考えます。具体的には、委託者であるＡさんは、信託することによって、債務（１千万円）がなくなりますので、建物を対価１千万円で売却したのと同様に考えます。

つまりＡさんには、△９千万円（対価（敷金債務）１千万円－簿価１億円）の譲渡損が生じます。ただし、著しく低い価額（時価の半額に満たない額）で譲渡した場合には、当該譲渡損はなかったものとされます（所法59②）。

Ｂさんが不動産と敷金債務（△１千万円）を受贈している場合、Ｂさんは、不動産を１千万円で取得したのと同様なのですが、このように、著しく低い価額で不動産を取得している場合には、贈与者（Ａさん）の取得価額を引き継いでいるものとみなします（所法60①二）。

したがって、Ｂさんの賃貸建物の取得価額は１億円となります。

⑵の場合

負担（敷金債務及び借入債務）を伴った贈与は、実質的には対価を伴う取引である譲渡と同様に考えます。具体的には、委託者であるＡさんは、信託することによって、債務（６千万円（借入債務５千万円＋敷金債務１千万円））がなくなりますので、建物を対価６千万円で売却したのと同様に考えます。つまり、Ａさんには、△４千万円（対価（借入債務＋敷金債務）６千万円－簿価１億円）の譲渡損が生じます。

受益者であるＢさんが不動産とともに、敷金債務及び借入債務を負担することになる場合、Ｂさんは不動産を６千万円（借入債務５千万円＋敷金債務１千万円）で取得したのと同様に考えますので、Ｂさんの賃貸建物の取得価額は６千万円になります。

(3)の場合

建物と一緒に敷金債務（△１千万円）と現金（１千万円）をセットにして贈与している(3)の場合は、負担（敷金債務）を伴う贈与には該当しません（負担付贈与に該当しません。）。

したがって、建物だけを贈与したものと同様に考えます。

委託者であるＡさんは、贈与しただけですので譲渡所得の計算の必要はなく、課税関係は生じません。また、受益者であるＢさんは、贈与者（Ａさん）の帳簿価額を引き継いだものとみなしますから、Ｂさんの建物の取得価額は１億円となります（所法60①一）。

Q105 信託受益権を譲渡した場合の課税関係（買換特例）

Aさんは、平成７年１月に取得価額３千万円で取得した土地を平成28年10月にＢ社に信託しました。なお、受益者はＡさんです。平成30年10月にＡさんは当該信託受益権を５千万円で譲渡し、２千万円の利益が生じました。

⑴　ここで、Ａさんが支払うべき所得税はいくらになるのでしょうか。信託受益権は債権であり、信託受益権の譲渡は債権の譲渡にあたりますが、土地の譲渡として分離課税を適用できるのでしょうか。

⑵　Ａさんが平成30年12月に５千万円で別の土地を取得した場合、Ａさんは買換特例（注）を適用することができますか。

（注）買換特例とは、土地・建物等の譲渡により利益が生じた場合に、一定の要件を満たす土地・建物等を取得したならば、買換により取得した金額（譲渡金額を限度とします。）の80％の部分の譲渡はなかったものとして税務上の所得を繰り延べて計算することができる特例です（措法37）。

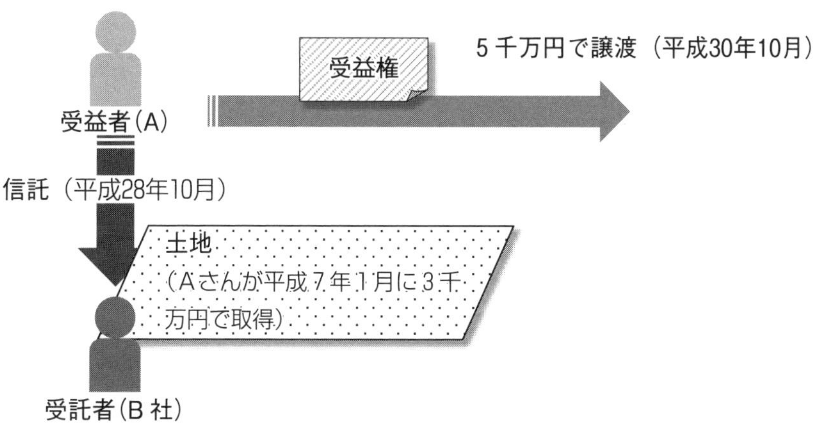

Answer

⑴　土地の譲渡所得として、分離課税を適用することが可能です。また、当該土地の取得日は、信託によって変更されず、平成７年１月に取得したものとして土地の所有期間が５年を超えますので長期譲渡所得に該当します。したがって、所得税15％(注)と住民税５％の合計20％の税金（２千万円×20％＝４百万円）が課税されます。

⑵　買換特例を適用することが可能です。

(注)　解説の末尾の(注)を参照してください。

解　説

⑴　譲渡所得は原則として、他の所得と合算して総合課税（税率は最大55％（平成26年分までは50％）(注)）になりますが、不動産や有価証券については他の所得と分離して、一定の税率で課税されます。

不動産の譲渡所得に対する税率は、その所有期間により異なりますが、譲渡した年の１月１日の時点において５年を超えて所有している不動産を譲渡した場合の所得は、長期譲渡所得に該当し、課税される税率は20％(注)(住民税５％を含みます。）です（措法31①、地法附則34①④)。また、５年を超えて所有していない場合の所得は、短期譲渡所得に該当し、課税される税率は39％(注)(住民税９％を含みます。）になります（措法32①、地法附則①⑤)。

ここで、Ａさんが譲渡したのは土地ではなく、土地を信託して取得した受益権になりますので、土地を譲渡した場合の課税関係と異なるのかどうかが論点になります。

所得税法第13条第１項において、「信託の受益者は当該信託の信託財産に属する資産及び負債を有するものとみなし……」とあります。つまり、受益権の譲渡をした場合において、当該信託の信託財産を譲渡したものとして課税関係を解釈していくことになります（措通31・32共－１の３）。したがって、本問においては、信託受益権の譲渡であっても、当該信託された土地の譲渡があったものとみなし、分離課税として一定の税率で課税されることになります。

次に、譲渡した土地の所有期間により長期譲渡（税率20％(注)）になるか短期譲渡（税率39％(注)）になるかに分かれます。ここでは、受益権の所有期間は５年を超えません※（信託設定日：平成28年10月～受益権譲渡日：平成30年10月）ので短期譲渡に該当するようにも考えられます。しかし、本問のように信託をした時に課税法上、信託財産の譲渡を認識しない場合（**Q90**参照）、委託者であるＡさんが土地を取得した日を「取得をした日」として判断することになっています（措通31・32共－１の３(2)）。したがって、Ａさんが土地を取得した平成７年１月を基準に所有期間を判断することになりますので、長期譲渡に該当し、適用される税率は20％(注)になります。

※　所有期間を判断する場合には、譲渡した年の１月１日における所有期間で判断します。

(2)　上記(1)の基本的な考え方に従い、受益権の譲渡をした場合においては、当該信託の信託財産を譲渡したものとして課税関係を解釈していくことになります。したがって、本問においては、土地を譲渡したのと同様に考えますので、買換特例の要件を満たす別の土地を取得したのであれば、買換特例を適用することができます。また、買換特例に限らず、交換の特例、その他土地に適用される制度を同様に適用することも可能です。

(注)　2013年１月～2037年12月までは復興特別所得税により、所得税額の2.1％が上乗せになります（住民税はそのままです。）。そのため20％は20.315％と、39％は39.63％になり、50％は50.84％に、55％は55.945％になります。

Q106 受託者が信託財産を譲渡した場合の課税関係（買換特例）

Aさんは、平成7年1月に取得価額3千万円で取得した土地を平成28年10月にB社に信託しました。なお、受益者はAさんです。Aさんからの要望により、平成30年10月に受託者であるB社は当該土地を5千万円で譲渡しました。

⑴　ここで、Aさんは受益権を保有したままですが、Aさんには税金がかかるのでしょうか。また、B社には課税が生じますか。

⑵　Aさんが平成30年12月に5千万円で別の土地を取得した場合、Aさんは買換特例（注）を適用することはできますか。

（注）　買換特例とは、土地・建物等の譲渡により利益が生じた場合に、一定の要件を満たす土地・建物等を取得したならば、買換により取得した金額（譲渡金額を限度とします。）の80%の部分の譲渡はなかったものとして税務上の所得を繰り延べての計算することができる特例です（措法37）。

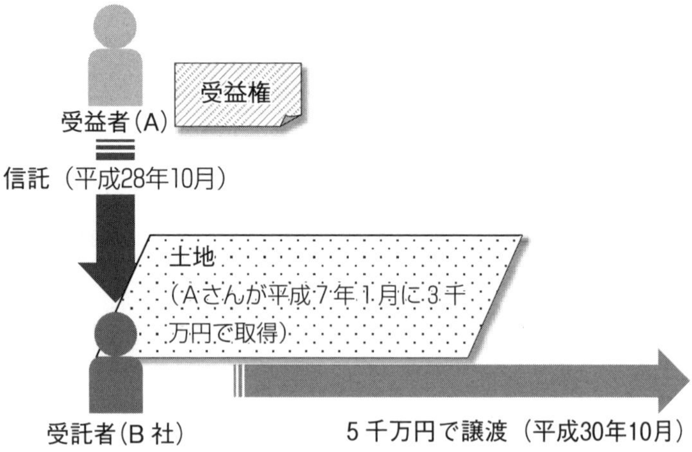

Answer

(1) 本問では、実際に土地を売却したのはB社（受託者）ですが、Aさん（受益者）が土地を譲渡したものとみなして考えることになります。当該土地の取得日は、信託によって変更されません。したがって、平成7年1月にAさんが取得した日から譲渡した日（平成30年10月）までの所有期間は5年を超えますので長期譲渡所得に該当します。

結果として、所得税15%（注1）と住民税5%の合計20%（注1）の税金（譲渡益2千万円（5千万円－3千万円）×20%＝4百万円）が課税されます。

B社においては、受託者として実質的に信託財産を預かっているだけですので、土地の譲渡所得は生じません。

(2) 買換特例を適用することは可能です。

（注1） 2013年1月～2037年12月までは復興特別所得税により、所得税額の2.1%が上乗せになります（住民税はそのままです。）。そのため15%は15.315%と、20%は20.315%となります。

解　説

(1) 土地を譲渡した者はB社（受託者）であり、Aさん（受益者）は受益権を有するだけで一切の取引をしていないのですが、課税法上の当該土地の所有者は、受益者であるAさんとみなして課税関係が整理されます（所法13①、措通31・32共－1の3）。したがって、信託されていた当該土地の譲渡は、Aさんが行ったものとみなしてAさんに土地の譲渡所得課税が生じます。

他方、B社は預かった土地を処分しただけであり、B社として利益が生じたわけではありませんので課税関係は生じません。

次に、所有期間について検討します。土地を譲渡したのはB社で、B社が土地を所有していた期間は5年以下（平成28年10月から平成30年10月まで）になります。しかし、課税法上は、Aさんが譲渡したものとして課税関係を考えますので、B社の所有期間は関係ありません。土地の所有期間はAさんが土地を取得した日（平成7年1月）から土地を譲渡した日（平成30年10月）までの期間(注2)が5年を超えるかどうかで判断されます。このケースでは、所有期間が5年を超えますので、長期譲渡に該当し、20%(注3)の税率が適用されます。

(注2) 所有期間を判断する場合には、譲渡した年の1月1日における所有期間で判断します。

(注3) 「Answer」の(注1)を参照してください。

(2) 上記(1)の基本的な考え方に従い、受託者（B社）が当該信託の信託財産（土地）を譲渡した場合、受益者（Aさん）が信託財産（土地）を譲渡したものとして課税関係を解釈していくことになります。

したがって、本問では、Aさんが土地を譲渡したのと同様に考え、Aさんが買換特例の要件を充足する、別の土地を取得したのであれば、買換特例を適用することができます。また、買換特例に限らず、交換の特例、その他土地に適用される制度を同様に適用することも可能です。

Q107 受益権（信託された土地）の相続と小規模宅地特例

私は自宅を信託しています。受益者は私です。私が亡くなった場合には、次の受益者は妻にするつもりです。ここで、私が亡くなった際に、相続税を計算するにあたって小規模宅地特例による評価減を利用することはできますか。

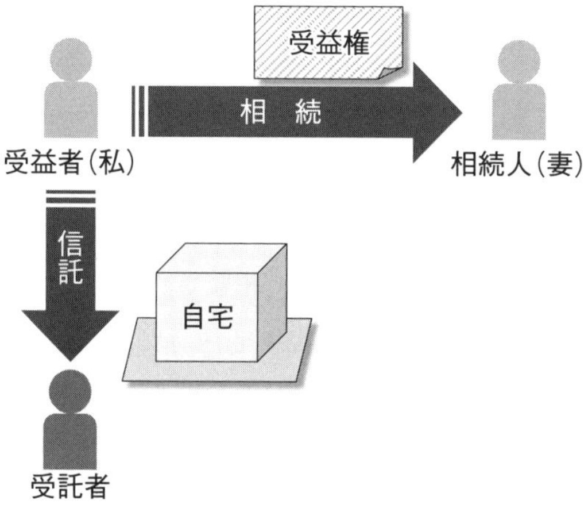

Answer

課税法上、信託受益権を取得した者は、その信託の信託財産に属する資産及び負債を取得し、又は、承継したものとみなされます。

したがって、信託財産に土地が含まれている場合には、受益権を相続した場合であってもその土地を取得したものとして小規模宅地特例の適用を受けることができます。

もちろん、当該信託されている土地が建物又は構築物の敷地の用に供されていて、被相続人等の居住の用又は事業の用に供されている等の小規模宅地特例の要件を満たすことが必要です（相法９の２⑥、措令40の２⑳、措通69の４－２）。

解　説

土地を相続する場合の相続税の計算にあたっては、小規模宅地特例（措法69の４）があり、自宅や事業の用に供されている土地については50％～80％の評価減をして相続税を計算することができるようになっています。これは、自宅や事業用の生活の基盤となっている土地の相続にあたって多額の相続税負担が発生すると、土地を売却せざるを得ず、生活の基盤を失ってしまうことになることから、一定の要件を満たす場合には、一定面積までは評価額を減少（最大80％評価減）して評価して良いというものです。

ここで、土地を信託してしまうと、相続されるのは土地ではなく信託受益権になります。この場合に小規模宅地特例が適用できないならば、信託をすることにより相続税の負担が増えてしまいます。しかし、税法においては、原則として受益権を信託財産とみなして考えますので、受益権を相続する場合でも、受益権にかかる信託財産が土地であれば、その土地を相続したものとして小規模宅地特例を適用することができます。

Q108 不動産の登記簿記載例

私(田中一郎)は、平成23年4月18日に購入した不動産を以下のように信託しました。

(1) 平成26年2月10日……私(田中一郎)は、私が所有する不動産を会社(株式会社田中ホールディングス)に信託し、受益者は私(田中一郎)にしました。

(2) 平成27年7月1日……受益権を長女(田中綾)に贈与しました。

この場合の登記の記載は、どのようになりますでしょうか。

Answer

登記の記載例は以下のようになります。

〔登記簿の(甲区)について〕

不動産が信託されると、所有権に関する事項が記載される(甲区)に信託がなされた旨が登記されます。以下を参照してください。

権利部(甲区)(所有権に関する事項)			
順位番号	登記の目的	受付年月日・受付番号	権利者その他の事項
1	所有権移転	平成23年4月18月 第×××号	原因　平成23年4月18日　売買 所有者　東京都××× 田中　一郎
2	所有権移転	平成26年2月20日 第×××号	原因　平成26年2月10日　信託 受託者　東京都××× 株式会社田中ホールディングス
	信託		信託目録16号

信託の登記は、不動産登記簿の（甲区「２」の欄）に二段書きで記載されます。上段には「登記の目的」が「所有権移転」として記載され、下段には「登記の目的」が「信託」として記載されます。不動産を信託した場合には、必ずこのように「所有権移転」と「信託」の二段書きになります。では、具体的に「２」の欄を見てみましょう。

まず、上段の「所有権移転」の欄ですが、平成26年２月10日に登記原因を「信託」として、権利者が「所有者　田中一郎」から「受託者　株式会社田中ホールディングス」に変更されていることがわかります。しかし、これでは受益者が誰なのか、信託の目的はどのようなものなのか、信託はどのような場合に終了するのか等、信託に関する具体的な内容がわかりません。

これらの信託の内容は、不動産の権利関係についての重要な情報ですので登記されるべき情報です。しかし、その情報を登記簿の(甲区)に記載すると、登記簿が冗長になって、逆に利用しづらくなることもあります。そこでこれらの信託の内容を「信託目録」という別冊にしています。

登記簿を見てみましょう。「２」の欄の下段に「登記の目的」を「信託」として、「権利者その他事項」の欄に「信託目録16号」と記載があります。(甲区)には当該信託目録の番号だけが記載されることになります。

〔信託目録について〕

信託された不動産の登記簿を取得する際に、信託目録の取得を請求しなければ上記の内容しかわかりません。つまり、信託目録番号だけが記載された登記簿を取得することになります。信託の内容について具体的に知りたい場合には、信託目録を併せて請求する必要があります。信託目録の記載例は以下のようになります。

<table>
<tr><th colspan="2">信　託　目　録</th><th>調整</th></tr>
<tr><td>番　号</td><td>受付年月日・受付番号</td><td>予　　備</td></tr>
<tr><td>第16号</td><td>平成25年２月20日
第×××号</td><td>余白</td></tr>
<tr><td>1．委託者に関する事項</td><td colspan="2">東京都×××
田中　一郎</td></tr>
<tr><td>2．受託者に関する事項</td><td colspan="2">東京都×××
株式会社田中ホールディングス</td></tr>
<tr><td rowspan="2">3．受益者に関する事項等</td><td colspan="2">東京都×××
田中　一郎</td></tr>
<tr><td colspan="2">受益者変更
平成27年７月10日
第×××号
原因　平成27年７月１日　贈与
受益者　東京都×××
田中　綾</td></tr>
<tr><td>4．信託条項</td><td colspan="2">1．信託の目的
信託契約に定める不動産を受益者のために、管理・運用・処分すること。
2．信託財産の管理方法
受託者は信託不動産を賃貸し、処分することができる。
3．信託の終了の事由
信託は受益者と受託者が合意したときに終了する。
4．その他信託の条項
…</td></tr>
</table>

信託目録には、委託者、受託者、受益者の情報が記載され、信託契約等の内容のうち、信託の目的、信託財産の管理方法、信託が終了する場合、その他事項が記載されます。具体的には次の内容です（不登法97①）。

①　委託者、受託者及び受益者の氏名又は名称及び住所

②　受益者の指定に関する条件又は受益者を定める方法の定めがあるときは、その定め

③　信託管理人があるときは、その氏名又は名称及び住所

④　受益者代理人があるときは、その氏名又は名称及び住所

⑤　信託法（平成18年法律第108号）第185条第３項に規定する受益証券発行信託であるときは、その旨

⑥　信託法第258条第１項に規定する受益者の定めのない信託であるときは、その旨

⑦　公益信託ニ関スル法律（大正11年法律第62号）第１条に規定する公益信託であるときは、その旨

⑧　信託の目的

⑨　信託財産の管理方法

⑩　信託の終了の事由

⑪　その他の信託の条項

受益者指定権等を有する者、信託管理人、受益者代理人の定めがない場合や、受益証券発行信託、受益者の定めのない信託、公益信託に該当する特殊な信託でない場合は、上記のうち①、⑧～⑪のみを記載することになります。

信託目録の「３．受益者に関する事項等」には、受益者の住所と名前を記載しますが、上記②～⑥の事項のいずれかを登記したときは、受益者の具体的な情報を記載する必要はありません（不登法97②）。なお、受益者代理人が設定されている場合には、受益者代理人が代理する受益者に限り、具体的な記載を省略することができます。

信託目録の「４．信託条項」の欄には信託の主な内容を記載します。

まず、当該信託が行われた目的を記載し、「信託財産の管理方法」には受託者の権限や、当該権限が制限されたり、委託されたりしている場合にはその内容を記載します。そして、信託が終了する場合を記載し、「その他信託の条項」の部分には、受益権の譲渡・質入れに関する事項や、信託終了時の信託財産の交付を受ける者等を記載します。

Q109 賃貸不動産を信託する場合の手続き

賃貸不動産を信託する場合、不動産の所有権が委託者から受託者に変更されます。ここで、賃貸契約を結び直す必要がありますか。また、ほかに必要な手続きはありますか。

Answer

賃貸契約を締結し直す必要はありません。なお、賃貸料の受取口座が受託者の口座に代わる旨の通知を賃借人にする必要があります。

〔賃貸不動産の信託と借地人に対する手続き〕

賃貸契約の賃貸人の地位は、建物の信託と同時に賃借人の承諾なく受託者に移転します。

（注） 賃貸契約を締結し直す必要はありませんが、賃借人に振込口座が受託者の口座に変更する旨の通知をする必要があります。

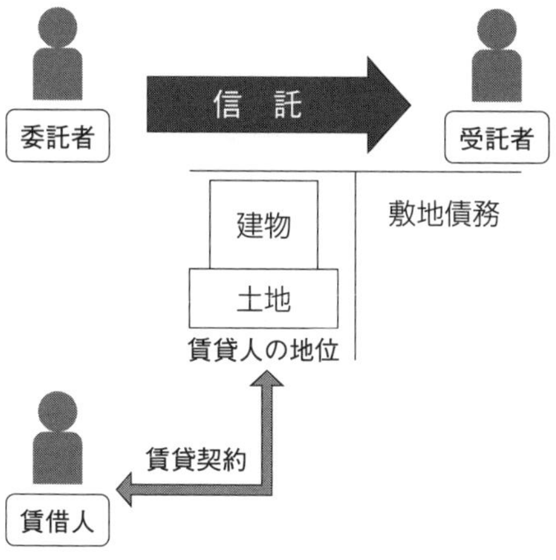

解　説

私法上、信託は譲渡の一形態と整理されますので、賃貸不動産の信託による所有権移転の手続きは、譲渡と同様の取扱いになります。

信託により賃貸不動産の所有権が委託者から受託者に移転した場合、賃貸契約の賃貸人の地位は、賃借人の承諾なく、当然に委託者から受託者に移転します（民法605の３）。受託者が賃貸契約を締結し直さなくても、信託の後、従前と同様の条件で受託者が新たな賃貸人になり、賃借人との契約が成立することになります。なお、これを賃借人に対抗するためには、委託者から受託者への所有権の移転の登記をしなければなりません（民法605の２③）。

賃借人が賃貸人に預け入れていた敷金は、信託により委託者から受託者に移転します（民法605の２④）ので、信託後は当該敷金の返還義務を受託者が負います。

（注）　**口座変更の通知**

賃貸不動産を信託すると、賃貸人は受託者に変更され、賃料の振込口座が受託者の信託用の口座に変更されます。受託者は賃借人にはその旨の通知をする必要があります。

（補足）　賃貸人の地位を移転させないケース

信託条項（信託契約書等）で、賃貸人の地位を受託者に移転させず委託者に留保すると共に受託者が委託者に賃貸する旨の合意をしたときは、賃貸人の地位は移転しません（民法605の２②）。

したがって、賃借人に対する振込口座の変更通知等の事務手続きを省略することが可能です。なお、この場合も、委託者と受託者の賃貸借が終了した場合は、委託者に留保されていた賃貸人の地位が受託者に移転します。

〔賃貸人の地位を移転させずに信託するケース〕

信託条項（信託契約書等）で賃貸人の地位を委託者に留保する旨を定め、受託者が委託者に賃貸する旨を合意すれば、賃借人との賃貸契約の賃貸人の地位は異動しません。振込口座の変更も不要です。

（注） 受託者と委託者との賃貸契約が終了した場合、委託者に留保されている賃貸人の地位は受託者に移転します。

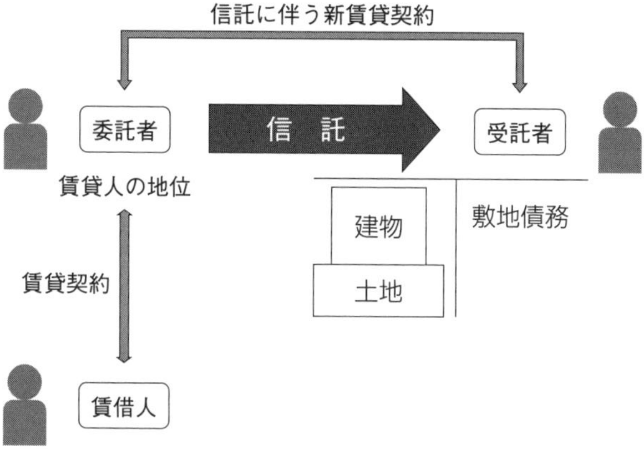

第7章 不動産の信託

Q110 借地権の信託と混同による消滅

借地権者と底地権者が同一者に帰属した時は、借地権は混同により消滅するとされています（民法179、520）。以下①から③のような信託をした場合、借地権は消滅しますか。

① 個人Ｂが所有する土地を同族法人Ａ社に賃貸し、Ａ社は当該借地に建物を所有しています。Ａ社が建物と借地権を、個人Ｂを受託者として信託します。この場合、借地権者と底地権者が同一者になりますが、借地権は消滅しますか。

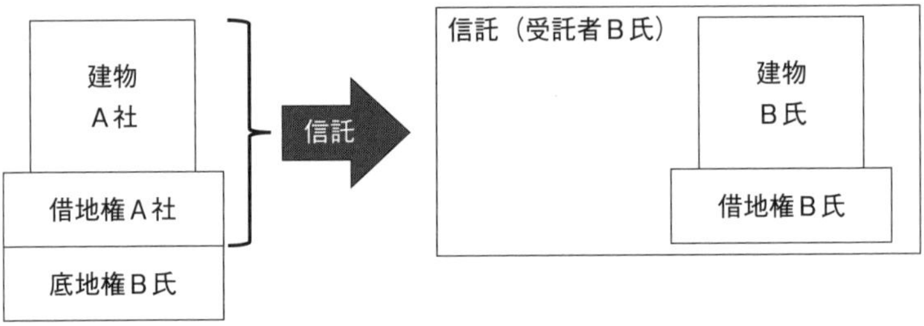

② 個人Ｂが所有する土地を同族法人Ａ社に賃貸し、Ａ社は当該借地に建物を所有しています。Ａ社が建物と借地権を、Ｂ氏が底地権を同じ信託（受託者Ｘ）に信託すると借地権は消滅しますか。

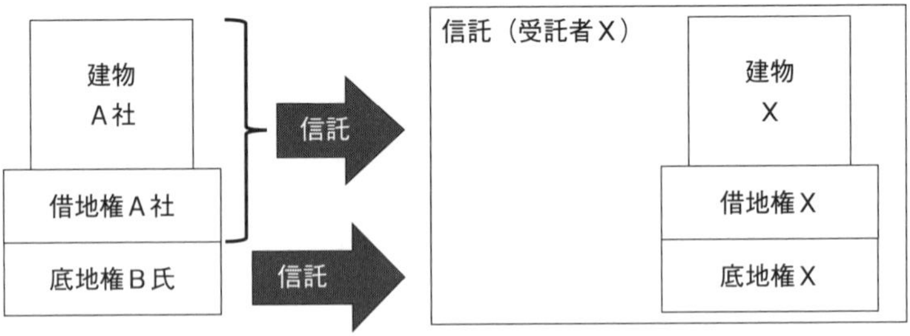

③　個人Ｂが所有する土地を同族法人Ａ社に賃貸し、Ａ社は当該借地に建物を所有しています。Ａ社が建物と借地権を、Ｂ氏が底地権をそれぞれ別の信託として同一の受託者Ｘに信託します。この場合、借地権者と底地権者が同一者になりますが、借地権は消滅しますか。

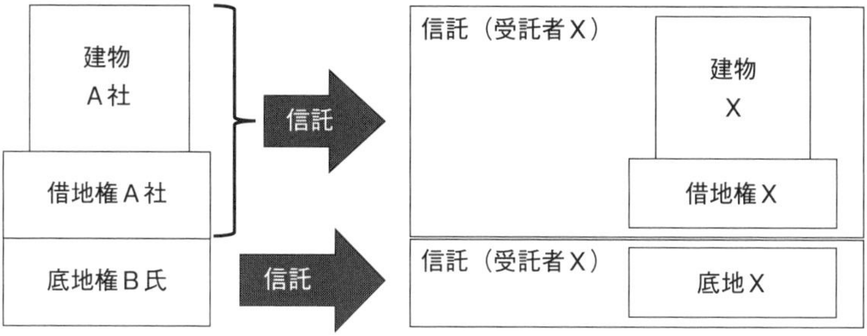

Answer

①と③の場合、借地権は消滅しませんが、②の場合は消滅します。

解　説

〔①の場合〕

借地権と底地権は同一の者（Ｂ氏）に帰属しますが、信託法の規定により、借地権と底地権が同一の者に帰属した場合であっても、信託財産と固有財産又は他の信託財産との間では、民法の規定による混同は生じません（信法20）。本件は、借地権も底地権もＢ氏に帰属しますが、借地権は信託財産に帰属し、底地権は固有財産に帰属しますので、借地権は消滅しません（信法20）。税務上も、当該信託の受益者がＡ社であれば、信託の前後でＡ社の財産に異動はないものと整理されますので、課税関係は生じません。

〔②の場合〕

私法上、借地権と底地権が同一の信託の受託者に帰属することになると、混同により借地権は消滅します（民法179①，520)。そして、質的に異なる受益権を設定しない限り（**補足1**参照)、A社が有する受益権の割合が仮に60％で、B氏が有する受益権の割合が40％だったとすると、信託前にA社が所有していた建物と借地権の40％と、信託前にB氏が所有していた底地の60％が交換されたものとして、税務上、A社及びB氏において譲渡を認識する必要があります。

（補足1） 信託財産のうち受益者に属する権利の内容について質的に均等でない信託が認められており、「改正税法のすべて（平成19年)」には以下の記載があります。

「ある受益者は信託財産に属する土地の底地権を有し、他の受益者は当該土地の借地権を有するものとみなされる場合もあるといったように、信託行為の実態に応じて、帰属を判定するものと考えられます。」

そこで、信託契約等で受益権の内容を、受益者Aには従前と同様の条件による土地賃貸契約を擬制した場合の借地権が帰属し、受益者B氏には底地権が帰属する旨を定めることにより、私法上は当該信託により借地権が消滅しますが、税務計算上は借地権があるものとして計算することが可能です。この場合、税務上はA社とB氏の間で譲渡を認識する必要は生じません。ただし、このように質的に異なる信託については、事例が少なく、整理が複雑になり、慎重な対応が求められます。

（補足２） 本件事例において、建物に抵当権が設定されている場合、つまり抵当権が設定された建物と借地権及び土地が同じ信託に信託された時は、私法上、混同により借地権は消滅しません（民法179①但書，520但書）。ただし、税務上は（**補足１**）のように質的に異なる受益権を定義しない限り、上記のようにＡ社とＢ氏それぞれに譲渡を認識する必要があります。

〔③の場合〕

本問のケースでは、信託により借地権と底地権は同一の者（Ｘ）に帰属しますが、信託法によると、借地権と底地権が同一の者に帰属した場合であっても、信託財産と固有財産又は他の信託財産との間では、民法の規定による混同は生じません（信法20）。本件は、借地権も底地権もＸに帰属しますが、借地権と底地権はそれぞれ別の信託財産に帰属しますので借地権は消滅しません（信法20）。Ａ社が委託者として行った信託の受益者がＡ社で、Ｂ氏が委託者として行った信託の受益者がＢ氏であれば、税務上は、信託の前後で財産に異動はないものと整理されますので、課税関係は生じません。

なお、借地上の建物を信託する場合、建物が賃貸物件であっても借家人の承諾は必要ありません（**Ｑ109**参照）が、土地所有者の承諾が必要になります（※）。

（※） 通常、借地権は賃借権として設定されますので、借地権を移転する場合に地主の承諾が必要になります（民法612）。ただし、一般的ではありませんが、賃借権が地主の承諾を得て登記され、賃借権の譲渡等を許容する旨の特約も登記されている場合や、借地権が地上権である場合には地主の承諾は不要です。

Q111 信託不動産の賃貸と適格請求書

信託された不動産の賃貸については、受託者が貸主となり賃貸契約を締結します。当該賃貸料の請求にかかる適格請求書（インボイス）は受託者が作成すればよいでしょうか。

Answer

信託された不動産を賃貸する場合、税務上は受益者が賃貸人とみなされます（法人課税信託を除きます。）ので、賃借人が仕入税額控除を受けるためには、受益者が適格請求書発行事業者であることが必要です。そして、原則として受益者が適格請求書を交付することになります。しかし、信託された不動産の賃貸契約は、受託者が賃貸人となって締結し賃貸料の受領・管理を行いますので、実務上は、以下②③のように受託者が適格請求書を作成するものと考えます（適格請求書の発行を省略することができる場合は（**補足２**）参照。）。

〔信託不動産の賃貸に係る適格請求書の対応方法〕

① 受益者が適格請求書（受益者の登録番号等を記載）を発行する。

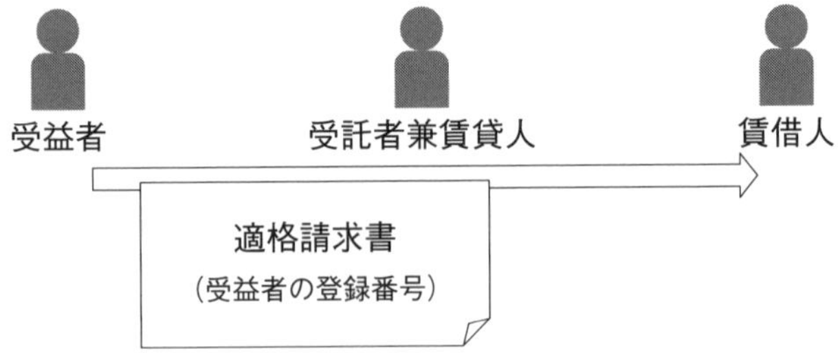

※　適格請求書には、本件賃貸物件は信託財産に属し、賃貸人は当該信託の受託者であり、賃貸料は受託者の口座で受領するが、当該信託の受益者が適格請求書を作成する旨を記載して交付します。

② 賃貸人が適格請求書（受益者の登録番号を記載）を代理して発行する。

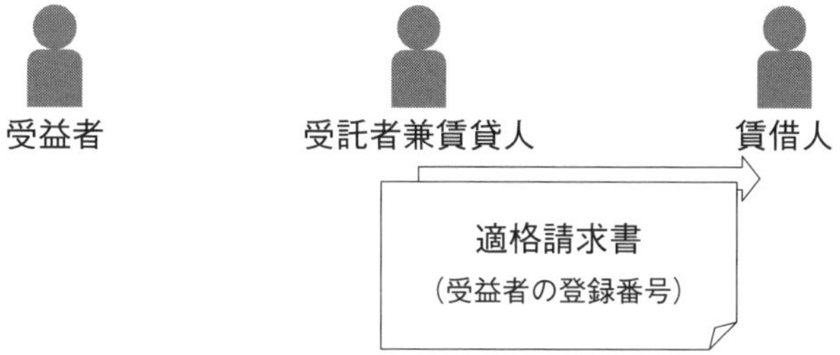

※　適格請求書には、本件賃貸物権は信託財産に属し、賃貸人は当該信託の受託者であり、賃貸料も受託者が受領するので、受益者の代理として受託者が適格請求書（受益者の氏名又は名称と登録番号を記載）を作成する旨を記載して交付します。

③ 賃貸人が適格請求書（賃貸人の登録番号等を記載）を発行する。

（注）賃貸人が適格請求書発行事業者である場合に限ります。

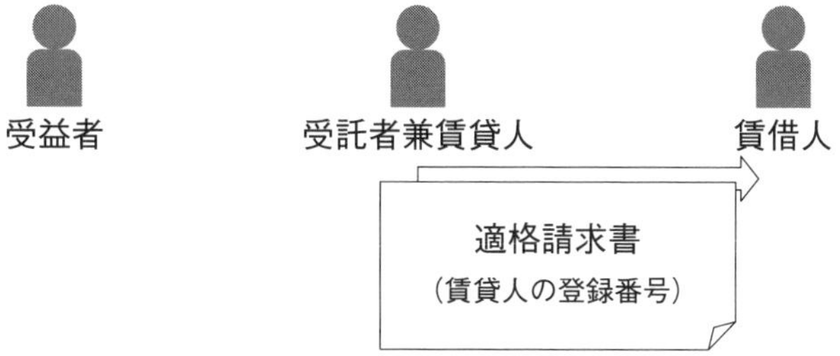

※　受益者が受託者に対し、受益者が適格請求書発行事業者である旨の通知をしていることが必要です。

解　説

信託された不動産の賃貸人は、消費税法において受益者とみなされます（消法14①）。したがって、賃借人が仕入税額控除を受けるためには、受益者が適格請求書発行事業者であることが必要になります。その上で、適格請求書の発行は以下①から③の方法があります。

①　受益者が適格請求書を発行

税務上の賃貸人は受益者になりますので、受益者が適格請求書を賃借人に交付することが原則です。ただし、賃借人が賃貸契約を締結した相手は賃貸人（受託者）であり、賃借人は信託の内容（受益者の氏名を含む）について認識がないことが通常です。そこで、賃貸物件が信託財産に属し、賃貸人は当該信託の受託者であり、受益者の氏名及び住所を賃借人に説明し、理解を得た上で（注）、受益者が適格請求書を発行します。

（注）　賃貸契約に、信託の内容と、適格請求書を受益者が発行する旨を記載しておくと当該説明は省略できるでしょう。

②　賃貸人（受託者）が受益者の適格請求書を代理して作成

上記①のように受益者が賃貸料の請求事務を行うことは一般的ではないでしょう。通常は受託者が賃貸料の請求事務及び賃貸料の受領管理を行います。そこで、実務上は受託者である賃貸人が受益者に代理して請求書を作成します（国税庁資料「消費税の仕入税額控除制度における適格請求書等保存方式に関するＱ＆Ａ」問48参照）。

ただし、賃借人は信託の内容（受益者の氏名を含む）について認識がないことが少なくありませんので、賃貸物件が信託財産に属し、賃貸人は当該信託の受託者であり、適格請求書を発行すべき受益者の氏名及び住所を賃借人に説明し、理解を得る必要があるでしょう（注)。その上で、受益者の代理として受託者が作成する旨と受益者の登録番号等が記載された適格請求書を受託者が作成し交付します。なお、ここで適格請求書に記載するのは受益者の氏名又は名称と登録番号であり、受託者が適格請求書発行事業者である必要はありません。

（注） 賃貸契約に、信託の内容と、受益者の適格請求書を受益者に代理して受託者（賃貸人）が作成し交付する旨を記載しておくと当該説明は省略できるでしょう。

③ 賃貸人（受託者）が自己の適格請求書を発行

信託の受託者が行う信託に係る取引は、媒介者交付特例（注）を適用することができると考えます。

（注） 媒介者交付特例とは、事業者（信託においては受益者（適格請求書発行事業者に限ります。））が媒介又は取次ぎに係る業務を行う者（信託においては受託者（適格請求書発行事業者に限ります。））を介して国内において課税資産の譲渡等を行う場合、媒介又は取次ぎを行う者（信託においては受託者）が事業者（信託においては受益者）から適格請求書発行事業者の登録を受けている旨の通知を受けているときは、当該媒介又は取次ぎを行う者（信託においては受託者）が、事業者（信託においては受益者）に代わって当該媒介又は取次ぎを行う者（信託においては受託者）の氏名又は名称及び登録番号等を記載して適格請求書を交付することができる特例です（消令70の12)。

媒介者交付特例を適用すれば、賃貸人（受託者）が発行する適格請求書（賃貸人の氏名又は名称と登録番号を記載）を交付することができます。上記①②のように賃借人に信託の内容についての説明をする必要はありませんし、適格請求書に受益者の氏名又は名称と登録番号を記載する必要もありません。この対応が最も簡便でしょう。

なお、媒介者特例を適用するには、受益者が適格請求書発行事業者であり、その旨を受益者が受託者に通知（注）していることが必要になります。

(注) 通知の方法は、受益者が自己の登録番号を受託者に書面等により通知するか、信託契約書等に受益者の登録番号を記載する方法があります（消基通1－8－10）。

そして、受託者は適格請求書の写し（又は電磁記録）を保存し、受益者に交付（注）しなければなりません。受益者は当該適格請求書の写し（又は電磁記録）を保存する必要があります。

(注) 信託契約書等に適格請求書の写しを受託者に保存させる定めがある場合や、適格請求書の写しが大量になるなど交付することが困難な場合、受託者及び受託者から信託事務の委託を受ける者が適格請求書の写しを保存し、受益者に適格請求書の写しを交付する代わりに、受益者の納税義務の履行のために必要な情報が記載された文書を作成し交付してもよいとされてます（消基通1－8－11）。

（補足1） 信託にかかる受益者が複数の場合

受益者が複数である場合は、各受益者ごとに分けて、上記①から③の方法で同様に適格請求書を発行します。

(1) 受益者が適格請求書を発行する場合は、各受益者がそれぞれ適格請求書を発行します。

(2) 受託者が受益者の適格請求書を代理して作成する場合は、受益者ごとに適格請求書を分けても良いですし、一括して作成してもかまいません。なお、一括して作成する時は、各受益者の名前又は名称と登録番号及び当該各受益者の明細（各受益者に分けて計算した取引の税抜価額又は税込価額を税率の異なるごとに合計した金額と税率及び消費税額の明細）を記載する必要があります。

(3) 媒介者特例により受託者が適格請求書を発行する場合は、受益者ごとに取引の税抜価額又は税込価額を税率の異なるごとに合計した金額と税率及び消費税額を記載することが原則で、上記②と同様です。しかし、媒介者特例により受託者が適格請求書を発行するときは、各受益者の取引をまとめて税抜価額又は税込価額を税率の異なるごとに合計した金額と税率及び消費税額を記載した適格請求書を発行することも認められます。ただし、受託者は各受益者に各受益者の納税義務の履行のために必要な情報が記載された文書を交付する必要があります。

(注) **受益者の一部が適格請求書発行事業者でない場合**

受益者の一部が適格請求書発行事業者でない場合は、適格請求書発行事業者である受益者とそれ以外の受益者に区分した時は、適格請求書発行事業者である受益者に係るものだけを適格請求書とすることができます（国税庁資料「消費税の仕入税額控除制度における適格請求書等保存方式に関するQ&A」問49参照）。

（補足２） 継続的取引の特例的な取扱い

不動産の賃貸契約のように継続的な取引については、賃貸契約書又は賃借人に遅滞なく交付された通知書等において、適格請求書発行者事業者の氏名又は名称と登録番号及び賃貸料（税抜価額又は税込価額）並びに適用税率及び消費税額の記載があり、適格請求書として必要な情報のうち当該契約書又は通知書で確認ができない内容について、それを証する書類（振込明細書又は通帳等）が賃借人で保存されている場合、契約書を含めた書類全体で適格請求書の記載事項の要件を満たすので、都度、適格請求書の交付を受ける必要はありません（国税庁質疑応答事例「家賃を口座振替・口座振込により支払う場合の仕入税額控除の適用要件」）。

そこで、賃借人による賃貸料の支払については、一般的には上記①から③の方法で賃借人が適格請求書の交付を受けず、仕入税額控除を適用することが認められます。

〔適格請求書の交付を省略できる場合〕

賃貸契約又は通知書 ・賃貸人の氏名又は名称と登録番号 ・賃借人の氏名又は名称 ・賃貸物件と賃貸期間、賃貸料（税込価額又は税抜価額）、適用税率と消費税額、支払期日 賃借人において保管する支払明細書又は通帳 ・支払金額と支払日	書類全体で適格請求書の記載事項を満たせば、適格請求書の受領の必要はない。

第8章

法人課税信託
～受益者等が存しない信託～

Q112 受益者がいない信託の課税関係の基礎

受益者がいない信託について、課税法上の基本的な考え方を教えてください。

Answer

受益者がいない信託の基本的な考え方は、一般的な受益者等課税信託と比較すると以下のように整理できます。

〔受益者がいない信託と受益者等課税信託の比較〕

	受益者がいない信託	受益者等課税信託 （通常の受益者が信託財産を所有するものとみなす信託）
課税法上の信託財産の所有者	受託者	受益者
受益権の相続評価	—	信託財産の評価
受託者	個人の場合、会社とみなします。	—
受託者の課税関係（信託期間中）	信託財産から生じる所得を申告（信託財産以外の受託者固有の財産からの所得とは分けて申告します。）	課税関係なし
受益者の課税関係（信託期間中）	—	信託財産から生じる所得を申告
信託による財産の移転（委託者から受託者への移転）	委託者から受託者への財産の贈与とみなします。	委託者から受益者に信託財産が移転したものとみなします（委託者＝受益者の場合は課税関係なし）。

解　説

受益者が存在する信託（受益者等課税信託）の場合、原則として、信託財産は受益者が有するものとして考えます。これに対して、受益者が存しない信託は、本来課税すべき受益者がいないので、受託者が信託財産を有するものと考えることになります（法法４の６）。

したがって、信託時には、信託財産が委託者から受託者に移転しますので、これに対して課税関係が生じます。課税関係の詳細については、Q113～120を参照していただきたいのですが、以下にその概要を記します。

まず、受託者が個人である場合も会社とみなして課税関係を整理します。したがって、委託者から受託者（会社とみなします。）に対して財産が移転した場合には、委託者は信託財産の譲渡損益を計算する必要が生じます。さらに、受託者（会社とみなします。）は信託財産の贈与を受けたとみなして受贈益に対する法人税が課税されます。また、受益者がいない信託に財産を移転して相続税を逃れようとすることを防止する意味で、信託時に、受託者（今度は個人とみなします。）が信託財産の贈与を受けたものとみなして、受託者に贈与税（受託者を法人とみなして計算された受贈益に対する法人税相当額は控除できます。）が課税されます。

このように受益者がいない信託は、租税回避を防止する観点から複雑な課税関係が整備されています。税負担の観点からは決して有利とは言えない信託ですので、実務上はあまり利用されることはないでしょう。

したがって、受益者がいない状態にならないように信託行為（信託契約等）を作成することが一般的です。

なお、信託行為（信託契約等）において受益者がいない場合であっても、税務上、受益者とみなされる者（Q81参照）が存する場合には、受益者が存しない信託には該当せず、受益者等課税信託に該当します。

Q113 受益者がいない信託の課税関係（信託時）

祖父が所有する土地を、父を受託者として信託をしようとしています。なお、信託した際の受益者はいないものとされており、祖父が亡くなったときに、祖父の孫である私が受益者になるように定められています。

この信託をした場合（受益者が存在しない場合）の課税関係について教えてください。

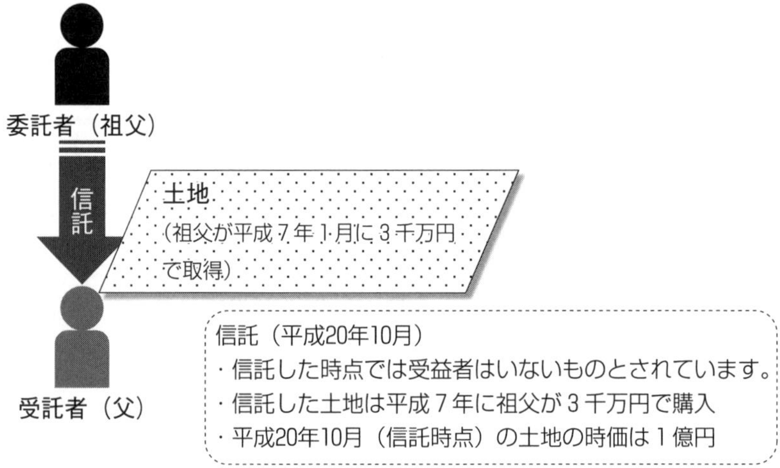
委託者（祖父）
信託
土地
（祖父が平成７年１月に３千万円で取得）
受託者（父）
信託（平成20年10月）
・信託した時点では受益者はいないものとされています。
・信託した土地は平成７年に祖父が３千万円で購入
・平成20年10月（信託時点）の土地の時価は１億円

Answer

受益者がいない信託については、信託財産は委託者（祖父）から受託者（父）に贈与されたものとみなして課税関係を整理します。

なお、受託者は個人であっても会社とみなされます。

⑴　祖父の課税関係（委託者）

祖父は、土地を父（会社とみなします。）に対して贈与したとみなします。法人に対する贈与は、時価で譲渡したものとみなします（所法59①一）。

したがって、祖父は、土地を時価１億円で売却したものとみなして譲渡税額を計算します。

譲渡所得＝時価１億円－簿価３千万円＝７千万円 長期譲渡所得税＝譲渡所得７千万円×20%※＝14百万円

※　2013年１月～2037年12月までは復興特別所得税により、所得税額の2.1%が上乗せになります（住民税はそのままです。）。そのため20%は20.315%となります。

⑵　父の課税関係（受託者）

受益者のいない信託の受託者は、会社とみなされますので、父は法人の設立の届出をし、１億円の受贈益を計上します（法人税の申告において計上します。）。さらに、その１億円の受贈益に対して贈与税が課税されることになります（１億円の受贈益に対する法人税等の額は贈与税額から控除されます。）。

⑶　私の課税関係（将来受益者になると指定されているもの）

信託の効力発生時においては、受益者としての権利を有しませんので課税関係は生じません。

解　説

原則として、受益者が存在する信託においては、受益者が信託財産を有するものとみなして受益者に課税しています。しかし、受益者が存在しない信託の場合、このままでは課税すべき者がいなくなってしまいますので、課税法上は、受託者が信託財産を所有するものとみなして課税関係を整理することにしています（所法6の2②、法法4の6②）。さらに、信託財産を所有する受託者は、個人である場合であっても会社とみなされます（所法6の3三、法法4の7三）。

このように、受託者が財産を所有するものとみなして考える信託を法人課税信託といいます（法法2二十九の二）。法人課税信託にはいくつかの類型がありますが、受益者がいない信託は、法人課税信託の一つに分類されています（法法2二十九の二ロ）。

本問の場合、委託者（祖父）が所有する土地を信託により受託者（父）に移転するのですが、課税法上は、贈与により移転したものとみなされます（所法6の3七）。ここで、贈与する者は委託者（祖父）で、贈与を受ける者は受託者（父）になりますが、受託者（父）は会社とみなされます。したがって、本問の課税関係は、以下のように考えられます。

(1)　委託者（祖父）の課税関係

委託者（祖父）が受託者（会社とみなす）に対して信託財産（土地）を贈与する取引については、時価で信託財産（土地）を譲渡したものとみなして考えます。したがって、委託者（祖父）は、譲渡所得税を計算しなければなりません（所法6の3七、59①一）。

(2)　受託者（父）の課税関係

受託者（父）は、取得した信託財産の価額に対して法人税と贈与税が課税されることになります。

(i) 法人税について

受託者（会社とみなします。）は、信託財産（土地）の贈与を受けたものとして、土地の時価（1億円）の受贈益を計上します。

なお、受託者を法人とみなしますので、受託者（父）は法人として、土地を時価で受け入れ処理することになります。

具体的には次のように税務処理されるものと考えます。

土地	1億円	／	受贈益	1億円

なお、受託者は法人ではないのですが、法人税を課するために、個人である場合にも会社とみなされます。そして、その会社は法人課税信託の効力発生日に設立されたものとされます（法法4の7七）。

したがって、受託者（父）は、法人等の設立の届出書を設立日（信託の効力発生日）から2か月以内に提出する必要があります（法法148②、149②）。受託者が既に設立されている法人の場合においても、別途、法人課税信託にかかる会社の設立届出書を提出する必要があります。さらに、青色申告の承認を受ける場合も通常の法人の設立の場合と同様に、承認の届出書等を提出等する必要があります。

なお、これらの申告・申請等を行う場合には、法人課税信託の名称を併記しなければなりません（通規15）。

また、法人課税信託に係る法人税の申告に自署し、自己の押印をすべき者は、受託者が法人である場合には当該受託法人の代表者が行い、受託者が会社とみなされる個人である場合には当該個人が行います（法法151①④）。したがって、本問の場合は受託者である父が署名・押印をすることになります。

(ii) 贈与税について

親が子に財産を贈与すると、子供に贈与税が課税されます。一方で、親が委託者となり、受益者が存しない信託をした際に贈与税を課税しないと、原則として、後日子供が受益者になったときには贈与税が課税されません（Q116参照）ので、結果として、贈与税の課税がもれてしまいます。そこで、受益者がいない信託をした時で、将来の受益者として予定されている者が委託者の親族である場合に限り、受託者が得る受贈益に対して贈与税が課税されます（相法9の4①）（注1）。

本問の場合、父は祖父から不動産の贈与を受けたものとして贈与税が課税されます（注2・3）。なお、贈与税が課税される不動産の評価は財産評価基本通達に従って評価して良いものと考えます。

以上により、受託者が受領した信託財産の価値に対して法人税と贈与税が二重に課税されてしまいます。そこで、贈与税の金額から法人税その他の税の額（注4）を控除して贈与税を計算することになります（相法9の4④）。なお、贈与税額よりも法人税その他の税の額の方が大きい場合には、控除できる金額は贈与税額となります。つまり、贈与税から法人税、その他の税の額を控除してマイナスになる（税額が還付される）ことはありません。

（注1） 贈与税が課税されるのは、将来受益者となる者※(本問の場合は委託者(祖父)の孫)が委託者(本問の場合、祖父)の親族である場合に限ります。

なお、将来受益者になる者が複数名存する場合で、そのうちに1人でも委託者の親族がいるときには受託者に対する贈与税が課されます（相基通9の4－3）。

※　受益者となる者が明らかでない場合は、信託が終了した場合に残余財産の給付を受けることになる者により判断します。

（注２）　本問において、受託者は個人ですが、受託者が個人でない場合には、受託者を個人とみなして贈与税が課税されます（相法９の４③)。

（注３）　贈与の申告にあたっての注意点

・　本件は、委託者から受託者に対して贈与があったものとみなして贈与税の申告を課しています。これは課税法上、委託者から将来受益者となる者に対する贈与税と考えられるのですが、将来受益者となる者は信託時点においてはまだ受益者になっていないために課税することができません。そこで、将来受益者になる者の代わりに受託者に課税をするのです。したがって、受益者がいない信託の受託者にかかる贈与の申告は、受託者が信託とは関係なく受けた贈与にかかる申告とは別々に計算して申告することになります（相令１の10①)。

・　本件は、祖父から父への贈与ですので相続時精算課税による贈与税の申告ができるかどうかが論点になります。この点について、父は信託の“受託者として”贈与課税を受けるだけですから、相続時精算課税制度による贈与税の申告はできません（相令１の10①)。

・　相続又は遺贈により財産を取得した者が、被相続人から相続開始年に贈与を受けた財産について（相続税に組み入れられるため）贈与税が課されない特例の適用はありません（相令１の10①)。

・　受託者が委託者の配偶者であっても、あくまで受託者として贈与税を課するものですので、贈与税に関する配偶者控除（２千万円控除）は適用されません（相令１の10①)。

（注４）「法人税その他の税の額」とは、信託財産の価額から、信託財産の価額を所得とみなして計算した事業税の額を控除した金額を所得とみなして計算した法人税・道府県民税・市町村民税及び事業税の額の合計額をいいます（相令１の10⑤)。

〔受益者が存しない信託の効力発生時の課税関係〕

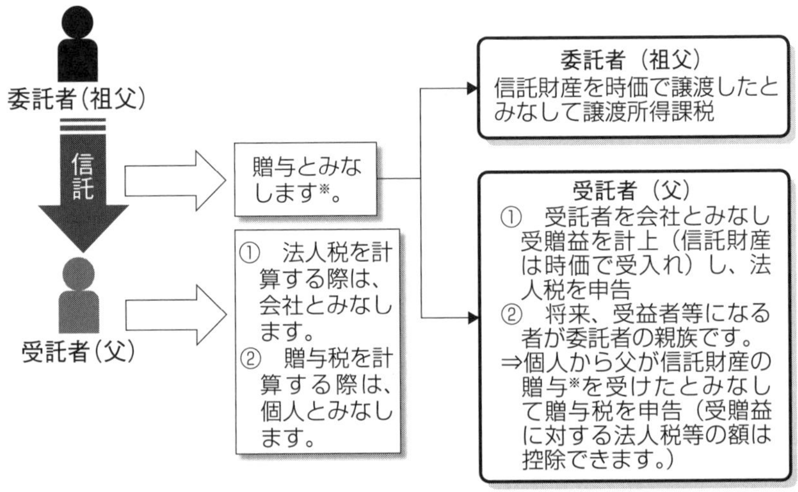
委託者(祖父)
信託
受託者(父)
贈与とみなします※。
① 法人税を計算する際は、会社とみなします。
② 贈与税を計算する際は、個人とみなします。
委託者（祖父）
信託財産を時価で譲渡したとみなして譲渡所得課税
受託者（父）
① 受託者を会社とみなし受贈益を計上（信託財産は時価で受入れ）し、法人税を申告
② 将来、受益者等になる者が委託者の親族です。
⇒個人から父が信託財産の贈与※を受けたとみなして贈与税を申告（受贈益に対する法人税等の額は控除できます。）

※　委託者の死亡により、受益者の存しない信託の効力が生じた場合には、遺贈とみなし、相続税が課税されます（相法９の４①）。詳細はQ110を参照してください。

（補足）　受益者が存することになった場合

(1)　将来受益者になる者（委託者の親族とします。）が、実際に受益者になった場合には、信託財産が受託者から受益者となる者に移転すると考えます。しかし、信託時に、受益者となる者に対する贈与課税が、受益者となる者に代わって受託者に対して既に課税されています。そのために、受託者から受益者となる者に信託財産が移転する際の課税は、信託時に済んでいると考え、当該受益者に課税はなされません（Q116参照）。

(2)　本問で、将来受益者になる者（将来受益者となる者が明らかで

ない場合には、信託が終了した場合に残余財産を取得する者）が委託者の親族でない場合には、受託者に贈与税は課税されません。

ただし、受益者が存することになった場合に、当該受益者になる者が委託者の親族であった場合には、個人から贈与を受けたものとみなして受益者になる者に贈与税が課税されます（相法９の５）。

Q114 受益者が存しない信託の課税関係（受益者が存在しなくなった場合）

祖父が所有する土地を、父を受託者として信託しています。当初は祖父を受益者とし、祖父が亡くなった場合には当該受益権が消滅して、孫（信託効力発生時においてまだ生まれていません。）が受益権を取得する旨が定められていました。

この度、祖父が亡くなり、祖父が有する受益権が消滅しましたが、孫はまだ生まれていません。このときどのような課税関係が生じるのでしょうか。

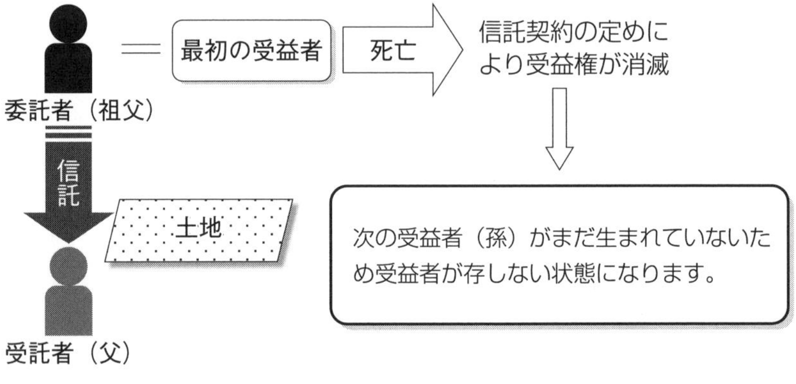

Answer

祖父が亡くなると、受益者が存しないことになります。受益者が存しない信託は、課税法上、受託者が信託財産を有するものと考えます。

したがって、祖父が亡くなったことにより、信託財産（土地）は、旧受益者（祖父）から受託者（父）に贈与されたものとみなされます。

⑴　祖父の課税関係（旧受益者）

祖父は、信託財産（土地）を受託者（会社とみなします（所法６の３三）。）に贈与したものとみなしますので（所法６の３七）、時価で信託財産（土地）を譲渡したものとみなして譲渡所得税が課税されます（所法59①）。

⑵　父の課税関係（受託者）

受益者のいない信託の受託者は、会社とみなされますので、父は法人の設立の届け出をし、信託財産（土地）の時価相当額の受贈益を計上します（法人税の申告において計上します。）。

次に、受託者（父）は、個人から遺贈により信託財産（土地）を取得したものとみなして相続税が課税されます（相法９の４②）。なお、受託者を法人とみなして課されるべき受贈益に対する法人税相当額は控除されます（相法９の４④）。

解　説

受益者が存する信託は、受益者が信託財産を有するものと考えます。他方、受益者がいない信託は、課税すべき受益者が存しないため、受託者が信託財産を有するものと考えます。

信託法上は、受益者（祖父）が亡くなっても、信託財産の所有権は受託者（父）から移動しません。しかし、課税法上は、元の受益者（祖父）から受託者（父）に財産が移転したとみなして考えます。なお、この場合に、受託者（父）は会社とみなされます（所法6の3三）。

したがって、信託財産は、個人から法人に贈与されたものと考えます。

⑴ 前の受益者（祖父）の課税関係

祖父（個人）が父（会社とみなします。）に贈与した場合には、個人が贈与財産を法人に時価で譲渡したものとみなします（所法6の3七、59①一）。

したがって、祖父には、信託財産を時価で父に譲渡したものとみなして、譲渡所得税（税率20％（注）（住民税を含みます。））が課税されます。

（注） 復興特別所得加味すると20.315％となります。

⑵ 受託者（父）の課税関係

受託者（父）は、信託財産の贈与を受けますが、当該受贈益に対して法人税と相続税が課税されます。

(i) 法人税について

まず、受託者は会社とみなされますので、当該受贈益（注１）に対して法人税が課税されます。なお、受託者（父）は会社として、法人の設立届出書を提出し、青色申告をする場合には承認申請をします。

(ii) 相続税について

以下の場合（注２）には、受託者（受託者が個人以外であるときは、当該受託者を個人とみなします（相法９の４③）。）に対して贈与（前の受益者の死亡により受益者が存しなくなった場合には遺贈）されたものとみなして贈与税（相続税）が課税されます（相法9の4②）。

本問の場合、委託者（祖父）と次に受益者となる者（孫）は親族です。したがって、受益者である孫は存在しないので、前の受益者（祖父）から受託者（父）に対して相続があったものとして相続税（注3・4・5）が課税されます。相続税を計算するにあたり、信託財産の評価が必要になりますが、当該評価は財産評価基本通達に基づいて計算することができると解されます（相法9の4①）。

（注1） 法人税を計算する際の受贈益は、信託財産の時価で計算します。

（注2） 受託者に対して贈与税又は相続税が課されるのは「次に受益者等となる者が、当該信託の効力発生時の委託者又は当該次に受益者等となる者の前の受益者等の親族であるとき（当該次に受益者となる者が明らかでない場合にあっては、当該信託が終了した場合に当該委託者又は当該次に受益者等となる者の前の受益者等の親族が当該信託の残余財産の給付を受けることとなるとき）に限ります（相法9の4②）。なお、次に受益者になる者が複数人存する場合で、そのうちに1人でも「信託の効力が生じた時の委託者」又は「次に受益者になる者の前の受益者」の親族がいるときには受託者に対する贈与税又は相続税が課されます（相基通9の4-3）。

（注3） 本問の場合、前の受益者の死亡に基因して受益者が存しないことになったので、相続税が課税されます。受益者が存しない状態が、死亡に基因していない場合には贈与税が課税されます。

（注4） 受贈益に対する法人税相当額（信託財産の価額から、信託財産の価額を所得とみなして計算した事業税の額を控除した金額を所得とみなして計算した法人税・道府県民税・市町村民税及び事業税の額の合計額をいいます（相令1の10⑤））が相続税から控除されます。

（注5） 相続税額計算の注意点

① 受託者が信託に係る被相続人の相続人である場合には、受託者の数は基礎控除を算定する際の相続人の数に算入しません（相令1の10④一）。

② 受託者に対する相続税の計算は、相続税の2割加算の規定を適用します（相令1の10④二）。

③ 相続開始前3年以内に贈与があった場合の相続財産に加算する規定（相法19）、相次相続控除（相法20）及び立木の評価（85%評価（相法26））の規定は適用しません。

〔受益者が存する信託について、受益者が存しなくなったときの課税関係〕

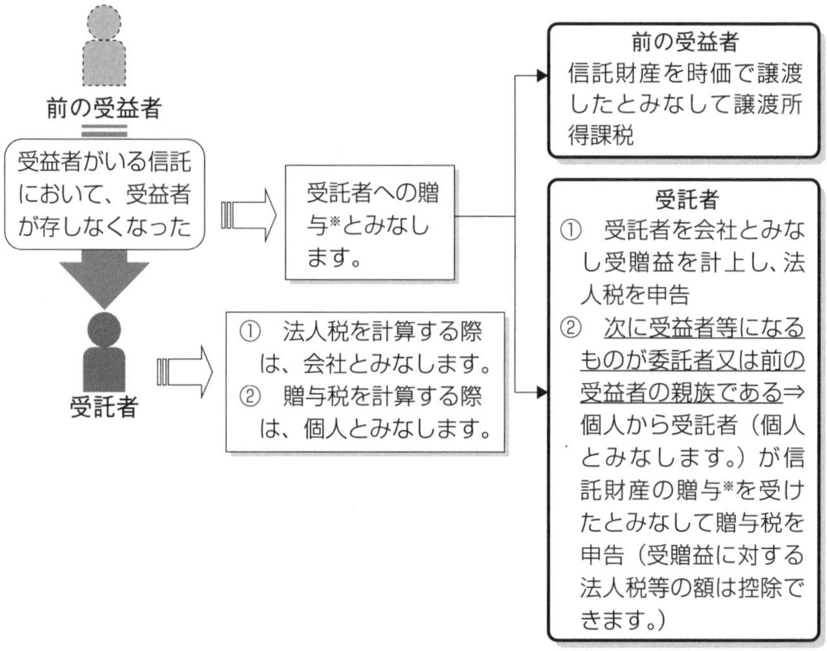

前の受益者
受益者がいる信託において、受益者が存しなくなった
受託者への贈与※とみなします。
受託者
① 法人税を計算する際は、会社とみなします。
② 贈与税を計算する際は、個人とみなします。
前の受益者
信託財産を時価で譲渡したとみなして譲渡所得課税
受託者
① 受託者を会社とみなし受贈益を計上し、法人税を申告
② 次に受益者等になるものが委託者又は前の受益者の親族である⇒個人から受託者（個人とみなします。）が信託財産の贈与※を受けたとみなして贈与税を申告（受贈益に対する法人税等の額は控除できます。）

※ 前の受益者の死亡により、受益者が存しないことになった場合には遺贈とみなし、相続税が課されます。

Q115 受益者がいない信託の課税関係（信託期間中）

祖父が所有する土地を、父を受託者として信託しています。信託してから受益者はいません。祖父が亡くなったときに、祖父の孫である私が受益者になるように定められています。祖父が亡くなるまで受益者がいないのですが、その間、不動産にかかる賃貸収入は誰が申告することになるのでしょうか。

Answer

受益者が存在しない期間の信託の課税関係について以下に記します。

⑴ 父の課税関係（受託者）

受益者がいない間は、受託者（父（法人とみなされます。））が、信託財産に係る所得を信託期間に従って法人税の申告として提出することになります。なお、父の信託財産以外の固有財産に係る所得については通常どおり所得税の申告を行います。

⑵ 祖父の課税関係（委託者）

課税関係は生じません。

⑶ 私の課税関係（将来受益者になると指定されているもの）

課税関係は生じません。

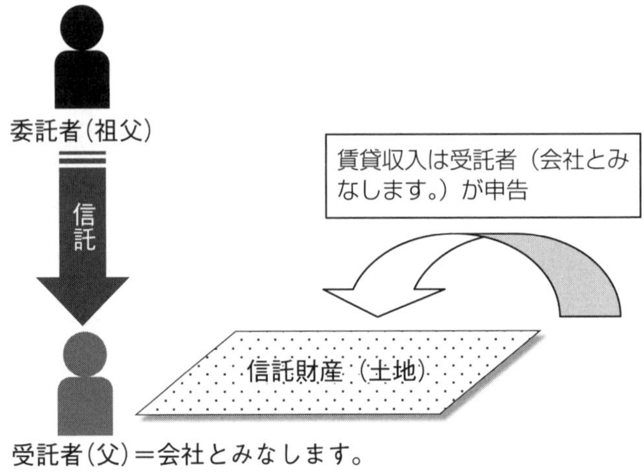
委託者(祖父)
信託
賃貸収入は受託者（会社とみなします。）が申告
信託財産（土地）
受託者(父)＝会社とみなします。

解　説

(1)　受託者の課税関係

受益者が存する信託は、受益者が信託財産を有するとみなして考えます（受益者等課税信託の場合）。受益者が存しない信託はこのままでは課税できなくなってしまうため、受託者が信託財産を有するものとみなして考えます。したがって、信託された財産にかかる所得は受託者が申告します（所法６の２②、法法４の６②)。なお、受託者が個人の場合であっても、会社とみなして考えます（所法６の３三、法法４の７三)。

本問の場合には、受託者（父）が信託財産（不動産）にかかる所得（賃貸収入の所得）の申告を所得税の申告ではなく、法人税の申告として行います。なお、この場合の申告の計算期間は１月１日～12月31日ではなく、信託の計算期間に従って申告することになります。よって、信託の計算期間が３月末決算であれば、４月１日～３月31日で申告することになります（注)。

なお、受託者については、中小企業に適用される法人税の軽減税率の適用はありません（法法66⑥）。受託者には、資本金という概念がありませんので、欠損金の繰戻還付制度（措令１の２③）、留保金課税の非適用（法令14の10⑥）、交際費の控除（措令１の２③）等の適用もありません。

（注）受託者が法人である場合においては、受託者の固有財産に係る法人税の申告と法人課税信託に係る申告とは別々に申告をすることになります（法法４の６①②）。例えば、受託者の計算期間が３月決算であっても、法人課税信託の契約書等で定められた計算期間が12月決算である場合には、別々の計算期間で別々に申告（固有財産に係る申告は３月決算で申告し、信託に係る申告は12月決算で別々に申告）することになります。

(2) 受益者の課税関係

受益者は存していませんので、課税関係は生じません。

〔受益者が存しない信託の課税上の考え方〕

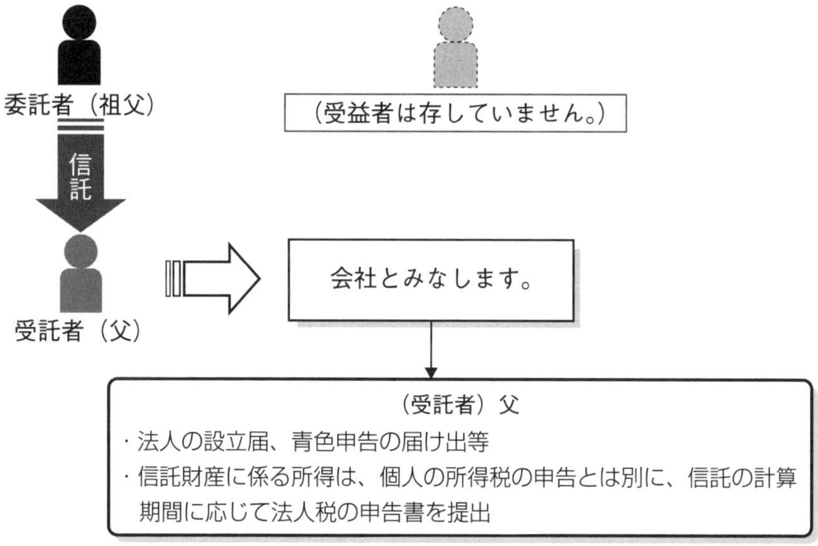
委託者（祖父）
信託
受託者（父）
（受益者は存していません。）
会社とみなします。
（受託者）父
・法人の設立届、青色申告の届け出等
・信託財産に係る所得は、個人の所得税の申告とは別に、信託の計算期間に応じて法人税の申告書を提出

Q116 受益者がいない信託の課税関係（受益者が存在することとなった場合①）

祖父が所有する土地を、父を受託者として信託しています。信託してから受益者はいませんでしたが、信託契約時に祖父が亡くなった場合、祖父の孫である私が受益者になる旨の指定がされていました。この度、祖父が亡くなり、祖父の孫である私が受益者となりました。この場合の課税関係について教えてください。

なお、信託の契約時において、孫である私は生まれていました。

Answer

受益者が存することになった場合の課税関係について以下に記します。

⑴ 受託者（父）の課税関係

帳簿価額で信託財産を受益者に引き継ぎをしたものとしますので、課税は生じません（法法64の３②）。

⑵ 受益者（委託者の孫）の課税関係

次のいずれかの場合、帳簿価額で引き継いだものとみなし、引き継ぎに伴う損益は認識しません（所法67の３①②⑧）。

・受益者が契約締結時等において存する。

又は、

・受益者が契約締結時等における委託者の親族でない。

〔信託の効力発生時において存する者（又は効力発生時の委託者の親族でない者）が受益者になった場合の課税関係〕

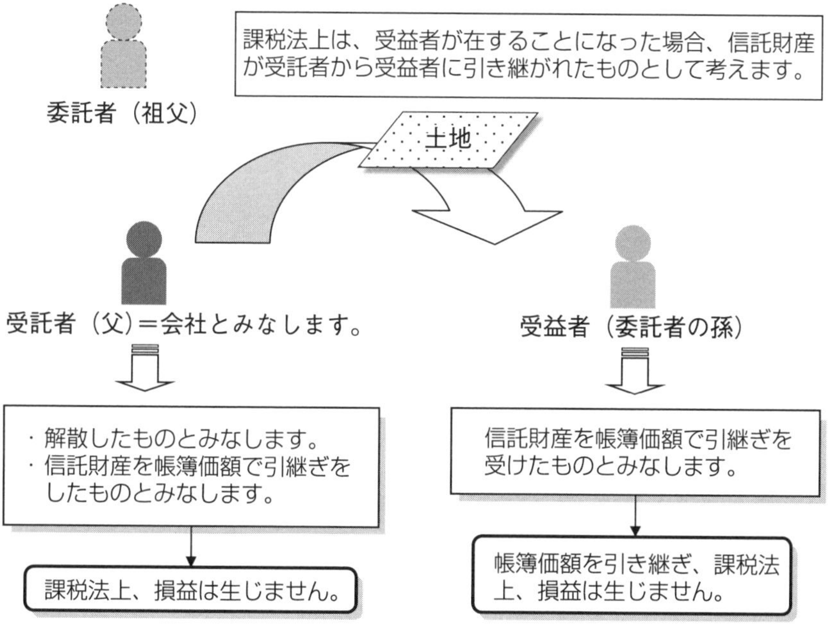
課税法上は、受益者が在することになった場合、信託財産が受託者から受益者に引き継がれたものとして考えます。
委託者（祖父）
土地
受託者（父）＝会社とみなします。
受益者（委託者の孫）
・解散したものとみなします。
・信託財産を帳簿価額で引継ぎをしたものとみなします。
課税法上、損益は生じません。
信託財産を帳簿価額で引継ぎを受けたものとみなします。
帳簿価額を引き継ぎ、課税法上、損益は生じません。

解　説

原則として、信託においては、受益者が信託財産を有するものと考えますが、受益者が存しない信託の場合、受託者が信託財産を有するものとみなして考えます（法法４の６②）。

そこで、受益者が存しない信託に、受益者が存することになった場合、信託財産が受託者から受益者に移転するものと考えます。ここで、当該信託財産の移転時の課税関係がどのようになるのかが論点となります。

なお、このように信託財産が受託者から受益者に移転すると考えるのは、課税法上の独特の考え方です。受益者が存することになっても、信託財産の所有権を有する者（信託財産の所有者）は受託者のままで変わりありません。

⑴ 受託者（父）の課税関係

受益者が存することになった場合、課税法上、信託財産は受託者から受益者に移転することになりますが、信託財産を時価で移転するのか、簿価で移転するのかによって課税関係が大きく異なります。この点については、帳簿価額による引き継ぎをしたものとして考えます（法法64の3②）。したがって、受託者において損益が計上されることはありません。

また、受託法人は受益者が存することになった時に解散があったものとされます（所法6の3五、法法4の7八）。

⑵ 受益者となる者（祖父の孫）の課税関係

受益者となる者が、信託契約締結時等（注1）において存する（注2）場合、又は信託効力発生時の委託者の親族でない場合には、受益者となる者は、信託財産を受託者から帳簿価額により引き継ぎを受けたものと考えます。したがって、受益者は受託者が存することになる直前における受託者の信託財産の帳簿価額により受け入れ処理をします（所法67の3①、所令197の3①）。

そして、受入れをする信託財産に属する資産の帳簿価額が負債の帳簿価額を超える場合には、当該超える部分の金額は収益となりますが、当該収益は所得税法上の収入金額に算入しないものとされています。

したがって、受入れ時に受贈益を計上し課税されることはありません（所法67の３②）。また逆に、信託財産に属する資産の帳簿価額が負債の帳簿価額を下回る場合には損失が計上されますが、これも所得税法上は生じなかったものとされています（所法67の３⑧、所令197の３③④）。

（注１） 信託は、契約の締結により成立するだけでなく、様々な方法により行うことができます（Q４参照）。「信託契約時等」とは、いずれの方法においても、当該信託の効力が生じた時をいいます。
　具体的には以下の時点です（相令１の11）。
　① 信託契約の締結による場合→締結時
　② 遺言による場合→遺言者の死亡時
　③ 信託宣言（委託者＝受託者）による場合
　　(イ) 公正証書又は公証人の認証を受けた書面若しくは電磁的記録による場合→公正証書の作成の時又は認証を受けた時
　　(ロ) 上記(イ)以外の書面又は電磁記録による場合→受益者として指定された者に対して確定日付のある証書による通知がされた時

（注２） 「存する」とはQ117（注）「存しない者」に該当しない者をいいます。したがって、出生していても信託の効力発生時において受益者と指定されていない者は「存しない者」になります。

(3) 受益者となる者における信託財産の取得日

受益者となった者は、信託財産を引き継いだものと考え、当該信託財産の取得日は受託者（法人とみなします。）が信託財産を取得した日とされています（所令197の３②）。

（注） 存することになる受益者が内国法人である場合
　受益者となる内国法人については当該帳簿価額による引継ぎを受けたものとして、信託財産を、受益者が存することになる直前の受託者の帳簿価額により受け入れます。そして、同額を利益積立金として計上することになりますから損益は計上されないものと考えます（法法64の３③、

法令９①ト）。したがって、税務処理の仕訳は以下のようになります。

信託財産	××	／	利益積立金	××

なお、同族法人に対して無償で財産の提供があった場合に、当該同族法人の株式の価額が増加したときには、財産の提供をした者から株主に対して株式の価値の増加分の贈与があったものとみなされます（相基通９－２）。

本問においては、受益者となった内国法人が同族法人の場合、当該内国法人が受益者になったことにより株式の価値が増加したならば、当該増加した価額に対して贈与税が課される可能性がありますので、注意が必要となります。

Q117 受益者がいない信託の課税関係（受益者が存在することとなった場合②）

祖父が所有する土地を、父を受託者として信託しています。信託してから受益者はいませんでしたが、この度、祖父が亡くなり、祖父の孫である私が受益者となりました。この場合の課税関係について教えてください。

なお、信託の契約時において、孫である私は生まれていませんでした。

Answer

受益者が存することになった場合の課税関係について以下に記します。

⑴ 受託者（父）の課税関係

帳簿価額で信託財産を受益者に引継ぎをしたものとしますので課税は生じません（法法64の3②）。

⑵ 受益者（委託者の孫）の課税関係

以下の2要件を満たす場合に限り、受益者に対して贈与税が課税されます（相法9の5）。

・受益者が契約締結時等において存しない

及び、

・受益者が契約締結時等における委託者の親族である。

〔信託の効力発生時に存しない者（効力発生時の委託者の親族に限ります。）が受益者になった場合の課税関係〕

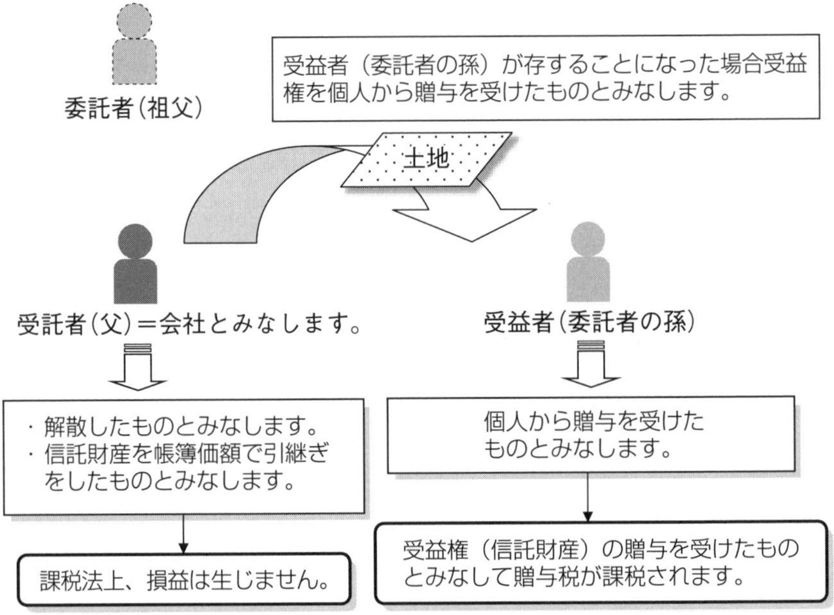
委託者（祖父）
受益者（委託者の孫）が存することになった場合受益権を個人から贈与を受けたものとみなします。
土地
受託者（父）＝会社とみなします。
受益者（委託者の孫）
・解散したものとみなします。
・信託財産を帳簿価額で引継ぎをしたものとみなします。
課税法上、損益は生じません。
個人から贈与を受けたものとみなします。
受益権（信託財産）の贈与を受けたものとみなして贈与税が課税されます。

解　説

受益者がいない信託において、受益者（信託契約時等において存していました（又は契約締結時等における委託者の親族ではありません。）。）が存することになった場合の課税関係については前問に記述したとおりです。基本的には、受益者が存することになった時点で、受託者から受益者に財産が帳簿価額で引き継がれたものとして、受託者・受益者ともに課税は生じません。

しかし、受益者となる者が、信託契約締結時等（Q116（注１）参照）の委託者の親族であり、かつ、信託契約時等において存しない者（注）であった場合には、受益者に対して贈与税が課税されます（相法９の５）。

受益者となる者は誰から贈与を受けたものとみなすのかについては、課税法上特に指定する必要がない※ために規定はありません。つまり、誰からの贈与なのか明確にはなりませんが、個人からの贈与とみなして贈与税を計算することになります。

受益者となる者が、委託者の親族である場合には、契約締結時に将来受益者となる者に対する贈与税を、当該受益者に代わって受託者に課しています（Q113参照）ので、本来は受益者に対する贈与税が課されることはないはずです。しかし、信託契約時に存しない者が受益者になる場合には、委託者から受益者となる者に直接贈与できない（誰かを介在して贈与をしなければ贈与できない）ため、最低２回の贈与が必要になります。そこで、受益者が存することになった際にも贈与税を課税することにしているのです。

（注）「存しない者」とは信託の効力発生時において以下の者を言います※。
・出生していない者
・養子縁組前の者
・受益者として指定されていない者
なお、単に条件が成就していないために受益者としての地位を有していない者は除かれます。
※ 『平成19年版 改正税法のすべて』（一般財団法人 大蔵財務協会）

⑴ 受託者（父）の課税関係

受託者の課税関係は前問と同様になります。

具体的には、「帳簿価額による引継ぎをしたものとして」考えます（法法64の３②）。したがって、受託者において損益が計上されることはありません。

また、受託法人は受益者が存することになった時に解散があったものとされます（所法６の３五、法法４の７八）。

⑵　受益者となる者（祖父の孫）の課税関係

本問の場合、受益者となる者は信託の効力発生時に存していませんので、個人からの贈与を受けたものとして贈与税が課税されます（相法9の5）。信託受益権の取得に対して贈与税が課税されますから、二重課税の防止の観点から所得税は課税されないものと考えます（所法9①十六）。なお、受益者になった者が、信託の効力発生時において生まれていたとしても、効力発生時に受益者になる者として指定されていなかった場合には、当該受益者となる者は契約締結時において存しない者と判断されて、受益者になった時に贈与税が課税されます。

受益者となる者は、信託財産を贈与で受け入れますので、贈与者の取得価額及び取得日を引き継ぐものと考えます。

Q118 受益者がいない信託の課税関係（受託者の変更）

受益者がいない信託の受託者を、長男から次男に変更しようと思いますが、この際の課税関係（長男及び次男）を教えてください。

Answer

信託財産は、簿価で引き継ぎをされたものとして課税は生じません。

〔受益者がいない信託で前の受託者から次の受託者に信託財産が移転した際の課税関係〕

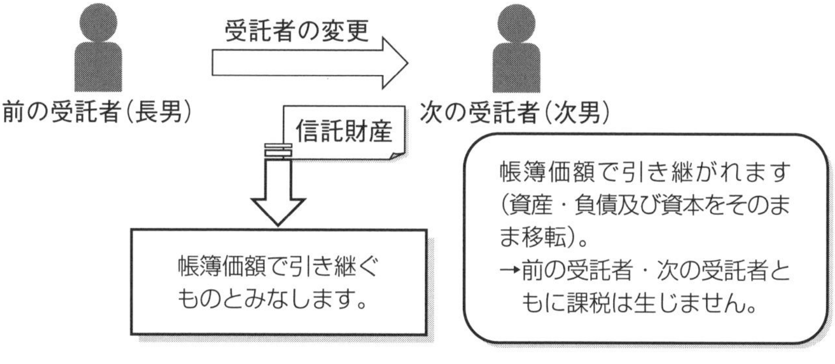
受託者の変更
前の受託者（長男）
次の受託者（次男）
信託財産
帳簿価額で引き継ぐものとみなします。
帳簿価額で引き継がれます（資産・負債及び資本をそのまま移転）。
→前の受託者・次の受託者ともに課税は生じません。

解説

受益者がいない信託は、法人課税信託に含まれます（法法２二十九の二ロ）。そして、法人課税信託の受託者は、信託財産を所有するものとみなされ（所法６の２②）、受託者が変更されると、信託財産の課税法上の所有者が変更されるものと考えます。経済的な対価なく所有者が変更される行為は贈与になり、課税関係が生じるのではないかと考えてしまうかもしれませんが、受託者の変更に伴う信託財産の移転は、帳簿価額による引き継ぎをしたものとして考えます（法法64の３④）。したがって、変更前の受託者（長男）には課税は生じません。

次に、新しい受託者（次男）は当該帳簿価額で引き継ぎを受けたものとされ（法令131の３③）、前の受託者の信託に係る資本金等の額と利益積立金額も引き継ぐことになります（法令131の３④）。したがって、新しい受託者に対して損益は生じません。つまり、新受託者は、前の受託者の信託にかかる貸借対照表をそのまま引き継ぐように税務処理されます。

なお、受益者が存しない信託においては、受託者に対して贈与により財産が移転しているとみなされますので、資本金等の額はゼロで、全額が利益積立金の額になると考えられます。よって、新しい受託者の受入仕訳は以下のようになると考えられます。

信託財産　××（前の受託者の帳簿価額）
/　利益積立金の額　××（前の受託者の帳簿価額）

（注）　受託者が死亡した場合

受益者がいない信託は、受託者が信託財産を有する者と整理されていますので、受託者が亡くなった場合に、相続税が課されるのではないかと疑問が生じるかもしれませんが、信託財産は亡くなった受託者の相続財産を構成しません（相基通９の４－４）。

なお、法人課税信託でない場合（受益者に課税される信託の場合）には、課税法上、受託者は信託財産の所有者とみなされません（信託財産の所有者とみなされるのは受益者です。）。したがって、受託者を変更しても課税関係は生じません。

Q119 受益者がいない信託の課税関係（信託終了時①）

受益者がいない信託を終了しようと思いますが、このときの課税関係を教えてください。当該信託の委託者は祖父、父が受託者で、信託効力発生時から受益者はいませんでした。この度、信託が終了することになり、帰属権利者である私（祖父の孫）に対して信託財産が給付されることになります。

なお、信託契約締結時において、私（祖父の孫）は出生しており、かつ帰属権利者に指定されていました。

Answer

受益者がいない信託が終了したときには、信託財産が受託者から残余財産の帰属権利者（委託者の孫）に対して給付されます。

ここで、以下の２要件のうちいずれかを満たす場合には、帰属権利者（委託者の孫）に対して、給付された財産の価値に応じた所得を認識して所得税（一時所得）が課税されます。

・帰属権利者が契約締結時等において存する。

又は、

・帰属権利者が契約締結時等における委託者の親族でない。

〔受益者が存しない信託が終了した場合の課税関係（帰属権利者が信託の効力発生時において存する又は効力発生時の委託者の親族でない場合）〕

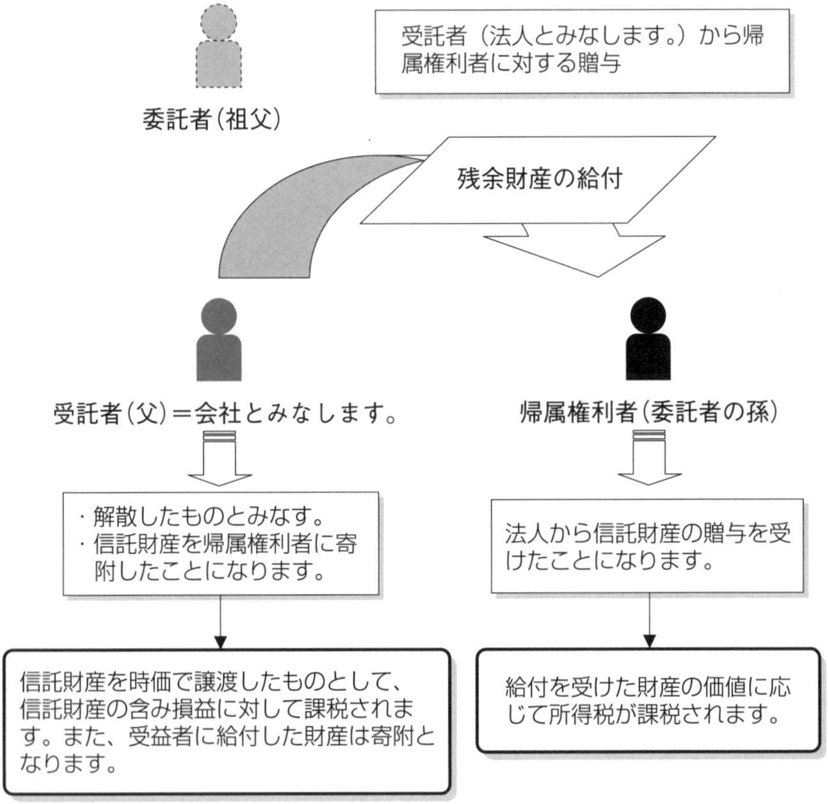

委託者（祖父）
受託者（法人とみなします。）から帰属権利者に対する贈与
残余財産の給付
受託者（父）＝会社とみなします。
帰属権利者（委託者の孫）
・解散したものとみなす。
・信託財産を帰属権利者に寄附したことになります。
法人から信託財産の贈与を受けたことになります。
信託財産を時価で譲渡したものとして、信託財産の含み損益に対して課税されます。また、受益者に給付した財産は寄附となります。
給付を受けた財産の価値に応じて所得税が課税されます。

解　説

受益者が存しない信託が終了した場合には、信託財産が受託者（法人とみなされます。）から帰属権利者に給付されます。

この際の課税関係は、帰属権利者が契約締結時等（Q116（注１）参照）に存する（Q116（注２）参照）場合又は、契約締結時等における委託者の親族でない場合には、法人から信託財産の贈与を受けたことになります。

(1) 受託者（父）の課税関係

受益者がいない信託が終了して帰属権利者が受益者になる場合、受託者から帰属権利者に信託財産が移転しますが、簿価移転の規定（法法64の3②）は適用されませんので、信託財産が受託者から帰属権利者に時価で移転したものとして課税関係が整理されます。したがって、会社とみなされる受託者（父）は、給付した財産を時価で譲渡したものとして譲渡損益を計上します。そして、受託者（父）は帰属権利者に給付した財産の価値に相当する対価を受け取っていませんので、当該相当額を寄附したものとして処理します。

(2) 帰属権利者（委託者の孫）の課税関係

受益者がいない信託が終了して帰属権利者が受益者になる場合、帰属権利者は受託者から残余財産の給付を受けますが、簿価による引き継ぎの規定（所法67の3①）は適用されませんので、帰属権利者には当該残余財産の価値（時価）相当額に対して所得税が課税されます。なお、当該所得は会社とみなされる受託者からの贈与による所得ですので、帰属権利者（委託者の孫）は一時所得として課税されます。

（補足） 帰属権利者が法人の場合

帰属権利者が法人である場合は、時価で信託財産の贈与を受けたものとみなして受贈益を計上することになると考えます。

Q120 受益者がいない信託の課税関係（信託終了時②）

受益者がいない信託を終了しようと思いますが、このときの課税関係を教えてください。当該信託の委託者は祖父、父が受託者で、信託効力発生時から受益者はいませんでした。この度、信託が終了することになり、帰属権利者である私（祖父の孫）に対して信託財産が給付されることになります。

なお、信託契約締結時に、私（祖父の孫）は出生していませんでした。

Answer

受益者がいない信託が終了したときには、信託財産が受託者から残余財産の帰属権利者（委託者の孫）に対して給付されます。

ここで、以下の２要件を満たす場合には、帰属権利者（委託者の孫）に対して、給付された財産が個人から贈与されたものとみなして贈与税が課されます（相法９の５）。

- 帰属権利者が契約締結時等において存しない。

及び、

- 帰属権利者が契約締結時等における委託者の親族である。

〔受益者が存しない信託が終了した場合の課税関係（帰属権利者が信託の効力発生時において存せず、かつ、効力発生時の委託者の親族である場合）〕

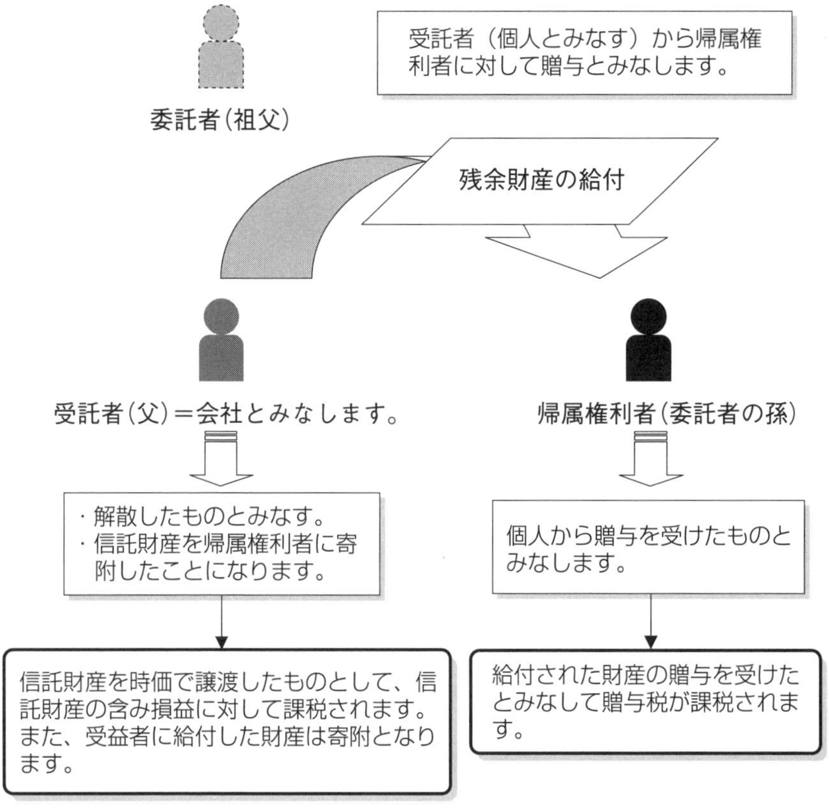
委託者(祖父)
受託者（個人とみなす）から帰属権利者に対して贈与とみなします。
残余財産の給付
受託者(父)＝会社とみなします。
帰属権利者(委託者の孫)
・解散したものとみなす。
・信託財産を帰属権利者に寄附したことになります。
個人から贈与を受けたものとみなします。
信託財産を時価で譲渡したものとして、信託財産の含み損益に対して課税されます。また、受益者に給付した財産は寄附となります。
給付された財産の贈与を受けたとみなして贈与税が課税されます。

解　説

受益者が存しない信託が終了した場合には、信託財産が受託者から帰属権利者に給付されます。

この際の課税関係は、帰属権利者が契約締結時等（**Q116**(注１)参照）に存しない（**Q116**(注２)参照）場合で、契約締結時等における委託者の親族であるときには、帰属権利者に対して贈与税が課税されます（相法９の５）。

受益者が存しない信託をしたときに、受託者に対して贈与税が課税されていますので、信託効力発生時と、信託終了時にそれぞれ贈与税が課税されることになります。これは、信託効力発生時にまだ出生していない親族を帰属権利者に設定すると、委託者から帰属権利者に財産を移転するには２回の贈与が必要となるためと考えられます。

⑴ 受託者（父）の課税関係

受託者の課税関係はQ115と同様に考えます。受託者（父）を会社とみなし、受託者が給付した財産を時価で譲渡したものとして譲渡損益を計上します。そして、帰属権利者に給付した財産の価値相当額を寄附したものとして処理します。

⑵ 帰属権利者（委託者の孫）の課税関係

帰属権利者（委託者の孫）は残余財産の給付を受けます。この給付は個人から贈与を受けたものとみなして贈与税が課税されます（なお、帰属権利者になる事由が、相続を起因としていても遺贈とみなすのではなく贈与とみなしますので注意が必要です。）（相法９の５）。

Q121 法人課税信託に該当した時の届出書

法人課税信託に該当した場合に税務署に提出する書面を教えてください。

Answer

法人課税信託に該当することになった場合には、信託行為（信託契約書等）の写しを添付して「法人課税信託の受託者となった旨の届出書」を２か月以内に税務署に提出する必要があります。

（注１） 法人課税信託の受託法人として提出する旨を明確にするため、法人課税信託の名称を記載します（法法148②）。

（注２） 青色申告の承認申請等の法人設立時に提出するその他の届出についても同様に提出する必要があります。

（注３） 都道府県税事務所及び市町村に法人課税信託にかかる受託法人の設立の書類を提出します。なお、書式及び提出期限については、自治体ごとに様式及び期限が定められています。

法人課税信託の受託者となった旨の届出書

税務署受付印

※整理番号	

令和　年　月　日	本店若しくは主たる事務所の所在地又は住所若しくは居所	〒 電話(　　)　　—
	納税地	〒
	(フリガナ) 受託者名 (主宰受託者)	
税務署長殿	(フリガナ) 法人課税信託の名称	
新たに法人課税信託の受託者となったので届け出ます。	法人番号	
	(フリガナ) 代表者氏名	
	代表者住所	〒 電話(　　)　　—

	名称又は氏名（フリガナ）	本店若しくは主たる事務所の所在地又は住所若しくは居所	主宰受託者との関係
主宰受託者以外の受託者		〒	

設立年月日	令和　年　月　日	信託期間	(自)　年　月　日 (至)　年　月　日
消費税の適用	□課税・□免税 □一般・□簡易	計算期間	(自)　年　月　日 (至)　年　月　日

事業の目的	支店・工場等	名称	所在地
(信託行為等に記載しているもの)			

法人課税信託の受託者となった形態
- □1　法人課税信託以外の信託が法人課税信託に該当することとなった場合
- □2　信託の併合により効力が生じた法人課税信託である場合
- □3　新規信託分割により効力が生じた法人課税信託である場合
- □4　その他(　　　　　　　　　　)

併合等期日	年　月　日	適格区分	□適格・□その他	添付書類	□1　信託行為の写し □2　その他 (　　　　　)
「給与支払事務所等の開設届出書」提出の有無			□有・□無		
関与税理士	氏名				
	事務所所在地	電話(　　)　　—			

税理士署名	

※税務署処理欄	部門		決算期		業種番号		番号		入力		名簿		通信日付印	年　月　日	確認	

03.06 改正

（規格A4）

法人課税信託の受託者となった旨の届出書の記載要領等

法人課税信託の受託者である法人（その受託者が個人である場合は受託者である個人。法人課税信託の受託者が２以上ある場合には、その法人課税信託の信託事務を主宰する受託者である法人又は個人）は、次の場合には、それぞれ次に掲げる日以後２月以内に内国普通法人等の設立の届出書を納税地の所轄税務署長に提出しなければならないことになっておりますので、各法人課税信託ごとに、下記の記載方法を参考としてこの届出書を作成し、添付書類を添えて提出してください。

1　法人課税信託の効力が生ずる場合　効力が生ずる日（１の約款に基づき複数の信託契約が締結されるものである場合には、その最初の契約が締結された日）

2　法人課税信託以外の信託が法人課税信託に該当することとなった場合　法人課税信託に該当することとなった日（特定受益証券発行信託の受託者がその承認を取り消されたこと又は承認受託者以外の者が就任したことにより法人課税信託に該当することとなった場合には当該日を含む計算期間の翌計算期間の開始の日）

記

1　提出部数及び添付書類等

この届出書は、信託行為の写しを添付して１通提出してください。

2　各欄の記載方法

(1)　「本店若しくは主たる事務所の所在地又は住所若しくは居所」欄には、法人課税信託の受託者である法人の本店若しくは主たる事務所の所在地又は個人の住所若しくは居所を記載してください。

(2)　「受託者名」欄には、法人課税信託の受託者である法人の名称又は個人の氏名を記載してください。
なお、法人課税信託の受託者が２以上ある場合には、その法人課税信託の信託事務を主宰する受託者である法人の名称又は個人の氏名を記載してください。

(3)　「法人番号」欄には、法人課税信託の受託者である法人の法人番号を記載してください。

(4)　「代表者氏名」欄には、法人課税信託の受託者である法人を代表する者の氏名を、「代表者住所」欄には、その代表者の住所地を記載してください。
なお、法人課税信託の受託者が個人の場合は、「代表者氏名」欄へ上記(1)と同じ内容を、「代表者住所」欄へ上記(2)と同じ内容をそれぞれ記載してください。

(5)　「設立年月日」欄には、信託行為により定められているその信託の効力が生ずる日（１の約款に基づき複数の信託契約が締結されるものである場合にはその最初の契約が締結された日とし、法人課税信託以外の信託が法人課税信託に該当することとなった場合にはその該当することとなった日）を記載してください。

(6)　「事業の目的」欄には、信託行為により定められている事業の目的のうちその主なものを記載してください。

(7)　「信託期間」欄には、信託行為により定められている信託期間を記載してください。

(8)　「消費税の適用」欄の「課税・免税」は、固有事業の納税義務が免除されない場合は「課税」を、免除される場合は「免税」を、「一般・簡易」は、固有事業について簡易課税制度の適用を受けていない場合は「一般」を、適用を受けている場合は「簡易」をそれぞれ○で囲んでください。
（注）　固有事業及び受託している各法人課税信託の納税義務の判定に当たっては、原則として、固有事業の基準期間における課税売上高と当該基準期間に対応する期間における各法人課税信託の課税売上高の合計額により判定します。

(9)　「計算期間」欄には、信託行為により定められている計算期間を記載してください。

(10)　「支店・工場等」欄には、支店の登記の有無に関わらず全ての支店、出張所、営業所、事務所、工場等を記載してください。

(11)　「法人課税信託の受託者となった形態」欄は、該当する形態の番号を○で囲んでください。

(12)　「併合等期日」の欄には、「法人課税信託の受託者となった形態」が２又は３である場合に、合意又は意思表示を内容とする書面等においてその信託の効力が生ずる日を記載してください。

(13)　「適格区分」欄は、「法人課税信託の受託者となった形態」が２又は３である場合に、その併合又は分割が、法人税法第２条第 12 号の８（適格合併）又は同条第 12 号の 11（適格分割）に該当する場合には「適格」、該当しない場合には「その他」の文字を○で囲んでください。

(14)　「『給与支払事務所等の開設届出書』提出の有無」欄は、その提出の有無のいずれかの該当のものを○で囲んでください（既に別途に提出している場合は「有」を○で囲んでください。）。
（注）　給与等の支払事務を取り扱う事務所、事業所等を設けた場合には、その事務所等を設けた日から１月以内に「給与支払事務所等の開設届出書」を当該事務所等の所在地等の所轄税務署長に提出しなければならないことになっております。

(15)　「関与税理士」欄には、関与税理士の氏名及び事務所所在地を記載してください。

(16)　「添付書類」欄は、この届出書に添付したものの番号を○で囲んでください。

(17)　「税理士署名」欄は、この届出書を税理士又は税理士法人が作成した場合に、その税理士等が署名してください。

(18)　「※」欄は、記載しないでください。

解　説

通常の信託は、信託財産に帰せられる収益及び費用は受益者のものとみなされ、受益者に課税されます。受託者は財産を預かるだけで課税関係は発生しません。しかし、法人課税信託の受託者は、当該受託者が、受託者の固有の財産とは別に信託財産を所有するものとして（受託者が個人である場合にも会社とみなします（法法４の３三、所法６の２三）。）、信託財産に帰せられる収益及び費用は受託者に課税されます（法法４の２①）。つまり、受託者が、受託者の固有財産にかかる通常の申告とは別に、法人課税信託の受託事業にかかる法人税の申告をします。

そこで、法人課税信託の効力が生じた場合、又は法人課税信託以外の信託が法人課税信託に該当した場合には、当該法人課税信託にかかる受託法人が新たに設立されたものと整理し、法人の設立届出書に該当する届出書を税務署及び各地方自治体に提出する必要があります。

また、当該受託法人について、青色申告を申請する場合には、法人課税信託に該当することになった日から３か月以内に青色申告の承認申請書を受託者が提出する必要があります。また、その他の法人設立に伴う届出等についても同様に、受託者が提出する必要があります。なお、受託者が法人課税信託にかかる書類を提出する場合には、必ず法人課税信託の名称を併せて記載するよう注意して下さい。法人課税信託に係る信託の名称を記載しないと、信託とは関係のない受託者の固有事業の申請・申告等と区別できません。

(参考)

東京都23区への受託法人の設立時の申告書の書式は以下になります。

第32号の2様式(条例第27条関係)

法人課税信託の効力の発生等に係る申告書

(提出用)

受付印	整理番号	※処理欄
年　月　日 都税事務所長 支　庁　長　殿 東京都都税条例第27条の規定に基づき、次のとおり申告します。		※処理欄

申告事項		□法人課税信託の効力発生に係る申告(条例第27条第1項) □新たな受託者の就任に係る申告(同条第2項) □受託者の任務終了に係る申告(同条第3項) □主宰受託者の変更に係る申告(同条第4項) □申告した事項の変更等に係る申告(同条第5項)	
フリガナ			
主たる事務所又は事業所の所在地		電話(　　)	
フリガナ			
名称又は氏名			
法人の代表者	フリガナ		
	氏名		
法人課税信託の名称			

法人課税信託の効力が生じた日	法人課税信託の信託期間	法人課税信託の契約等に定める計算の期間
年　月　日	自　年　月　日 至　年　月　日	自　月　日 至　月　日

＊東京都都税条例第27条第2項から第4項までの規定に基づく申告をする場合は、以下の欄に記載してください。

フリガナ	
□引継ぎをした者 □引継ぎを受けた者 □変更前の主宰受託者 □変更後の主宰受託者 の名称又は氏名	
就任、引継ぎ又は変更の日	年　月　日
就任、任務の終了又は変更の理由	

＊東京都都税条例第27条第5項の規定に基づく申告をする場合は、以下の欄に記載してください。

申告事由	□申告した事項に変更が生じたため □法人課税信託が終了したため □法人課税信託に該当しなくなつたため	
変更等年月日	年　月　日	
変更事項	変更前	変更後
摘要		

Q122 法人課税信託にかかる消費税申告

甲株式会社は法人課税信託（信託の名称：トラストA）の受託者です。当該法人課税信託に係る消費税の申告は誰がしますか。

Answer

甲株式会社は信託に関係のない固有事業に係る消費税の申告とは別に、信託（トラストA）に係る消費税の申告をします。

〔法人課税信託の消費税申告〕

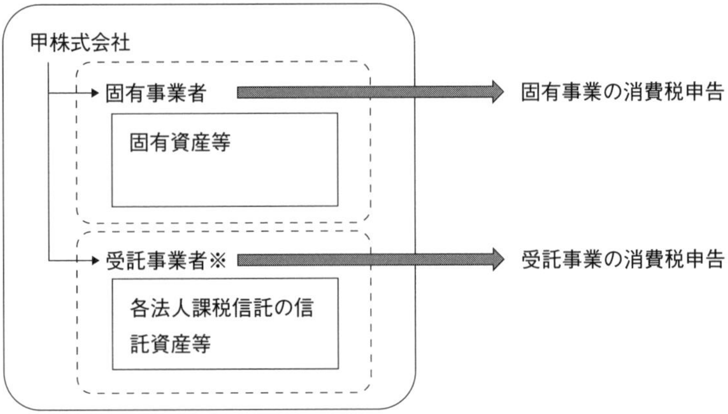

※　本問では受託事業者は法人ですが、個人であっても法人とみなします。

※　複数の法人課税信託を受託している場合、それぞれ別々の者とみなして申告します。

※　以下については、受託事業を固有事業に合算し、固有事業者に適用されるものが受託事業者にも適用されます。

⑴　基準期間の課税売上（Q126参照）

(2)　小規模事業者に係る納税義務の免除の特例（**Q123参照**）
(3)　中小事業者の仕入れに係る消費税額の控除の特例（**Q124参照**）

解　説

法人課税信託の受託者である甲株式会社は、信託とは関係のない甲株式会社の固有資産等と、法人課税信託に係る信託資産等ごとにそれぞれ別々の者とみなして消費税の申告をします。当然ながら帳簿も分けて記帳し、甲株式会社の固有事業の消費税申告とは別に、法人課税信託に係る消費税申告は受託者である甲株式会社が信託の名称（トラストＡ）を記載して行います（消法15①）。

また、複数の法人課税信託を甲株式会社が受託している場合、複数の法人課税信託を合算して申告するのではなく、各法人課税信託ごとに別々に申告します（消法15①）。以上の整理は法人税の申告と同様です。

（補足）受託事業者に適用されない規定

法人課税信託にかかる消費税申告と固有資産等に係る消費税申告は別々の法人として申告しますが、以下の規定については法人課税信託にかかる受託事業者には適用されません（消法15⑪、消基通４－４－４）。したがって、受託事業者はこれらに係る届出や申請を提出することはできません。

①　消法９④～⑨……小規模事業者に係る納税義務の免除
　消令20の２①②……納税義務の免除の規定の適用を受けない旨の届出等に関する特例
②　消法10……相続があつた場合の納税義務の免除の特例
③　消法11……合併があつた場合の納税義務の免除の特例

④　消法12……分割等があつた場合の納税義務の免除の特例

⑤　消法12の２……新設法人の納税義務の免除の特例

⑥　消法12の３……特定新規設立法人の納税義務の免除の特例

⑦　消法12の４……高額特定資産を取得した場合等の納税義務の免除の特例

⑧　消法37③～⑧……中小事業者の仕入れに係る消費税額の控除の特例

消令57の２①②……中小事業者の仕入れに係る消費税額の控除の特例の適用を受ける旨の届出等に関する特例

⑨　消法37の２……災害等があった場合の中小事業者の仕入れに係る消費税額の控除の特例の届出に関する特例

⑩　消法57……小規模事業者の納税義務の免除が適用されなくなった場合等の届出

⑪　消法57の２……適格請求書発行事業者の登録等

⑫　消法57の３……適格請求書発行事業者が死亡した場合における手続等

（補足２）受託事業者が固有事業者から独立して選択できる規定

以下の規定は、個別事業者における適用とは別に、受託事業者ごとに届出又は申請書を提出することができます（消基通４－４－４）。

①　消法19条①三～四の二（課税期間）

②　消法30条③（課税売上割合に準ずる割合）

（注）　上記の他、以下についても受託事業者が固有事業者から独立して選択できるものと考えます。

③　個別対応方式か一括比例配分方式（消法30②一、二）の選択

④　売上５億円以下で課税売上割合が95％以上の場合の仕入れ税額控除（消法30②）

⑤　簡易課税制度により税額を計算する時のみなし仕入率の適用（消法37①、消令57①）

Q123 受託事業者（法人課税信託）と消費税課税事業者選択届出書

法人課税信託の受託事業者は消費税課税事業者選択届出書を提出することはできますか。

Answer

受託事業者として消費税課税事業者選択届出書を提出することはできません。受託事業者が消費税の免税事業者になるか否かは、固有事業者が免税事業者であるか否かで判定されます。

〔受託事業者（法人課税信託）の小規模事業者に係る納税義務の免除〕

受託事業者の課税期間の初日の属する固有事業者の課税期間の基準期間における課税売上高により判定する（※）。

（※）　固有事業者の基準期間の課税売上高が1,000万円以下であっても、固有事業者が課税事業者選択届出書を提出している場合や適格請求書発行事業者の登録を受けている等により、納税義務の免除の適用を受けない時は、受託事業者も納税義務の免除の規定は適用されません。

解　説

法人課税信託の受託事業者は小規模事業者に係る納税義務の免除（基準期間の課税売上が1,000万円以下の場合に消費税の納税義務が免除される規定）を受けない旨の届出とそれを撤回する届出（消法９④⑤）を提出することはできません（消法15⑪、消基通４－４－４）。消費税課税事業者選択届出書及び同不適用届出書は固有事業者だけが提出することができます。

受託事業者が消費税の免税事業者になるか否かの判定は、固有事業者が免税事業者になるか否かにより判定します。したがって、受託事業者の課税期間の初日が属する固有事業者の課税期間において固有事業者が課税事業者であれば、受託事業者も当該課税期間において課税事業者になります（消基通４－４－１）。

なお、固有事業者の基準期間の課税売上高は、固有事業に属する取引の課税売上高と受託事業に属する取引の課税売上高を合計して計算します（Q125参照）。受託事業者にかかる消費税の取扱いは、法人課税信託の受託事業の取引内容だけでなく、受託者の固有事業にかかる消費税の適用状況の影響を受けます。したがって、法人課税信託を計画する場合、受託者となる者の消費税の適用状況を踏まえて検討する必要があります。受託事業（法人課税信託）において消費税の還付を受けようとしても、固有事業者が納税義務の免除を受けていると、受託事業者が課税事業者を選択することはできません。

Q124 受託事業者（法人課税信託）と簡易課税制度

法人課税信託の受託事業者は、簡易課税制度を選択することはできますか。

Answer

受託事業者として消費税簡易課税制度選択届出書を提出することはできません。受託事業者に簡易課税制度が適用されるか否かは、受託事業者の課税期間の初日に固有事業者に簡易課税制度が適用されるか否かで判定されます。

〔受託事業者と簡易課税の適用〕

受託事業者の簡易課税の適用の有無は、当該課税期間の初日において固有事業者が簡易課税の適用を受けているか否かで判定する。

解　説

法人課税信託の受託事業者は簡易課税制度（基準期間の課税売上が5,000万円以下である場合の仕入税額控除の計算の特例）の適用を受ける届出とこれをとりやめる届出（消法37④⑤）を提出することはできません（消法15⑪、消基通４－４－４）。消費税簡易課税制度選択届出書及び同不適用届出書は固有事業者だけが提出することができます。

受託事業者の簡易課税制度の適用については、当該課税期間の初日に固有事業者が簡易課税制度の適用を受けているかどうかにより判定します（消法15⑧、消基通４－４－２）。したがって、受託事業者において消費税の還付を受けたい場合であっても、当該受託事業者の課税期間の初日において、固有事業者が簡易課税の適用を受けていると、受託事業者においても簡易課税が適用され、消費税の還付を受けられませんので注意が必要です。

Q125 固有事業者の基準期間の課税売上高の計算

法人課税信託の受託者が営む固有事業（法人課税信託に関係のない事業）の基準期間の課税売上高はどのように計算するのでしょうか。

Answer

固有事業者の課税期間の基準期間における課税売上高は、以下のように当該基準期間の固有事業に属する課税売上高と、当該基準期間に対応する受託事業に属する課税売上高を合計して計算します（消法15④）。

〔固有事業者の基準期間の課税売上高〕

固有事業者の基準期間の課税売上高

合算

- 基準期間の固有事業に属する課税売上高
- 基準期間に対応する受託事業に属する課税売上高※

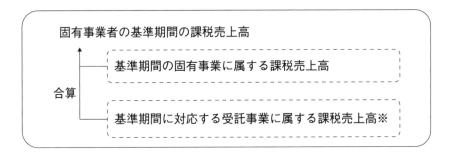

※　固有事業者の基準期間の初日から同日以後１年を経過する日までの間に終了した受託事業者（法人課税信託）の各事業年度の課税売上高の合計額で計算します（法人課税信託の各事業年度の月数の合計数が12を超える場合は、合計額を月数の合計数で除し、12を乗じた金額とします。）。

解　説

固有事業者の基準期間の課税売上高は、固有事業者（法人課税信託に関係のない固有資産等が帰属する者（消法15④））の基準期間の固有事業に属する課税売上高と、当該基準期間の初日から同日以後１年を経過する日までの間に終了した受託事業者（法人課税信託の信託資産等が帰属する者（消法15③））の各事業年度の受託事業に属する課税売上高の合計額（法人課税信託の各事業年度の月数の合計数が12を超える場合は、当該課税売上高の合計額を月数の合計数で除し、12を乗じた金額とします。）を加算して計算します（消法15④、消令27①）。

固有事業者に属する取引がない場合であっても、受託事業者に属する取引が多額である場合には、それを加味して計算しますので注意が必要です。

（注１）　**基準期間**

個人事業者についてはその年の前々年をいい、法人についてはその事業年度の前々事業年度（当該前々事業年度が１年未満である法人については、その事業年度開始の日の２年前の日の前日から同日以後１年を経過する日までの間に開始した各事業年度を合わせた期間）をいいます（消法①十四）。

（注２）　**基準期間が１年でない法人の基準期間の課税売上高の計算**

基準期間中に国内において行った課税資産の譲渡等の対価の額の合計額から当該基準期間における売上げに係る税抜対価の返還等の金額の合計額を控除した残額を当該法人の当該基準期間に含まれる事業年度の月数の合計数で除し、これに12を乗じて計算します（消法９②二）。

（※）　月数は暦に従って計算し、一月に満たない端数を生じたときは、これを一月とします（消法９③）。

(例)　Ｘ社は固有事業のほかに、２つの法人課税の受託事業（トラストＡ・トラストＢ）を営んでいます。Ｘ社の固有事業者の下図の課税期間に係る基準期間の課税売上高はいくらになるでしょうか。なお、それぞれの期間は１年とします。

> 算式：固有事業の基準期間の売上高110＋トラストＡの課税売上65（※）＋トラストＢの課税売上35（※）＝210
>
> （※）　固有事業者の基準期間の初日から同日以後１年を経過する日までの間に終了した受託事業者の事業年度の課税売上高を合算します。

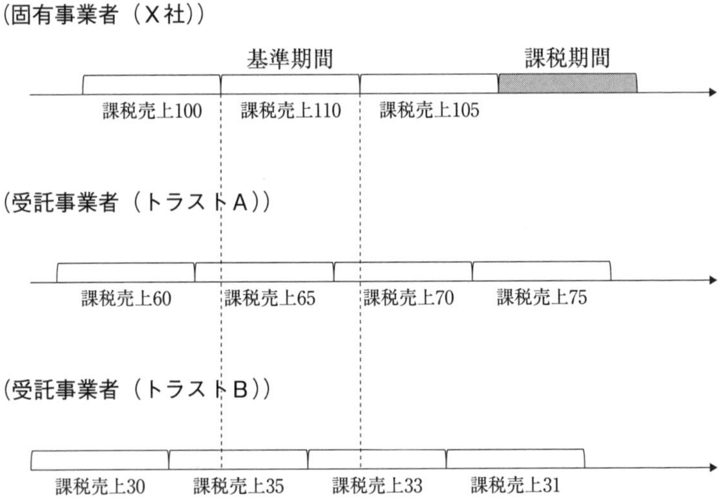

Q126 受託事業者（法人課税信託）の基準期間の課税売上高の計算

受託事業者（法人課税信託）の課税期間の基準期間の課税売上高はどのように計算するのでしょうか。

Answer

受託事業者（法人課税信託）の課税期間の基準期間における課税売上高は、当該受託事業者の課税期間の初日の属する固有事業者の課税期間の基準期間における課税売上高（※）を計算します（消法15⑤）。

〔受託事業者（法人課税信託）の基準期間の課税売上高〕

受託事業者の基準期間の課税売上高
＝受託事業者の課税期間の初日の属する固有事業者の課税期間の基準期間の課税売上高（※）
※ 固有事業者の基準期間の課税売上高についてはQ125を参照。

解　説

受託事業者の基準期間の課税売上高は、対応する固有事業者の基準期間(※)の課税売上高で計算します（消法15⑤）。

（※）　対応する固有事業者の基準期間とは、受託事業者の課税期間の初日の属する固有事業者の課税期間に係る基準期間です。

固有事業者の基準期間の課税売上高は、固有事業に属する課税売上高と当該基準期間に対応する受託事業に属する課税売上高の合計により計算します（Q125参照）。

受託事業に属する取引がない場合であっても、受託者が法人課税信託とは関係なく行う固有事業や他の法人課税信託の受託事業に多額の取引がある場合には、それらを加味して計算しますので注意が必要です。

(例) Ｘ社は固有事業のほかに、２つの法人課税信託の受託事業（トラストＡ・トラストＢ）を営んでいます。受託事業者（トラストＡ）の以下の図の課税期間に係る基準期間の課税売上高はいくらになるでしょうか。なお、それぞれの期間は１年とします。

受託事業者（トラストＡ）の課税期間に係る基準期間の課税売上高は、当該課税期間の初日が属する固有事業者の課税期間に係る基準期間の課税売上高で計算します。

算式：固有事業者の基準期間の売上高100＋トラストＡの課税売上60（※）＋トラストＢの課税売上30（※）＝190

（※） 固有事業者の基準期間の初日から同日以後１年を経過する日までの間に終了した受託事業者の事業年度の課税売上高を合算します。

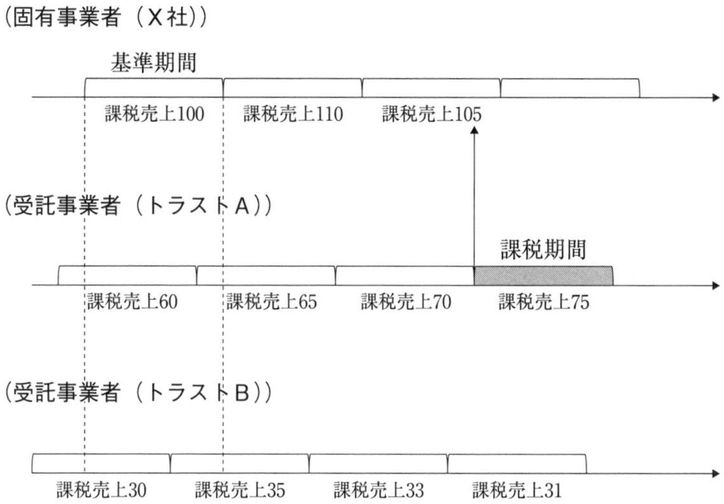
(固有事業者（X社）)
基準期間
課税売上100
課税売上110
課税売上105
(受託事業者（トラストA）)
課税期間
課税売上60
課税売上65
課税売上70
課税売上75
(受託事業者（トラストB）)
課税売上30
課税売上35
課税売上33
課税売上31

Q127 受託事業者（法人課税信託）の適格請求書

法人課税信託の受託事業者は適格請求書発行事業者の登録を申請し、適格請求書を交付することはできますか。

Answer

法人課税信託の受託事業者として適格請求書発行事業者の登録を申請することはできません。ただし、法人課税信託の受託者が固有事業者として適格請求書発行事業者の登録を申請した場合、受託事業者として適格請求書を交付することができます。

〔法人課税信託の受託事業者が交付する適格請求書〕

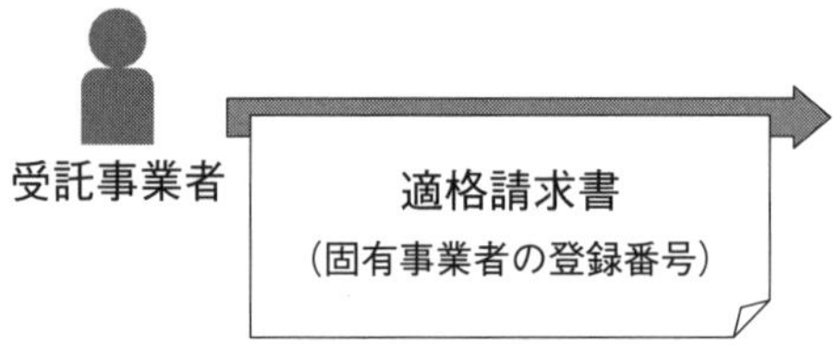

※　受託事業者が適格請求書を交付できるのは、固有事業者が適格請求書発行事業者の登録をしている場合に限ります。

解　説

適格請求書発行事業者の登録の申請をすることができるのは固有事業者に限られ、法人課税信託の受託事業者は、当該法人課税信託の受託者の固有事業者から独立してこれと別に適格請求書発行事業者の登録を申請することはできません（消法15⑪、消基通４－４－４）。

これは適格請求書発行事業者の登録は、固有事業者と受託事業者が別々に選択できるのではなく、固有事業者の選択が受託事業者にも適用されるということです。したがって、固有有事業者が適格請求書の発行事業者の登録をした場合、受託事業者は固有事業者の登録番号を記載して適格請求書を交付することができます（消基通4－4－3）。逆に、固有事業者が適格請求書発行事業者の登録をしていない時は、受託事業者も適格請求書を交付することができません。

第9章

法人課税信託
～受益証券を発行する信託～

Q128 受益証券とは

受益権を表示する証券（受益証券）を発行することはできますか。

Answer

受益証券を発行するか否かは、信託を設定する際に決めることになります。なお、事業承継で利用する信託の場合には受益証券を発行しない信託が一般的です。

解　説

受益権を表示する証券を「受益証券」といいます（信法185）。信託法においては受益証券を発行しないことが原則とされています。したがって、信託行為において受益証券を発行する定めを規定しない限り、受益証券が発行されないことになります。逆にいえば、受益証券を発行する旨を定めれば受益証券を発行することが可能となります。

なお、受益証券の発行を選択することはできますが、以下に記す課税関係により、事業承継で利用する親族間の信託では受益証券を発行しないことが一般的です。

税務上の取扱い

受益証券を発行しない場合には、受益者が財産を所有しているものとみなして課税関係を整理していますので、委託者＝受益者であれば課税なく信託することができます。信託財産から生じる所得については、受益者に課税され、受益者が申告することになります。

これに対して、受益証券を発行する信託は、委託者から受託者への財産の出資とみなして課税関係が整理されます。したがって、委託者は、信託財産を時価で譲渡したものとみなして委託者に対して譲渡所得課税されますし、その後の信託財産から生じる所得については、受託者に課税され、受託者が申告することになります（Q132～137参照）。

〔受益証券の発行の有無による課税関係の比較〕

		受益証券を発行しない場合	受益証券を発行する場合
信託設定時の課税関係	委託者の課税関係（委託者＝受益者の場合）	課税関係なし（委託者＝受益者ですから、実質的な経済価値は移転しないと考えます。）	委託者が信託した財産を受託者に時価で譲渡したものとして譲渡課税（受託者（法人とみなします。）に対して財産を出資したものと考えます。）
	受託者の課税関係	課税関係なし（財産を預かっているだけです。）	課税関係なし（出資を受ける行為は資本等取引と考え、課税されません。）
信託期間中	受益者の課税関係	信託財産から生じる所得に対して課税されます（信託から分配金の支払等があるかないかは関係ありません。）。	信託から金銭等の分配があった場合に、配当等として課税されます。
	受託者の課税関係	課税関係なし	信託財産から生じる所得に対して課税されます（信託財産以外の受託者固有の財産からの所得とは分けて申告します。）。

Q129 受益証券発行信託への変更

受益証券を発行する定めがない信託を、信託行為を変更して受益証券を発行することは可能でしょうか。

Answer

受益証券が発行されない信託を、受益証券を発行する信託に変更することはできません。

解　説

受益証券が発行される信託は、受益権が転々と流通することを想定したものであるのに対して、受益証券が発行されない信託は親族間等の閉鎖的な間で信託がなされることを想定しており、考え方が大きく異なります。

したがって、信託の変更によって、受益証券の発行の有無を変更することはできないものとされています（信法185③④）。受益証券を発行しない信託を受益証券を発行する信託に変更することはできませんし、受益証券を発行する信託を受益証券を発行しない信託に変更することもできません。

信託する際には、受益証券を発行するか否かについてしっかりと事前に検討しておく必要があるでしょう。とりわけ受益証券の発行の有無により、課税関係も大きく異なることになる（Q128参照）ので、課税法上の検討も重要です。

Q130 受益証券の記載事項

受益証券を発行する場合に、受益証券に記載すべき事項を教えてください。

Answer

受益証券に記載する事項は、以下のとおりです（信法209）。

〔受益証券の記載事項〕

① 受益証券の番号

② 受託者（法人である場合にはその代表者）の署名、又は記名押印

③ 受益証券発行信託の受益証券である旨

④ 当初の委託者及び受益証券発行信託の受託者の氏名又は名称及び住所

⑤ 記名式の受益証券にあっては、受益者の氏名又は名称

⑥ 各受益権に係る受益債権の内容その他の受益権の内容を特定するものとして法務省令(注１)で定める事項

⑦ 受益証券発行信託の受託者に対する費用等の償還及び損害の賠償に関する信託行為の定め

⑧ 信託報酬の計算方法並びにその支払いの方法及び時期

⑨ 記名式の受益証券をもって表示される受益権について譲渡の制限があるときは、その旨及びその内容

⑩ 受益者の権利の行使に関する信託行為の定め（信託監督人及び受益者代理人に係る事項を含みます。）

⑪　その他法務省令(注２)で定める事項

（注１）　法務省令で定める事項は以下になります（信規22)。

①　各受益権に係る受益債権の給付の内容、弁済期（弁済期の定めがないときは、その旨）その他の受益債権の内容

②　受益権について譲渡の制限があるときは、その旨及びその内容

③　当該受益証券発行信託において、受益債権の内容が同一の二以上の受益権がある場合において、それらの受益権について、受益者として有する権利の行使に関して内容の異なる信託行為の定めがあるときは、当該定めの要旨

（注２）　法務省令で定める事項は以下になります（信規23)。

限定責任信託の名称及び事務処理地（当該受益証券発行信託が限定責任信託である場合に限ります。)。

Q131 受益権原簿

受益証券を発行する信託をする場合には、受益権原簿というものを作成しなければならないそうですが、受益権原簿に記載する内容を教えてください。

Answer

受益証券を発行する信託の場合には、受益証券が転々とし、受益者が多数となることもあり得ますので、受託者は受益権原簿というものを作成しなければなりません（信法186）。

受益権原簿には、受益者の氏名・住所などを記載することになります（信規18・19）。

解　説

受益権原簿に記載する具体的な内容は、以下のとおりです。

〔受益権原簿に記載する内容〕

①　受益権に係る受益債権の給付の内容、弁済期（弁済期の定めがないときは、その旨）、その他の内容

②　受益権について譲渡制限があるときは、その旨及び内容

③　受益債権の内容が同一の二以上の受益権がある場合において、それらの受益権について、受益者として有する権利の行使に関して内容の異なる信託行為の定めがあるときは、当該定めの要旨

④　受益証券の番号、発行日、記名式か無記名式かの別、無記名式の受

益証券の数

⑤　受益者（無記名受益権の受益者を除きます。）の氏名又は名称及び住所

⑥　上記⑤の受益者が受益権を取得した日

⑦　委託者の氏名又は名称及び住所（委託者が現に存しないときは、その旨）

⑧　受託者の氏名又は名称及び住所

⑨　信託監督人があるときは、その氏名又は名称及び住所、信託監督人の権限を制限する定めが信託行為にある場合は、当該定めの内容等

⑩　受益者代理人があるときは、その氏名又は名称及び住所、受益者代理人の権限を制限する定めが信託行為にあるときは、当該定めの内容等

⑪　特定の内容の受益権について受益証券を発行しない場合は、その定めの内容

⑫　受益権原簿管理人を定めたときは、その氏名又は名称及び住所

⑬　限定責任信託であるときは、その名称及び事務処理地

⑭　その他、当該受益証券発行信託の信託の条項

Q132 受益証券を発行する信託の課税関係の基礎

受益証券を発行する信託について、課税法上の基本的な考え方を教えてください。

Answer

受益証券を発行する信託の基本的な税法上の考え方は、一般的な受益者等課税信託と比較すると以下のように整理できます。

〔受益証券発行信託と受益者等課税信託の比較〕

	受益証券発行信託	受益者等課税信託 （通常の、受益者が信託財産を所有するものとみなす信託）
課税法上の信託財産の所有者	受託者	受益者
受益権 （所得税・法人税）	株式とみなします。	—
受益者 （所得税・法人税）	株主とみなします。	—
受託者	個人の場合、会社とみなします。	—
受益権の相続評価	信託財産の評価（Q78参照）	信託財産の評価
受益権の譲渡	株式の譲渡とみなします。	信託財産の譲渡とみなします。

受託者の課税関係（信託期間中）	信託財産から生じる所得を申告（信託財産以外の受託者固有の財産からの所得とは分けて申告します。）	課税関係なし
受益者の課税関係（信託期間中）	信託から収益の分配があった場合には配当があったものとみなし、元本の払い戻しがあった場合には資本剰余金の減少に伴う剰余金の配当とみなして配当課税	信託財産から生じる所得を申告
信託による財産の移転（委託者から受託者への移転）	出資とみなします。	委託者から受益者に信託財産が移転したものとみなします。（委託者＝受益者の場合は課税関係なし）。

解　説

受益証券を発行する信託は、独特の課税関係になります。課税関係の詳細については**Q133**から**Q137**を参照していただきたいのですが、以下にその概要を記します。

通常の受益者等課税信託の場合、受益者が信託財産を有するものとみなされますが、受益証券を発行する信託は、受託者が信託財産を有するものとみなします。

そして、所得税・法人税において受益権は、受託者（会社とみなされます。）の株式とみなされ、受益者は株主とみなされます。また、委託者から受託者への信託財産の移転は、信託財産の受託者（会社とみなします。）への出資とみなされています(注)。

このように、受益者等課税信託と受益証券発行信託では課税関係が異なりますので、信託の設計をする際に注意が必要です。

(注)　受益証券発行信託の受託者が法人である場合には、当該法人の株主は、当該信託の受託法人の株主とはみなしません。

例えば、A株式会社（発行済株式数200株、当該株主はXとします。）を受託者として、Y（委託者＝受益者）が受益証券発行信託をした場合、A社は「受託法人」としての顔と、信託とは関係のない「法人（A社)」としての顔の両面を持つことになります。法人税の申告はそれぞれ別々に行うことになります。Yは「受託法人（A社)」の株主とみなしますが、「法人（A社)」の株主とはみなしません。逆にXは「法人（A社)」の株主ですが、「受託法人（A社)」の株主とはなりません。

Q133 受益証券を発行する信託の課税関係（信託時）

父は高齢となり、父が経営する会社の株式（A 社株式）の全てを長男である私に信託することになりました。ここで、受益者は父としますが、当該受益権を表示する証券（受益証券）を父に発行します。この場合の信託時の課税関係について教えてください。

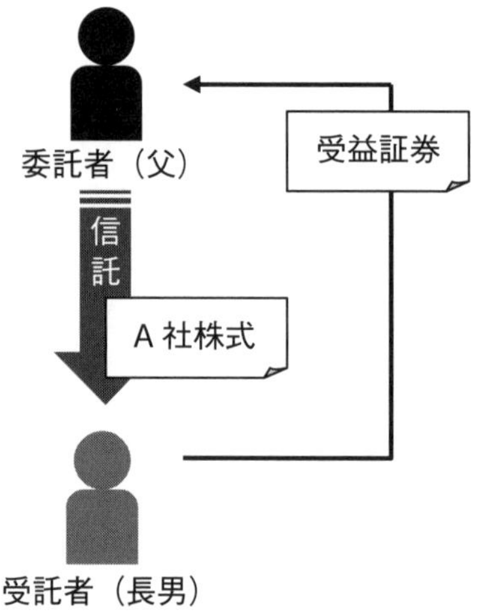

Answer

受益証券を発行する信託の場合、信託の効力発生時に以下のような課税関係が生じます。

(1) 委託者（父）

A 社株式を時価で譲渡したものとみなして、譲渡所得の申告（所得税）をします（所法59①一）。

(2) 受託者（長男）

損益は生じませんので課税関係は生じません。

解　説

信託においては、信託に係る受益権を表示する受益証券を発行することができます（信法185①）。なお、受益証券を発行している場合には、受託者は受益権原簿（Q131参照）を作成しなければなりません（信法186）。

ところで、受益証券が発行される信託については、課税法上は注意が必要です。

受益証券を発行しない通常の親族間で行う親族の財産の管理・処分を目的とする信託においては、受益者が財産を有するものとみなして課税関係を整理しています。

したがって、本問のように委託者と受益者が同じ場合には、信託の効力発生により実質的に財産を有するものは変わりませんので、委託者に課税されることはありません。

しかし、受益証券が発行されている場合には、財産が委託者から受託者に移転した（譲渡された）ものとして委託者に対して課税がなされます。これは、受益証券が発行されている信託においては、受益権が転々とすることが予想されるために受益者が信託財産を有するものとみなすと、かえって課税関係が複雑になるため、信託財産の所有者である受託者が課税法上も信託財産を有するものとみなすことにしたのです。

このように、受託者を信託財産の所有者とみなして受託者に課税する信託を「法人課税信託」といい、受益証券発行信託は法人課税信託の一つに分類されます（法法２二十九の二イ）。

⑴　委託者の課税関係

本問の場合、信託の効力発生により、委託者である父から、受託者である子供に財産が移転されたものとして課税関係を考えます。なお、法人課税信託の場合、受託者が個人である場合も会社とみなして課税関係を整理することになります（法法４④、法法４の７①三）。さらに、受益証券を発行する信託の場合、委託者である父から受託者である子供（会社とみなされます）への財産の移転は、贈与ではなく、出資とみなされます（所法６の３六）(注)。

したがって、信託の効力発生時に父が息子（会社とみなされます。）に対して信託財産（A 社株式）を出資したことになりますので、父は信託財産（A 社株式）を時価で譲渡したものとみなして譲渡所得課税を計算します。そして、当該時価を受益権の取得価額とします（受益権の取得のためにかかった費用がある場合には、当該費用の金額を含みます。）。

消費税法においても、信託時に委託者から受託者へ信託財産を時価で譲渡したとみなして課税されることになります（消令２①三、45②五）。

(注)　委託者が法人である場合も、委託法人から受託者への出資とみなされます（法法４の７九）。

⑵　受託者の課税関係

受託者である息子（法人とみなされます。）は、出資を受ける行為は資本等取引に該当しますので信託時には課税されません（法法22②）。信託財産（株式）は時価で受け入れて、同額を会社の資本金等の額として税務処理します（法令14の10④）。税務処理の仕訳は次のようになります。

信託財産	××（時価） ／	資本金等の額	××

〔受益証券発行信託の効力発生時の課税関係〕

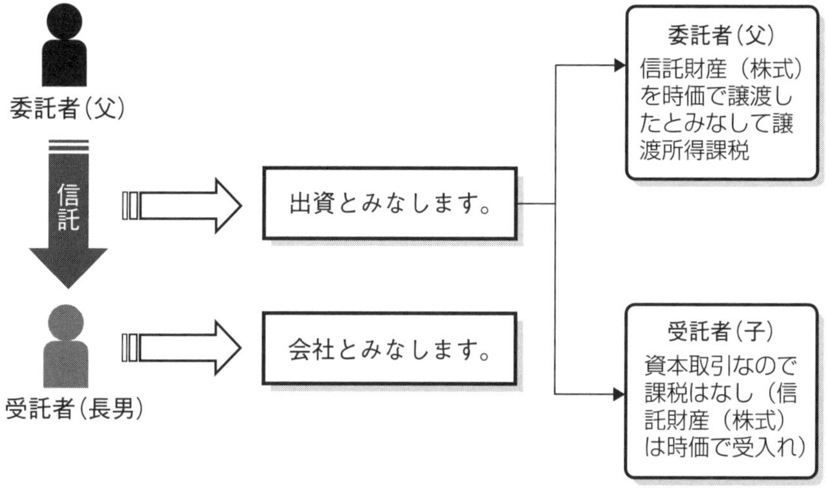
委託者（父）
信託
受託者（長男）
出資とみなします。
会社とみなします。
委託者（父）
信託財産（株式）を時価で譲渡したとみなして譲渡所得課税
受託者（子）
資本取引なので課税はなし（信託財産（株式）は時価で受入れ）

受益証券を発行する信託の場合、受託者は、法人である場合はもちろん、個人である場合にも会社とみなされます。そして、その会社は、法人課税信託の効力発生日に設立されたものとされます。

したがって、「法人等の設立の届出書」を設立日（信託の効力発生日）から２か月以内に提出する必要があります（法法４の７七、148②、149②）。

本件においては、受託者（長男）が法人設立の届出書を提出する必要があります（受託者が既に設立されている法人の場合においても、別途、法人課税信託にかかる会社の設立届出書を提出する必要があります。）。さらに、青色申告の承認を受ける場合等も通常の法人の設立の場合と同様に、承認の届出書等を提出等する必要があります。

なお、これらの課税法上の申告・申請等を行う場合には、法人課税信託の名称を併記しなければなりません（通規15）。

また、法人課税信託に係る法人税の申告に自署し、自己の押印をすべき者は、受託者が法人である場合には、当該受託法人の代表者が行い、受託者が会社とみなされる個人である場合には、当該個人が行います（法法151①④）。

（補足）　委託者が法人の場合の注意点

本問は、父（個人）から子供（法人とみなされます。）への現物出資になりますので、父は時価で信託した財産を譲渡したものとして課税関係を整理します。委託者が法人であった場合でも、原則として、信託する財産を時価で譲渡したものとして譲渡損益を計上します。

（適格現物出資の要件を満たす場合）

委託者が法人で、適格現物出資の要件を満たす場合には、委託者は、帳簿価額で譲渡したものとみなされ、委託者には譲渡損益は生じません（法法62の４①）。また、受託者は、現物出資直前の委託者にとっての帳簿価額で信託財産を受け入れ、同額を資本金等の金額として会計処理します（法令123の５、８①八）。

さらに、財産の信託と同時に債務引受により負債を引き継いでいる場合には、資本金等の額は、信託財産の受け入れ価額から引き継いだ負債の金額を控除した金額として計算します（法令14の10④）。

（グループ法人税制が適用される場合）

適格現物出資の要件を満たさない場合において、委託法人と受託者（法人とみなされます。）が、100％グループの関係にある場合には、グループ法人課税が適用され委託法人において、信託財産の譲渡損益は繰り延べられます。

また、受託者は、時価で信託財産を受け入れることになります。

〔受益証券発行信託を信託した際の課税関係のまとめ〕

委託者	個　人	法　人
委託者の課税関係	信託する財産を時価で譲渡したとみなして譲渡所得課税	信託する財産を時価で譲渡したものとして課税（注１・２）
受託者の課税	なし	なし
受託者の信託財産の受入価額	時価	時価（注３）
受託者の資本金等の額	信託財産の時価から、債務引受をした債務の額を減額した金額	信託財産の時価から、債務引受をした債務の額を減額した金額（注４）

（注１）　適格現物出資に該当する場合には、簿価で譲渡したものとみなします。

（注２）　グループ法人税制が適用される場合には、譲渡損益は繰り延べられます。

（注３）　適格現物出資に該当する場合には、簿価で受け入れます。

（注４）　適格現物出資の場合には、信託財産の簿価から債務引受をした債務の額を減額した金額が受託者の資本金の額になります。

Q134 受益証券を発行する信託の課税関係（信託期間中）

父は高齢となり、父が経営する会社の株式（A 社株式）の全てを長男である私に信託することになりました。ここで、受益者は父としますが、当該受益権を表示する証券（受益証券）を父に発行します。この場合、信託期間中の課税関係について教えてください。

Answer

(1) 受託者の課税関係

信託期間中においては、長男（法人とみなされます。）は、信託財産に係る所得を信託期間に従って法人税の申告として提出することになります。

なお、信託財産以外の長男の固有財産に係る所得については通常どおり所得税の申告を行います。

(2) 委託者の課税関係

信託期間中は、委託者に課税関係は生じません。

(3) 受益者の課税関係

信託財産に係る所得は、受託者である長男が申告していますので、受益者である父は申告する必要はありません。ただし、信託から配当を受け取った場合には、配当所得として所得税の対象になります。

解　説

(1)　受託者の課税関係

受益証券が発行されている信託は、委託者から受託者に財産の出資があったものと考え、信託財産を受託者が所有するものとみなして考えますので、信託された財産にかかる所得は受託者が申告します。さらに、受託者が個人の場合であっても、会社とみなして考えます。

したがって、本問の場合には、受託者（長男）が信託財産（株式）にかかる所得（配当等の所得）の申告を、所得税の申告ではなく、法人税の申告として行います。なお、この場合の申告の計算期間は１月１日～12月31日ではなく、信託の計算期間に従って申告することになりますので、信託の計算期間が３月末決算であれば、４月１日～３月31日で申告することになります(注)。

なお、受託者については、中小企業に適用される法人税の軽減税率の適用はありません（法法66⑥）。受託者には資本金という概念がありませんので、欠損金の繰戻還付制度（措令１の２③)、留保金課税の非適用（法令14の10⑥)、交際費の控除（措令１の２③）等の適用もありません。

また、受託者が受益者に信託からの分配金を支払う場合には、株主に対する配当とみなして、源泉徴収する必要があります（所法24①、212③、213②二)。さらに、受益者に対して収益の分配である旨を通知する必要があります（法令14の10⑦)。

（注）　受託者が法人である場合においても、受託者の固有財産に係る法人税の申告と法人課税信託に係る申告とは別々に申告をすることになります（法法４の６①②)。例えば、受託者の計算期間が３月決算であっても、法人課税信託の契約書等で定められた計算期間が12月決算である場合には、別々の計算期間で別々に申告（固有財産に係る申告は３月決算で申告し、信託に係る申告は12月決算で別々に申告）します。

⑵　受益者の課税関係

委託者が財産を信託して受益証券が発行された場合には、委託者が財産を受託者（会社とみなします。）に出資したものとみなされます（所法6の3六)。そして、信託の受益者は、受託者（会社とみなされます。）の株主とみなされます（所法6の3四)。したがって、信託の受益者である父に対して法人課税信託から分配金が支払われた場合、受益者が会社から配当金を受け取ったものとみなして課税関係が生じます（信託から分配がない限り受益者は課税されません。)。なお、受託者からの分配金は、収益の分配か、元本の払戻しかによって課税関係が以下のように異なってきます（所法6の3八)。

まず、収益の分配が行われた場合には、受託会社からの剰余金の配当（資本剰余金の減少に伴わない剰余金の配当）が行われたものとみなして、分配された金額に対して受益者（父）に配当課税がなされます。

次に、元本の払戻しが行われた場合には、資本剰余金の減少に伴う剰余金の配当とみなして配当課税がなされます。

具体的には、払戻金額のうち、「資本金等の額×前事業年度終了時の簿価純資産に占める払戻金額の割合」によって算出される金額については、資本金等の減少として課税されません。そして、払戻金額が資本金等の額の減少額を超える部分の額については、配当課税されることになります（法法4の7六、十)。

〔受益証券発行信託の信託期間中の課税法上の考え方〕

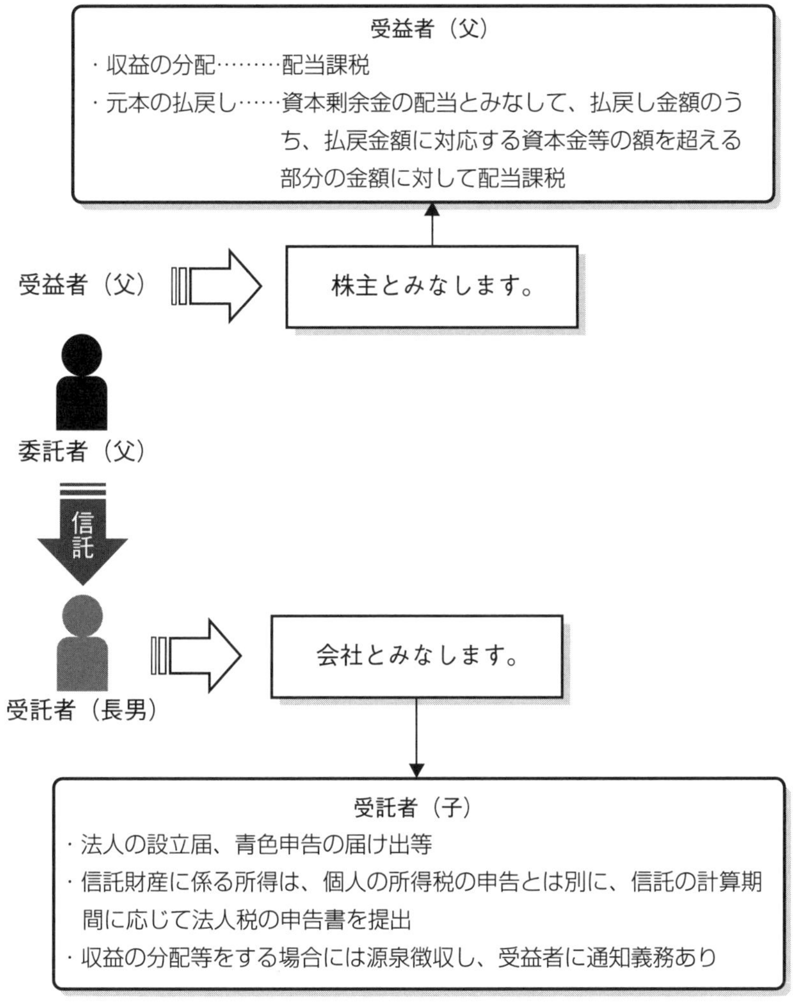
受益者（父）
・収益の分配………配当課税
・元本の払戻し……資本剰余金の配当とみなして、払戻し金額のうち、払戻金額に対応する資本金等の額を超える部分の金額に対して配当課税
受益者（父）
株主とみなします。
委託者（父）
信託
受託者（長男）
会社とみなします。
受託者（子）
・法人の設立届、青色申告の届け出等
・信託財産に係る所得は、個人の所得税の申告とは別に、信託の計算期間に応じて法人税の申告書を提出
・収益の分配等をする場合には源泉徴収し、受益者に通知義務あり

Q135 受益証券を発行する信託の課税関係（受益証券の譲渡）

父が委託者となり、長男である私が受託者となり、受益者を父とする信託をしています。なお、この信託は受益証券を発行しています。このような信託において、父が受益証券を母に譲渡する場合の課税関係を教えてください。

Answer

受益権は株式とみなしますので、株式を譲渡する場合と同様に、譲渡益に対して20％の分離譲渡課税がなされます（解説の末尾(注)参照）。

解　説

通常は、受益証券を発行しない信託の場合、受益者を財産の所有者とみなしますので、受益権を譲渡した場合には、信託財産を譲渡したものとして課税関係を整理することになります（所法13①）。したがって、信託財産が不動産である場合には、受益権の譲渡を不動産を譲渡したものとみなして税金を計算します。なお、不動産に適用される特例を適用することも可能です（Q105参照）。

これに対して、受益証券を発行する信託の場合には、受託者が信託財産を有するものみなします（所法６の２②）。そして、受益者は受託者を会社とみなしたところの株主とみなされ、受益権は株式とみなされます（所法６の３四）。

したがって、受益権を譲渡した場合には、株式を譲渡したものとして考え、分離譲渡課税（譲渡益に対して20％（国税15％、地方税５％）

(注)の課税）が適用されることになります（措法37の10①、地法附則35の２①⑥)。

（注）　受益権の簿価は、以下になります。

① 当該受益証券（株式とみなします。）を信託（出資とみなします。）により取得した場合 → 信託財産の信託時の時価（信託時に時価で譲渡課税されていない場合を除きます。）

② 当該受益証券を譲渡により取得した場合→譲渡による取得価額

〔受益証券を発行する信託受益権を譲渡した場合〕

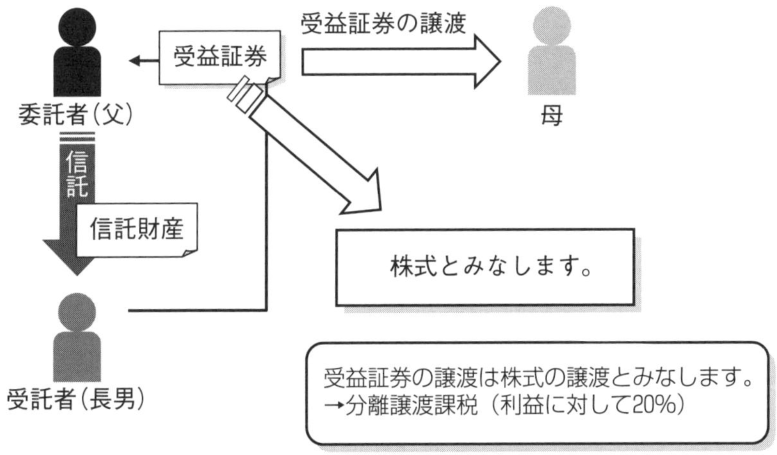

（注） 2013年１月～2037年12月までは復興特別所得税により、所得税額の2.1%が上乗せになります（住民税はそのままです。)。そのため15%は15.315%と、20%は20.315%となります。

Q136 受益証券を発行する信託の課税関係（受託者の変更）

受益証券を発行する信託の受託者を、長男から次男に変更しようと思いますが、この際の課税関係（長男及び次男）を教えてください。

Answer

信託財産は、簿価で引き継いだものとして課税は生じません。

〔受益証券を発行する信託で前の受託者から次の受託者に信託財産が移転するときの課税関係〕

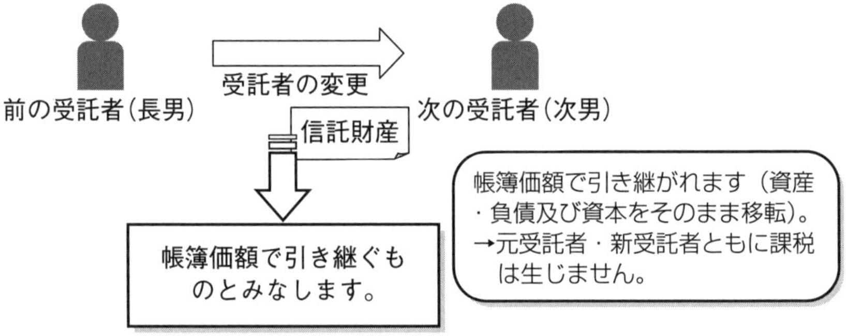
受託者の変更
前の受託者(長男)
次の受託者(次男)
信託財産
帳簿価額で引き継ぐものとみなします。
帳簿価額で引き継がれます（資産・負債及び資本をそのまま移転）。
→元受託者・新受託者ともに課税は生じません。

解　説

受益証券を発行する信託は、法人課税信託に含まれます（法法２二十九の二イ）。そして、法人課税信託の受託者は信託財産を所有するものとみなされ（所法６の２②、法法４の６②）、受託者が変更されると、信託財産の課税法上の所有者が移転するものと考えます。経済的な対価なく所有者が変更される行為は贈与になり、課税関係が生じるのではないかと思うかもしれませんが、受託者の変更に伴う信託財産の移転は、帳簿価額による引き継ぎをしたものとして考えます（法法64の3④）。

したがって、変更前の受託者（長男）には課税は生じません。

また、新しい受託者（次男）は、信託財産を当該帳簿価額で引き継ぎを受けたものとされ（法令131の3③）、前の受託者の信託に係る資本金等の額と利益積立金額も引き継ぐことになります（法令131の3④）。

結果として、信託財産を引き継ぐ新しい受託者に損益は生じないと解されます。つまり、新しい受託者は、前の受託者の信託にかかる貸借対照表をそのまま引き継ぐように税務処理されます。

信託財産　××（前の受託者の帳簿価額）			
	／	資本金等の額	××（前の受託者の帳簿価額）
		利益積立金の額	××（前の受託者の帳簿価額）

（注）法人課税信託ではない場合においては、課税法上、受託者は信託財産の所有者とはみなされません（信託財産の所有者とみなされるのは受益者になります。）。したがって、受託者を変更しても特段の税務処理は生じません。

Q137 受益証券を発行する信託の課税関係（信託終了時）

父は、父が所有する財産を長男である私に信託しています。受益者は父であり、当該受益権を表示する証券（受益証券）を父に発行しています。

この度、信託を終了することになり、残余財産が受益者である父に給付されました。この場合の課税関係について教えてください。

Answer

法人課税信託が終了した場合には、受託者（会社とみなします。）の解散があったものとされます。

したがって、以下のような課税関係が生じます。

(1) 受託者（長男）の課税関係

信託終了時の信託財産の時価と簿価の差額に対して法人税が課税されます。

(2) 受益者（父）の課税関係

受託者から分配を受けた財産の時価が、受託者の資本金等の額を超える部分の金額に対して配当課税されます。

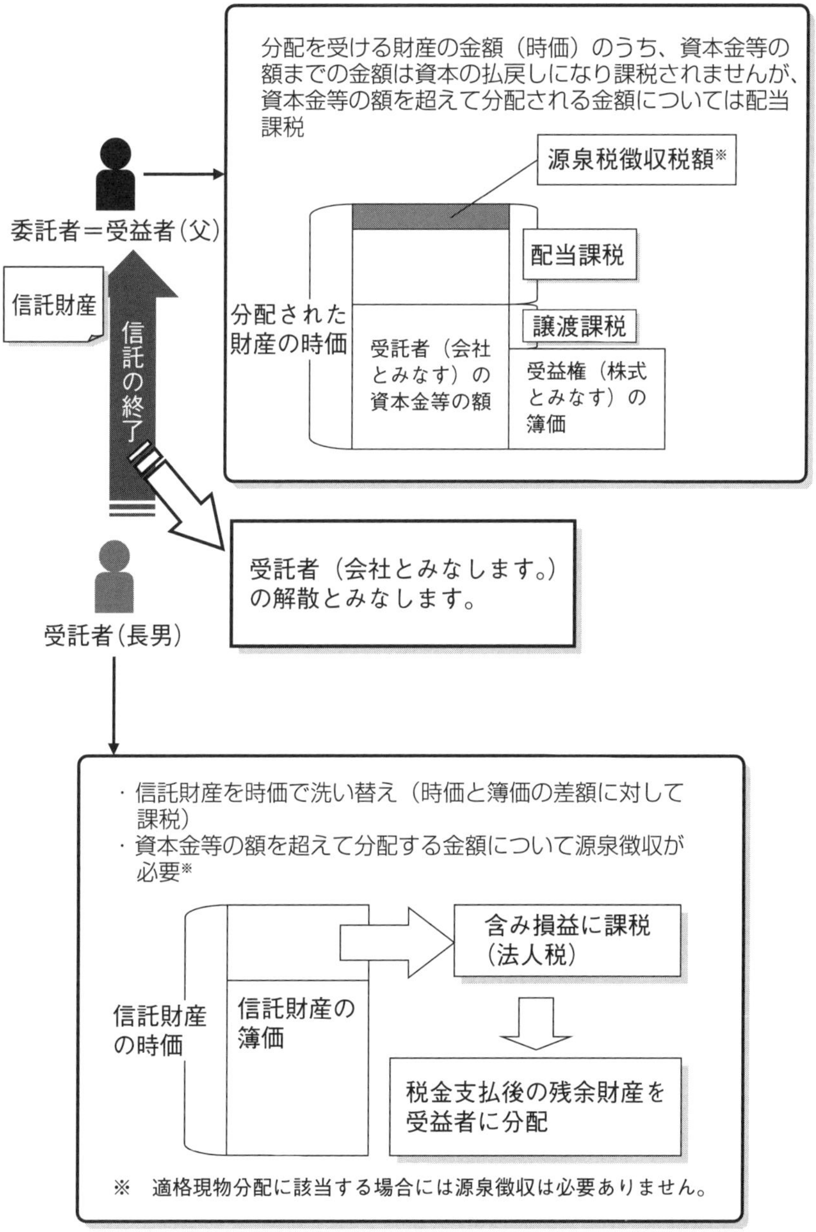
分配を受ける財産の金額（時価）のうち、資本金等の額までの金額は資本の払戻しになり課税されませんが、資本金等の額を超えて分配される金額については配当課税
源泉税徴収税額※
配当課税
譲渡課税
分配された財産の時価
受託者（会社とみなす）の資本金等の額
受益権（株式とみなす）の簿価
委託者＝受益者（父）
信託財産
信託の終了
受託者（長男）
受託者（会社とみなします。）の解散とみなします。
・信託財産を時価で洗い替え（時価と簿価の差額に対して課税）
・資本金等の額を超えて分配する金額について源泉徴収が必要※
含み損益に課税（法人税）
信託財産の時価
信託財産の簿価
税金支払後の残余財産を受益者に分配
※　適格現物分配に該当する場合には源泉徴収は必要ありません。

解　説

法人課税信託が終了すると、信託財産は残余財産の受益者に分配（又は信託財産が第三者に売却されて、現金が受益者に配当されます。）されて終了します。ここでは信託財産が現物で分配されたものとします。

受益証券を発行する法人課税信託において、受託者は会社とみなし（法法4の7三、所法6の3三）、受益者は株主とみなします（法法4の7六、所法6の3四）。さらに、法人課税信託の終了は、会社の解散とみなします（法法4の7八、所法6の3五）。

⑴　受託者の課税関係

受託者（会社とみなします。）は、信託財産を時価で株主に分配すると考えますので、信託財産の時価と簿価の差額に対して受託者（法人とみなします。）に法人税が課税されます。そして、分配される財産の金額が資本金等の額を超える場合には、当該超える部分の金額は配当とみなされますので、所得税を源泉徴収する必要があります。

⑵　受益者の課税関係

信託財産の分配を受けた受益者（父）は、分配を受けた財産の価額（時価）のうち、受託者（会社とみなします。）の資本金等の額までの金額は株式の譲渡対価の額として、資本金等の額が受益権の簿価（株式の簿価）を超える部分の金額（株式の譲渡益）については、譲渡所得税（20%）が課税され、逆に下回る場合には、当該下回る部分の金額は譲渡損となります。

次に、受益者（株主とみなします。）に分配される金額（時価）が受益者の資本金等の額を超える場合には、当該超える金額は配当とみなされて配当課税されることになります。

〔受益証券発行信託が終了した時の課税関係〕

事　象	受益証券発行信託の考え方
受託者	会社とみなします。
受益者	株主とみなします。
信託の終了	会社の解散とみなします。
信託終了時の受託者の課税関係	・信託財産の時価が簿価を超える金額に対して法人税が課税されます。 ・受益者（株主とみなします。）に分配する金額（時価）が資本金等の額を超える部分の金額は配当とみなされて、源泉徴収する必要があります。
信託終了の受益者の課税関係	分配を受ける金額（時価）のうち、 ①　受託者（会社とみなす）の資本金等の額までの金額 →株式の譲渡金額とみなして、受益権（株式とみなします。）の簿価を超える場合には、譲渡益（下回る場合には譲渡損）に対して譲渡税（株式の譲渡として20%（注）の分離課税） ②　受託者（会社とみなします。）の資本金等の額を超える部分の金額 →配当課税

（注）　復興特別所得税を加味すると20.315%となります。

（補足） 受益者が法人の場合の注意点

（受託者の課税関係）

受託者（会社とみなします。）が受益者（株主とみなします。）に信託財産を交付する行為は、現物分配に該当するものと考えられます（法法２十二の六）。現物分配をした場合には、現物分配をする法人（受託者）は時価で財産を譲渡したものとみなされます（法法62の５①②）。したがって、時価が簿価を超える部分の金額を益金として計上し、法人税が課税されます。

また、分配される財産の金額が受託者の資本金等の額を超える場合には、当該超える部分の金額は配当とみなされて源泉徴収する必要があります。

（受益者の課税関係）

残余財産の分配を受けた場合には、みなし配当課税が課されます。なお、みなし配当の金額は、分配を受ける信託財産の時価が分配をする法人（受託者）の資本金等の額を超える部分の金額とされています。ただし、これが適格現物分配に該当する場合には、信託財産の時価ではなく、帳簿価額（分配直前の分配をする法人における信託財産の帳簿簿価）で計算することになります（法法24①）。

Q138 特定受益証券発行信託について

1　特定受益証券発行信託とは、どのような信託のことでしょうか。
2　特定受益証券発行信託の課税関係について教えてください。
また、受益証券発行信託と異なるのでしょうか。

Answer

1　特定受益証券発行信託とは

受益証券発行信託のうち、一定の要件を満たすものをいいます。

具体的には、資本金が５千万円以上である法人や信託会社が受託者になり、帳簿等の作成、保管等に関して税務署長の承認を受け、利益のほとんどを受益者に分配する信託をいいます。

2　特定受益証券発行信託の課税関係と受益証券発行信託との異同

特定受益証券発行信託は、受託者には課税されず、受益者が収益の分配を受けた時点で受益者に配当所得課税がなされる信託です。

	受益証券発行信託	特定受益証券発行信託
類　型	法人課税信託	集団投資信託
受託者	信託財産は受託者のものとして課税	課税なし
受益者	受益者は、株主とみなして課税	収益が分配された時に課税

解　説

1　特定受益証券発行信託とは（法法２二十九ハ、法令14の４）

受益証券発行信託のうち、以下の要件の全てに該当するものをいいます。

①　受託者の要件

・信託会社（管理型信託会社を除きます。）

・信託銀行

・資本金（出資金）の額が５千万円以上である法人（設立後１年を経過していないものは除きます。）

②　帳簿等の作成、保管及び開示

・信託に係る帳簿等の作成、報告及び保存等が確実に行われると見込まれ、取引の一部又は全部を隠ぺいし、又は仮装した事実がないこと。

・業務及び経理の状況につき有価証券報告書等により記載及び開示し、又は計算書類及び事業報告並びにこれらの附属明細書等について閲覧の請求があった場合には、正当な理由がある場合を除き閲覧させること。

③　受託者が清算中でないこと。

④　受託者が上記①～③の要件に該当するものであることについて、税務署長の承認を受けた法人であること。

⑤　利益の分配に係る要件

各計算期間終了の時における未分配利益の額（利益の繰越額）の元本総額に占める割合が2.5％以下である旨の定めが信託行為にあり、各事業年度終了の日の翌日以後２か月を経過する日までに貸借対照表等が税務署長に提出され、未分配利益の割合が2.5％以下であること。

⑥　計算期間は１年を超えないこと。

⑦　受益者が存しない信託に該当したことがないこと。

2　特定受益証券発行信託の課税関係

特定受益証券発行信託は、集団投資信託に該当します（法法２二十九)。集団投資信託は、受益者課税信託にも該当せず、法人課税信託にも該当しません（法法12①、法法２二十九の二)。つまり、信託財産に帰せられる収益及び費用は受益者及び受託者にも帰属しません（法法12①③)。そこで、当該受託法人が収益を認識した時点では当該収益が帰属する者はなく課税は発生しません。そして、受益者に収益が分配された時点で受益者に課税されます。

次に、受益者が収益の分配を受けた時の課税関係は、以下のようになります。

⑴　収益の分配

特定受益証券発行信託の収益の分配は、配当所得として所得税が課されます（所法24①)。なお、配当控除の適用はありません。

①　受益者が法人の場合、受取配当の益金不算入の規定の適用はありません（法法24①)。

②　収益の分配については20％※の源泉徴収がなされます。なお、信託財産に属する収益について既に控除された源泉所得税がある場合には、当該源泉所得税を差し引きます。

③　収益の分配、受益証券の譲渡については、告知制度及び支払調書制度があります。

④　受益証券については印紙税が課されます（Q161参照)。

※　復興特別所得税を加味すると20.42％となります。

(2) 受益証券の譲渡

特定受益証券発行信託の受益権の譲渡は株式の譲渡として分離課税（所得税15%※、住民税５%）になります（措法37の10②六）。

※　復興特別所得税を加味すると、15.315%となります。

第10章

税の特例が適用できる商事信託

Q139 信託等による教育資金贈与

平成25年４月１日より適用される教育資金贈与（1,500万円までの非課税規定）の概要について教えてください。

Answer

金融機関に金銭等を信託等することにより、最大1,500万円まで非課税で贈与する（消費しなかった残額については、受贈者が30歳に達した時点で課税されます。）ことが可能になります（措法70の２の２）。

信託等による教育資金贈与	
①受贈者の要件 ※１①	30歳未満
②贈与者の要件	受贈者の直系尊属
③贈与の形態 ※１③	受贈者の教育資金（注１）に充てるために以下の行為をすること。 ・その直系尊属と信託会社との間の教育資金管理契約に基づき信託の受益権を取得する。 ・その直系尊属からの書面による贈与により取得した金銭を教育資金管理契約に基づき銀行等の支店等に預け入れ ・その直系尊属から書面による贈与により取得した金銭等（MRF、MMF 等）で教育資金管理契約に基づき証券会社等の支店等で有価証券を購入する。 （注１）　教育資金とは、文部科学大臣が定める次の金銭をいいます。 ①　学校等（※）に直接支払われる以下の金銭

イ　入学金、授業料（大学の公開講座、幼稚園の預り保育等を含みます。）、入園料、保育料（延長保育、休日保育、一次預かり保育等を含みます。）、施設設備費、入学試験の検定料等、在学証明・成績証明等の手数料、修学旅行費、遠足費、PTA 会費、学級会費、生徒会費、寮費、部費（学校や部の領収書が出るものに限ります。）

ロ　学用品費、修学旅行費、学校給食費など学校等の教育に伴って必要な費用

（※）　学校等には以下のものが含まれます。

認定こども園、保育所、幼稚園、小・中学校・高等学校・中等教育学校、特別支援学校、高等専門学校、大学、大学院、専修学校、インターナショナルスクール（国際的な認定機関に認証されたもの）、外国人学校（文部科学大臣が高校相当として認定したもの）、外国大学の日本校、外国にある教育施設（その国の学校教育制度に位置づけられている学校、日本人学校、私立在外教育施設）

②　学校等以外の者に支払われる金銭のうち以下の一定のもの

イ　役務提供又は指導を行う者（学習塾や水泳教室等）に直接支払われるもの

・教育（学習塾、家庭教師、そろばん、英会話、パソコン教室、ビジネススクール）に関する役務の提供の対価や施設の使用料

・スポーツ（水泳、野球、ゴルフ、テニス等）又は文化芸術に関する活動（ピアノ、絵画、バレエ、習字、茶道、華道、料理、乗馬、ヨガ等）その他教養の向上のための活動に係る指導への対価等

※　通信教育は対象になりません。

・上記にかかる使用する物品の購入に要する金

	銭（上記の指導を行う者を通じて購入するもの（指導を行う者の名で領収書が出るものに限ります。）） ※　塾のテキストや、野球のグローブを個人で購入した場合は含まれません。 ロ　上記イ以外に支払われるもの ・上記①ロのための金銭で学校等が必要と認めたもの ・通学定期代（平成27年税制改正で対応） ・留学渡航費、学校等に入学、転入学、編入学するために必要となった転居の際の交通費（平成27年税制改正で対応）
④贈与税の非課税額	信託受益権の価額又は拠出された金銭等の額のうち、受贈者１人につき1,500万円（学校等以外の者に支払われる金銭については、500万円を限度） （※）　学校等が書面で業者を通じての購入や支払いを保護者に依頼している教科書、副教材、制服、体操着、通学鞄、給食、修学旅行、卒業アルバム代は500万円の枠になります。
⑤適用期間　※１	平成25年４月１日～平成31年３月31日までの間に拠出されるもの
⑥資金拠出時の手続き	受贈者は、本特例の適用を受けようとする旨等を記載した教育資金非課税申告書を金融機関を経由し、受贈者の納税地の所轄税務署長に提出します。
⑦資金の払出しの確認	受贈者は、払い出した金銭を教育資金の支払いに充当したことを証する書類を金融機関に提出しなければなりません。 金融機関は、提出された書類により払い出された金銭が教育資金に充当されたことを確認し、その確認した金額を記録し、当該書類及び記録を受贈者が30歳に達した日の翌年３月15日後６年を経過するまで保存しなければなりません。

⑧終了の要件	①　受贈者が30歳に達した場合等（※２） ②　受贈者が死亡した場合
⑨終了時の手続き（調書の提出）	**（受贈者が30歳に達した場合）** 金融機関は、本特例の適用を受けて信託等がされた金銭等の合計金額（「非課税拠出額」といいます。）及び契約期間中に教育資金として払い出した金額（上記⑦により記録された金額）の合計金額（学校等以外に支払われた金銭のうち500万円を超える部分を除きます。以下「教育資金支出額」といいます。）、その他の事項を記載した調書を受贈者の納税地の所轄税務署長に提出しなければなりません。 **（受贈者が死亡した場合）** 金融機関は受贈者が死亡した旨を記載した調書を受贈者の所轄税務署長に提出しなければなりません。
⑩終了時の課税関係	**（受贈者が30歳に達した場合等）** 非課税拠出額から教育資金支出額を控除した残額については、受贈者が30歳に達した日等に贈与があったものとして贈与税が課税されます（※３）。 **（受贈者が死亡した場合）** 非課税拠出額から教育資金支出額を控除した残額について、贈与税は課税されません。
⑪期間中に贈与者が死亡した場合の課税関係　※１②	非課税拠出額から教育資金支出額を控除した残額について課税関係は生じません。

※１　教育資金贈与の特例は平成31年３月31日の贈与までとされていましたが、令和８年３月31日まで適用期間が延長され、以下の改正により制限が加えられました。

①　受贈者の所得制限

平成31年４月１日以後なされる贈与について、教育資金贈与を受けた日の属する年の前年の受贈者の合計所得金額が1,000万円を超える場合には適用できなくなりました（措法70の２の２①④）。

② 贈与者が死亡した場合の相続財産への加算

以下の図に該当する場合、贈与者が死亡した時、教育資金贈与の残高（非課税拠出金－教育資金支出金）が贈与者の相続財産に加算されることになりました（措法70の２の２⑬）。

〔教育資金贈与の管理残額の相続財産への加算について〕

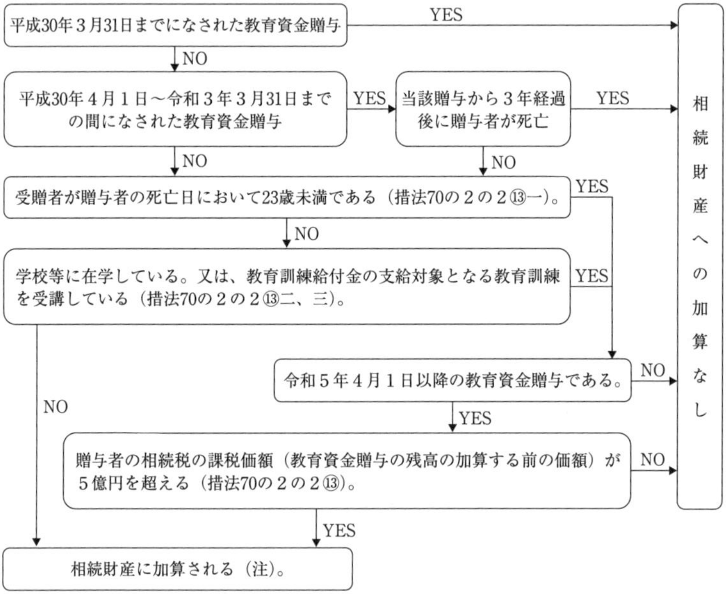

（注）令和３年３月31日以前の教育資金贈与に対応する部分には相続税の２割加算の適用はありません。

③ 受贈者が23歳以上になった場合の使途の制限

令和元年７月１日以後において、受贈者が23歳に達した日の翌日以後に教育資金として支払われるもののうち学校等以外の者に支払われる金銭について、教育訓練給付金の支給対象となる教育訓練を受講するための費用に制限されました。

※２ 原則として受贈者が30歳に達した日に信託は終了しますが、30歳に達した日において学校等に在学している場合又は教育訓練を受けている場合（これらに該当する旨を金融機関等に届け出た場合に限ります。）に

は信託は終了しません。この場合、学校等又は教育訓練を受けている旨を毎年、金融機関に届け出れば信託は継続し、その旨の届け出がなかった年の12月31日又は受贈者が40歳に達する日のいずれか早い日に信託は終了します。

※３　暦年課税で贈与税の申告を行う場合、令和５年４月１日以降の教育資金贈与に対応する部分には、受贈者の年齢に関わらず一般税率が適用されます（措法70の２の２⑰）。

※４　教育資金贈与の利用状況は、制度導入から平成29年９月までの４年半の間で18万６千件、贈与総額は１兆３千億円以上（１件あたり平均贈与額696万円）となっています（出典：一般社団法人信託協会教育資金贈与信託の受託状況（平成29年９月末現在））。

Q140 信託等による結婚・子育て資金贈与

結婚・子育て資金贈与（1,000万円までの非課税規定）について、以下①から⑪までを教えてください。

①受贈者の要件、②贈与者の要件、③贈与の形態、④贈与税の非課税額、⑤適用期間、⑥資金拠出時（贈与時）の手続き、⑦資金の払出しの確認、⑧終了の要件、⑨終了時の手続き、⑩終了時の課税関係、⑪期間中に贈与者が死亡した場合の課税関係

Answer

金融機関に金銭等を信託等することにより、最大1,000万円まで非課税で贈与する（消費しなかった残額については、贈与者の死亡時に相続財産とみなして相続税が課税されます。）ことが可能になります。

信託等による結婚・子育て資金贈与	
①受贈者の要件	20歳以上50歳未満
②贈与者の要件 ※	受贈者の直系尊属
③贈与の形態	受贈者の結婚・子育て資金（注１）に充てるために、金銭等を拠出し、金融機関（注２）に信託等（注３）すること。 （注１） 結婚・子育て資金とは、内閣総理大臣が定める次の金銭をいいます。 挙式費用、不妊治療費、子の医療費、新居の住居費、出産費用、子の保育費（ベビーシッター費を含む）、引越費用、産後ケア費用 （注２） 金融機関とは信託会社（信託銀行を含みます。）、銀行及び金融商品取引業者（第一種金融商品取引

	業を行う者に限ります。）をいいます。 （注３）　受贈者の結婚、子育て資金に充てるために以下の行為をすること。 ・親又は祖父母と信託会社との間の一定の契約に基づき信託の受益権を取得すること。 ・親又は祖父母から書面による贈与により取得した金銭を一定の契約に基づき銀行等の支店等に預け入れること。 ・親又は祖父母から書面による贈与により取得した金銭等（MRF、MMF 等）で一定の契約に基づき証券会社等の支店等で有価証券を購入すること。
④贈与税の非課税額	信託受益権の価額又は拠出された金銭等の額のうち、受贈者１人につき1,000万円（結婚に際して支出する費用については300万円を限度）
⑤適用期間　※	平成27年４月１日～平成31年３月31日までの間に拠出されるもの。
⑥資金拠出時の手続き	受贈者は、本特例の適用を受けようとする旨等を記載した非課税申告書を、金融機関を経由し受贈者の納税地の所轄税務署長に提出します。
⑦資金の払出しの確認	受贈者は、払い出した金銭を結婚・子育て資金の支払いに充当したことを証する書類を金融機関に提出しなければなりません。 金融機関は、提出された書類により払い出された金銭が結婚・子育て支援資金に充当されたことを確認し、その確認した金額を記録し、当該書類及び記録を結婚・子育て資金を管理するための契約の終了の日の翌年３月15日後６年を経過する日まで保存しなければなりません。
⑧終了の要件	①　受贈者が50歳に達した場合 ②　受贈者が死亡した場合 ③　信託財産等の価額がゼロとなった場合において終了

	の合意があったとき
⑨終了時の手続き（調書の提出）	**（受贈者が50歳に達した場合）** 金融機関は、本特例の適用を受けて信託等がされた金銭等の合計金額（「非課税拠出額」といいます。）及び結婚・子育て資金管理契約の期間中に結婚・子育て資金として払い出した金額（上記⑦により記録された金額）の合計金額（結婚に際して支出する費用については300万円を限度とします。以下「結婚・子育て資金支出額」といいます。）、その他の事項を記載した調書を受贈者の納税地の所轄税務署長に提出しなければなりません。 **（受贈者が死亡した場合）** 金融機関は受贈者が死亡した旨を記載した調書を受贈者の所轄税務署長に提出しなければなりません。
⑩終了時の課税関係	**（受贈者が50歳に達した場合）** 非課税拠出額の残額については、受贈者が50歳に達した日に贈与があったものとして贈与税が課税されます。 **（受贈者が死亡した場合）** 非課税拠出額の残額について、贈与税は課税されません（※２）。
⑪期間中に贈与者が死亡した場合	結婚・子育て支援管理契約の期間中に贈与者が死亡した場合には、非課税拠出額の残額を、贈与者から受贈者に相続又は遺贈したものとみなして、贈与者の相続財産に加算して相続税が課されます（令和３年３月31日までになされた結婚・子育て資金贈与に対応する部分については、相続税の２割加算の適用はありません。）。 ※　終了時の残額に課税されることはありません。

※１　結婚・子育て資金贈与は平成31年３月31日の贈与までとされていましたが、令和７年３月31日まで適用期間が延長され、同時に平成31年４月１日以後になされる贈与について、結婚・子育て資金贈与を受けた日の属する年の前年の受贈者の合計所得金額が1,000万円を超える場合には適用できなくなりました（措法70の２の３①④）。

※2　暦年課税で贈与税の申告を行う場合、令和5年4月1日以降の教育資金贈与に対応する部分には、受贈者の年齢に関わらず一般税率が適用されます（措法70の2の2⑰）。

Q141 特定贈与信託

子供に重度の心身障害がある場合に、親がその子供の将来のために財産を信託し、子供を受益者として毎年一定の金銭が受益者（子供）に支払われるような信託をした場合、最高6,000万円までは贈与税が非課税となる制度があると聞きましたが、その制度について教えてください。

Answer

子供に重度の障害がある場合において、子供の生活を支援する目的で親が財産を信託銀行等に信託し、当該信託から子供の生活費、療養費が給付される信託契約を締結することがあります。

通常は、親が委託者となり子供が受益者となると、子供に贈与税が課されますが、上記のような目的で、かつ、一定の要件を満たす信託契約を締結した場合には、贈与税額の計算にあたって贈与価額から６千万円（特定障害者のうち特別障害者以外の者にあっては３千万円）を控除して税額計算することができます（相法21の４①）。

〔特別障害者に対する贈与税の特別控除の概要〕

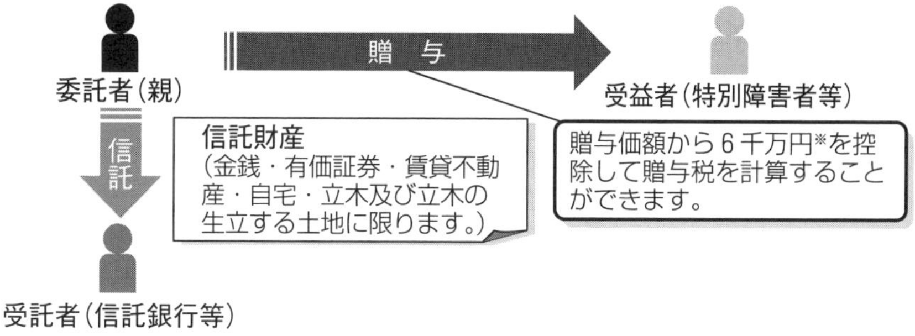
委託者（親）
贈　与
受益者（特別障害者等）
信託
信託財産
（金銭・有価証券・賃貸不動産・自宅・立木及び立木の生立する土地に限ります。）
贈与価額から６千万円※を控除して贈与税を計算することができます。
受託者（信託銀行等）

※　特定障害者のうち特別障害者以外の者にあっては３千万円

解　説

贈与税の計算において、信託された財産の評価額から６千万円を控除して計算される信託は、以下の要件を充足するものである必要があります（相法21の４①）。

① 受益者は特別障害者であること（特別障害者については以下（注２）の表参照）。

② 受託者は信託会社及び信託業務を営む金融機関であること（相法21の４①、相令４の８）。

③ 特別障害者扶養信託契約（注１）であること。

④ 信託の際に、必要な資料（注２）を添付し、この特例の適用を受けようとする旨その他必要な事項（注３）を記載した申告書を受託者の営業所を経由して、当該信託がされる日までに、税務署長に提出すること（注４）。

⑤ 控除額は６千万円まであり、同一の受託者の営業所において複数の信託契約を複数年にわたって行っても、控除額が６千万円になるまでは控除できます。

（注１）　特別障害者扶養信託契約とは、以下の要件を満たすものとする（相法21の４②、相令４の11）。

⑴　個人が受託者と締結したものであること。

⑵　信託される財産は以下になります（相令４の10）。

・金銭

・有価証券

・立木及び立木の生立する土地

・継続的に相当の対価を得て他人に使用させる不動産

・特別障害者の居住の用に供される不動産（上記いずれかの財産と共に信託される場合に限ります。）

⑶　１人の特別障害者が信託の利益の全部についての受益者とするもの

⑷　当該契約に基づく信託が当該特別障害者の死亡後６か月を経過する日（平成25年度税制改正により、平成25年４月１日以後に贈与により財産を取得した者については、「死亡の日」と改正されました。）に終了すること。

⑸　取消し又は解除（特別障害者の死亡後、当該特別障害者の債務で当該契約において当該信託に係る信託財産から弁済すべきこととされているもの及び当該特別障害者の遺贈で当該信託財産に係るものの弁済が終了した後において、当該特別障害者からの相続若しくは遺贈により当該信託に係る信託受益権を取得した者又は当該信託の受託者により行われる解除を除きます。）をすることができないこと。

⑹　信託の期間及び受益者を変更できない旨の定めがあること。

⑺　特別障害者扶養信託契約に基づく特別障害者への信託財産の交付に係る金銭の支払いは、当該特別障害者の生活又は療養の需要に応じるため、定期に、かつ、その実際の必要に応じて適切に行われることとされていること。

⑻　信託された財産の運用は、安定した収益の確保を目的として適正に行うこととされているものであること。

⑼　信託受益権について、譲渡に係る契約を締結したり、担保に供することができない旨の定めがあること。

（注２）　特別障害者は以下表（特別障害者の区分と添付書類）に該当する

者をいいます。障害者非課税信託申告書には、以下の書類を添付しなければなりません（相令４の９①、相規２）。

・特別障害者扶養信託契約書の写し。
・特別障害者であることがわかる書類（特別障害者の以下の区分に従って右欄の書類となります。）。
・信託受益権の価額の明細書
・特別障害者の住民票の写し

〔特別障害者の区分と添付書類〕

	特別障害者の区分 （相法21の４①、19の４②、相令４の４②、所令10①②）	添付すべき書類
①	精神上の障害により事理を弁識する能力を欠く常況にある者又は児童相談所、知的障害者更生相談所、精神保健福祉センター若しくは精神保健指定医の判定により重度の知的障害者とされた者	左記の判定をした者の証明書
②	精神障害者保健福祉手帳に精神保健及び精神障害者福祉に関する法律施行令第６条第３項（精神障害の状態）に規定する障害等級が一級である者として記載されている者	精神障害者保健福祉手帳の写し
③	身体障害者手帳に身体上の障害の程度が１級又は２級である者として記載されている者	身体障害者手帳の写し
④	戦傷病者手帳に精神上又は身体上の障害の程度が恩給法別表第１号表ノ２の特別項症から第３項症までである者として記載されている者	戦傷者手帳の写し
⑤	原子爆弾被爆者に対する援護に関する法律第11条第１項（認定）の規定による厚生労働大臣の認定を受けている者	厚生労働大臣の証明書
⑥	常に就床を要し、複雑な介護を要する者で、その障害の程度が①又は③に掲げる者に準ずるものとして市町村長又は特別区の区長（社会福祉法に定める福祉に関する事務所が老人福祉法第５条の４第２項各号（介護の措置等の実施者）に掲げる業務を行っている場合には、当該福祉に関す	市町村長等の証明書

	る事務所の長）等の認定を受けている者	
⑦	精神又は身体に障害のある年齢65歳以上の者で、その障害の程度が①又は③に掲げる者に準ずるものとして市町村長又は特別区の区長（社会福祉法に定める福祉に関する事務所が老人福祉法第５条の４第２項各号（介護の措置等の実施者）に掲げる業務を行っている場合には、当該福祉に関する事務所の長）等の認定を受けている者	市町村長等の証明書

（注３）　障害者非課税信託申告書には、以下の事項を記載しなければなりません（相令４の９）。

・受益者（特別障害者）の氏名及び住所
・委託者の氏名及び住所
・受託者の名称及び住所、財産の信託がされる受託者の営業所等の名称及び所在地
・信託がされる年月日
・信託される財産の種類、数量及び所在場所の明細、並びに当該財産にかかる信託受益権の価額、及び贈与税の障害者控除を受けようとする金額
・既に他の障害者非課税申告書を提出している場合には、既に提出された障害者非課税信託申告書に係る特別障害者扶養信託契約に基づいて信託された財産の種類、その信託がされた年月日並びに当該財産に係る信託受益権の価額及びその価額のうち贈与税の障害者控除を受けた金額

（注４）　税務署長に提出された日とは、受託者がその営業所で障害者非課税信託申告書を受理した日とみなします（相法４の９②）。

〔平成25年度税制改正〕

平成25年度税制改正により、適用対象者に以下の者を加え、当該者に対しては非課税限度額を３千万円とされました。

なお、当該改正は平成25年４月１日以後に贈与により財産を取得した者に係る贈与税について適用されます。

・適用対象者……児童相談所、知的障害者更生相談所、精神保健福祉センター又は精神保健指定医の判定により中軽度の知的障害者とされた者及び精神障害者保健福祉手帳に障害者等級が２級又は３級である者として記載されている精神障碍者

第一号書式

障害者非課税信託申告書

税務署長殿　　　　　　　　　　　　　　　　　　　　　　　　　平成　　年　　月　　日

受益者（特定障害者）	ふりがな 氏名	㊞		
	住所又は居所			
	特別障害者又は特別障害者以外の特定障害者の別	1　特別障害者　　　2　1以外の特定障害者		
代理人	ふりがな 氏名	㊞		
	住所又は居所			

別添の特定障害者扶養信託契約に基づき下記の通り信託される財産に係る信託受益権につき相続税法第 21 条の 4 第 1 項の規定の適用を受けたいので、この旨申告します。

委託者	氏名			
	住所又は居所			
受託者	名称		営業所等	
	所在地		所在地	
信託受益権の価額等	信託財産の種類	信託財産の所在場所	構造・数量等	
	信託受益権の価額	受益権の内容	信託年月日	記号番号
信託受益権の価額のうち非課税の適用を受けようとする部分の価額				
他の信託受益権について申告書を提出している場合	信託財産の種類		信託年月日	
	信託受益権の価額		受託者の営業所等の受理年月日	
	非課税の適用を受けた部分の価額			
信託受益権の非課税価額の合計額				

（用紙　日本工業規格　A 4）

（注）この様式は、点線で切り取ってお使いください。

備考

一　この申告書は、相続税法第21条の4第1項に規定する特定障害者扶養信託契約（以下第四号書式までにおいて「特定障害者扶養信託契約」という。）に基づいて当該信託契約に係る財産（以下第四号書式までにおいて「信託財産」という。）の信託がされることにより同項に規定する信託受益権（以下第四号書式までにおいて「信託受益権」という。）を有することとなる同項に規定する特定障害者（以下第四号書式までにおいて「特定障害者」という。）が、当該信託受益権について同項の規定の適用を受けようとする場合に、当該財産の信託がされる日までに、当該財産の信託がされる同項に規定する受託者の営業所等（以下第四号書式までにおいて「受託者の営業所等」という。）を経由し、納税地の所轄税務署長に提出すること。

二　この申告書の記載の要領は、次による。

1　「受益者（特定障害者）」、「代理人」及び「委託者」の「氏名」及び「住所又は居所」の欄は、この申告書を作成する日の現況により記載すること。

2　「受益者」の欄の「特別障害者又は特別障害者以外の特定障害者の別」の項は、この申告書を提出する特定障害者の特別障害者又は特別障害者以外の特定障害者の別に応じ、該当する事項を〇で囲むこと。

3　「受託者」の欄の「営業所等」の項には、「何信託銀行何支店」のように記載すること。

4　「信託受益権の価額等」の欄の

イ　「信託財産の種類」の項には、3により記載した受託者の営業所等において当該特定障害者扶養信託契約に基づいて信託される信託財産の金銭、有価証券、金銭債権、立木、立木の生立する土地、貸付不動産又は受益者の居住用不動産の区別を記載すること。

ロ　「信託財産の所在場所」の項には、有価証券についてはその保管場所、金銭債権についてはその債務者の氏名若しくは名称及び住所、立木についてはその生立する場所、不動産についてはその所在地を記載すること。

ハ　「構造・数量等」の項には、有価証券については、国債、社債のようにその種別及び口数を、金銭債権については、預金、貸付金、資産の譲渡代金に係る債権のようにその種別を、立木については、その樹種及び容積を、不動産については、土地の地目、用途及び面積又は建物の構造、用途及び延床面積を記載すること。

ニ　「信託受益権の価額」の項には、当該受益権につき相続税法第22条から第26条までの規定により評価した価額を記載すること。

ホ　「信託年月日」の項には、信託財産が信託される年月日を記載すること。

ヘ　「記号番号」の項には、信託証書の記号及び番号を記載すること。

5　「信託受益権の価額のうち非課税の適用を受けようとする部分の価額」の欄には、当該信託受益権の価額のうち、この申告書の提出により相続税法第21条の4第1項の規定の適用を受けようとする部分の価額を記載すること。

6　「他の信託受益権について申告書を提出している場合」の欄には、この申告書の提出前に、この申告書に記載した信託受益権以外の信託受益権（以下「他の信託受益権」という。）について障害者非課税信託申告書を提出して法第21条の4第1項の規定の適用を受けている場合に、当該他の信託受益権について記載すること。この場合において、当該他の信託受益権につき相続税法施行令第4条の14第2項に規定する障害者非課税信託取消申告書が提出されているときは、当該信託受益権の価額のうち同条第3項の規定により法第21条の4第1項の規定の適用を受けた部分の価額に含まれないものとされた価額（以下「非課税取消額」という。）があるときは、「非課税の適用を受けた部分の価額」の欄には当該他の信託受益権につき当該障害者非課税信託申告書の提出により相続税法第21条の4第1項の規定の適用を受けた部分の価額から当該非課税取消額を控除した額を記載するとともに、当該非課税取消額を「非課税取消分」の表示をして外書すること。

7　「信託受益権の非課税価額の合計額」の欄は、最初にこの申告書を提出する場合には、上記5により「信託受益権の価額のうち非課税の適用を受けようとする部分の価額」の欄に記載した金額を記載し、既に他の信託受益権について障害者非課税信託申告書を提出して法第21条の4第1項の規定の適用を受けている場合には、当該記載した金額と上記6により「他の信託受益権について申告書を提出している場合」の「非課税の適用を受けた部分の価額」の欄に記載した金額との合計額を記載すること。

第11章

公益信託

Q142 公益信託とは

公益信託、特定公益信託、認定特定公益信託について教えてください。

Answer

「**公益信託**」とは、公益を目的として設定された信託で、受益者の定めがない信託をいいます。また、公益信託にいくつかの要件が付されたものを「**特定公益信託**」といい、特定公益信託にさらに厳しい要件が課されたものを「**認定特定公益信託**」といいます。つまり、公益信託には特定公益信託及び認定特定公益信託が含まれ、特定公益信託には認定特定公益信託が含まれます。

(注) 公益信託については、中期的に公益法人制度との平仄（ひょうそく）をあわせるために規定の改正が予定されています。

〔**公益信託の概要**〕

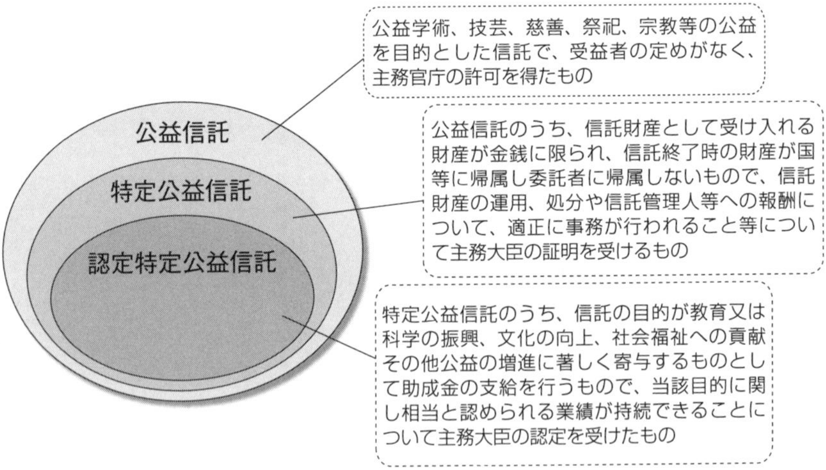

公益学術、技芸、慈善、祭祀、宗教等の公益を目的とした信託で、受益者の定めがなく、主務官庁の許可を得たもの
公益信託
公益信託のうち、信託財産として受け入れる財産が金銭に限られ、信託終了時の財産が国等に帰属し委託者に帰属しないもので、信託財産の運用、処分や信託管理人等への報酬について、適正に事務が行われること等について主務大臣の証明を受けるもの
特定公益信託
認定特定公益信託
特定公益信託のうち、信託の目的が教育又は科学の振興、文化の向上、社会福祉への貢献その他公益の増進に著しく寄与するものとして助成金の支給を行うもので、当該目的に関し相当と認められる業績が持続できることについて主務大臣の認定を受けたもの

解　説

公益信託、特定公益信託、認定特定公益信託の要件については、以下のとおりです。

1　公益信託とは（公信１）

公益信託とは、以下の⑴から⑶の要件を満たす信託をいいます。

⑴　受益者の定めがないもの

⑵　学術、技芸、慈善、祭祀、宗教其の他公益を目的とするもの

⑶　受託者において主務官庁の許可を受けるもの

（注）　受益者の定めがない信託の存続期間は20年を超えることはできませんが、公益信託については制限がありません（信法259、公信２②）。

2　特定公益信託とは（所法78③、所令217の２①、所規40の９①、法法37⑥、法令77の４①、法規23の４①）

特定公益信託とは、公益信託のうち以下の⑴から⑷の要件を満たす信託をいいます。

⑴　公益信託のうち、信託の終了の時における信託財産が委託者に帰属しないこと。

⑵　受託者が信託会社（信託銀行を含みます。）であること。

⑶　信託行為において以下が明らかになっていること。

①　信託が終了する場合に信託財産が国若しくは地方公共団体に帰属し、又は類似の目的のための公益信託として継続すること。

②　合意により終了できないこと。

③　受託者が信託財産として受け入れる資産は金銭に限られること。

④　信託財産の運用は以下に限られること。

・預貯金

・国債、地方債

・特別の法律のより法人の発行する債券

・貸付信託の受益権、合同運用信託の受益権

⑤　公益信託の受託者がその信託財産の処分を行う場合には、当該受託者は、当該公益信託の目的に関し学識経験を有する者の意見を聴かなければならないこと。

⑥　信託管理人及び上記学識経験を有する者に対して信託財産から支払われる報酬の額は、その任務の遂行のために通常必要な費用の額を超えないこと。

⑦　受託者が信託財産から受ける報酬の額は、信託事務の処理に要する経費として通常必要な額を超えないこと。

(4)　上記(1)から(3)を満たす公益信託であることについて主務大臣の証明を受けていること。

3　認定特定公益信託とは（所法78③、所令217の２③、所規40の９②、法法37⑥、法令74の３③、法規23の４②）

認定特定公益信託とは、特定公益信託のうち以下の(1)(2)の要件を満たす信託をいいます。

(1)　特定公益信託のうち、その目的が教育又は科学の振興、文化の向上、社会福祉への貢献その他公益の増進に著しく寄与するものとして以下に掲げるものをその目的とすること。

①　科学技術（自然科学に係るものに限ります。）に関する試験研究を行う者に対する助成金の支給

②　人文科学の諸領域について、優れた研究を行う者に対する助成金の支給

③　学校教育法第一条に規定する学校における教育に対する助成

④　学生又は生徒に対する学資の支給又は貸与

⑤　芸術の普及向上に関する業務（助成金の支給に限ります。）を行うこと。

⑥　文化財産保護法第二条第一項に規定する文化財の保存及び活用に関する業務（助成金の支給に限ります。）を行うこと。

⑦　開発途上にある海外の地域に対する経済協力（技術協力を含みます。）に資する資金の贈与

⑧　自然環境の保全のため野生動植物の保護繁殖に関する業務を行うことを主たる目的とする法人で当該業務に関し国又は地方公共団体の委託を受けているもの（その構成員に国若しくは地方公共団体又は公益社団法人若しくは公益財団法人が含まれているもの、国又は地方公共団体が拠出しているもの、これらに類するものとして環境大臣が認めたものを含みます。）に対する助成金の支給

⑨　すぐれた自然環境の保全のためその自然環境の保存及び活用に関する業務（助成金の支給に限ります。）を行うこと。

⑩　国土の緑化事業の推進（助成金の支給に限ります。）

⑪　社会福祉を目的とする事業に対する助成

(2)　上記(1)の目的に関し相当と認められる業績が持続できることにつき当該特定公益信託に係る主務大臣の認定を受けたものであること（その認定を受けた日の翌日から５年を経過していないものに限ります。）。

Q143 公益信託の課税関係の基礎

以下の場合の課税関係について教えてください。

① 委託者が所有する財産を、公益信託に信託財産として出捐する際に、当該財産にかかる譲渡損益について

② 信託期間中に、公益信託で運用された収益に係る課税関係について

③ 消費税の課税対象について

Answer

公益信託の課税関係については、特定公益信託（認定特定公益信託を含みます。）と、公益信託（特定公益信託を除きます。）により大きく異なります。概要は以下のとおりです。

〔公益信託に係る基本的な課税関係〕

	公益信託（特定公益信託を除きます。）	特定公益信託（認定特定公益信託を含みます。）
① 信託設定時（委託者が財産を信託財産として出捐する際の、当該財産に係る含み損益の認識）	譲渡損益は認識されません。	— ※ 金銭のみの出捐に限られます。
② 信託期間中	委託者が法人の場合のみ委託者に課税	—
③ 消費税	委託者の取引として課税	受託者の取引として課税

解　説

公益信託の基本的な考え方は、公益信託（特定公益信託を除きます。）については、委託者が信託財産を有するものと整理します（法法附則19の２①）。そして、特定公益信託については、法人課税信託にも、受益者課税信託にも該当せず、信託財産の所有者である受託者にも課税されません（法法２二十九の二、12①③）。

具体的な課税関係は、以下のようになります。

(1)　委託者が公益信託に資産を信託財産として出捐した場合の課税関係

① 公益信託（特定公益信託を除きます。）の場合

公益信託（特定公益信託を除きます。）は、法人課税信託に該当しないものとされています（法法附則19の２②）。そして、委託者（相続人その他の一般承継人を含みます。）が公益信託（特定公益信託を除きます。）の信託財産に属する資産及び負債を有するものとみなし、当該信託財産に帰せられる収益及び費用は委託者（相続人その他の一般承継人を含みます。）の収益及び費用とみなされます（法法附則19の２①）。つまり、公益信託（特定公益信託を除きます。）においては、委託者が信託財産を所有するものとして課税関係が整理されています。

したがって、委託者が公益信託（特定公益信託を除きます。）に基本財産として出捐しても譲渡所得が課税されることはありません。

② 特定公益信託の場合

特定公益信託に出捐できる資産は金銭に限られています。

したがって、課税関係が生じることはありません。

⑵　信託期間中の公益信託における課税関係

①　公益信託（特定公益信託を除きます。）の場合

公益信託（特定公益信託を除きます。）の場合、信託財産は委託者に帰属するものと考えますので、信託期間中の信託財産に属する収益及び費用は、委託者の収益及び費用として整理することができます。ただし、公益信託（特定公益信託を除きます。）については所得税が課税されません（所法11②）。

したがって、委託者が個人である場合には課税されません。他方で、委託者が法人である場合には、所得税における別段の規定に該当するものはありませんので委託者に課税されることになります。

②　特定公益信託の場合

特定公益信託の場合、信託財産の所有者である受託者には課税されません（法法12③）。また、受益者の定めはありませんし、受益者に課税する信託から除外されています（法法12①）。

したがって、課税関係は生じないものと考えられます。

⑶　消費税の課税対象について

①　公益信託（特定公益信託を除きます。）の場合

公益信託（特定公益信託を除きます。）の消費税は、委託者（又はその相続人その他の一般承継人）が信託財産に属する資産を有し、かつ、資産等取引を行ったものとして整理されます（消法附則19の２）。

②　特定公益信託の場合

特定公益信託に係る消費税は、受託者が信託財産に属する資産を有し、かつ、資産等取引を行ったものとして整理されます（消法14ただし書、消基通４－２－２）。

Q144 公益信託に寄附した場合の課税関係

公益信託に寄付をした場合に、寄附をした者にはどのような課税関係が生じるでしょうか。

⑴ 個人が公益信託、特定公益信託、認定特定公益信託に寄附した場合に、所得税の計算において優遇制度があれば教えてください。

⑵ 法人が公益信託、特定公益信託、認定特定公益信託に寄附した場合に、法人税の計算において優遇制度があれば教えてください。

Answer

公益信託、特定公益信託、認定公益信託に寄附をした場合の取扱いは以下のようになっています。

〔公益法人に寄附をした場合の税務上の取扱い〕

寄付者	公益信託	特定公益信託	認定特定公益信託
個　人	優遇制度なし		①　特定寄附金として所得控除 ②　条例で指定された場合の住民税の税額控除
法　人	③　一般寄附金の損金算入限度額まで損金		④　特別損金算入限度額まで損金

（注）　寄附金の特例を適用する場合、寄附金に対する領収書及び認定書の写しが必要になります。

① 特定寄附金の所得控除（所法78①）

以下の金額を所得の金額から控除することができます。

（算式）

（特定寄附金の支出金額／合計所得金額×40％）のいずれか小さい金額－２千円

② 住民税の税額控除都道府県又は区市町村が条例で指定した認定特定公益信託に対する寄附金のうち、２千円を超える部分の金額については、都道府県が指定したものについては６％、区市町村が指定したものについては４％の税額控除をすることができます（各自治体が指定している認定特定公益信託は、それぞれ各自治体に確認する必要があります。）。

③ 一般寄附金の損金算入限度額（法令73①）

寄附する法人の資本金等の額及び所得金額に応じて以下の算式で計算される金額まで損金として認められます。

（算式） （資本金等の額（期末)×(当期の月数/12）×0.0025
＋所得金額×0.025)÷４

④ 寄附金の特別損金算入限度額（法令77の２①）

一般寄附金とは別枠で、以下の算式で計算される金額まで損金として認められます。なお、当該限度額を超える認定特定公益信託に対する寄附金額については一般寄付金として損金算入限度額の計算をします。

（算式） （資本金等の額（期末)×(当期の月数/12)×0.00375
＋所得金額×0.0625)÷２

Q145 公益信託と相続税

以下の場合に、相続税は課税されるでしょうか。

〔相続前に公益信託に信託していた場合〕

父が生前に公益信託を設定していました。この度、委託者である父が亡くなりましたが、当該公益信託に係る信託財産に相続税は課されますか。

〔遺言により相続財産の一部を信託する場合〕

父の遺言に基づき、父の遺産の一部の金銭を公益信託に信託した場合、当該金銭に対して相続税は課されますか。

〔相続又は遺贈により取得した財産を、相続人又は受遺者が公益信託に信託する場合〕

父が亡くなり、父から相続（又は遺贈）により取得した財産を公益信託の信託財産とするために支出した場合に、当該信託財産として支出した財産について相続税は課されますか。

Answer

公益信託に係る相続税の課税関係は、以下のようになります。

〔公益信託に係る相続税〕

ケース	公益信託	特定公益信託	認定特定公益信託
1　委託者が死亡した場合	相続税が課税	信託に係る権利の評価額をゼロとみなすため、課税は生じません。	

2　遺言に基づき公益信託に信託した場合	相続税が課税	信託に係る権利の評価額をゼロとみなすため、課税は生じません。
3　相続又は遺贈により取得した財産を公益信託に信託した場合	相続税が課税	一定の要件を満たせば、相続税は課税されません。

解　説

〔公益信託の委託者が死亡した場合の相続税〕

公益信託の委託者（相続人その他の一般承継人を含みます。）は、特定委託者に該当するとされています（相法附則24）。特定委託者とは、税務上は受益者とみなされます（Q81参照）。

したがって、公益信託に属する信託財産は委託者の財産とみなして相続税及び贈与税の課税関係を整理します。

例えば、委託者(父)が公益信託を設定していた場合に、委託者(父)が亡くなり、委託者の地位が子供に移転した時には公益信託の信託財産は親から子供に相続されたとみなして相続税が課されます。公益信託には受益者が存しないにもかかわらず、信託財産は委託者(父)の相続財産とみなして相続税が課されますので注意が必要です。

ただし、公益信託が特定公益信託に該当する場合には、当該信託を合意により終了させることができず、信託が終了した場合に信託財産は国若しくは地方公共団体に帰属し、又は類似の公益信託として継続します。そのため、特定委託者の権利の内容は極めて弱いものになります。

したがって、信託に関する権利の評価額は零として取り扱われます（相基通９の２-６）。つまり、特定公益信託（認定特定公益信託を含みます。）の委託者に相続が発生しても当該信託財産について相続税は課されません。

以上のことから、公益信託を設定する場合には、認定公益信託の要件を充足するように対応しないと予期せぬ相続税の負担が生じますので注意してください。

〔遺言に基づき公益信託に信託した場合〕

遺言により、適正な対価を負担せずに受益者（特定委託者を含みます。）になる者は、当該信託の信託財産を遺贈により取得したものとみなして相続税が課されます（相法９の２①）。また、公益信託の委託者及びその相続人は特定委託者に該当するものとされます（相法附則24）。

以上より、父の遺言により遺産の一部の金銭を公益信託に信託した場合、父の相続人は当該信託の特定委託者（受益者）とみなされ、当該金銭に対して相続税が課されます。

ただし、当該公益信託が特定公益信託に該当する場合には、特定公益信託の権利の評価額は零とされていますので、結果として、相続税は課されません（相基通９の２－６）。

（例）

父の遺言に、「父が所有する不動産（相続税評価額＝６千万円）を譲渡して換価した代金のうち、５千万円を特定公益信託に信託する」旨が記載されていました。この場合、以下の課税関係について考えてみましょう。

①　当該不動産を譲渡した際の所得税について

相続財産を譲渡した場合には、相続人が法定相続割合で譲渡したものとみなして譲渡所得税が課せられます（譲渡価格は１億円で、譲渡手数料が３百万円と仮定します。）。

②　相続税の課税の対象になる金額について

特定公益信託の信託財産とみなされる金額は以下により計算されま

第11章
公益信託

す。したがって、不動産の相続税評価額（６千万円）のうち、約31百万円部分については信託財産として相続税が課されません。

$$\text{換価された不動産の相続税評価額(６千万円)} \times \frac{\text{特定公益信託の信託財産に充てられた金額(５千万円)}}{\text{換価代金(１億円)}-\text{手数料(３百万円)}}$$

＝約31百万円

〔相続又は遺贈により取得した財産を公益信託に信託した場合〕

相続又は遺贈により取得された財産に対しては、原則として相続税が課されます。ただし、相続又は遺贈により取得した財産を以下の一定の要件を満たした信託に信託した財産には、相続税が課されません（措法70③）。

① 認定特定公益信託へ信託すること。

② 相続税の申告期限までに信託すること。

③ 相続又は遺贈により取得した財産に属する金銭を信託すること。

④ 信託をした者及びその親族及びこれらの関係者（注）の相続税又は贈与税が不当に減少する結果とならないこと。

⑤ 当該認定特定公益信託が、当該金銭の信託を受けた日から２年を経過する日までに認定特定公益信託であり続けること。

⑥ 相続又は遺贈に係る申告書に、当該特定を適用する旨の明細書等を添付すること。

（注） 関係者とは、信託をした者及びその親族と以下の関係にある者をいいます（相法64①、相令31①）。

・婚姻の届出をしていないが、事実上婚姻関係にある者、及びその親族で生計を一にしているもの

・使用人、及び使用人以外の者で信託をした者及びその親族から受け取る金銭その他の財産によって生計を維持している者並びにこれらの者の親族でこれらの者と生計を一にしているもの

第12章

税務署への提出書類

Q146 受託者が税務署に提出する調書

受託者が信託について税務署に提出する資料について教えてください。

Answer

受託者は以下の場合に、以下の事由が生じた日の属する月の翌月末日までに「信託に関する受益者別（委託者別）調書」、「信託に関する受益者別（委託者別）調書合計表」を税務署に提出しなければなりません（相法59③）。

① 信託の効力が生じた場合（当該信託が遺言によりされた場合は、当該信託の引受けがあった場合）

② 受益者等（みなし受益者を含みます。）が変更された場合（受益者等が存することになった場合、又は存しなくなった場合を含みます。）

③ 信託が終了した場合（信託に関する権利の放棄があった場合、権利が消滅した場合を含みます。）

④ 信託に関する権利の内容に変更があった場合

ただし、以下のような場合には、提出の必要がありません（相法59③ただし書、相規30⑦）。

(i) 受益者（注１）別に当該信託の信託財産の相続税評価額（注２）が50万円以下（注３）であること（信託財産の相続税評価額を計算することが困難な事情が存する場合を除きます。）。

（注１） 受益者としての権利を有する者がいない場合は委託者
（注２） 相続税法第22条～第25条までの規定により評価した価額
（注３） 上記①～④の事由が生じた日の属する年の１月１日から当該事由が生じた日の前日までに当該信託と受益者が同一である他の信託について、当該事由が生じていた場合は、当該信託と他の信託の信託財産の相続税評価額の合計額

(ii) 受益証券発行信託に該当する信託で、受益権が無記名式の信託法第185条第１項に規定する受益証券に該当するものである場合

(iii) 上記①の事由（効力発生）が生じた場合で、以下に該当する場合

・ 特別障害者扶養信託契約（相法21の４②）に基づく信託
・ 委託者と受益者等（みなし受益者を含みます。）とが同一である信託

(iv) 上記②の事由（受益者等の変更）が生じた場合で、以下に該当する場合

・ 信託受益権の譲渡等により支払調書及び支払通知書を提出する場合
・ 受益者等の合併又は分割があった場合

(v) 上記③の事由(信託の終了)があった場合で、以下に該当する場合

・ 信託終了直前の受益者等が、受益者等として有していた権利に相当する当該信託の残余財産の給付を受け、又は帰属する者となる場合
・ 残余財産がない場合

(vi) 上記④の事由(信託の変更)があった場合で、以下に該当する場合

・ 受益者が一の者である場合
・ 受益者等（法人課税信託の受託者を含みます。）がそれぞれ有する権利の価額に変動がない場合

第八号書式

信託に関する受益者別（委託者別）調書

受益者	所在地又は住所（居所）		名称又は氏名	
特定委託者				
委託者				

信託財産の種類		信託財産の所在場所		構造・数量等	信託財産の価額
信託に関する権利の内容	信託の期間		提出事由	提出事由の生じた日	記号番号
	自　・・ 至　・・			・　・	

○

（摘要）

○

（平成　　年　　月　　日提出）

受託者	所在地又は住所(居所)	（電話）
	営業所の所在地等	（電話）
	名称又は氏名	

（用紙　日本工業規格　Ａ６）

備考

一　「特定委託者」の欄には、相続税法第９条の２第５項に規定する特定委託者に関する事項を記載する。ただし、この調書を三３に掲げる場合に該当することにより提出するときには、信託法第182条第１項第２号に規定する帰属権利者（以下「帰属権利者」という。）又は同法第177条に規定する清算受託者に関する事項を記載するものとする。

二　「信託財産の価額」の欄には、信託財産を相続税法第22条から第25条までの規定により評価した価額を記載する。ただし、信託財産について当該規定により評価することを困難とする事由が存する場合は、この限りでない。

三　「提出事由」の欄には、次に掲げる場合の区分に応じ、それぞれ次に定める事由を記載する。

１　相続税法第59条第２項第１号に規定する信託の効力が生じた場合　効力発生

２　相続税法第59条第２項第２号に規定する受益者等が変更された場合　受益者変更

３　相続税法第59条第２項第３号に規定する信託が終了した場合　信託終了

４　相続税法第59条第２項第４号に規定する信託に関する権利の内容に変更があつた場合　権利内容変更

四　摘要欄には、次に掲げる場合の区分に応じ、それぞれ次に定める事項を記載する。ただし、７の場合において、７に規定する従前信託について信託に関する受益者別（委託者別）調書を提出しているとき、又は当該従前信託以外の信託に関する受益者別（委託者別）調書で摘要欄に当該７に規定する従前信託に係る７イからハまでの事項を記載したものを提出しているときは、この限りでない。

１　受益者又は特定委託者が存しない場合　その存しない理由

２　相続税法第９条の３第１項に規定する受益者連続型信託の場合　その旨、その条件及びその期限並びに新たに信託に関する権利を取得する者又は同項の受益者指定権等を有する者の名称又は氏名及び所在地又は住所若しくは居所

３　法人税法第２条第29号の２に規定する法人課税信託である場合　その旨

４　信託法第182条第１項第１号に規定する残余財産受益者又は帰属権利者の定めがある場合　その旨並びにこれらの者の名称又は氏名及び所在地又は住所若しくは居所

5　この調書を三２又は３に掲げる場合に該当することにより提出するとき　変更前（終了直前）の受益者又は特定委託者の名称又は氏名及び所在地又は住所若しくは居所

6　この調書を三４に掲げる場合に該当することにより提出するとき　「信託財産の種類」、「信託財産の所在場所」、「構造・数量等」、「信託財産の価額」、「信託に関する権利の内容」及び「信託の期間」の欄に係る変更のあつた事項についての変更前の内容

7　その年の１月１日からその信託につき三１から４までに定める事由が生じた日の前日までの間に当該信託と受益者（受益者としての権利を現に有する者の存しない信託にあつては、委託者。）が同一である他の信託（以下「従前信託」という。）について当該事由が生じていた場合で、当該信託の信託財産を相続税法第22条から第25条までの規定により評価した価額と当該従前信託の信託財産を相続税法第22条から第25条までの規定により評価した価額との合計額が50万円を超えることとなること、又は当該信託の信託財産を相続税法第22条から第25条までの規定により評価することを困難とする事情が存することからこの調書を提出することとなつたとき　当該従前信託に係るイからハまでに掲げる事項

イ　委託者及び特定委託者の名称又は氏名及び所在地又は住所若しくは居所（委託者別の調書の場合には、委託者に係る事項を除く。）

ロ　信託財産の種類、信託財産の所在場所、構造・数量等、信託財産の価額、信託に関する権利の内容及び信託の期間（提出事由が三４に定める事由である場合にあつては、信託に関する権利の内容の変更前後のこれらの事項）並びに提出事由、提出事由の生じた日及び記号番号

ハ　１から６までに定める事項

五　受託者の「所在地又は住所（居所）」の欄には受託者の本店若しくは主たる事務所の所在地又は住所若しくは居所を、「営業所の所在地等」の欄には受託者が信託の引受けをした営業所、事務所その他これらに準ずるものの所在地を記載する。

税務署受付印

平成　　年　　月分　信託に関する受益者別（委託者別）調書合計表

処理事項	通信日付印		検　収	整理簿登載
	※ ・・		※	※

平成　年　月　日提出	提出者	所在地	電話（　－　－　）	整理番号	
				調書の提出区分（新規=1、追加=2 訂正=3、無効=4）	提出媒体
		フリガナ 名　称		作成担当者	
税務署長 殿		フリガナ 代表者 氏名印	㊞	作成税理士 署名押印	税理士番号（　　） ㊞ 電話（　－　－　）

提出事由	信託財産の種類	提出枚数	受益者数	特定委託者数	委託者数	信託財産の価額
効力発生	□金銭　□有価証券 □金銭債権□不動産 □その他（　）	枚	人	人	人	円
受益者変更	□金銭　□有価証券 □金銭債権□不動産 □その他（　）					
信託終了	□金銭　□有価証券 □金銭債権□不動産 □その他（　）					
権利内容変更	□金銭　□有価証券 □金銭債権□不動産 □その他（　）					
	計					
（摘　要）						

提出媒体欄には、コードを記載してください。（MT＝11、CMT＝12、電子＝14、FD＝15、MO＝16、CD＝17、DVD＝18、書面＝30、その他＝99）

（用紙 日本工業規格 Ａ４）

Q147 受益者が税務署に提出する明細書

受益者が信託に係る損益について申告しなければならない明細書について教えてください。

Answer

(1) 受益者が法人の場合

法人である受益者が特定受益者（注）に該当する場合には、法人の確定申告書にその信託に係る計算の明細書を添付（別表九㈡）しなければなりません（措令39の31⑰）。この明細は、信託ごとの損益の計上及び、損失の繰越及び損金算入額を管理するために必要になります。

（注） 特定受益者とは、集団投資信託及び法人課税信託を除く信託の受益者（みなし受益者（信託の変更をする権限を有し、信託財産の給付を受けることとされている者）を含みます。）をいいます（措法67の12①）。

なお、特定受益者であっても、以下のいずれにも該当する場合には別表九㈡の明細書の添付は必要ありません（措令39の31⑰）。

・ 当該信託に係る調整出資等金額を超える組合等損失額が生じるおそれがないと見込まれる場合

・ 損失補填等契約※が締結されていない場合

※ 損失補填等契約とは、当該信託について損失が生じた場合にこれを補填することを約し、又は一定額の収益が得られなかった場合にこれを補填することを約する契約その他これに類する契約をいいます（措令39の31⑦）。

(2) 受益者が個人の場合

信託から生じる不動産所得を有する個人は、不動産所得用の明細書の他に信託に係る以下に掲げる事項その他参考となる事項を記載した明細書を確定申告書に添付しなければなりません（措令26の6の2⑥、措規18の24）。

・　総収入金額については、信託から生ずる不動産所得に係る賃貸料その他の収入の別

・　必要経費については、信託から生ずる不動産所得に係る減価償却費、貸倒金、借入金利子及びその他の経費の別

組合事業等による組合等損失額の損金不算入又は組合等損失超過合計額の損金算入に関する明細書

事業年度又は連結事業年度	・　・ ・　・	法人名	（　　　）

別表九(二)　平二十二・四・一以後終了事業年度又は連結事業年度分

組合等の区分		組合等の名称	1	
		組合損益計算期間又は組合計算期間	2	平　・　・ 平　・　・
		特定組合員若しくは特定受益者に該当することとなった日又は有限責任事業組合員となった日	3	平　・　・
組合等損失額若しくは連結組合等損失額の損金不算入額又は組合等損失超過合計額若しくは連結組合等損失超過合計額の損金算入額の計算	損金不算入額	当期の組合等損失額又は連結組合等損失額 (31の①)－(18の①)－(25の①) (マイナスの場合は０)	4	円
		調整出資等金額 (38の①＋②)＋(45の①)－(50の①＋②)	5	
		損金不算入額 ((4)－(5))又は(4) (マイナスの場合は０)	6	
	損金算入額	当期の組合等利益額又は連結組合等利益額 (18の①)＋(25の①)－(31の①) (マイナスの場合は０)	7	
		改定組合等損失超過合計額又は改定連結組合等損失超過合計額 (13)	8	
		損金算入額 ((7)と(8)のうち少ない金額)	9	
		組合等損失額若しくは連結組合等損失額の損金不算入額又は組合等損失超過合計額若しくは連結組合等損失超過合計額の損金算入額 (6)－(9)	10	
翌期繰越組合等損失超過合計額又は翌期繰越連結組合等損失超過合計額の計算		前期繰越組合等損失超過合計額又は前期繰越連結組合等損失超過合計額 (前期の(17))	11	
		みなし組合等損失超過合計額の当期加算額	12	
		改定組合等損失超過合計額又は改定連結組合等損失超過合計額 (11)＋(12)	13	
		当期の組合等損失額又は連結組合等損失額の損金不算入額 (6)	14	
		当期損金算入額 (9)	15	
		みなし組合等損失超過合計額の翌期加算額	16	
		翌期繰越組合等損失超過合計額又は翌期繰越連結組合等損失超過合計額 (13)＋(14)－(15)＋(16)	17	

当期の組合等所得の金額又は組合等欠損の金額の計算	区分		総額 ①	①のうち留保した金額 ②
	組合事業又は信託による当期利益又は当期欠損の額	18	円	円
加算	減価償却の償却超過額	19		
	交際費等の損金不算入額	20		
		21		
		22		
		23		
		24		
	小計	25		
減算	減価償却超過額の当期認容額	26		
	受取配当等の益金不算入額	27		
		28		
		29		
		30		
	小計	31		
	当期の組合等利益額若しくは連結組合等利益額又は組合等損失額若しくは連結組合等損失額 (18)＋(25)－(31)	32		
	組合等損失額若しくは連結組合等損失額の損金不算入額又は組合等損失超過合計額若しくは連結組合等損失超過合計額の損金算入額 (10)	33		
	当期の組合等所得の金額又は組合等欠損の金額 (32)＋(33)	34		

調整出資等金額の計算の基礎となる金額の明細

出資又は信託をした額	区分		前期繰越額 ①	当期中に出資又は信託をした額 最終損益計算期間終了の時までの額 ②	最終損益計算期間終了の時後の額 ③	翌期繰越額 ①＋②＋③ ④
	金銭の額及び現物資産の価額又は調整価額等	35	円	円	円	円
	組合員持分担保債務の額に相当する金額	36				
	負債の額	37				
	差引出資又は信託をした額 (35)－(36)－(37)	38				

組合利益積立金額等	区分		前期繰越額 ①	当期中の増減 減 ②	増 ③	翌期繰越額 ①－②＋③ ④
		39	円	円	円	円
		40				
		41				
		42				
	組合損失超過合計額等累計額	43		(9)	(6)	
	組合事業又は信託による当期利益又は当期欠損の額の累計額	44			(18の②)	
	組合事業又は信託に係る利益積立金額 ((39)から(44)までの計)	45				
	投資勘定差額	46				

分配額	区分		前期繰越額 ①	当期中に分配を受けた額 最終損益計算期間終了の時までの額 ②	最終損益計算期間終了の時後の額 ③	翌期繰越額 ①＋②＋③ ④
	金銭の額及び現物資産の価額又は調整価額	47	円	円	円	円
	組合員持分担保債務の額に相当する金額	48				
	負債の額	49				
	差引分配額 (47)－(48)－(49)	50				
組合事業又は信託に係る簿価純資産価額 (38)＋(45)＋(46)－(50)		51				

法　0301－0902

別表九（二）の記載の仕方

1　この明細書は、法人が措置法第67条の12第１項若しくは第２項《組合事業等による損失がある場合の課税の特例》の規定の適用を受ける場合、措置法令第39条の31第17項《組合事業等による損失がある場合の課税の特例》に規定する特定組合員若しくは特定受益者に該当する場合若しくは同法第67条の13第１項《有限責任事業組合契約による組合事業に係る損失がある場合の課税の特例》の組合員である場合又は連結法人が同法第68条の105の２第１項若しくは第２項《連結法人の組合事業等による損失がある場合の課税の特例》の規定の適用を受ける場合、同令第39条の125第13項《連結法人の組合事業等による損失がある場合の課税の特例》に規定する特定組合員若しくは特定受益者に該当する場合若しくは同法第68条の105の３第１項《連結法人の有限責任事業組合契約による組合事業に係る損失がある場合の課税の特例》の組合員である場合に、同法第67条の12第３項第３号若しくは第67条の13第１項に規定する組合事業ごと又は信託（同法第67条の12第１項に規定する信託に限ります。以下同じ。）ごとに記載します。

なお、連結法人については、適用を受ける連結法人ごとにこの明細書を作成し、その連結法人の法人名を「法人名」のかっこの中に記載してください。

2　「損金不算入額」の各欄は、法人が措置法第67条の12第１項若しくは第67条の13第１項の規定の適用を受ける場合又は連結法人が同法第68条の105の２第１項若しくは第68条の105の３第１項の規定の適用を受ける場合に記載します。

3　「損金不算入額６」は、「調整出資等金額５」が０に満たない場合又は措置法第67条の12第１項若しくは第68条の105の２第１項に規定する組合事業若しくは信託財産に帰せられる損益が実質的に欠損とならないと見込まれるものとして政令で定める場合に該当する場合にあっては「（(4)－(5)）又は」を消し、その他の場合にあっては「又は(4)」を消します。

4　当該事業年度又は連結事業年度において組合員（措置法第67条の12第１項に規定する組合員又は同法67条の13第１項に規定する組合員をいいます。以下同じ。）たる地位又は受益者（同法第67条の12第１項に規定する受益者をいいます。以下同じ。）たる地位の承継（同規則第22条の18の２第５項各号《組合事業等による損失がある場合の課税の特例》に掲げるものを含みます。以下同じ。）を受けた場合において、措置法令第39条の31第14項若しくは第39条の32第７項又は第39条の125第10項若しくは第39条の126第７項の規定により組合等損失超過合計額（同法第67条の12第３項第４号に規定する組合等損失超過合計額をいいます。）若しくは組合損失超過合計額（同法第67条の13第３項に規定する組合損失超過合計額をいいます。）又は連結組合等損失超過合計額（同法第68条の105の２第３項に規定する連結組合等損失超過合計額をいいます。）若しくは連結組合損失超過合計額（同法第68条の105の３第３項に規定する連結組合損失超過合計額をいいます。）とみなされる金額があるときは、当該金額を、当該承継を受けた日が最終組合損益計算期間等終了時（同令第39条の31第５項第１号又は第39条の125第３項第１号に規定する最終組合損益計算期間等終了時をいいます。４及び５(2)において同じ。）若しくは最終組合計算期間（同令第39条の32第２項第１号又は第39条の126第２項第１号に規定する最終組合計算期間をいいます。４及び５(2)において同じ。）終了の時以前である場合又は当該最終組合損益計算期間等終了時若しくは当該最終組合計算期間終了の時後である場合の区分に応じそれぞれ「みなし組合等損失超過合計額の当期加算額12」又は「みなし組合等損失超過合計額の翌期加算額16」（受益者たる地位の承継を受けた場合には、「みなし組合等損失超過合計額の当期加算額12」）に記載します。

5　「金銭の額及び現物資産の価額又は調整価額等35」の「当期中に出資又は信託をした額」の各欄の記載に当たっては、次によります。

(1)　組合員（措置法第67条の12第３項第２号に規定する匿名組合契約等を締結しているものを除きます。）又は受益者が金銭以外の資産の出資又は信託をした場合には、当該資産に係る措置法令第39条の31第５項第１号イ及びロに掲げる金額の合計額若しくは同令第39条の32第２項第１号イ及びロに掲げる金額の合計額又は同令第39条の125第３項第１号イ及びロに掲げる金額の合計額若しくは同令第39条の126第２項第１号イ及びロに掲げる金額の合計額を記載します。

(2)　当該事業年度又は連結事業年度において組合員たる地位又は受益者たる地位の承継を受けた場合には、調整出資金等加算額（措置法令第39条の31第６項各号若しくは第39条の32第３項各号又は第39条の125第４項各号若しくは第39条の126第３項各号に定める金額をいいます。６において同じ。）を、当該承継を受けた日が最終組合損益計算期間等終了時若しくは最終組合計算期間終了の時以前である場合又は当該最終組合損益計算期間等終了時若しくは当該最終組合計算期間終了の時後である場合の区分に応じそれぞれ「最終損益計算期間終了の時までの額②」又は「最終損益計算期間終了の時後の額③」（信託の受益者の場合には、「最終損益計算期間終了の時までの額②」）に記載します。

6　当該事業年度又は連結事業年度において組合員たる地位又は受益者たる地位の承継を受けた場合には、次に掲げる承継の区分に応じそれぞれ次に定める金額を「投資勘定差額46」の「増③」に記載します。

(1)　措置法令第39条の31第６項第２号若しくは第39条の32第３項第２号に規定する適格合併若しくは平成22年改正前の措置法令（以下「平成22年旧措置法令」といいます。）第39条の31第６項第２号若しくは第39条の32第３項第２号に規定する適格合併若しくは適格分割型分割又は措置法令第39条の125第４項第２号若しくは第39条の126第３項第２号に規定する適格合併若しくは平成22年旧措置法令第39条の125第４項第２号若しくは第39条の126第３項第２号に規定する適格合併若しくは適格分割型分割による承継　措置法令第39条の31第６項第２号若しくは第39条の32第３項第２号に規定する適格合併に係る被合併法人のこれらの規定に規定する適格合併前事業年度等若しくは平成22年旧措置法令第39条の31第６項第２号若しくは第39条の32第３項第２号に規定する適格合併若しくは適格分割型分割に係る被合併法人若しくは分割法人のこれらの規定に規定する適格合併等前事業年度等又は措置法令第39条の125第４項第２号若しくは第39条の126第３項第２号に規定する適格合併に係る被合併法人のこれらの規定に規定する適格合併前連結事業年度等若しくは平成22年旧措置法令第39条の125第４項第２号若しくは第39条の126第３項第２号に規定する適格合併若しくは適格分割型分割に係る被合併法人若しくは分割法人のこれらの規定に規定する適格合併等前連結事業年度等におけるこの明細書の「投資勘定差額46」の「翌期繰越額④」の金額

(2)　措置法令第39条の31第６項第３号若しくは第39条の32第３項第３号に規定する適格分割等若しくは平成22年旧措置法令第39条の31第６項第３号若しくは第39条の32第３項第３号に規定する適格分社型分割等又は措置法令第39条の125第４項第３号若しくは第39条の126第３項第３号に規定する適格分割等若しくは平成22年旧措置法令第39条の125第４項第３号若しくは第39条の126第３項第３号に規定する適格分社型分割等による承継　措置法令第39条の31第６項第３号若しくは第39条の32第３項第３号に規定する適格分割等に係る分割法人、現物出資法人若しくは現物分配法人の当該適格分割等の日を含む事業年度（同日を含む事業年度が連結事業年度に該当する場合には、同日を含む連結事業年度）開始の日の前日を含む事業年度（当該前日を含む事業年度が連結事業年度に該当する場合には、当該前日を含む連結事業年度）若しくは平成22年旧措置法令第39条の31第６項第３号若しくは第39条の32第３項第３号に規定する適格分社型分割等に係る分割法人、現物出資法人若しくは事後設立法人（平成22年改正前の法第２条第12号の６《定義》に規定する事後設立法人をいいます。以下同じ。）の当該適格分社型分割等の日を含む事業年度（同日を含む事業年度が連結事業年度に該当する場合には、同日を含む連結事業年度）開始の日の前日を含む事業年度（当該前日を含む事業年度が連結事業年度に該当する場合には、当該前日を含む連結事業年度）又は措置法令第39条の125第４項第３号若しくは第39条の126第３項第３号に規定する適格分割等に係る分割法人、現物出資法人若しくは現物分配法人の当該適格分割等の日を含む連結事業年度（同日を含む事業年度が連結事業年度に該当しない場合には、同日を含む事業年度）開始の日の前日を含む連結事業年度（当該前日を含む事業年度が連結事業年度に該当しない場合には、当該前日を含む事業年度）若しくは平成22年旧措置法令第39条の125第４項第３号若しくは第39条の126第３項第３号に規定する適格分社型分割等に係る分割法人、現物出資法人若しくは事後設立法人の当該適格分社型分割等の日を含む連結事業年度（同日を含む事業年度が連結事業年度に該当しない場合には、同日を含む事業年度）開始の日の前日を含む連結事業年度（当該前日を含む事業年度が連結事業年度に該当しない場合には、当該前日を含む事業年度）におけるこの明細書の「投資勘定差額46」の「翌期繰越額④」の金額

(3)　(1)又は(2)による承継以外の承継　その対価の額から調整出資金等加算額を減算した金額

7　「金銭の額及び現物資産の価額又は調整価額47」は、組合員（措置法第67条の12第３項第２号に規定する匿名組合契約等を締結しているものを除きます。）又は受益者が金銭以外の資産の分配を受けた場合には、措置法令第39条の31第５項第３号イ及びロに掲げる金額の合計額若しくは同令第39条の32第２項第３号イ及びロに掲げる金額の合計額又は同令第39条の125第３項第３号イ及びロに掲げる金額の合計額若しくは同令第39条の126第２項第３号イ及びロに掲げる金額の合計額を記載します。

Q148 受託者が税務署に提出する明細書

信託の受託者が税務当局に提出しなければならない書類について教えてください。

Answer

信託の受託者は、信託計算書を税務署長に提出します（法人課税信託を除きます。）。

受託者が信託会社である場合には、毎事業年度終了後１か月以内に提出し、信託会社以外の受託者は、毎年１月31日までに提出しなければなりません（所法227、所規別表七㈠）。

信託計算書は受益者別に、以下の内容を記載し、受託者の事務所・事業所等の所在地の所轄税務署長に提出する必要があります（所規96）。

① 委託者及び受益者の氏名又は名称及び住所又は本店若しくは主たる事務所の所在地

② 信託の期間及び目的

③ 信託会社については、各事業年度末、信託会社以外の受託者については前年12月31日における信託に係る資産及び負債の内訳並びに資産及び負債の額

④ 信託会社については各事業年度中、信託会社以外の受託者については前年中における信託に係る資産の異動並びに信託財産に帰せられる収益及び費用の額

⑤ 受益者に交付した信託の利益の内容、受益者等の移動及び受託者の受けるべき報酬等に関する事項

⑥　委託者又は受益者等の納税管理人が明らかな場合は、その氏名及び住所又は居所

⑦　その他参考となる事項

なお、以下の場合には、信託計算書の提出は必要ありません。

各人別の信託財産に帰せられる収益の額の合計額が３万円以下（計算期間が１年未満の場合には、１万５千円）であるとき（収益の額に以下に示す配当（注１）が含まれる場合には、信託計算書は省略できません（受益者が居住者又は国内に恒久的施設を有する非居住者であるものに限ります。）。）（所規96②③）

（注１）　信託計算書を省略できない配当とは、以下になります（措法８の５①二～四）。

・　上場株式（発行済株式数の100分の３以上を有する場合を除きます。）からの配当

・　内国法人から支払いを受ける公社債投資信託以外の証券投資信託でその設定に係る受益権の募集が公募により行われたものの収益の分配に係る配当

・　特定投資法人からの配当

（注２）　信託の計算書とは別に、受益証券発行信託の場合で、受益者に対して収益の分配が行われた場合には、源泉徴収票の作成等をする必要があります。

信託の計算書

（自　　年　月　日至　　年　月　日）

信託財産に帰せられる収益及び費用の受益者等	住所(居所)又は所在地	
	氏名又は名称	
元本たる信託財産の受益者等	住所(居所)又は所在地	
	氏名又は名称	
委託者	住所(居所)又は所在地	
	氏名又は名称	
受託者	住所(居所)又は所在地	
	氏名又は名称	(電話)
	計算書の作成年月日	年　月　日

信託の期間	自　年　月　日 至　年　月　日		受益者等の異動	原因	
信託の目的				時期	
受益者等に交付した利益の内容	種類		受託者の受けるべき報酬の額等	報酬の額又はその計算方法	
	数量			支払義務者	
	時期			支払時期	
	損益分配割合			補てん又は補足の割合	

収益及び費用の明細

収益の内訳		収益の額（千円）	費用の内訳		費用の額（千円）
収益			費用		
	合計			合計	

資産及び負債の明細

資産及び負債の内訳		資産の額及び負債の額（千円）	所在地	数量	備考
資産					
	合計		(摘要)		
負債					
	合計				
資産の合計－負債の合計					

整理欄	①	②

357

【信託の計算書】

備　考

1　この計算書は、法第227条に規定する信託について使用すること。

2　この計算書の記載の要領は、次による。

(1)　「住所（居所）又は所在地」の欄には、計算書を作成する日の現況による住所若しくは居所（国内に居所を有しない者にあつては、国外におけるその住所。）又は本店若しくは主たる事務所の所在地を記載すること。

(2)　「収益及び費用の明細」の「収益の内訳」及び「費用の内訳」並びに「収益の額」及び「費用の額」の項は、各種所得の基因たる信託財産の異なるごとに収益及び費用の内訳並びに当該収益及び費用の額を記載すること。

(3)　信託財産の処分により生じた損益は、他の収益及び費用と区分して記載すること。

(4)　「資産及び負債の明細」の「資産及び負債の内訳」及び「資産及び負債の額」の項には、各種所得の基因たる信託財産の異なるごとに区分してその信託財産に属する資産及び負債の内訳並びに資産及び負債の額を記載し、「資産及び負債の明細」の「所在地」の項には、各種所得の基因たる信託財産に属する資産の異なるごとに区分してその所在地を記載すること。

(5)　信託会社の事業年度中（受託者が信託会社以外の場合には、その年中）に信託財産の全部又は一部を処分した場合には、その処分年月日を、新たに信託行為により受け入れた信託財産がある場合には、その受入年月日を、それぞれ「備考」の項に記載すること。

(6)　「受益者等に交付した利益の内容」の「損益分配割合」の欄には、信託財産に帰せられる収益及び費用の受益者等が２人以上あり、かつ、それぞれの受益者等が受ける損益の割合が異なる場合に限り、記載すること。

(7)　「受益者の異動」の「原因」の項には、信託契約の締結、受益者の指定、受益者の変更、受益権の放棄、信託の終了のように記載すること。

(8)　「受託者の受けるべき報酬の額等」の「補てん又は補足の割合」の欄には、金融機関の信託業務の兼営等に関する法律（昭和18年法律第43号）第６条の規定による補てん又は補足の割合その他これに関する事項を記載すること。

(9)　次に掲げる場合には、「摘要」の欄にそれぞれ次に掲げる事項を記載すること。

イ　当該信託が信託法（平成18年法律第108号）第89条第１項に規定する受益者指定権等を有する者、同法第182条第１項第２号に規定する帰属権利者として指定された者その他これらに類する者の定めのある信託である場合　その者の氏名又は名称及び住所（国内に居所を有しない者にあつては、国外におけるその住所。）若しくは居所又は本店若しくは主たる事務所

ロ　信託会社の事業年度（受託者が信託会社以外の場合には、その年）の中途において当該受益者の損益分配割合に変更が生じた場合　その旨、その変更があつた日及びその変更事由

ハ　受益者等又は委託者の納税管理人が明らかな場合　当該納税管理人の氏名及び住所又は居所

ニ　受益者等が非居住者又は外国法人である場合　（非）

ホ　当該信託が相続税法第21条の４第１項の規定の適用に係るものである場合　その旨

3　合計表をこの様式に準じて作成し添付すること。

4　所轄税務署長の承認を受けた場合には、この様式と異なる様式により調製することができる。

自 平成　年　月　日
至 平成　年　月　日

信託の計算書合計表

（所得税法施行規則別表第7(1)関係）

税務署受付印

処理事項	通信日付印		検収	整理簿登載
	※ ・・		※	※

平成　年　月　日提出 税務署長 殿	提出者	所在地		整理番号	
				電話	（　　）
		フリガナ 名称		この調書について応答できる方	所属　課　係
		フリガナ 代表者 氏名印	㊞		氏名

信託財産の種類	件数	収益の額	費用の額	資産の額	負債の額
金銭	件	円	円	円	円
有価証券					
不動産					
その他					
計					

（摘要）

（用紙　日本工業規格　A4）

記載要領

1　この合計表は、信託の計算書を信託財産の種類別に合計したものにより記載する。
2　「件数」欄の「計」欄には、この合計表とともに提出する計算書の枚数（実件数）を記載する。
3　「※」印欄は、提出義務者において記載を要しない。

（注）　この合計表を信託会社が信託法（平成18年法律第108号）の施行の日（以下「信託法施行日」という。」）前に開始する事業年度に係る計算書（信託会社以外の受託者にあっては、平成21年1月1日前に提出するもの）に添付する場合には、「収益の額」とあるのは「収入金額」と、「費用の額」とあるのは「支出の額」と、「資産の額」とあるのは「信託財産の価額」と読み替えて使用する。
なお、この場合において「負債の額」については記載を要しない。

Q149 受益権を譲渡した場合の税務署に提出する明細書

受益権を譲渡した場合について、以下のことを教えてください。

⑴ 税務署に提出する明細について

⑵ 受益権を譲渡した者の身分の告知について

Answer

⑴ 税務署に提出する明細について

居住者又は国内に恒久的施設を有する非居住者に対して信託受益権（注１）の譲渡の対価を支払う者は、その**支払調書**を支払いの確定した日の属する年の翌年１月31日までに税務署長に提出しなければなりません（注２）（所法225①十二）。

（注１） 受益者課税信託の信託受益権に限ります。したがって、集団投資信託、退職年金等信託又は法人課税信託の受益権は除かれます。

（注２） 支払調書を提出しなければならない者は、居住者又は国内に恒久的施設を有する非居住者に対して信託受益権の譲渡の対価を支払う以下の者です。

① 受益権の譲渡を受けた法人（②に掲げる者及びその者を通じてその譲渡を受けた者を除きます。）

② 受益権の譲渡を受け、又はその譲渡について売委託を受けた金融商品取引業者又は登録金融機関

なお、居住者又は国内に恒久的施設を有する非居住者は、対価の支払を受ける時までに、氏名又は名称、住所及び個人番号又は法人番号、譲渡者が個人の場合は個人番号カード又は住民票（個人番号が記載のもの）等、法人の場合は登記事項証明書等を譲渡対価の支払者に通知する必要があります（所法224の４）。

平成　年分　信託受益権の譲渡の対価の支払調書

支払を受ける者	住所（居所）			
	氏名			
信託受益権の種別	信託財産の種類	細目	支払金額	支払確定年月日
			千　円	・　・
				・　・
				・　・
				・　・
				・　・
				・　・
（摘要）				
支払者	住所（居所）又は所在地			
	氏名又は名称	（電話）		
整理欄	①	②		

352

平成　年分　信託受益権の譲渡の対価の支払調書

支払を受ける者	住所（居所）			
	氏名			
信託受益権の種別	信託財産の種類	細目	支払金額	支払確定年月日
			千　円	・　・
				・　・
				・　・
				・　・
				・　・
				・　・
（摘要）				
支払者	住所（居所）又は所在地			
	氏名又は名称	（電話）		
整理欄	①	②		

352

平成　年分　信託受益権の譲渡の対価の支払調書

支払を受ける者	住所（居所）			
	氏名			
信託受益権の種別	信託財産の種類	細目	支払金額	支払確定年月日
			千　円	・　・
				・　・
				・　・
				・　・
				・　・
				・　・
（摘要）				
支払者	住所（居所）又は所在地			
	氏名又は名称	（電話）		
整理欄	①	②		

352

平成　年分　信託受益権の譲渡の対価の支払調書

支払を受ける者	住所（居所）			
	氏名			
信託受益権の種別	信託財産の種類	細目	支払金額	支払確定年月日
			千　円	・　・
				・　・
				・　・
				・　・
				・　・
				・　・
（摘要）				
支払者	住所（居所）又は所在地			
	氏名又は名称	（電話）		
整理欄	①	②		

352

【信託受益権の譲渡の対価の支払調書】

※様式はA4用紙１枚に調書４枚分が印刷されますので、裁断の上ご利用ください。

備　考

1　この支払調書は、居住者及び第90条の４第１項の国内に恒久的施設を有する非居住者に支払う法第224条の４に規定する信託受益権（以下この表において「信託受益権」という。）の譲渡の対価について使用すること。

2　この支払調書の記載の要領は、次による。

（1）　「住所（居所）」の欄には、支払調書を作成する日の現況による住所又は居所を記載すること。

（2）　「信託受益権の種別」の欄には、金銭の信託受益権、有価証券の信託受益権、金銭債権の信託受益権、不動産の信託受益権、動産の信託受益権、無体財産権の信託受益権のように記載すること。

（3）「信託財産の種類」の欄には、それぞれ次のように記載すること。

（イ）　金銭の信託受益権である場合には、金銭信託、金銭信託以外の金銭の信託のように記載すること。

（ロ）　有価証券の信託受益権である場合には、国債、社債、株式のように記載すること。

（ハ）　金銭債権の信託受益権である場合には、貸付債権、リース債権、割賦債権、売掛債権のように記載すること。

（ニ）　不動産の信託受益権である場合には、土地、建物のように記載すること。

（ホ）　動産の信託受益権である場合には、車両、コンピュータ、ＯＡ機器のように記載すること。

（ヘ）　無体財産権の信託受益権である場合には、特許権、実用新案権、商標権、意匠権、著作権のように記載すること。

（ト）　その他の信託受益権である場合には、当該信託財産の種類に応じて（イ）から（ヘ）までに準じて記載すること。

（4）　「細目」の欄には、それぞれ次のように記載すること。

（イ）　金銭の信託受益権である場合には、単独運用指定金銭信託、特定金銭信託、特定金外信託、ファンドトラストのように記載すること。

（ロ）　有価証券の信託受益権である場合には、当該有価証券の銘柄について記載すること。

（ハ）　不動産の信託受益権である場合には、当該不動産の所在地について記載すること。

（ニ）　無体財産権の信託受益権である場合には、当該無体財産権の登録番号等について記載すること。

（ホ）　その他の信託受益権である場合には、当該信託財産の種類に応じて（イ）から（ニ）までに準じて記載すること。

（5）　「支払金額」の欄には、その年中に支払の確定した信託受益権の譲渡の対価として支払うべき金額を記載すること。

（6）　納税管理人が明らかな場合には、その氏名及び住所又は居所を「摘要」の欄に記載すること。

（7）　支払を受ける者が非居住者である場合には、「摘要」の欄に(非)と記載すること。

3　合計表をこの様式に準じて作成し添付すること。

税務署受付印

平成　　年分　信託受益権の譲渡の対価の支払調書合計表

（所得税法施行規則別表第５（30）関係）

処理事項	通信日付印	検収	整理簿登載
	※　・　・	※	※

平成　年　月　日提出	提出者	所在地		整理番号	
				電話	（　　）
		フリガナ 名称		この調書について応答できる方	所属　　課　　係
税務署長 殿		フリガナ 代表者 氏名印	㊞		氏名

支払調書を提出するものの取引件数及び支払金額			支払調書の提出枚数		
種類	件数	支払金額	居住者分	非居住者分	計
金銭	件	円	枚	枚	枚
有価証券					
金銭債権					
不動産					
その他					
計					

（摘　要）

（用紙　日本工業規格　Ａ４）

記載要領

1　「支払調書を提出するものの取引件数及び支払金額」欄には、この合計表とともに信託受益権の譲渡の対価の支払調書を提出するものについて、以下の区分（種類）に応じてその取引件数及び支払金額を記載すること。

(1)　「金銭」欄には、金銭の信託受益権について記載する。

(2)　「有価証券」欄には、有価証券の信託受益権について記載する。

(3)　「金銭債権」欄には、金銭債権の信託受益権について記載する。

(4)　「不動産」欄には、不動産の信託受益権について記載する。

(5)　「その他」欄には、動産、無体財産権、その他の信託受益権について記載する。

2　「支払調書の提出枚数」欄は、この合計表とともに提出する支払調書の枚数を「居住者」と「非居住者」に区分し記載すること。

⑵　受益権を譲渡した者の身分の告知

信託受益権の譲渡（注）による対価の支払いを受ける者（公共法人等を除きます。）は、その者の住民票の写し、法人の登記事項証明書を提示し、支払いを受ける者の氏名又は名称及び住所を支払いを受ける時までに譲渡を受けた法人等に告知しなければなりません（所法224の４）。

（注）　国内において以下の者から信託受益権の譲渡の対価の支払いを受ける場合に限ります。

①　国内において信託受益権の譲渡を受けた法人

②　受益権の譲渡を受け、又はその譲渡について売委託を受けた金融商品取引業者又は登録金融機関

第13章

登録免許税・不動産取得税

Q150 不動産を信託した場合の登録免許税・不動産取得税

不動産を信託した際の登録免許税・不動産取得税について、不動産を売買した場合と比較して教えてください。

〔不動産を売買した場合〕

Ａさんが所有していた不動産をＸさんに売買します。

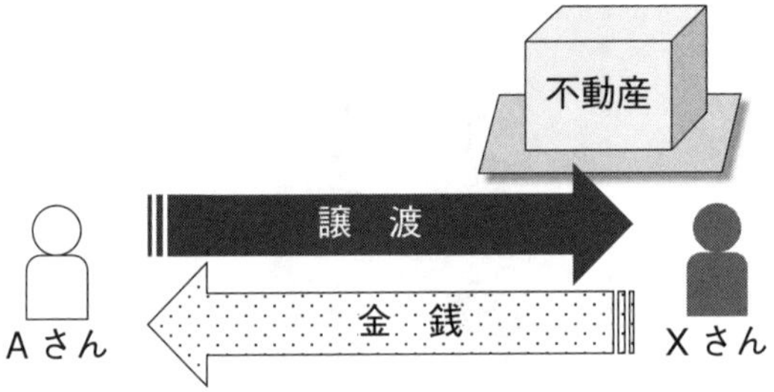

〔不動産を信託した場合〕

Ａさんが所有する不動産をＢさんに信託し、受益者をＸさんとします。Ｘさんは受益権を取得する対価として、Ａさんに金銭を支払います。

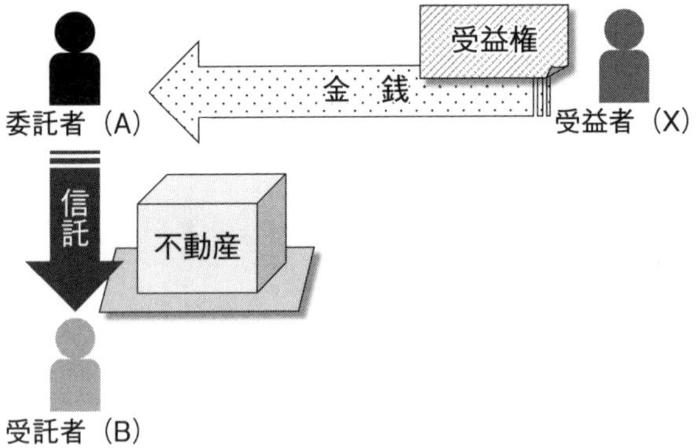

Answer

信託においては、原則として、受益者が当該信託財産（不動産）を所有しているとみなして課税関係が整理されます。

したがって、A さんが不動産を X さんに売却して不動産の譲渡対価を X さんから受け取っても、当該不動産にかかる受益権の対価を X さんから受け取っても、課税法上は同様の取扱いになります。

つまり、A さんが信託することにより信託財産（不動産）の受益権を X さんが取得し、A さんは受益権の対価として金銭を受領しますので、A さんには当該不動産を譲渡したのと同様に譲渡所得税が課税されます。

しかし、登録免許税・不動産取得税にかかる取扱いについては両者で異なります。以下にそれぞれの登録免許税・不動産取得税について表にまとめました。

〔不動産の売買した場合〕

不動産の売買の場合は、売買による不動産の移転登記をします。この場合の登録免許税、不動産取得税は以下のとおりです。

〔不動産の売買による所有権の移転〕

	土　地	建　物
登録免許税 （登法９別表第一．１㈡ハ）	２％ （注１）	２％
不動産取得税（地法73の15）	４％ （注２・３）	４％ （注２）

（注１）　以下の期間の売買については軽減税率が適用されます(措法72①一)。

軽減が受けられる期間	軽減税率
平成23年３月31日まで	１％
平成23年４月１日から平成24年３月31日まで	1.3％
平成24年４月１日から令和８年３月31日まで	1.5％

（注２）　平成18年４月１日～令和９年３月31日までの間においては土地及び建物のうち住宅については３％となります（地法附則11の２①）。

（注３）　令和９年３月31日までは、宅地評価土地※については課税標準の２分の１に対して課税されます（地法附則11の５①）。

※　宅地評価土地とは、宅地及び宅地比準土地（宅地以外の土地で当該土地の取得に対して課する不動産取得税の課税標準となるべき価格が、当該土地とその状況が類似する宅地の不動産取得税の課税標準とされる価格に比準する価格によって決定されるものをいいます。）をいいます。

〔不動産を信託した場合〕

信託をする場合の登記は、①信託の設定による不動産の所有権移転の登記、②信託の登記が必要になります。

①　信託の設定による不動産の所有権移転

登録免許税、不動産取得税ともに課税なし

②　信託の登記

	土　地	建　物
登録免許税 （登法９別表第一．１㈩イ）	0.4％（注１）	0.4％
不動産取得税	―（措法73の７三）	―（措法73の７三）

（注１）　以下の期間の信託については軽減税率が適用されます（措法72①二）。

軽減が受けられる期間	軽減税率
平成23年３月31日まで	0.2%
平成23年４月１日から平成24年３月31日まで	0.25%
平成24年４月１日から令和８年３月31日まで	0.3%

解　説

不動産を信託すると、所有権は委託者から受託者へ移転します。そして、受託者に移転した不動産は、受託者の義務として、信託財産に属する財産と他の財産（受託者の固有財産や他の信託財産に属する財産）とを分別して管理しなければならないとしており、不動産の分別の管理方法は登記することが求められます（信法34①一）。

さらに、不動産が信託財産に属していることを第三者に対抗するには、信託の登記をすることが必要とされています（信法14）。

信託に係る登記について不動産登記法においては、所有権移転登記と当該不動産が信託財産であることを示す信託登記の２つの登記が必要になります。以下の事例を見てみましょう。

（例）

Ａさんが昭和60年に売買により取得した不動産を、平成22年１月にＡさん（委託者）がＢさん（受託者）に信託しました。この場合の登記簿は、次のようになります（当該信託に係る登記は、太枠の部分になります。）。

【順位番号】	【登記の目的】	【受付年月日・受付番号】	【原因】	【権利者その他の事項】
1	所有権移転	昭和60年３月１日 第×××号	昭和60年 ２月27日 売買	所有者 千代田区××× Ａ（委託者）
2	所有権移転	平成22年１月20日 第×××号	平成22年 １月10日 信託	受託者 千代田区×××× Ｂ（受託者）
	信託			信託目録××号

上記登記簿をみると、当該信託の登記には２つの登記がなされていることがわかります。

〔所有権移転登記〕

まず、信託により不動産の権利者がＡさん（委託者）からＢさん（受託者）に移転する登記がなされます（以下の部分）。

2	所有権移転	平成22年１月20日 第×××号	平成22年 １月10日 信託	受託者 千代田区×××× Ｂ（受託者）

原則として、所有権の移転登記ですのでこの段階で２％の登録免許税が課税されるのですが、信託により委託者から受託者に財産を移転する場合に限り、登録免許税は課税されません（登法７一）。また、不動産の移転があった場合には、原則として、不動産取得税が課税されますが、信託により委託者から受託者に不動産が移転する場合には、上述の登録免許税と同様に不動産取得税も課税されません（地法73の７三）。つま

り、信託の設定により、委託者より受託者に不動産が移転する登記について登録免許税・不動産取得税はかかりません。

〔**信託登記**〕

次に、当該不動産が信託財産である旨の登記が所有権移転登記と同時になされます（以下の部分）。この信託の登記については0.4%の登録免許税が課税され、不動産取得税は課税されません。

	信託			信託目録××号

ここで、登記簿に記載されている「**信託目録**」とは、信託契約の内容が詳細に記されているもので、法務局で登記簿と同様に閲覧・謄本を取得することができます。上記不動産の登記簿には、受益者が誰かは記載されませんが、信託目録には、受益者についての記載がされています。

なお、上記２つの登記（所有権移転登記と信託登記）は同時にしなければなりません（不登法98①）。

Q151 受益権を移転する際の登録免許税・不動産取得税

受益権を譲渡した際の登録免許税・不動産取得税について教えてください。また、受益権を相続、贈与する際の登録免許税・不動産取得税についても教えてください。

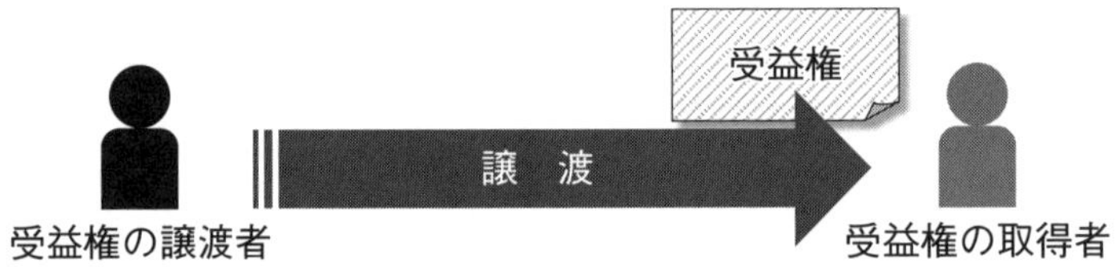

Answer

受益権を移転（売買・贈与・相続）する際の登録免許税・不動産取得税は以下のとおりです。

	土　地	建　物
登録免許税（登法９別表第一．１（十四））	１千円	１千円
不動産取得税	—	—

解　説

原則として、受益権は、譲渡することができます（信法93①）。受益権が移転された場合は、原則として、旧受益者から新受益者に信託財産に属する不動産が移転したものとみなして課税関係が発生します（Q85・86参照）。

また一方で、登録免許税や不動産取得税については、以下のような取扱いとなります。

(1) 登録免許税

登記簿には、不動産の所有者（受託者）の記載はされますが、受益者は信託目録にしか記載されません。したがって、売買により受益者が変更された場合には、信託目録の変更が必要となります。ここで、信託目録の変更に関する登録免許税は、不動産１個につき1,000円となります。

(2) 不動産取得税

受益権が移転しても、不動産の所有権は移転しませんので不動産取得税は課税されません。別の言い方をすると、受益権の移転は、受益者が受託者に対して持つ債権の移転と考えられ、不動産取得税の課税対象となる不動産そのものの移転とは考えらないため、不動産取得税は発生しないのです。

以上より、信託受益権の売買による登録免許税・不動産取得税の負担は、不動産の売買による登録免許税と不動産取得税（両者の合計　原則６％（軽減規程あり））に比べて非常に低額となっています。ただし、信託をした場合には若干の移転税（原則0.4％（軽減規程あり）（Q150参照））が課税されますし、将来的に信託を終了した場合にも、課税関係が生じます（原則６％（軽減規程あり）（Q153・154参照））ので、全体を通して登録免許税・不動産取得税を検討する必要があると考えます。

Q152 受託者を変更する際の登録免許税・不動産取得税

受託者を変更した場合の登録免許税・不動産取得税について教えてください。

Answer

受託者を変更した場合には、登録免許税・不動産取得税は課税されません。

〔受託者の変更〕

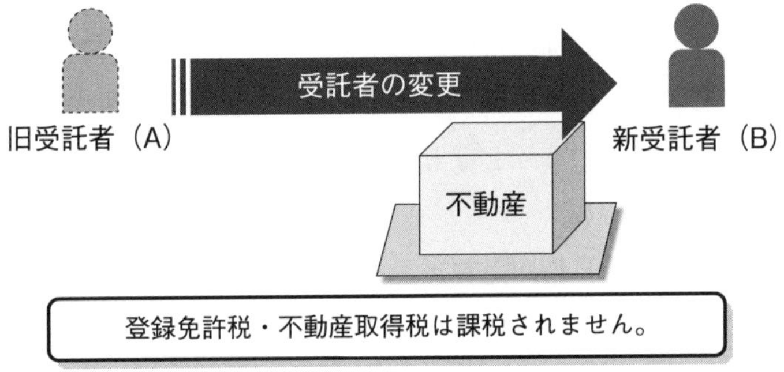

解　説

不動産が信託された場合、不動産の所有権は、受託者の名義で登記されます。そのため、受託者が変更された場合には、不動産の所有者の変更の登記がなされることになります。ただし、受託者の変更の登記にかかる登録免許税は課税されません（登法７①三）。また、不動産取得税についても同様に課税されません（地法73の７五）。

Q153 信託が終了する際の登録免許税・不動産取得税（原則）

不動産の信託が終了したときの登録免許税・不動産取得税について教えてください。

Answer

信託が終了した場合には、不動産の所有権の名義が受託者から残余財産受益者や帰属権利者等（Q52参照）に移転します。ここでの登録免許税・不動産取得税は、以下のとおり信託の設定時や不動産の譲渡時の登記に比べて負担額は大きくなります。

具体的には、信託の終了の際には、①信託の終了による不動産の所有権移転の登記、②信託の抹消登記の２つの登記が必要になり、この２つの登記は同時に行わなければなりません。

⑴ 信託の終了による不動産の所有権移転

	土　地	建　物
登録免許税（登法９別表第一.１(二)ハ)	２％(注１)	２％(注１)
不動産取得税（地法73の15）	４％（注２・３）	４％（注２）

（注１） 一定の場合（信託設定時の受益者が委託者であり、終了する時まで受益者に変更がない場合等）には、非課税等となります（Q154参照）。

（注２） 平成18年４月１日～令和９年３月31日までの間においては、土地、建物のうち住宅については３％となります（地法附則11の２①)。ただし、登録免許税（上記（注１））と同様に一定の場合（信託設定時の受益者が委託者であり、終了する時まで受益者に変更がない場合

等）においては非課税になります（**Q154**参照）。

（注３） 令和９年３月31日までは、宅地評価土地※については課税標準の２分の１に対して課税されます（地法附則11の５①）。

※ 宅地評価土地とは、宅地及び宅地比準土地（宅地以外の土地で当該土地の取得に対して課する不動産取得税の課税標準となるべき価格が、当該土地とその状況が類似する宅地の不動産取得税の課税標準とされる価格に比準する価格によつて決定されるものをいいます。）をいいます。

(2) 信託の抹消登記

登録免許税は、一筆につき１千円です。不動産取得税は課税されません。

解　説

不動産の信託が終了した場合、所有権は委託者から残余財産受益者や帰属権利者等に移転されます。

この際に、所有権移転の登記が必要で、同時に信託登記を抹消しなければなりません。

以下、登記事例を見てみましょう。

（例）

平成22年１月にＡさん（委託者）がＢさん（受託者）に信託した不動産を平成23年３月に信託を終了し、残余財産の受益者（帰属権利者）であるＣさんに移転しました。この場合の登記簿は次のようになります（信託の終了にかかる登記は太枠の部分になります。）。

【順位番号】	【登記の目的】	【受付年月日・受付番号】	【原因】	【権利者その他の事項】
1	所有権移転	昭和60年3月1日 第×××号	昭和60年 2月27日 売買	所有者 千代田区××× A（委託者）
2	所有権移転	平成22年1月20日 第×××号	平成22年 1月10日 信託	受託者 千代田区×××× B（受託者）
	信託			信託目録××号
3	所有権移転	平成23年3月15日 第×××号	平成23年 3月10日 信託財産引継	所有者 港区×××× C（残余財産受益者（又は帰属権利者））
	2番信託登記抹消		信託財産引継	

上記登記簿をみると、当該信託の登記は、以下の2つの登記がされていることがわかります。以下にそれぞれについて説明します。

〔所有権移転登記〕

(1)　登録免許税について

信託により、不動産の権利者が、Bさん（受託者）からCさん（残余財産受益者（又は帰属権利者）等）に移転する登記がなされます。所有権の移転登記ですから原則として2％（一定の場合には非課税規定等の適用あり（Q154参照））の登録免許税が課税されます。

⑵ 不動産取得税について

不動産取得税は原則として４％（軽減税率の適用及び、一定の場合には非課税規定の適用あり（Q150・154参照））の税率が課税されます。

〔信託登記の抹消〕

信託の終了の登記には、上記に解説した所有権の移転登記の他、信託登記を抹消する登記が必要ですが、これには不動産一個につき１千円の登録免許税が必要になります。

信託の抹消の登記については、不動産の取得には該当しませんので不動産取得税は課税されません。

Q154 信託が終了する際の登録免許税・不動産取得税（非課税規定等）

不動産の信託が終了したときの登録免許税・不動産取得税の特例（非課税規定等）について教えてください。

Answer

信託が終了した場合には、不動産の所有権の名義が受託者から残余財産受益者や帰属権利者等（Q52参照）に移転します。原則として、ここでの登録免許税・不動産取得税は、登録免許税が２％、不動産取得税が４％（土地、住宅用建物については令和９年３月31日までは３％で、宅地については令和９年３月31日までは課税標準の２分の１に課税）課税されます（Q153参照）。

ただし、信託の委託者（＝受益者）であり、信託期間中において委託者及び受益者に変更がなく、信託終了時に、当該委託者（＝受益者）に所有権を移転する場合には、登録免許税・不動産取得税は非課税となります。

また、信託の効力発生時から委託者（＝元本の受益者）であって、受益者が相続、合併又は会社分割により移転した場合に、信託終了に伴って当該相続人、合併存続（新設）法人又は分割承継法人に所有権を移転する場合には、登録免許税は相続、合併又は会社分割の際の登録免許税と同様となり、不動産取得税は非課税（会社分割はその他要件あり（解説参照））となります。

解　説

(1)　**登録免許税について**

①　受益者が変更されていない場合

信託の効力が生じた時、委託者が元本の受益者となり、信託期間中において継続して委託者であった当該受益者に、信託の抹消に伴い所有権の移転をする場合には非課税とされます（登法7①二）。

〔信託終了時の不動産の移転の登記免許税が非課税となるための要件〕

・信託の効力発生時において、「委託者」のみが「元本の受益者」である。
・信託期間中において、効力発生時から引き続き「委託者」のみが「元本の受益者」である。
・信託の終了時において、効力発生時から引き続き「委託者」であり「元本の受益者」である者へ所有権を移転するものである。

〔非課税となる要件〕

（信託設定時）　　（信託抹消時）

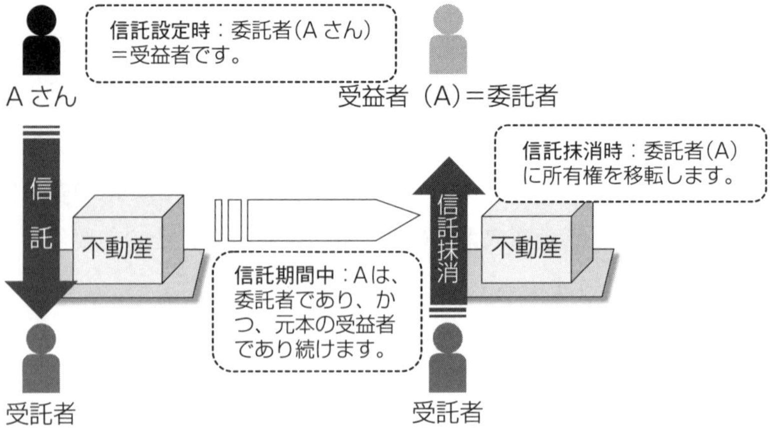

つまり、不動産の所有者Ａが信託をして、信託期間中の受益者はＡのままで、信託を終了して再び所有権がＡに戻るような場合がこれに該当します。課税法上は、受益者が信託財産を有するとみなして考えますので、課税法上の実質的な所有者は変更されずＡのままです。このような場合、信託を終了する際の所有権移転に伴う登録免許税は課税されません。

他方、元本の受益者が受益権の売買やその他の理由で、当初の委託者であるＡ以外の者になった場合や、信託の終了により残余財産受益者がＡ以外の者になる場合には、非課税にはなりません。なぜなら、このような場合、信託を通して実質的な所有者がＡさんから移転されているためです。

② 相続・合併・会社分割があった場合

信託が終了して不動産を受託者から残余財産受益者に移す場合であって、信託の効力が生じた時から引き続き委託者のみが元本受益者である信託について、信託終了時に所有権を取得する受益者が信託の効力発生時の委託者の相続人（注１）である場合には、受託者から相続（注２）による財産権の移転として以下の登録免許税が課税されます（登法７②、旧措法81①）。

（注１） 委託者が合併により消滅した場合にあっては、当該合併後存続する法人又は当該合併により設立された法人とし、委託者が新設分割又は吸収分割をした場合にあっては、当該新設分割により設立された株式会社又は当該吸収分割により事業を承継した株式会社とします。

（注２） 合併の場合には合併、会社分割の場合には会社分割とします。

なお、相続、合併、会社分割による不動産の所有権移転の登録免許税は次のとおりです。

相　続	0.4%（登法９別表第一．１(二)イ）
合　併	0.4%（登法９別表第一．１(二)イ）
会社分割	２％（平成23年３月31日まで0.8%、平成24年３月31日まで1.3%、平成26年３月31日まで1.5%、平成27年３月31日まで1.8%）（旧措法81④）

(2)　不動産取得税について

信託を終了する場合の不動産取得税については、原則として４％（軽減措置についてはQ150参照）課税されますが、以下の要件を充足する場合には、不動産取得税は非課税とされています。

この要件は「①登録免許税について」で記載した登録免許税が非課税又は軽減される場合（信託の設定から終了まで委託者である受益者が変わっていない場合、及び委託者から相続、合併、会社分割により受益者が変更されている場合）とほぼ同一の要件になっています（地法73の７四)。なお、会社分割の場合においては、不動産取得税の要件の方が多いので注意が必要です(注)。

(注)　会社分割により受益権が移転した場合、会社分割により不動産の所有権を移転する場合の不動産取得税の非課税要件と同一の要件が付け加えられています。

〔信託終了時の不動産取得税が非課税となるための要件〕

・　信託の効力発生時から引き続き「委託者」のみが「元本の受益者」である。

・　信託終了に際して不動産を移転する受益者が以下のいずれかに該当すること。

①　信託の効力が生じた時から引き続き「委託者」である者

②　信託の効力が生じた時における「委託者」から相続（遺贈を含む）をした者

③　信託の効力が生じた時における「委託者」が合併により消滅した場合における当該合併存続法人又は合併新設法人

④　信託の効力が生じた時における「委託者」が以下の要件（会社分割により不動産が移転した場合の非課税要件）を満たす会社分割をした場合の、分割承継法人又は分割新設法人

※　会社分割により不動産が移転した場合の非課税要件（地令37の14）

①　分割法人の株主に対して分割承継法人の株式以外の資産が交付されない。

②　分割型分割の場合においては交付される株式が分割法人の株式の数の割合に応じて交付される。

③　分割される事業に係る主要な資産及び負債が移転すること。

④　分割される事業が、分割承継法人において引き続き営まれることが見込まれること。

⑤　分割される事業に係る従業者のうち、おおむね100分の80以上に相当する数の者が分割後の分割承継法人の業務に従事することが見込まれていること。

Q155 遺言による信託の注意点（登録免許税・不動産取得税）

父は遺言書において、父が亡くなったら不動産を信託し受益者を長男に定めました。なお、信託は10年後に終了し、長男に信託不動産を移転することになっています。ここで、登録免許税、不動産取得税において、どのようなことを注意すべきでしょうか。

〔信託の概要〕

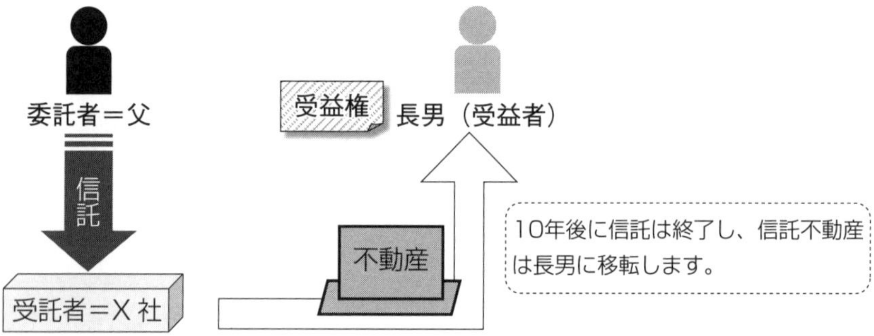

Answer

遺言書において、父が亡くなった場合に委託者の地位が長男に移転する旨を定めておく必要があります。

解　説

信託が終了して、信託不動産を受託者から受益者に移転する際に、原則として登録免許税が２％、不動産取得税が４％（土地、住宅用建物については、令和９年３月31日までは３％で、宅地については令和９年３月31日までは課税標準の２分の１に課税）が課されます。

ただし、以下の要件を満たしている場合には、登録免許税が相続登記と同様の0.4％で、不動産取得税はかかりません（登法７②、地法73の７四）。

① 信託の効力が発生した時から引き続き委託者のみが信託財産の元本受益者である。
② 信託不動産の移転を受ける受益者が信託の効力が生じた時の委託者の相続人である。

本問信託が終了した時に、信託不動産の移転を受ける者は、信託の効力が生じた時の委託者（父）の相続人である長男になりますので、上記②の要件は満たします。しかし、遺言で行った信託の場合、委託者の地位は原則として消滅しますので「委託者のみが信託財産の元本の受益者である」という①の要件を満たしません。

そこで、遺言（信託行為）において、委託者の地位が長男に移転する別段の定めを設けておく必要があります（別段の定めを設ければ、委託者の地位は消滅せず、長男が委託者の地位を有します。）。そうすれば、上記①の要件を満たしますので、信託終了に際して、信託財産を長男に移転する際の登録免許税は0.4％となり、不動産取得税はかかりません。遺言において上記記載をするか否かにより、税負担が異なりますので注意が必要です。

（補足） 信託を活用することにより登録免許税・不動産取得税が異なる場合

(Q) 父には推定相続人が１人（長男）だけいます。父は長男が経営する会社（X 社）に不動産を信託し、当初の受益者は父とし、父が亡くなった場合には、父の妹を受益者とし、父の妹が亡くなった場合には父の長男を受益者とする予定です。ここで、長男が受益者となった時に、信託を終了して信託不動産を受託者から受益者に所有権を移転する時の登録免許税の税率は何パーセントになるでしょうか。なお、父が亡くなった時には、委託者の地位も次の受益者である父の妹に移転し、父の妹が亡くなった時には委託者の地位も受益権と同様に長男に移転するものと定めます。

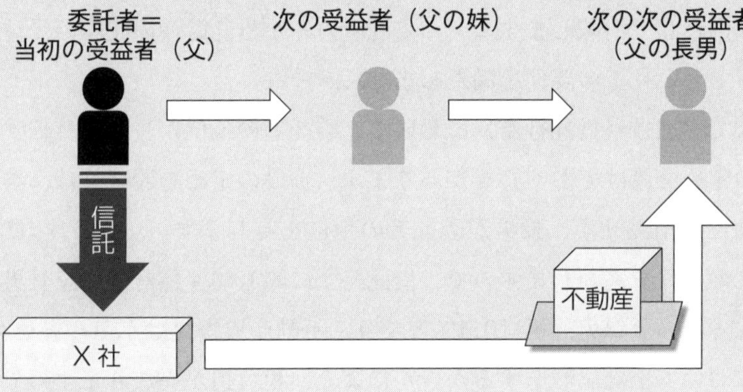

Answer

この信託の当初の受益者は父で、次に父の妹となり、その後に父の長男になり、最終的には、受託者から父の長男に信託不動産の登記を移転します。ここで、委託者の地位は受益者の異動に伴って異動するので、上記①信託の効力が発生した時から引き続き委託者のみが信託財産の受益者である要件を満たします。また次に、信託不動産の移転を受ける受益者（父の長男）は信託の効力が生じた時の委託者（父）の相続人ですので、上記②の要件も充足します。したがって、X社から長男に所有権移転する登記の登録免許税の税率は相続登記と同様の0.4%になります（不動産取得税は課されません。）。

仮に、信託を活用せず、父が不動産を父の妹に遺贈し、父の妹が長男に当該不動産を遺贈した場合には、それぞれの遺贈に対して、登録免許税が２％、不動産取得税が４％（令和９年３月31日までは、土地、住宅用建物については３％で、宅地については同日まで課税標準の２分の１に課税）を課税されます。他方で、信託を活用した場合には、信託設定時に登録免許税が0.4%（注）課され、信託終了時に0.4%を課されますので、税負担が大きく異なります。なお、受益者を異動する場合には、別途一筆につき１千円を課されます。

(注)　土地については令和８年３月31日まで0.3%。

Q156 信託の併合と登録免許税・不動産取得税

信託を併合した場合の登録免許税・不動産取得税について教えてください。

（補足）「信託の併合」とは、受託者が同一である２つ以上の信託を１つの新たな信託にすることをいいます（Q32参照）。

Answer

信託を併合する場合には以下の３つの登記をする必要があります。

① 信託の併合により別信託の目的となった旨の登記（権利変更の登記）……1,000円/筆

② 併合前の信託登記抹消……1,000円/筆

③ 信託登記（併合により新たな信託に属することになった信託登記）……0.4%（令和８年３月31日まで土地については0.3%）

（注） 不動産取得税は課されません。

解　説

信託の併合とは受託者を同一とする２つ以上の信託の信託財産の全部を１つの新たな信託の信託財産とすることです。ですから、受託者が異なる信託を一つに併合することはできません。そのような場合には受託者を変更して受託者を同一にする必要があります。また信託の併合により２つ以上の信託が１つになりますが、併合される信託のいずれか１つを存続させることはできず、併合により新たな信託になります。

〔信託の併合の概要〕

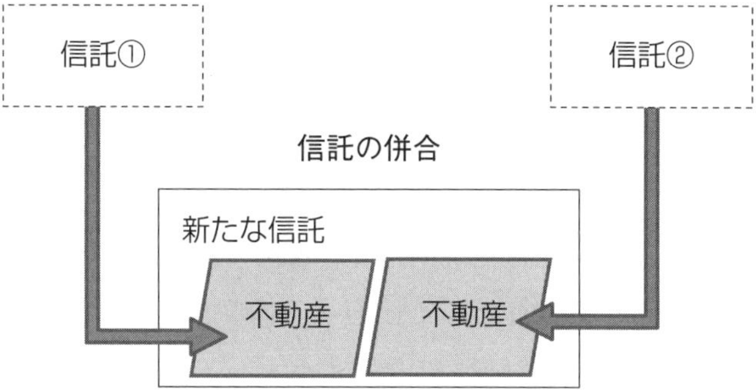

したがって、信託①の信託財産に属する不動産も、信託②の信託財産に属する不動産も、いずれの不動産も信託の併合の登記をする必要があります。

信託の併合の登記は、①別信託の目的になった登記（権利変更の登記）、②併合前の信託登記抹消、③新たな信託の信託登記の３つの登記を同時に行うことになります。

①②の登記はそれぞれ１筆につき1,000円の登録免許税ですが、③の登記は0.4%（令和８年３月31日まで土地については0.3%）の登録免許税が課されます（不動産取得税は課されません。）。

Q157 信託の分割と登録免許税・不動産取得税

信託を分割した場合の登録免許税・不動産取得税について教えてください。

（補足） 信託の分割とは信託財産の一部を、受託者を同一とする他の信託の信託財産として移転する吸収信託分割と、受託者が同一である新たな信託の信託財産として移転する新規信託分割のことをいいます（Q35参照）。

Answer

信託を分割する場合には以下の３つの登記をする必要があります。

① 信託の分割により別信託の目的となった旨の登記（権利変更の登記）……1,000円/筆

② 分割前の信託登記抹消……1,000円/筆

③ 信託登記（信託の分割により別の（新たな）信託に属することになった信託登記）……0.4％（令和８年３月31日まで土地については0.3％）

（注） 不動産取得税は課されません。

解　説

信託の分割とは信託財産の一部を、受託者が同一である別の信託又は受託者が同一である新たな信託の信託財産として移転することを言います。

〔吸収信託分割〕

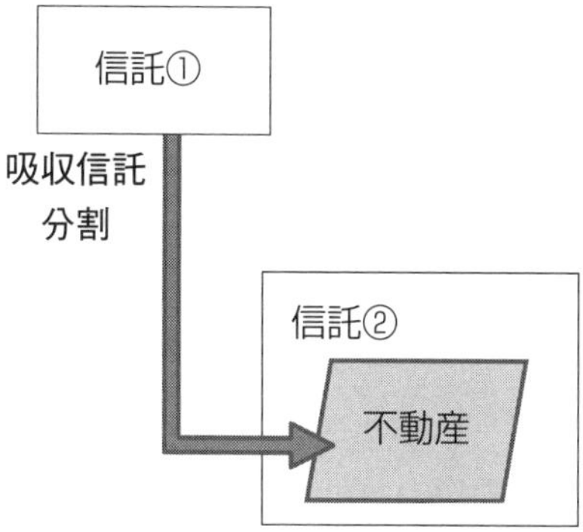

〔新規信託分割〕

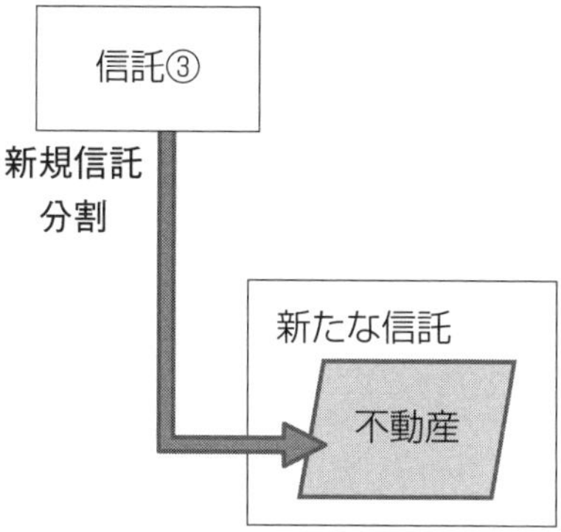

信託の分割の登記は、分割により移転される不動産について、①別信託の目的になった登記（権利変更の登記）、②分割前の信託登記抹消、③分割後の信託の信託登記の３つの登記を同時に行うことになります。

①②の登記はそれぞれ１筆につき1,000円の登録免許税ですが、③の登記は0.4%（令和８年３月31日まで土地については0.3%）の登録免許税が課されます。不動産取得税は課されません。

なお、吸収信託分割により信託財産を受け入れる信託（上記図の信託②）の受益者が異動する場合、吸収信託分割前から信託②の信託財産に属する不動産について受益者の変更が必要になります。その際の登録免許税は１筆につき1,000円になります（不動産取得税は課されません。）。

Q158 再信託と登録免許税

不動産を再信託した場合の登録免許税・不動産取得税を教えてください。

Answer

再信託により第1信託から第2信託に不動産を移転するには以下の3つの登記をする必要があります。

① 再信託により第2信託の目的となった旨の登記（権利変更の登記）……1,000円/筆

② 再信託前の信託登記抹消……1,000円/筆

③ 信託登記（再信託により別の信託に属することになった信託登記）……0.4%（令和8年3月31日まで土地については0.3%）

（注） 不動産取得税は課されません。

解　説

再信託とは、ある信託（以下「第1信託」と言います。）の信託財産の一部又は全部を、「第1信託の受託者」が委託者となり、信託（以下「第2信託」と言います。）することを言います。

〔再信託〕

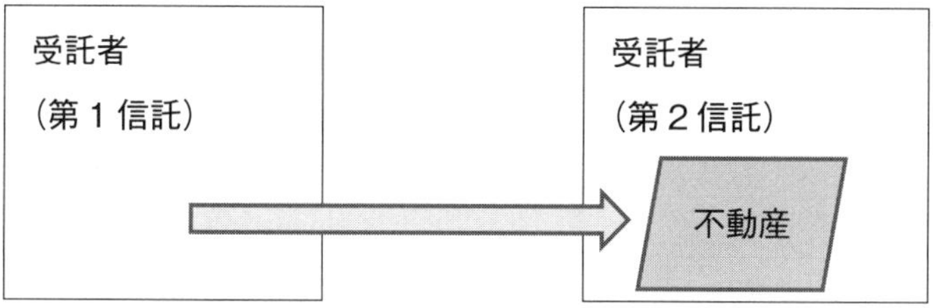

再信託の登記は、再信託により移転される不動産について、①別信託の目的になった登記（権利変更の登記）、②再信託前の信託登記抹消（第１信託抹消）、③第２信託の信託登記の３つの登記を同時に行うことになります。

①②の登記はそれぞれ１筆につき1,000円の登録免許税ですが、③の登記は0.4%（令和８年３月31日まで土地については0.3%）の登録免許税が課されます。なお、第１信託抹消登記は再信託により第１信託が消滅するか否かは関係ないものとされています。信託の登記は不動産が信託財産に属していることを公示する登記であり、再信託により不動産が第２信託に属することになる時点で、第１信託の信託登記は信託財産の処分を原因として抹消されなければならないと指摘されています※。

なお、再信託により信託財産を受け入れる第２信託の受益者が異動する場合、再信託前から第２信託の信託財産に属する不動産について受益者の変更登記が必要になります。その際の登録免許税は１筆につき千円になります（不動産取得税は課されません。）。

※ 『信託に関する登記（最新第二版）』（312頁）横山亘著（発行元：テイハン）

第14章

その他税目

Q159 信託における消費税の取扱い

信託された財産に関する消費税は、受託者が申告するのでしょうか、受益者が申告するのでしょうか。

Answer

信託された財産の消費税の申告は、受益者が申告することになります。ただし、法人課税信託(受益者が信託財産を有するものとされず、受託者が信託財産を有するものとされる信託）については受託者が申告します。

解　説

所得税・法人税においては、受益者が財産の所有者とみなして課税関係が整理されていますが、消費税に関しても同様に考えます。具体的には、消費税法において以下のように規定されています。

「信託の受益者は当該信託の信託財産に属する資産を有するものとみなし、かつ、当該信託財産に係る資産等取引は当該受益者の資産等取引とみなして、この法律の規定を適用する（消法14①)」

したがって、信託された財産の取引にかかる消費税の申告は受益者が行うことになります。

〔法人課税信託〕

法人課税信託においては、所得税・法人税についても受託者が信託財産を有するものとされています（所法６の２②、法法４の６②）が、消費税においても同様に、受託者が信託財産を有するものとして受託者が申告することになります（消法15)。

Q160 信託における印紙税の取扱い

① 信託契約書に添付する印紙税について教えてください。

② 信託受益権を譲渡した場合の印紙税について教えてください。

Answer

① 信託契約書に添付する印紙は200円となります。

② 受益権の譲渡契約書に添付する印紙税は200円となります。

解　説

① 信託契約書は、印紙税法上の第12号文書に該当し、信託する財産の価額に関わらず、１通につき200円となります（印法別表第１第12号）。

なお、信託は、遺言書や信託宣言（書面又は電磁記録によってする意思表示）により行うことも可能です（Q４参照）が、これらは、契約書に該当しませんので印紙は必要ありません。

② 信託受益権は債権に該当しますので、債権譲渡の契約書として印紙税法上の第15号文書に該当し、譲渡金額に関わらず１通につき200円となります。ただし、１万円未満の譲渡金額の契約書については非課税となります（印法別表第１第15号）。

Q161 受益証券に係る印紙税

受益証券を発行する場合に、当該受益証券には印紙を添付する必要があるのでしょうか。

Answer

受益証券は、その券面金額に応じて以下の印紙税が課されます（印法別表第1第4号）。

なお、券面金額の記載がない場合には、当該受益証券に係る信託財産の価額を当該信託財産に係る受益権の口数で除した額による区分に応じて税額を判断します（印令24四）。

券面金額	税　額
500万円以下	200円
500万円超～1千万円以下	1,000円
1千万円超～5千万円以下	2,000円
5千万円超～1億以下	10,000円
1億超～	20,000円

■ 著者紹介

〔著者〕
株式会社つむぎコンサルティング
公認会計士・税理士　**笹島 修平**（ささじま しゅうへい）

〔著者略歴〕

昭和44年	神奈川県生まれ
平成５年	慶應義塾大学理工学部卒業
同年	東京大学大学院理学部中退
平成６年	太田昭和監査法人（現 新日本有限責任監査法人）にて、監査業務に従事
平成11年	公認会計士・税理士登録
同年	株式会社タクトコンサルティング入社
平成13年 ≀ 平成17年	慶應義塾大学非常勤講師「戦略的税務会計特論」にて、企業組織再編・M&A・事業承継・相続等の教鞭を執る
平成19年	中小企業庁「相続関連事業承継法制等検討委員会」委員
平成24年	株式会社つむぎコンサルティング設立

6訂版
信託を活用した新しい相続・贈与のすすめ

令和６年７月11日　初版印刷
令和６年７月29日　初版発行

著　者　　笹　島　修　平

（一財）大蔵財務協会　理事長
発行者　　木　村　幸　俊

発行所　　一般財団法人　大蔵財務協会
〔郵便番号 130-8585〕
東京都墨田区東駒形１丁目14番１号
（販　売　部）TEL03(3829)4141・FAX03(3829)4001
（出版編集部）TEL03(3829)4142・FAX03(3829)4005
URL　http://www.zaikyo.or.jp

落丁・乱丁はお取替えいたします。　　印刷　三松堂株式会社
ISBN978-4-7547-3254-7